Oliver Trisch

DER ANTI-BIAS-ANSATZ

Beiträge zur theoretischen Fundierung und Professionalisierung der Praxis

VON ANTIDISKRIMINIERUNG ZU DIVERSITY UND INKLUSION

Wissenschaft und Praxis im Dialog | Hrsg.: Harald Hahn

ISSN 2196-372X

1 *Oliver Trisch*
Der Anti-Bias-Ansatz
Beiträge zur theoretischen Fundierung und Professionalisierung der Praxis
ISBN 978-3-8382-0418-5

Der Reihenherausgeber:
Harald Hahn (Jg. 1966) wohnt in Berlin und ist freiberuflicher Radio- und Theatermacher mit Schwerpunkt "Theater der Unterdrückten", er nimmt außerdem Lehraufträge an Universitäten und Fachhochschulen wahr. Der Herausgeber steht darüber hinaus auf der Bühne mit dem Gesangsprojekt HERZKASPER.
Kontakt: www.harald-hahn.de

Oliver Trisch

DER ANTI-BIAS-ANSATZ

Beiträge zur theoretischen Fundierung und Professionalisierung der Praxis

ibidem-Verlag
Stuttgart

Bibliografische Information der Deutschen Nationalbibliothek
Die Deutsche Nationalbibliothek verzeichnet diese Publikation in der Deutschen Nationalbibliografie; detaillierte bibliografische Daten sind im Internet über http://dnb.d-nb.de abrufbar.

Bibliographic information published by the Deutsche Nationalbibliothek
Die Deutsche Nationalbibliothek lists this publication in the Deutsche Nationalbibliografie; detailed bibliographic data are available in the Internet at http://dnb.d-nb.de.

Umschlaggestaltung: Chris Dietzel; www.chrisdietzel.de

Es handelt sich bei dieser Publikation gleichzeitig um eine von der Carl von Ossietzky Universität Oldenburg angenommene Dissertation.

Das Buch wurde mit Mitteln der Hans-Böckler-Stiftung Düsseldorf gefördert.

∞

Gedruckt auf alterungsbeständigem, säurefreien Papier
Printed on acid-free paper

ISSN: 2196-372X

ISBN-13: 978-3-8382-0418-5

Printed in Germany

Vorwort des Reihenherausgebers

Liebe Leser_innen, sie haben den ersten Band der Schriftenreihe *Antidiskriminierung, Diversity und Inklusion – Wissenschaft und Praxis im Dialog* in den Händen. Es freut mich sehr, dass der Start der Reihe mit einer wissenschaftlichen Publikation beginnt – der Dissertation von Oliver Trisch mit dem Titel „Der Anti-Bias-Ansatz. Beiträge zur theoretischen Fundierung und Professionalisierung der Praxis". Ich bin schon jetzt gespannt wie dieses Buch in der (Fach-)Öffentlichkeit aufgenommen wird.

Das Konzept des Anti-Bias-Ansatzes habe ich über Oliver Trisch kennengelernt, als wir gemeinsam das Empowerment Projekt *Heimliche Begleiter – soziale Herkunft und Bildung* entwickelt und durchgeführt haben. Dabei arbeiteten wir mit Methoden des Theaters der Unterdrückten und dem Anti-Bias-Ansatz. Im Rahmen unserer Projektarbeit sprachen wir natürlich auch über die sich damals noch im Erarbeitungsprozess befindliche Dissertation und darüber, dass es im deutschsprachigen Raum noch relativ wenig (wissenschaftliche) Literatur zu diesem wertvollen Ansatz gibt. Schnell kam bei mir der Gedanke auf, zu den bereits bestehenden *„Berliner Schriften zum Theater der Unterdrückten"* eine neue Schriftenreihe ins Leben zu rufen. Ich bin dem ***ibidem***-Verlag sehr dankbar, dass er dies ermöglicht hat.

Oliver Trisch ist es mit dieser wissenschaftlichen Publikation gelungen, den Anti-Bias-Ansatz so darzustellen, dass auch Menschen, die sich noch nicht oder wenig mit Antidiskriminierungsarbeit auseinandergesetzt haben, dazu angeregt werden, über Machtverhältnisse, Diskriminierung und soziale Privilegien nachzudenken. Gelungen ist zudem auch der Spagat zwischen dem Verfassen einer wissenschaftlichen Arbeit auf höchstem Niveau einerseits und der Verwendung einer Sprache andererseits, die *nicht* überakademisiert ist und mit Fachvokabeln „um sich wirft". Dadurch erschließt sich diese Arbeit neben der eher kleinen hochspezialisierten Gruppe von Wissenschaftler_innen auch anderen Gruppen wie zum Beispiel theorieinteressierten Praktiker_innen.

Diese Forschungsarbeit wird die Anti-Bias-Arbeit in Deutschland weiter voranbringen und bildet gleichzeitig das Fundament für eine weitere wissenschaftliche Betrachtungsweise dieses wichtigen Ansatzes. Sie ist bestens geeignet, um den Dialog zwischen Wissenschaft und Praxis zu eröffnen.

Harald Hahn, Berlin, im April 2013

Inhaltsverzeichnis

Vorwort

Anti-Bias-Arbeit und die Frage nach ihrer theoretischen Fundierung: zur Notwendigkeit und Dynamik einer untersuchenden Haltung in kritischer Perspektive

Oliver Trisch hat eine beeindruckende und umfassende Forschungsarbeit vorgelegt, die sich im interdisziplinären Schnittfeld von politischer Bildung und Erwachsenenbildung bewegt, wobei zugleich Fachdebatten aus diversitätsbewusster Sozialpädagogik bzw. Früh- und Elementarpädagogik, Interkultureller Bildung, Rassismusforschung, Geschlechterforschung und Holocaust-Education in besonderer Weise relevant sind. Es wird ein kompliziertes und fachlich überaus anspruchsvolles Thema bearbeitet, welches in einer diversen Migrationsgesellschaft und darauf bezogenen Fachdebatten von aktueller Bedeutung ist. Es geht um das Konzept *Anti-Bias-Arbeit.*

Zum Konzept Anti-Bias-Arbeit

Dieses Konzept ist relativ neu im deutsch-sprachigen Raum. Mit seiner Hilfe sollen Sensibilisierungs-, Wahrnehmungs-, Bewusstwerdungs- und Veränderungsprozesse im Gegenstandsbereich *Diskriminierung* unterstützt werden, auf einem Weg zu weniger Voreingenommenheiten und weniger sozialen Schieflagen. Kennzeichnend ist dabei unter anderem, dass Anti-Bias-Arbeit beansprucht, neben Rassismen auch weitere Zuschreibungs-, Ausgrenzungs- und Unterdrückungsverhältnisse (entlang von Differenzlinien wie Klasse/Schicht, Geschlecht, Heteronormativität, Beeinträchtigung/Behinderung, Generation/Alter etc.) kritisch zu reflektieren und dabei Verbindungen zwischen individuellen, interaktiven, institutionellen und strukturellen Ebenen zu thematisieren. Zudem ist es ein Konzept, das zunächst an subjektiven Erfahrungen ansetzt und von dort ausgehend aus unterschiedlichen Perspektiven und Erfahrungszusammenhängen (Opfer, Täter_innen, Zuschauer_innen, Mitläufer_innen etc.) Diskriminierung in den Blick nimmt.

Das Konzept passt deshalb gut zu aktuellen Entwicklungen in den Erziehungswissenschaften und der Sozialen Arbeit, in denen diversitätsbewusste und zugleich subjektbezogene Ansätze zunehmend bedeutsamer werden, aber auch zu aktuellen Entwicklungen in den Gesellschafts- und Individualwissenschaften insgesamt, in denen Begriffe wie Intersektionalität oder Subjektivierung beziehungsweise (besser:) Subjektformation und entsprechende thematische Zusammenhänge auf der Tagesordnung stehen.

Zur Forschung von Oliver Trisch

Die auf gegenstandsbezogene Fachdiskurse gestützte und zugleich empirisch ausgerichtete Forschung von Oliver Trisch, der selbst seit vielen Jahren in der Anti-Bias-Arbeit aktiv ist, zielt auf die theoretische Fundierung, Weiterentwicklung und Überprüfung des Konzepts *Anti-Bias-Arbeit.* Da dieses Konzept zunächst in den USA entwickelt wurde und dann teilweise über Südafrika nach Deutschland gelangt ist, liegt hier auch die Frage nahe, ob und in welcher Weise bei einer Adaption an deutsche Verhältnisse die spezifischen historischen (zum Beispiel ‚deutscher Kolonialismus', ‚Nationalsozialismus an der Macht') und aktuellen (zum Beispiel ‚Migrationsgesellschaft heute') Kontextbedingungen mit zu berücksichtigen sind.

Neben theoriebezogenen Überlegungen und Ausarbeitungen ist deshalb ein (impliziter) internationaler Vergleich ein Element der Forschungsarbeit von Oliver Trisch, genauso wie leitfadengestützte Interviews mit Expert_innen, die selbst in der Anti-Bias-Arbeit in Deutschland praktisch tätig sind. Zusätzlich hat Oliver Trisch ein weiteres Interview mit der us-amerikanischen Begründerin des Konzepts – Louise Derman-Sparks – durchgeführt und ausgewertet.

Theorie-Praxis-Verhältnisse

Die Forschungsarbeit von Oliver Trisch berührt dabei auch das Verhältnis von *Theorie und Praxis*. Dabei geht es um einen zentralen und oft problematischen, von Hierarchien und Wertigkeiten und wechselseitigen Zuschreibungen umlagerten Zusammenhang; ein Zusammenhang, der sich als *Trennungszusammenhang* beschreiben lässt: So sind zum Beispiel sozialpädagogische Berufspraxis und sozialpädagogische Wissenschaft/Hochschule/Forschung/Ausbildung *institutionell* voneinander getrennt, und angesichts dieser Trennung finden sie denn oft auch kaum mehr zueinander. Vor diesem Hintergrund – und ich spitze dies jetzt ein wenig zu – werfen dann so genannte Praktiker_innen den Akteur_innen in der Wissenschaft eine weltfremde, sich in Elfenbeintürmen bewegende Existenz vor, während Theoretiker_innen wiederum das ‚berühmte Bauchgefühl', auf das sich Praktiker_innen gern berufen, beklagen. Übersehen wird dann meist, dass auch in der Berufspraxis immer interpretierende Denkmuster vorhanden sind, die im ungünstigen Fall die Form von *bornierten Alltagstheorien* annehmen können, die dann – kaum bewusst und wenig reflektiert – zu problematischen ‚Erklärungen' und ‚Schlussfolgerungen' beitragen; und umgekehrt lassen sich auch bereits in der wissenschaftlichen Theorie überaus problematische Denkmuster entdecken, genauso übrigens wie *Praxisformen im Wissenschaftsapparat*, die von Elementen bestimmt sind, die nur wenig mit unabhängiger und kritischer Reflexivität zu tun haben (Einwerben von Drittmitteln, Orientierung an Gutachtern, Durchsetzen in der Konkurrenz, Abarbeiten von Verwaltungsvorgaben, Vergeben von Noten und Zukunftschancen etc.).

Auch im Ergebnisteil der Forschung von Oliver Trisch wird der erwähnte *Trennungszusammenhang* deutlich. So halten die interviewten Expert_innen zwar Theoriearbeit für notwendig, um zum Beispiel einer Beliebigkeit bei der Anti-Bias-Arbeit entgegenzuwirken. Es lässt sich aber auch eine gewisse Skepsis gegenüber Theorie erkennen, wenn diese die Form einer Sammlung von Handlungsanweisungen für die Praxis (‚vorschreibende' Theorie) haben sollte. Wenn eine Theorie also nützlich für eine Praxis sein soll, die von Akteur_innen betrieben wird, die einen *kritischen*, auf *Veränderung* zielenden Anspruch haben und gerade deshalb eigene blinde Flecken und Unzulänglichkeiten eigener Praxis reflektieren wollen, dann muss auch diese Theorie eine entsprechend zurückhaltende, doch zugleich anregende Form annehmen.

Oliver Trisch nimmt die Kommentare und Beobachtungen der interviewten Expert_innen jedenfalls zum Anlass, um eine literaturbezogene Reflexion zum Theorie-Praxis-Verhältnis durchzuführen und das eigene Verständnis zu begründen: Er sieht eine theoretische Fundierung in Form von *Denkangeboten als Unterlagen/Folien für die Praxis*, Angeboten, die im Verhältnis zur (pädagogischen) Weiterbildungs- und Berufspraxis auf einer anderen – in der Tradition von wissenschaftlichen Regeln stehenden – Praxis- und Wissensform beruhen. Bei Problemen und Fragen in einer berufs-, handlungs- und erfahrungsbezogenen Praxis kann diese Wissensform nicht einfach angewandt oder übernommen werden, sondern muss – so Oliver Trisch – jeweils passgenau *transformiert* werden.

Auf der Grundlage von theoriebezogenen Denkangeboten können auf diese Weise, so meine Erfahrung und Überzeugung, sich kritische Fragen an Routinen, Abläufen und Verhältnisse im berufspraktischen Handeln stellen –Routinen, Abläufe und Verhältnisse, die offenbar bislang als selbstverständlich wahrgenommen wurden. Mehr noch: Theorie erweist sich dann als nützlich für berufspraktisches Handeln, wenn damit ‚mehr' und ‚anderes' gesehen werden kann, wenn also eine *besondere Aufmerksamkeit* möglich wird, die zu einer *untersuchenden Haltung in kritischer Perspektive* beiträgt.

Weiterführend und lesenswert

Zu Weiterentwicklung dieser kritischen Perspektive hat Oliver Trisch nun ein umfassendes und komplexes Werk vorgelegt. Seine Beschreibungen und Erörterungen sind überaus differenziert und weiterführend und bewegen sich auf einem anspruchsvollen Niveau, wobei allerdings stets das Bemühen von Oliver Trisch erkennbar ist, für seine Leser_innen in einer (so weit möglich) verständlichen Weise zu formulieren.

Oliver Trisch hat im Kontext von Anti-Bias-Arbeit mit seiner Forschung einen wertvollen Beitrag zum Schließen einer empfindlichen Forschungslücke geleistet. Zudem ist die Darstellung der Auswertungsergebnisse aus den Interviews mit den Expert_innen und sind die daran anschließenden Überlegungen anschaulich und anregend. Es werden interessante und für den Fachdiskurs nützliche Ergebnisse geliefert und es bieten sich viele Anlässe für weiterführende Diskussionen, die zweifellos notwendig sind. Insgesamt also eine Forschung, die sich gelohnt hat, und ein Buch, das mit großem Gewinn für Theorie und Praxis gelesen werden kann.

Rudolf Leiprecht, Washington, im Februar 2013

Danksagung

Mein herzlichster Dank gilt insbesondere Prof. Dr. Rudolf Leiprecht für die intensive Betreuung während der gesamten Promotionszeit, Prof. Dr. Yasmin Karakaşoğlu, dem Promotionskolloquium in Oldenburg sowie Anne Sophie Winkelmann für das kritische Lesen meiner Texte, Samad Berdjas und Chris Dietzel für die persönliche Prozessbegleitung, Joachim Schmidt für die Korrekturen sowie der Hans-Böckler-Stiftung für das Promotionsstipendium und den weiteren Unterstützungsstrukturen. Zudem danke ich im Besonderen allen Interviewpartner_innen dieser Forschungsarbeit, Louise Derman-Sparks für den externen Blick auf die Anti-Bias-Arbeit in Deutschland sowie Beryl Hermanus und Welakazi Dlova, die mich vor Jahren mit ihrer Anti-Bias-Arbeit derart beeindruckt haben, dass ich selber damit begonnen habe. Weiterhin danke ich allen anderen Menschen, die mir an verschiedenen Stellen im Laufe meines Promotionsprozesses mit Rat und Tat zur Seite gestanden haben – ohne eure Unterstützung hätte ich dieses Projekt nicht verwirklichen können, vielen Dank!

Oliver Trisch, Berlin, im März 2013

Einleitung

Das Ziel der vorliegenden Studie ist es, den Anti-Bias-Ansatz – einen der reichhaltigsten und innovativsten Ansätze in der jüngeren Antidiskriminierungsarbeit – unter besonderer Berücksichtigung des historischen Kontextes in Deutschland einer theoretischen Fundierung zu unterziehen. Die Studie richtet sich dabei insbesondere auch an Theorie interessierte Praktiker_innen[1], die in der Antidiskriminierungsarbeit tätig sind.

Die besondere Bedeutung von Antidiskriminierungsarbeit lässt sich an vielen Lebensbereichen sowie deren Strukturen und Institutionen aufzeigen. Zunächst möchte ich dazu auf den *globalen Kontext* eingehen: Hier zeigt sich die Notwendigkeit von Antidiskriminierungsarbeit an den gesellschaftlichen Herausforderungen, die sich aus den weltweiten und zunehmenden Migrationsbewegungen einerseits und aus der Auseinandersetzung mit deren Ursachen andererseits ergeben. Migration hat vielfältige Gründe wie Vertreibung, Verfolgung, Flucht, Suche nach Arbeit oder auch Umweltkatastrophen – aber auch positive wie etwa Liebe, Bildung oder schlicht Neugier. Dahinter stehen jeweils wiederum verschiedene Ursachen, die auch einen Zusammenhang mit (gesellschaftlicher und struktureller) Diskriminierung aufweisen (können). Deutlich zu erkennen ist dies meist, wenn etwa bestimmte Bevölkerungsgruppen ‚offen' verfolgt oder an den Rand der Gesellschaft gedrängt werden. Aber auch so genannte Wirtschaftsflüchtlinge des globalen Südens können als eine Folge einer langjährigen Politik des globalen Nordens angesehen werden, durch die der globale Süden (noch immer) ausgebeutet wird. Zudem sind Flüchtlingsbewegungen aufgrund kriegerischer Auseinandersetzungen, beispielsweise zwischen rivalisierenden ethnischen oder religiösen Gruppen, immer auch entlang des Themas Diskriminierung zu analysieren, denn die Ideologie der Überlegenheit oder Vorherrschaft einer Gruppe über eine andere führt zu Diskriminierung auf allen Ebenen sowie zu Gewalttaten bis hin zu systematischem Morden und Genozid. Antidiskriminierung kann vor diesem Hintergrund auch als Gewaltprävention verstanden werden – in dem Sinne, Normen und Werte einer Gesellschaft und/oder einer Gruppe zu hinterfragen, Ideologien aufzudecken, die jeweils eigenen Erfahrungen mit Privilegierung und Diskriminierung zu reflektieren, Gründe für die Abwertung der Anderen und Aufwertung der eigenen Gruppe herauszuarbeiten sowie alternative Handlungsansätze für die eigene Praxis zu erarbeiten.[2]

Migrationsbewegungen stellen Nationalstaaten vor besondere Herausforderungen und konfrontieren sie zudem immer auch mit sich selbst. Nationalstaaten sind konstruierte Gebilde, die, zum Beispiel entlang von Zusammenhalt versprechenden Identifikationsmustern, überaus wirksam in Lebenswirklichkeiten eingreifen. Zudem müssen Nationalstaaten gleichzeitig und notwendigerweise Ein- und Ausschließungsprozesse wie zum Beispiel die Unterscheidung zwischen Inländer und Ausländer vornehmen (vgl. Anderson 1996, 17; Keil 2009, 22ff.).[3] Ulrike

---

1 Zur Schreibweise siehe die Ausführungen unter dem Stickpunkt Lesehinweise am Ende dieser Einleitung.

2 In diesem Zusammenhang ist auch die Herleitung der Begriffe ‚Anti' und ‚Bias' aus dem Altgriechischen interessant, denn nach Bettina Schmidt (2009) kann Anti-Bias diesbezüglich mit „anstelle von Gewalt" übersetzt werden (vgl. ebd., 98; siehe dazu auch Kapitel 2.1 dieser Studie zum Begriff Anti-Bias).

3 Vgl. dazu auch die Ausführungen zu den Begriffen Nation, Nationalismus und Patriotismus in Kapitel 5.2.3.

Hormel und Albert Scherr (2005) nennen diese Formen von Diskriminierung „legale Diskriminierung" (ebd., 27).[4] Aus dieser Perspektive betrachtet steht das Konstrukt Nationalstaat immer auch im Zusammenhang mit Diskriminierung und wird in Bezug auf Migration besonders brisant.

Ein übergeordnetes globales Referenzsystem der Staatengemeinschaft mit dem Ziel, die Anerkennung gleicher Rechte und gleicher Würde aller Menschen zu gewährleisten, sind die Menschenrechte und das Menschenrechtsschutzsystem. Die Menschenrechte bieten mit ihren völkerrechtlich verbindlichen Konventionen wie etwa der Antirassismuskonvention von 1965, der Frauenrechtskonvention von 1979, der Kinderrechtskonvention von 1989 oder der Konvention über die Rechte von Menschen mit Behinderungen von 2008 einen Rahmen, der auf rechtlicher Ebene vor Diskriminierung schützt und auch Eingang in die jeweiligen Rechtsprechungen von Nationalstaaten findet (vgl. Bielefeldt 2009a, 7f.). Dabei sind die Menschenrechte nicht nur auf einer juristischen Ebene zu verstehen, sondern sie bieten gleichfalls den Rahmen einer kritischen Auseinandersetzung über grundlegende gemeinsame Werte und Normen – dies ist unter anderem ein zentraler Teil der Menschenrechtsbildung. Menschenrechte verstehe ich in Anlehnung an Heiner Bielefeldt (2009a) „als eine unabgeschlossene Lerngeschichte in Antwort auf Unrechtserfahrungen" (ebd., 7). Vor diesem Hintergrund können Menschenrechte meines Erachtens – trotz der Bedenken einiger Anti-Bias-Aktiver – auch als eine Grundlage der Anti-Bias-Arbeit verstanden werden.[5]

Wird der *Blick auf Deutschland* gerichtet, so ist neben den Fragen und Herausforderungen, die sich aus dem Faktum eines Einwanderungslandes ergeben, in Bezug auf Diskriminierung der Rechtsextremismus wiederholt aktuell. Neben den im Jahr 2011 aufgedeckten langjährigen Gewalttaten und Morden einer bis dahin scheinbar unentdeckt agierenden Gruppe mit dem Namen ‚Nationalsozialistischer Untergrund' (vgl. Jansen 2012) und der Frage, wie eine solche rechtsextreme Gruppierung bzw. Organisation nicht gesehen werden konnte oder sollte, sind vor allem die Erkenntnisse verschiedener Studien zu erwähnen, die belegen, dass rechtsextreme Einstellungen zu einem großen Teil auch in der Mitte der deutschen Gesellschaft verankert sind (vgl. Decker/Brähler/Geißler 2006, 157f.), wobei circa 20 Prozent der Bevölkerung latent antisemitische Einstellungen aufweisen (vgl. Demirel/Farschid/Gryglewski et al 2011, 177).[6]

Neben Rechtsextremismus, Antisemitismus und Rassismus sind in Deutschland weitere Diskriminierungsformen von besonderer (medialer) Bedeutung. Einige Beispiele: Seit den Ergebnissen der ersten PISA-Studie im Jahr 2000 wird der Zusammenhang zwischen ethnischer bzw. sozialer Herkunft und Bildungserfolg wiederholt thematisiert (vgl. Hormel 2010, 173ff.). Es hat sich zum Beispiel gezeigt, dass „bei gleicher kognitiver und Lesekompetenz (…) AkademikerInnenkinder sehr viel häufiger als ArbeiterInnenkinder Gymnasialempfehlung (erhielten)"

---

4 Als legale Diskriminierung gilt nach Hormel und Scherr (2005) „[p]olitische und rechtlich abgesicherte Ungleichbehandlung auf der Grundlage legaler Unterscheidungen (Deutsche/Ausländer, EU-Angehörige/Drittstaatsangehörige, Arbeitsmigranten/Flüchtlinge, Aufenthaltsstatus)" (ebd., 27).

5 Vgl. dazu ausführlich Kapitel 5.3.2 zu Überschneidungen und Grenzen zwischen Anti-Bias-Arbeit und Menschenrechten.

6 Zu den Dimensionen von Rechtsextremismus mit den höchsten Zustimmungswerten zählen in der Studie von Oliver Decker, Elmar Brähler und Norman Geißler (2006) Ausländerfeindlichkeit, Chauvinismus und Antisemitismus. Letzterer ist „ein sehr bedeutsames Merkmal rechtsextremer Einstellung, das immerhin von fast jedem zehnten Deutschen geteilt wird" (ebd., 157; vgl. dazu auch Decker/Weißmann/Kiess/Brähler 2010).

(Kemper/Weinbach 2009, 123). Zudem ist nach wie vor die Geschlechtergleichstellung ein umkämpftes Feld. Zum Beispiel werden – bei gleicher Qualifikationsstufe – Frauen noch immer im Vergleich mit Männern schlechter bezahlt. So verdienen nach einer Umfrage aus dem Jahr 2011 Frauen im Durchschnitt rund 21 Prozent weniger als Männer (vgl. Wirtschafts- und Sozialwissenschaftliches Institut 2012). Zudem sind Frauen „in den DAX-30-Unternehmen nach wie vor die große Ausnahme, 96,3 Prozent der [Vorstands]Sitze wurden im Jahr 2011 von Männern eingenommen" (Holst/Schimeta 2012, 6). Aber auch eine Diskriminierung und Abwertung von Muslimas und Muslimen oder gleichgeschlechtlichen Lebensweisen ist in Deutschland deutlich erkennbar (vgl. Zick/Küpper/Hövermann 2011).

Hervorheben möchte ich an dieser Stelle, dass (Anti-)Diskriminierung nicht nur von besonderer Bedeutung für verfolgte, marginalisierte oder benachteiligte gesellschaftliche Gruppen und einzelne Menschen ist. Vielmehr bewegen sich *alle* Menschen in globalen und gesellschaftlichen Machtstrukturen und haben daher jeweils – in unterschiedlicher Form, mit unterschiedlichen Auswirkungen und auf unterschiedlichen Ebenen – Erfahrungen sowohl mit Diskriminierung und Unterdrückung als auch Privilegierung und Dominanz gemacht (vgl. Schmidt 2009, 64f.). Jene Realitäten aufzugreifen, sie zu bearbeiten und ihnen etwas entgegenzusetzen, ist eine der Aufgaben und Ziele des Anti-Bias-Ansatzes. Dieser bietet sich aufgrund seiner Konzeption hervorragend an, das Phänomen Diskriminierung im Gesamten in den Blick zu nehmen, da sowohl verschiedene Ebenen von Diskriminierung thematisiert werden (interpersonelle, ideologisch-diskursive, institutionell-strukturelle) als auch die Überschneidungen und Wechselwirkungen verschiedener Diskriminierungsformen wie etwa Homophobie, Sexismus, Rassismus, Klassismus, Fähizismus.[7] Damit knüpft der Anti-Bias-Ansatz auch in idealer Weise an die in der Fachdebatte unter dem Stichwort Intersektionalität verhandelte Herausforderung an (vgl. Eisele/Scharathow/Winkelmann 2008, 21ff.).[8] Wichtig ist, Anti-Bias-Arbeit dabei weder zu überfordern noch zu funktionalisieren. Diskriminierung ist vor allem auch ein gesellschaftliches Problem und somit auch als eine politische Aufgabe zu verstehen. Anti-Bias-Arbeit kann vor diesem Hintergrund nur eine flankierende Maßnahme sein und sollte in erster Linie präventiv und berufsfeldbezogen eingesetzt werden.

Neben den deutlich gewordenen Problemfeldern in Bezug auf Diskriminierung möchte ich jedoch auch die vielfältigen Errungenschaften im direkten gesellschaftlichen Miteinander sowie auf diskursiver und struktureller Ebene nicht verschweigen. Diese sind oft unter großen Opfern durch zum Teil seit Jahrhunderten andauernde Auseinandersetzungen und Kämpfe um die Gleichberechtigung aller Menschen und Gruppen erreicht worden (und sind auch heute noch immer wieder umkämpft). Zu nennen sind aus einer internationalen Perspektive zum Beispiel die im Jahre 2008 verabschiedete UN-Konvention über die Rechte von Menschen mit Behinderungen, die darauf zielt, Inklusion im Sinne einer vollständigen gleichberechtigten gesellschaftlichen Teilhabe voran zu treiben (vgl. Bielefeldt 2009). Weitere auf den deutschsprachigen Kontext bezogene Beispiele sind das heute selbstverständliche Wahlrecht von Frauen, das in Deutschland 1918 eingeführt wurde (vgl. Trisch/Lohrenscheit 2009, 28) oder das in einigen Lebensbereichen

---

7 Vgl. dazu die Ausführungen zu Grundannahmen und zentralen Inhalten des Anti-Bias-Ansatzes in Kapitel 2.4.

8 Vgl. zum Thema Intersektionalität auch Kapitel 2.4.3 „Einbezug aller Formen von Diskriminierung".

mittlerweile mögliche öffentliche Bekenntnis prominenter Menschen zu ihrer Homosexualität ohne nachfolgende gesellschaftliche Brandmarkung, wie etwa bei TV-Moderatorin Anne Will, Schauspielerin Ulrike Folkerts oder Berlins Bürgermeister Klaus Wowereit. Dass es nach wie vor interpersonelle, diskursive sowie strukturelle Diskriminierungen und auch Angriffe gegen diese und andere diskriminierte und marginalisierte Gruppen in Deutschland gibt, soll mit der vorhergehenden Ausführung nicht in Frage gestellt werden.

Forschungsgegenstand, Forschungsinteresse und zentrale Fragestellungen

Der Forschungsgegenstand dieses Promotionsvorhabens ist der aus den USA stammende und in Südafrika für die Erwachsenenbildung weiterentwickelte Anti-Bias-Ansatz, der seit Mitte der 1990er Jahre auch in Deutschland in verschiedenen Praxisfeldern zur Anwendung kommt.[9] Anti-Bias arbeitet hauptsächlich mit mehrtägigen erfahrungs- und prozessorientierten Seminaren und Weiterbildungen.[10] Im Vordergrund stehen dabei die Auseinandersetzung mit den eigenen Diskriminierungserfahrungen sowie die Entwicklung alternativer Handlungsansätze gegen Diskriminierung in den verschiedenen Praxisfeldern und auf verschiedenen Ebenen. Der Ansatz eröffnet dabei die Möglichkeit, bewusst und verantwortungsvoll mit Erfahrungen, Privilegien und Macht umzugehen. Vor allem in der Erwachsenenbildung in der Anti-Bias-Arbeit findet sich zudem die konkret formulierte Utopie einer diskriminierungsfreien Gesellschaft (vgl. Schmidt/Dietrich/Herdel 2009, 165). Insgesamt betrachtet zeigt sich in der Anti-Bias-Arbeit bislang ein eindeutiger Praxisschwerpunkt.

Mein Forschungsinteresse gilt (daher) der theoretischen Weiterentwicklung, Fundierung und Begründung des Konzeptes sowie seine Adaption an den deutschen Kontext – in der Hoffnung, auch einige Anregungen und Gedankenanstöße für die Praxis bereit zu stellen. Bislang steht eine fundierte theoretische Auseinandersetzung unter besonderer Berücksichtigung der Geschichte Deutschlands für den Anti-Bias-Ansatz noch aus. Ein Ziel dieses Promotionsvorhabens ist es daher, diese Lücke zu schließen und damit einen Beitrag zur theoretischen Fundierung von Anti-Bias zu leisten, die Eigenheiten und Besonderheiten in Deutschland berücksichtigt. Der Fokus liegt dabei auf dem Bereich Erwachsenenbildung. Von Bedeutung ist dies jedoch hauptsächlich für die konkreten Beispiele. Die theoretischen Analysen, Grundlegungen, Fundierungen und Schlussfolgerungen beziehen sich allgemein auf alle Praxisfelder. Vor diesem Hintergrund beschäftigen mich folgende zentrale Fragestellungen in meiner Studie:

- Welche wiederkehrenden Schwierigkeiten in der Anti-Bias-Arbeit lassen sich beobachten und womit hängen diese zusammen?
- Welche Qualitätskriterien gibt es in der Anti-Bias-Arbeit?
- Welche Theorien fließen in die Anti-Bias-Arbeit ein bzw. auf Basis welcher theoretischen Grundlagen wird gearbeitet?
- Wie findet ein Theorie-Praxistransfer statt?

---

9 Vgl. zur Entwicklungsgeschichte der Anti-Bias-Ansatzes die Ausführungen in Kapitel 2.2.

10 Nach Bettina Schmidt (2009) zeigen sich drei Umsetzungen der Anti-Bias-Arbeit: als Seminarkonzept politischer Bildungsarbeit, als Organisationsprofil und als Haltungsarbeit (vgl. ebd., 53ff.). Vgl. dazu auch Kapitel 2.2.3 der vorliegenden Studie zur Entwicklungsgeschichte des Anti-Bias-Ansatzes in Deutschland.

- Welche Elemente des Anti-Bias-Ansatzes bedürfen einer Anpassung an den deutschen Kontext?
- Welche Bedeutung haben die historischen Spezifika bzw. Besonderheiten Deutschlands für die Anti-Bias-Arbeit?
- Wo liegen die Grenzen und Überschneidungen zu anderen Ansätzen, Konzepten und Verfahren?
- Was bedeutet Professionalität im Kontext der Anti-Bias-Arbeit in Deutschland?

Methodisches Vorgehen

Die vorliegende Arbeit ist eine qualitativ-empirische Studie (vgl. Mayring 2002, 50ff.).[11] Es wurden insgesamt acht Expert_inneninterviews mit Akteur_innen der Anti-Bias Arbeit durchgeführt, sieben Interviews mit Expert_innen der Anti-Bias-Arbeit in Deutschland und eines mit der Begründerin des Ansatzes – Louise Derman-Sparks – im Zuge meines Forschungsaufenthaltes in den USA. Aus der Analyse der Interviews und unter Aufarbeitung der einschlägigen Fachliteratur (Internetrecherchen, Quellenstudien und Textanalysen) ergaben sich die zu fundierenden Themen, deren Diskussion und Ergebnisse in den Kapiteln vier, fünf und sechs zu finden sind.

Meine Motivation für diese Studie

Meine Motivation den Anti-Bias-Ansatz theoretisch zu fundieren und weiterzuentwickeln, lässt sich anhand von drei Punkten skizzieren. Zum einen möchte ich im Sinne des oben beschriebenen aktuellen gesellschaftlichen Rahmens auf einer Metaebene einen Beitrag zur Gleichberechtigung aller Menschen und zum Abbau für Diskriminierung leisten, dazu bietet sich der Anti-Bias-Ansatz als neuerer Ansatz der Antidiskriminierungsarbeit an. Der Hintergrund dieser Motivation, die ich an dieser Stelle als *ethische Motivation* bezeichnen möchte, sind meine eigenen persönlichen Diskriminierungs- und Ausgrenzungserfahrungen als Diskriminierter und Diskriminierender, meine dadurch ursprünglich motivierte Auseinandersetzung mit dem Thema und spätere professionelle Beschäftigung mit dem Phänomen Diskriminierung und dem Anti-Bias-Ansatz sowie mein (immer weiter) ‚erwachendes' Bewusstsein für meine privilegierte Stellung bzw. meine Privilegien und meine daraus folgende Verantwortung für den Umgang mit diesen. Des Weiteren lässt sich eine *persönlich-berufsbezogene Motivation* feststellen. In meiner langjährigen Arbeit mit dem Anti-Bias-Ansatz – auf praktischer als auch auf theoretischer Ebene – habe ich bisher neben den herausragenden Eigenschaften dieses Ansatzes auch etliche Schwierigkeiten und Desiderate feststellen müssen, die eindeutig (auch) in einer fehlenden theoretischen Fundierung liegen. So besteht ein Teil meiner Motivation auch darin, meine eigene Anti-Bias-Arbeit weiter zu verbessern bzw. zu fundieren. Darüber hinaus besteht auch eine *professionell-diskursbezogene Motivation,* denn es ist mir ein besonderes Anliegen, einen Beitrag zur theoretischen Fundierung des Ansatzes für den deutschen Kontext zu leisten, die den theoretisch-wissenschaftlichen Diskurs zur Anti-Bias-Arbeit voranbringt und gleichzeitig auch die Praxis stärkt.

[11] Siehe dazu auch die Ausführungen zum Forschungsdesign dieser Studie in Kapitel 3.

Eigene Positionierung

Vor dem Hintergrund meiner eigenen persönlichen Diskriminierungserfahrungen einerseits sowie meiner weiteren (persönlichen und beruflichen) Beschäftigung mit dem Thema und der dadurch zunehmenden Sensibilisierung auch für meine gesellschaftlich privilegierten Positionen andererseits, möchte ich an dieser Stelle darauf hinweisen, dass diese Studie zudem aus der Perspektive eines (auch) *weißen*[12], mitteleuropäischen und westdeutschen, überwiegend männlich sozialisierten Menschen geschrieben ist.[13] Dies bringt mit sich, dass ich nur insoweit andere Perspektiven mitdenken bzw. einbeziehen kann, wie der Stand der Reflexion meiner eigenen Erfahrungen sowie meiner Empathiefähigkeit bzw. Fähigkeit zum Perspektivwechsel zum Zeitpunkt der Verfassung dieser Studie ist.[14] Meine Perspektive(n) offen zu legen und sowohl mir als auch den Leser_innen dieser Studie bewusst zu machen, empfinde ich neben einer weiter andauernden professionellen, persönlichen und kritischen Auseinandersetzung mit Diskriminierung, Privilegierung und meiner eigenen Perspektive als ein Teil verantwortlichen Handelns in der Antidiskriminierungsarbeit.

Aufbau der Studie

In Kapitel eins werden die Ziele und Maßnahmen der politischen Bildung vor dem Hintergrund der jeweiligen historische Epochen skizzenhaft nachgezeichnet. Die historischen Darstellungen dienen dazu, Anti-Bias-Arbeit in Deutschland, hier verstanden als ein Ansatz in der politischen Bildung, vor dem Hintergrund der spezifischen historischen Entwicklungen zu betrachten. Anzumerken ist, dass Anti-Bias-Arbeit nicht nur als politische Bildung, sondern darüber hinaus auch als Organisationsprofil und als Haltungsarbeit verstanden werden kann (vgl. Schmidt 2009, 53ff.). Da jedoch ein Großteil der Anti-Bias-Arbeit mit Erwachsenen in Deutschland, auf die ich mich in der vorliegenden Studie beispielhaft beziehe, in Form von Seminararbeit stattfindet, beziehe ich mich hier auf die politische Bildung.

Nachfolgend wird in Kapitel zwei der Forschungsgegenstand – der Anti-Bias-Ansatz – entlang seiner Entwicklungslinien sowie zentralen inhaltlichen Aspekten dargestellt. Dabei beziehe ich mich vor allem auf die aktuelle deutschsprachige Fachliteratur, in erster Linie auf die

---

12 Der Begriff „weiß“ meint in diesem Zusammenhang nicht eine ‚helle‘ Hautfarbe, sondern bezieht sich auf das Konstrukt Weißsein, welches „als eine historisch und kulturell geprägte symbolische und soziale Position, die mit Macht und Privilegien einhergeht“ verstanden werden kann (Arndt 2009, 343). Um dies zu verdeutlichen und im Sinne einer grundsätzlichen Kritik „essentialistischer und biologistischer Interpretationen“ von Begriffen, die Zugehörigkeiten beschreiben (etwa weiß und schwarz), werden diese Begriffe im Folgenden *kursiv* gesetzt (Schmidt 2009, 13).

13 Diese Aufzählung spiegelt zum einen meine eigene vorherrschende Auseinandersetzung mit Diskriminierung wieder. Zum anderen drückt sich in dieser Aufzählung vermutlich ebenfalls der aktuelle Diskurs der Anti-Bias-Arbeit in Deutschland aus (vgl. dazu auch Kapitel 6.2.2 „Zum Seminarleitungsteam in der Anti-Bias-Arbeit“).

14 Beeinflusst wird meine Perspektive zudem davon, inwieweit ich auf ‚vermitteltes‘ Erfahrungswissen zurückgreifen kann. So habe ich beispielsweise privaten und beruflichen Kontakt mit Menschen, die in der DDR geboren und aufgewachsen sind. Im Rahmen dieser Beziehungen gibt es auch Gespräche, die sich auf die Unterschiede in der Sozialisation zwischen DDR und BRD, innerhalb der DDR und BRD sowie die Überschneidungen mit anderen Positionierungen (wie etwa soziale Herkunft) beziehen. In Bezug auf die DDR kann ich also zum Beispiel auf ein gewisses Maß an ‚vermitteltem‘ Erfahrungswissen zurückgreifen.

wissenschaftlichen Arbeiten von Bettina Schmidt (2009) und Katja Gramelt (2010) sowie auf verschiedene Publikationen von Petra Wagner und Louise Derman-Sparks.

Das Kapitel drei befasst sich eingehend mit dem Forschungsdesign der vorliegenden Studie und erläutert ausführlich die Methodik. Dazu gehört neben der Darstellung der Grundannahmen und der Auswahl der Interviewpartner_innen auch das Verfahren der Interviewanalyse.

Die Kapitel vier, fünf und sechs stellen den eigentlichen Kern dieser Studie dar. Sie sind die Ergebnisse der eigenen Forschung auf Grundlage der vorangegangenen Interviewanalyse und nehmen drei übergeordnete Themenfelder der Anti-Bias-Arbeit ausführlich in den Blick.

Kapitel vier setzt sich unter dem Titel *grundlegende theoretische Bestimmungen* mit Fragen zu Theorie und Praxis auseinander und versucht zunächst beide Begriffe (wissenschafts)theoretisch zu fassen. Nachfolgend werden Überbrückungsfiguren zwischen Theorie und Praxis thematisiert und die Frage des Theorie-Praxis-Transfers aufgegriffen. Dabei werden sowohl grundlegende Modelle der Trainingstransferforschung zur Sprache gebracht als auch die Ergebnisse einer Studie zur Evaluation einer Anti-Bias-Weiterbildungsreihe miteinbezogen. Nach diesen ersten grundlegenden Auseinandersetzungen werden die Theoriekontexte, die hinter der jeweiligen Anti-Bias-Arbeit stehen in den Blick genommen. Von Interesse ist dies aus zwei Gründen: Zum einen zeichnet sich der Anti-Bias-Ansatz durch seine Offenheit aus, in dem Sinne, dass Anti-Bias-Arbeit *keinem* copyright und *keiner* strikten Ausbildungsregelung unterliegt, wodurch dann (möglicherweise) auf einen bestimmten Theoriekanon zurückgriffen würde. Zum anderen ist in der praktischen Bildungsarbeit oft festzustellen, dass Theorieannahmen und -bezüge nicht expliziert werden – obwohl sie vorhanden sind (vgl. Elverich/Kalpaka/Reindlmeier 2006, 9). Nach der Auseinandersetzung mit den Theoriehintergründen wird der in der Anti-Bias-Arbeit zentrale Begriff Diskriminierung anhand verschiedener Aspekte näher bestimmt. Dazu gehört auch die Diskussion grundlegender Modelle. Zum Abschluss des Kapitels wird der Frage nachgegangen, inwieweit eine Utopie für die (eigene) Arbeit handlungsmotivierend wirken kann.

Das Kapitel fünf befasst sich mit *Kontextualisierungen der Anti-Bias-Arbeit in Deutschland* und greift dabei die Frage auf, ob ein situationsbezogener Ansatz grundsätzlich einer Anpassung bedarf. Im Anschluss werden spezifische Herausforderungen thematisiert, die der historischen Vergangenheit Deutschlands geschuldet sind. Zur Sprache kommen dabei der deutsche Kolonialismus, das Thema Ost- und Westdeutschland sowie die Schwierigkeiten, ‚deutsch sein' zu thematisieren.[15] Zudem widmet sich das Kapitel den Überschneidungen und Grenzen des Anti-Bias-Ansatzes zu angrenzenden Ansätzen, Konzepten und Verfahren. Explizit in den Blick genommen werden das Feld interkultureller und antirassistischer Ansätze und Konzepte, das Thema Menschenrechte und Menschenrechtsbildung, die Social Justice Education sowie die Frage nach der Verortung des selbstreflexiven Anteils in der Anti-Bias-Arbeit zwischen Pädagogik und Therapie.

---

[15] Der Beginn der historischen Analyse liegt bewusst auf der Zeit der deutschen Kolonialpolitik ab 1871. Dieser Hintergrund wurde in Ansätzen antidiskriminierender Arbeit bislang wenig oder gar nicht aufgegriffen. Aufgrund der guten Datenlage, der zahlreich vorhandenen Publikationen und pädagogischen Konzepte steht die Zeit des Nationalsozialismus *nicht* im Mittelpunkt der historischen Analyse (vgl. dazu auch Kapitel 3 zum Forschungsdesign dieser Studie).

Das Kapitel sechs greift abschließend das Thema *Professionelles Handeln in der Anti-Bias-Arbeit* auf. Diskutiert werden dabei Fragen zum Begriff Professionalisierung sowie drei zentrale Themenfelder pädagogischer Professionalität in der Anti-Bias-Arbeit. Zuerst werden grundlegende Aspekte des Begriffs bzw. Konzepts Kompetenz thematisiert. Dies erfolgt am Beispiel der historischen Dimension, das heißt es wird der Frage nachgegangen, welche Kompetenzen aus welchen Gründen für die Leitung eines Anti-Bias-Seminars in Bezug auf die Geschichte Deutschlands bedeutsam und hilfreich sein können. Im Anschluss werden zentrale Fragen bezüglich der Zusammensetzung von Seminarleitungen in der Anti-Bias-Arbeit erörtert. Zuletzt befasse ich mich mit der Bedeutung prozessbegleitender Beratung von Teamenden. Dazu werden verschiedene Konzepte wie Supervision und Kollegiale Beratung in einem Überblick dargestellt und hinsichtlich ihrer Einsetzbarkeit in der Anti-Bias-Arbeit in den Blick genommen.

Die Kapitel sieben und acht stellen den Schlussteil der vorliegenden Studie dar. Das Kapitel sieben beinhaltet eine *ausführliche und abschließende Zusammenfassung* entlang der zentralen Themen dieser Studie. Kapitel acht enthält das *Fazit* sowie einen *Ausblick* auf mögliche nächste Schritte einer Weiterentwicklung der Anti-Bias-Arbeit in Deutschland.

Lesehinweise

Meiner Ansicht nach ist nicht davon auszugehen, dass in der vorherrschenden männlichen Schreibweise tatsächlich weibliche und andere Perspektiven wie die von transidenten oder intersexuellen Menschen mitgedacht werden: „Vielmehr ist der (gewöhnliche) Ausschluss der weiblichen Perspektive [und anderen Perspektiven] ein Beispiel für sich reproduzierende Diskriminierungen, die sich über Jahrhunderte entwickelten“ (Trisch 2005, 11). Da ich zum Nachdenken über entstehende (und nicht entstehende) Bilder in Bezug auf das Thema Geschlechteridentitäten beim Lesen dieser Studie anregen möchte, wähle ich für die vorliegende Studie einen unkonventionellen Umgang und verwende eine Schreibweise mit Unterstrich (zum Beispiel Lehrer_innen). Diese Schreibweise bewegt sich zwar weiterhin zwischen den Polen männlich und weiblich, sie lässt aber deutlich mehr Raum für weitere Geschlechteridentitäten.[16] Von dieser Regelung ausgenommen sind alle Literaturzitate und Interviews, diese werden wie im Original wiedergegeben.

In Bezug auf das Thema Wissenschaftssprache stelle ich weiterhin folgende Überlegungen voran. Das Verfassen einer Promotion mit dem Ziel auch (an Theorie interessierte) Praktiker_innen der Anti-Bias-Arbeit anzusprechen sowie akademisch uninteressierte oder nicht vorgebildete Menschen *nicht grundsätzlich* auszuschließen, ist eine große Herausforderung. Einerseits muss die Sprache dem wissenschaftlichen Standard der jeweiligen Fachdisziplin genügen, denn eine Promotion ist nun einmal eine Qualifizierungsarbeit mit dem Ziel der Aufnahme in die wissenschaftliche Community. Andererseits möchte ich ebenfalls die andere Zielgruppe – Praktiker_innen und akademisch uninteressierte oder nicht vorgebildete Menschen, die mit einer akademischen Sprache nicht oder wenig vertraut sind – nicht aus den Augen verlieren. Schließlich sind sie es, die mit dem Ansatz konkret arbeiten und daher eine Bereicherung ihrer Praxis von der vorliegenden Forschung erwarten dürfen. Außerdem ist der Anti-Bias-Ansatz kein Forschungsgegenstand, der quasi um seiner selbst willen ‚nur‘ zu Wissenschaftszwecken untersucht wird.

---

[16] Diese Schreibweise dient zudem der Markierung von ‚Leerstellen‘ im Bewusstsein des Mainstream.

Diese Studie steht somit in der Tradition der Praxis- und Handlungsforschung. Dadurch stehe ich in Bezug auf die Verwendung von Fachsprache vor der Herausforderung, einen Mittelweg einzuschlagen. Aus diesem Grund verwende ich überwiegend die deutsche Übersetzung von Fremdwörtern oder gebe diese in Klammern mit an, bemühe mich kurze Sätze zu schreiben und stelle an das Ende jedes Kapitels eine kurze Zusammenfassung, die einen praxisnahen, das heißt oft zeitlich überschaubaren, Zugang der Inhalte ermöglichen soll.

Des Weiteren möchte ich auf die unterschiedlichen Zitierweisen aufmerksam machen. Bei Zitaten aus der *Fachliteratur und anderen Quellen* kommen folgende Regeln zur Anwendung:

- Zitate stehen im Fließtext in doppelten Anführungszeichen.
- Auslassungen werden mit runden Klammern (…) gekennzeichnet.
- Einlassungen durch den Verfasser dieser Studie werden mit eckigen Klammern [Beispiel] gekennzeichnet.

Zitate aus den *Transkripten* der Interviews unterscheiden sich von der obigen Zitierweise in folgenden Punkten:

- Zitate sind in Schriftgröße 10 gesetzt und eingerückt.
- Zitate sind am Ende mit einer Quellenangabe versehen, die den Namen und die Zeilenzahl beinhaltet (Name, 25).[17]

---

[17] Alle Interviews wurden anonymisiert. Lediglich das Interview mit der Mitbegründerin des Anti-Bias-Ansatzes, Louise Derman-Sparks, wird aus Gründen der herausgehobenen Position mit dem tatsächlichen Namen gekennzeichnet. Vgl. dazu auch die weiteren Ausführungen in Kapitel 3.3.5 zur Interviewdurchführung und Transkription.

A. Historischer Rahmen, Forschungsgegenstand und Forschungsdesign

1. Politische Bildung in Deutschland im Spiegel der Geschichte

Für eine angemessene emanzipatorische Bildungsarbeit[18] im Rahmen der politischen Bildung,[19] die beispielsweise Rassismus nicht einzig als ein individuelles Problem Einzelner oder als Ausdruck rechtsextremer Gruppierungen mit NS-Ideologie betrachtet, ist es unumgänglich, die eigene Geschichte sowie die daran anknüpfenden Maßnahmen der politischen Bildung in einem größeren Kontext kritisch in den Blick zu nehmen. Aus diesem Grund greift die vorliegende Studie in ihrer historischen Analyse explizit auch die Zeit des (deutschen) Kolonialismus auf. Das Ziel des nachfolgenden Kapitels ist es, die Entwicklungslinien der politischen Bildung in Deutschland ab 1871 in ihrem historischen Kontext überblicksartig nachzuzeichnen.[20] Dazu gehört es auch, die Entwicklungen in der ehemaligen DDR zu betrachten. Die Zeit des Nationalsozialismus wird aufgrund der guten Datenlage und der zahlreich vorhandenen Publikationen und pädagogischen Konzepte, wie beispielsweise der verschiedenen Ansätze zur Erinnerungsarbeit oder der Verankerung in der schulischen Bildung, nur kurz umrissen (vgl. Hormel/Scherr 2005, 235). Anknüpfend an die folgenden Darstellungen der einzelnen historischen Phasen und deren jeweiligen Formen politischer Bildung, werden aktuelle Entwicklungen und Problemfelder der politischen Bildung in Deutschland aufgezeigt. Abschließend werden verschiedene Analysekategorien erarbeitet, mit Hilfe derer die unterschiedlichen Ansätze und Konzepte systematisiert und verglichen werden können.

1.1 Kolonialgeschichte(n)[21]

Deutsche Kolonien, oder deutlicher Besitzergreifungen, gab es schon vor der deutschen Reichsgründung von 1871, so etwa die Welser-Kolonie (1528-1556), ein Handelsstützpunkt in Venezuela[22], die Brandenburgisch-Preußischen Eroberungen im heutigen Ghana (Groß Friedrichsburg 1683-1718) und in Mauretanien (Insel Arguin 1685-1721), in der Karibik die heute zu den USA gehörenden Amerikanischen Jungferninseln (St. Thomas in Dänisch-Westindien 1685-1720) oder

[18] Ich verwende den Begriff in Anlehnung an Janne Mende und Stefan Müller (2009), die als zentrale Elemente eines emanzipativen politischen Bildungsbegriffs die Aufklärung im Kantschen Sinne, die Thematisierung ihrer Grenzen, die Selbstreflexion der eigenen Arbeit, die Verstrickung und Interdependenzen von Mensch und Gesellschaft sowie die Wahrnehmung von Menschen als begründet handelnde Subjekte anführen (vgl. ebd., 6ff.).

[19] Den Anti-Bias-Ansatz kann nach Bettina Schmidt (2009) als Bildungskonzept, Haltung und Organisationsprofil verstanden werden (vgl. ebd., 53ff.). Als ‚reines' Bildungskonzept im Sinne von Seminararbeit, ist der Ansatz im Feld der politischen Bildung zu verorten (vgl. ebd.).

[20] Erste Formen politischer Bildung gab es bereits vor der Gründung des Deutschen Reiches, jedoch „sehen viele AutorInnen die Anfänge der politischen Bildung in Deutschland im Kaiserreich" (Dettendorfer 2009, 19).

[21] Maria do Mar Castro Varela und Nikita Dhawan (2005) merken an, dass der Versuch das Phänomen Kolonialismus umfassend zu beschreiben nicht gelingen kann, „da solche Anstrengungen doch in Simplifizierungen münden, die nicht nur die komplexen, sondern auch widersprüchlichen Praxen der Kolonialisierung banalisieren würden" (ebd., 12). Ich schließe mich dieser Argumentation an und verwende aus diesem Grund für dieses Kapitel den Begriff Kolonialgeschichte(n).

[22] Diese war jedoch keine Kolonie im staatsrechtlichen Sinn (vgl. Walter 1992).

die Krabbeninsel (Dänisch-Westindien 1689-1693) (vgl. Walter 1992, van der Heyden 2005, Conrad 2008, 17ff.).

Kolonien[23] des Deutschen Reiches befanden sich vor allem in Afrika, später auch im Pazifik sowie in Nordostchina die Marinekolonie Kiautschou (1898-1914) (vgl. Gründer 2004; Leutner 2005). „Nach Großbritannien, Frankreich und den Niederlanden verfügte Deutschland damit über das viertgrößte europäische Kolonialreich" zwischen 1884 und 1899 (Conrad 2008, 22). Mit dem Namen Deutsch-Neuguinea (1885-1919) wurden insgesamt neun verschiedene Gebiete und Inseln in der Südsee bezeichnet. Dazu gehörten das Kaiser-Wihelms-Land, das Bismark-Archipel, die Bougainville-Insel (heute Papua-Neuguinea), die Nördliche Salomon-Insel (heute Salomonen), Marianen, die Marshallinseln, Palaua, Karoline (heute Mikronesien) und Nauru sowie zusätzlich Samoa (1899-1919) (vgl. ebd., 32). In Afrika befand sich mit Deutsch-Südwestafrika (1884-1918) im heutigen Namibia die Region, die als einzige Siedlerkolonie vorgesehen war und in der sich eine größere Anzahl von Siedler_innen aus Deutschland niederließ (vgl. Conrad 2008, 29). Übrigens ist Namibia „die einzige ehemalige Kolonie, in der heute noch eine deutschsprachige Minderheit lebt" (ebd.). Zu Deutsch-Ostafrika (1885-1919) gehörten Gebiete im heutigen Tansania, Ruanda und Burundi (vgl. ebd., 31), unter dem Namen Deutsch-Witu (1885-1890) wurden Gebiete im südlichen Kenia kolonialisiert. Mit dem Helgoland-Sansibar-Vertrag von 1890 wurde das so genannte Deutsch-Wituland im Tausch gegen Helgoland unter britische Herrschaft gestellt (vgl. Nowack 1999). Ebenfalls zu den deutschen Kolonialgebieten zählte Kamerun (1884-1919), der Ostteil von Nigeria, der Südwesten vom Tschad, der Westen der Zentralafrikanischen Republik, Kongo Nordost sowie Gabun Nord (vgl. ebd., 30). Weiterhin eignete sich die deutsche Kolonialmacht Gebiete in Togo und West-Ghana an, die daraufhin Togoland (1884-1919) genannt wurden und in erster Linie eine typische Handlungskolonie darstellten (vgl. Conrad 2008, 30f.).

Die Epoche der deutschen Kolonialherrschaft war im europäischen Vergleich mit ca. 35 Jahren relativ kurz. Die Annahme, dass aus diesem Grund keine nennenswerten Zusammenhänge zu aktuellen Problemen hierzulande oder in den ehemals kolonialisierten Gebieten aufgezeigt werden könnten, ist jedoch falsch (vgl. Castro Varela/Dhawan 2005, 11). Gleichwohl ist aus Sicht der ehemals kolonialisierten Bevölkerung die Frage nach bedeutenden Auswirkungen des deutschen Kolonialreiches im Vergleich zur Jahrhunderte langen Geschichte eines Kontinents mitzudenken (vgl. Conrad 2008, 37). Da die Lage in den einzelnen deutschen Kolonien sehr unterschiedlich war, lassen sich keine allgemeinen Schlussfolgerungen ziehen (ebd., 39). Jedoch ist ein gemeinsames Merkmal im Kontext der Postcolonial-Studies[24], „dass der koloniale Diskurs mit einem rassistisch geprägten Superioritätsdenken einherging. So wie *Weiß*sein seinerzeit kolo-

[23] Diese wurden in der amtlichen Sprache „Deutsche Schutzgebiete" genannt. Die Formulierung steht meines Erachtens stellvertretend für das vorherrschende Verständnis und dessen Legitimation die okkupierten Gebiete zu ihrem Wohle schützen zu müssen. Nach Sebastian Conrad (2008) sprach Bismarck von ‚Schutzgebieten', um seine Idealvorstellung von der Einrichtung privatwirtschaftlicher Kolonialgesellschaften zu unterstrichen (vgl. ebd., 23).

[24] Seit den 1990er Jahren existiert mit den Postcolonial-Studies in den USA ein akademischer Diskurs über die Auswirkungen der Kolonialzeit auf Seiten der Kolonisierten als auch der Kolonisierenden, der seit einigen Jahren auch in Deutschland angekommen ist (vgl. Castro Varela/Dhawan 2005).

niales Herrenmenschentum bedeutete, so beanspruchte das Deutsche Reich von 1871 durch seinen Kolonialbesitz wie durch seine expansive Flottenpolitik nicht mehr nur eine kontinentale Großmacht, sondern gar eine Weltmacht zu sein" (van der Heyden/Zeller 2005, 8). Ausdrücklich hinweisen möchte ich an dieser Stelle auf die notwendige Debatte um den Völkermord an den Herero im heutigen Namibia – schon allein vor diesem Hintergrund kann nicht von einer unbedeutenden oder zu vernachlässigenden Rolle der deutschen Kolonialmacht gesprochen werden (vgl. Zimmerer/Zeller 2003; Böhlke-Itzen 2004).[25]

Darüber hinaus muss die deutsche Kolonialzeit im Kontext der europäischen Epoche des Kolonialismus gesehen werden, die wesentlich länger andauerte und deren Auswirkungen bis heute erkennbar und wirkmächtig sind (vgl. Conrad 2008, 87, 93f., 100). Sie zeigen sich – auch in Deutschland – etwa in der Sprache, in Diskursen, in sozialen, politischen, rechtlichen und ökonomischen Machtverhältnissen sowie der Populärkultur (vgl. Arndt/Hornscheidt 2008, 18ff.; Conrad 2008, 120). Beispiele für die hierzulande noch immer ausstehende umfassende und kritische Aufarbeitung der Kolonialgeschichte sind u. a. Straßennamen wie etwa die „Mohrenstraße", die „Petersallee" in Berlin oder koloniale Denkmäler (vgl. Zeller 2000; Aikins 2004; Jokinen 2009; Arndt/Hornscheidt 2009, 168ff.).[26] Aber auch in vielen Bereichen des alltäglichen Lebens finden sich Beispiele, so sind „dominierende Vorstellungen zu ‚Deutschsein' in Geschichte und Gegenwart (…) eng an einen Typus mit bestimmten äußerlichen Merkmalen gekoppelt: Blaue Augen, blondes Haar, weiße Haut" (Pokos 2009). Die rassistische Ordnung von *schwarzen* und *weißen* Menschen entlang biologischer und kultureller Differenzen ist dabei nicht nur einseitig auf die Kolonialzeit zurückzuführen sondern beginnt bereits mit den Philosophen der Aufklärung wie Kant, Hegel, Locke etc. (vgl. Farr 2009, 43ff.). Dennoch „hat der deutsche Kolonialismus die Voraussetzungen für die Konstitution einer ‚rassischen' Ordnung in der neueren deutschen Geschichte geschaffen" (ebd., 46).

Politische Bildung zwischen 1871 und 1933

Die politische Bildung im Kaiserreich (1871 – 1918) zielte auf die „Entwicklung gehorsamer Untertanen in einer ständischen Gesellschaft" im Rahmen der schulischen Bildung (Händle zitiert nach Dettendorfer 2009, 19). Darüber hinaus war sie ein Instrument zur Sicherung von Herrschaft im Kampf gegen die erstarkende Arbeiterbewegung mit ihren sozialistischen und kommunistischen Ideen (vgl. Sander 2005, 14; Dettendorfer 2009, 20). Politische Bildung beinhaltete zu die-

25 Die Debatte um die Folgen der deutschen Kolonialzeit in Namibia ist bis heute nicht abgeschlossen. Die zentralen Themen sind die Fragen nach Reparationszahlungen sowie der Landrückgabe. Problematisch ist zudem, dass nahezu alle Materialien und Quellen über den Kampf gegen die Besitzergreifungen aus der Perspektive der Kolonialisierenden stammen. Die bislang erste Forschung die die Perspektive der Kolonialisierten beleuchtet ist im Jahr 2008 erschienen und trägt den Titel „What the elders used to say". Namibian Perspectives on the Last Decade of German Colonial Rule (vgl. Erichsen 2008).

26 Mittlerweile existieren einige lokale Initiativen im Feld der Nichtregierungsorganisationen und im akademischen Bereich die Postcolonial-Studies, die als Ziel eine kritische Auseinandersetzung und Aufarbeitung der Kolonialzeit haben. Sie versuchen über verschiedene Projekte das Thema in die Öffentlichkeit zu tragen (vgl. Freiburg-Postkolonial.de o. J.). Von einer umfassenden Aufarbeitung von Staatsseite im Rahmen der offiziellen Erinnerungspolitik der BRD kann jedoch bedauerlicherweise keine Rede sein (vgl. Conrad 2008, 121f.).

ser Zeit keinerlei emanzipatorischen Anspruch im Sinne einer Kantschen Aufklärung des Menschen oder gar einer Selbstreflexion der eigenen Disziplin.

Nach dem Ende des Ersten Weltkrieges änderte sich in der Weimarer Republik (1918 – 1933) die Sicht auf die Form der politischen Bildung – „der zentrale Begriff war jetzt die ‚Staatsbürgerkunde'" (ebd.). Ziel dieses im Schulsystem verankerten Unterrichts war der gebildete Staatbürger mit politischem Verantwortungsgefühl, der Betonung des deutschen Volkstums, dem Bekenntnis zum äußeren Frieden und der Toleranz gegenüber Andersdenkender (vgl. ebd., 21). „In den knapp 15 Jahren der Weimarer Republik blieben obrigkeitsstaatliche, selektive und hierarchische Traditionen stark und behaupteten sich vielfach gegen demokratische Reformansätze, die auf mehr Beteiligung, Offenheit und Gleichheit zielten" (Händle 2002).

In den deutschen Kolonien war politische Bildung kein Thema. Der Schulunterricht, der zu 95 % in den Händen der Missionen lag, bezog sich in erster Linie auf „praktische Kenntnisse für die landwirtschaftliche Tätigkeit, rudimentäre Bibellektüre und eine elementare Vertrautheit mit Aspekten der europäischen Kultur" (Conrad 2008, 74). Bildung vollzog sich immer entlang der Normen und Werte der europäisch-christlichen Kultur mit durchaus emanzipativen Elementen, jedoch war eine Gleichstellung nie intendiert, der „perfekte ‚Eingeborene', nicht jedoch schwarze Europäer, waren das Ziel der Zivilisierungsmission" (ebd.).

1.2 Nationalsozialismus

Die Zeit des Nationalsozialismus kann nicht losgelöst als singuläres Ereignis betrachtet werden. Nach Sebastian Conrad (2008) zeigt sich seit den 1890er Jahren eine Radikalisierung des Nationalismus, die zunehmend bestimmt war „durch ethnische Kategorien und sozialhygienische bzw. eugenische Praktiken und die damit einhergehende Verschiebung nationaler Feindbilder" (ebd., 94), die in den Kolonien tägliche Praxis war. Dieser Hintergrund verweist darauf, dass Rassismus und Segregation nicht allein als ein Phänomen des Antisemitismus der Nationalsozialisten, oder, aus aktueller Perspektive betrachtet, der ‚Ewiggestrigen' zu verstehen ist, sondern in einem Zusammenhang mit den Diskursen und Praxen der (europäischen) Kolonialzeit steht (vgl. ebd., 102). So „verweisen Konzentrationslager und Völkermord in der deutschen Kolonie auf die später im Dritten Reich begangenen Verbrechen" (Zimmerer/Zeller 2003, 9). Daher ist von einer Kontinuität von Ausgrenzungspraxen und -Theorien auszugehen, die Herstellung linearer Kausalitäten zwischen deutscher Kolonialgeschichte und Nationalsozialismus ist jedoch nicht haltbar (vgl. Kundrus 2003, 110ff.).

Die NS-Herrschaft begann mit der Machtübernahme durch die Nationalsozialistische Deutsche Arbeiterpartei (NSDAP) und Hitlers Ernennung zum Reichskanzler am 30. Januar 1933 und endete am 8. Mai 1945 mit der bedingungslosen Kapitulation der deutschen Wehrmacht. Vor dem Hintergrund der (Welt-)Wirtschaftskrise ab 1929 in Verbindung mit den Reparationszahlungen Deutschlands nach dem verlorenen Ersten Weltkrieg und der sich daraus ergebenden starken Zunahme der Arbeitslosigkeit gewann die NSDAP durch ihre ‚starke Mann' Politik zunehmend an Bedeutung (vgl. Meyers Lexikonredaktion 1996, 376f.). Dazu trug auch das Misstrauen großer Teile der Bevölkerung gegenüber der Weimarer Demokratie bei, die am Ende nur noch als Minderheitenregierung bzw. Präsidialkabinett (1930-1932) regierte und drastische Sparmaßnahmen auf Kosten der Bevölkerung vornahm. Nicht zuletzt führte die Politikform des Präsidialkabinetts auch zu einer ‚Gewöhnung' an nicht-demokratische Politikverhältnisse. Die NS-Zeit war geprägt von einer Reihe von Maßnahmen, die eine fortschreitende Gleichschaltung zur Folge hatte. Von zentraler Bedeutung war das Ermächtigungsgesetz vom 23. März 1933. Es legitimierte die Regierung zur fast uneingeschränkten Möglichkeit der Gesetzgebung. So wurden im Juli alle anderen Parteien außer der NSDAP verboten und das Gesetz gegen die Neubildung von Parteien wurde erlassen. Zudem ersetzte die NS-Propaganda systematisch die freie Presse und Kultur aller Lebensbereiche (vgl. Benz 2008, 50ff.). Die zahlreichen Bücherverbrennungen kritischer Autor_innen im Jahr 1933 waren ein erster tragischer Höhepunkt dieser Maßnahmen (vgl. Meyers Lexikonredaktion 1996, 406ff.).

Gleichzeitig wurden die deutschen Juden und Jüdinnen seit der Machtübernahme der NSDAP im Januar 1933 systematisch verfolgt und entrechtet. Es folgten Berufsverbote, der Ausschluss aus Verbänden, der Boykott von Geschäften, Vertreibungen sowie 1935 der Entzug der Bürgerrechte mit dem Ziel, jüdische Menschen letztlich vollständig aus dem gesellschaftlichen Leben im Deutschen Reich zu verbannen (vgl. Bergmann 2006, 103ff.). Die Novemberpogrome von 1938 – großflächig organisierte und gelenkte Gewaltmaßnahmen gegen Juden und Jüdinnen – leiteten eine weitere Phase der Verfolgung ein. Nunmehr zielte die Politik des NS-Regimes nicht mehr vorrangig auf den Ausschluss, sondern auf die Vernichtung allen jüdischen Lebens im gesamten Deutschen Reich (vgl. ebd., 107ff.). Der Holocaust, der systematische Genozid an ca. 6 Millionen Juden und Jüdinnen im Laufe der NS-Herrschaft, erfolgte durch Massenerschießungen, Tod nach Deportationen und in Arbeitslagern sowie durch die so genannte „Endlösung der Judenfrage" (ebd., 114) – den in Konzentrationslagern wie Auschwitz-Birkenau industriell durchgeführten Massenmord durch Gas (vgl. ebd., 113ff.).

Auch andere Gruppen wurden von den Nazis verfolgt, vertrieben und umgebracht. Schon vor dem Krieg begann der Massenmord an behinderten Menschen, später auch an Sinti und Roma, Homosexuellen, so genannten Asozialen und sowjetischen Kriegsgefangenen (vgl. Benz 2008, 177f.). Kritiker_innen des NS-Regimes wurden ebenfalls von Beginn der Machtergreifung an gezielt bekämpft und ermordet. Das erste Konzentrationslager wurde in Dachau 1933 zunächst für diese Gruppe errichtet und diente später als ‚Modell' aller weiteren Lager. Bereits schon vor 1933 wurden von den Rechtsextremisten politische Morde begangen (vgl. ebd., 30ff.). Zu den prominentesten frühen Opfern zählen beispielsweise Rosa Luxemburg (1871-1919) und Walter Rathenau (1867-1922).

Politische Bildung zwischen 1933 und 1945

Von politischer Bildung im Sinne des zu Beginn angeführten Verständnisses eines emanzipativen politischen Bildungsbegriffs (vgl. Mende/Müller 2009, 6ff.) oder verstanden als Demokratieerziehung, kann zwischen 1933 und 1945 nicht die Rede sein. Vielmehr wurde „politische Bildung und Erziehung (…) in dieser Phase der deutschen Geschichte pervertiert, von Bildung kann nicht mehr gesprochen werden – sie standen in der Diensterfüllung und Aufrechterhaltung der nationalsozialistischen Propaganda" (Dettendorfer 2009, 22). Zur damaligen Zeit wurde von nationalsozialistischer Erziehung gesprochen, die alle (vor)schulischen, außerschulischen Bildungseinrichtungen und alle Hochschulen umfasste und damit sowohl Erwachsene, Kinder und Jugendliche einbezog. Ihr Ziel war, junge Menschen zu überzeugten Nationalsozialisten zu erziehen, das hieß konkret die rassistische Ideologie weiterzuverbreiten und auf Kriege vorzubereiten (vgl. ebd., 21). Die Kleinkinderziehung diente dabei von Anfang an dazu, den Aufbau einer liebevollen Beziehung zur Mutter zu unterbinden (vgl. Haarer 1942).[27] Die Schule wurde als Vorstufe zum Wehrdienst gesehen. Außerschulisch dienten Organisationen wie die Hitler Jugend (HJ) und Bund Deutscher Mädchen (BDM) dazu, die nationalsozialistische Erziehung zu festigen (vgl. Dettendorfer 2009, 22; Benz 2008, 59f.). Auch die Hochschulen waren in das System vollständig eingebunden. So wurden jüdische Professor_innen (und Lehrer_innen) zum Beispiel schon 1933 entlassen (vgl. Wilhelm 1933). Die oben genannten Bücherverbrennungen wurden im Übrigen von Mitgliedern der nationalsozialistischen Studierendenverbindung und deren Lehrenden durchgeführt. Wie in allen anderen Wissenschaften wurden auch in den Erziehungswissenschaften alle kritischen oder freien Stimmen verbannt, eliminiert und deren Publikationen entfernt und vernichtet. Diese wurden ersetzt durch Personen, die Anhänger der NS-Ideologie waren, darunter fallen Ernst Krieck (1933) als einer der Hauptvertreter sowie Alfred Baeumler, der sich zum Beispiel ausführlich dem Thema „Rasse als Grundbegriff der Erziehungswissenschaft“ widmete (vgl. ebd., in Kannz 1984, 276ff.).

1.3 BRD & DDR

Nach dem Krieg wurde Deutschland auf der Potsdamer Konferenz in vier Besatzungszonen und die ehemalige Hauptstadt Berlin in vier Sektoren aufgeteilt. Während 1945 und 1949 wurden in den Nürnberger Prozessen die Hauptkriegsverbrecher angeklagt und verurteilt sowie einige wenige freigesprochen. Zur gleichen Zeit wurde für die breite Bevölkerung in allen Besatzungszonen mit mäßigem Erfolg ein Entnazifizierungsprogramm durchgeführt, in der Ostzone wurden sie per Dekret beschlossen, in den Westzonen dauerten die Verfahren länger (vgl. Benz, 2008, 214). Die Besatzungszeit endete mit der Gründung des Bundesrepublik Deutschland – auf dem Gebiet der westlichen Zonen – durch die Verabschiedung des deutschen Grundgesetzes am 23. Mai 1949 (vgl. Wolfrum 2007, 20ff.). Nach Edgar Wolfrum (2007) entwickelte sich „das Deutschland im Westen (…) zu einem zivilisierten Staat; seine Kennzeichen waren Friedfertigkeit, Postnationalismus, soziale Marktwirtschaft und die Rechtsstaatlichkeit“ (ebd., 11). Eine intensive Auseinandersetzung mit der nationalsozialistischen Vergangenheit erfolgte in der BRD selbst allerdings erst mit Beginn der 1960er Jahre. Angestoßen wurde diese vor allem durch die Eichmannprozesse in Jerusalem (vgl. Arendt 2006), die Ausschwitzprozesse in Deutschland (vgl. Fritz Bauer Institut & Staatliches Museum Auschwitz-Birkenau 2004) sowie der Debatte um die Verjährungsfristen nationalsozialistischer Verbrechen (vgl. Jaspers 1979). Prägend für die weitere Entwicklung der von Beginn an westlich orientierten und auch politisch über verschiedene Mitgliedschaften wie der NATO westlich eingebundenen BRD waren unter anderem eine (zum Teil radikale) gesellschaftliche Auseinandersetzung mit der Demokratie mit Beginn in den 1960er Jahren. Zu nennen sind in diesem Zusammenhang etwa die Proteste der Studierenden gegen die vorherrschende Bil-

[27] Eine kritische Aufarbeitung der Erziehungsziele von Johanna Haarer findet sich in der Magisterarbeit von Christiane Dietzel (2010).

dungspolitik, Proteste gegen den Kapitalismus, den Vietnamkrieg und die Ausbeutung der Länder des Südens. Nach Jahren des wirtschaftlichen Aufschwungs geriet die BRD – auch unter dem Druck der Ölkrise – Mitte der 1970er Jahre in eine Phase der wirtschaftlichen Rezession. Erst Anfang der 1980er Jahre kam es zu einem Regierungswechsel und Helmut Kohl wurde Bundeskanzler. Im Vorfeld des Regierungswechsels formierten sich neue gesellschaftspolitische Bewegungen, allen voran die Partei der Grünen als neue politische Kraft, die 1983 auch erstmals in den Bundestag einzog. Die Grünen und die anderen Bewegungen zielten auf Themen wie die Gleichstellung von Frauen und Männer sowie Umwelt- und Friedensthemen (vgl. Wolfrum 2007, 241ff.). Weiterhin prägend für die Entwicklung Deutschlands waren und sind seit dem Ende des zweiten Weltkriegs die verschiedenen Einwanderungsbewegungen. Dazu gehören nach Michael Bommes (2001) die Zuwanderung von Flüchtlingen, die Anwerbung der so genannten Gastarbeiter, Familienwanderungen sowie illegalisierte[28] Migrant_innen (ebd., 50).

Die Deutsche Demokratische Republik (DDR) gründete sich am 7. Oktober 1949 auf dem Gebiet der sowjetischen Besatzungszone, in Antwort auf die von den westlichen Besatzungsmächten forcierte Gründung der BRD im Mai 1949. Die DDR kann als realsozialistische Diktatur oder SED-Diktatur bezeichnet werden (vgl. Kleßmann 2001, 3), die unter starkem Einfluss der Sowjetunion stand (vgl. Müller 2001, 44f.). Die Auseinandersetzung mit der NS-Zeit blieb in der DDR völlig aus – verstand sich die DDR doch als grundlegend antifaschistisch (vgl. Wolfrum 2008, 4; Müller 2001, 48f.).[29]

„Bis zum Bau der Mauer im August 1961 wanderten rund 2,7 Millionen Menschen, vorwiegend im arbeitsfähigen Alter, aus der DDR nach Westdeutschland ab“ (Müller 2001, 50). Der bis 1961 immer stärker ansteigenden Zahl Ausreisender aus der DDR, versuchte die DDR-Führung zunächst mit einem neuen Passgesetz und der Kriminalisierung der so genannten Republikflucht zu begegnen. Am 13. August 1961 erfolgte dann der Mauerbau, um eine weitere Abwanderung wirkungsvoller zu verhindern. Zudem wurden weitere Maßnahmen, wie etwa die Verminung der innerdeutschen Grenze, vorgenommen. Die genaue Anzahl der Toten bei Fluchtversuchen aus der DDR nach August 1961 lässt sich nicht gesichert ermitteln, sie liegt bei einer Größenordnung von mehreren Hunderten getöteten Menschen.[30]

Als einer der Eckpunkte der historischen Ereignisse in der DDR, die letztlich zur ‚Wende‘ führten, – vor dem Hintergrund des gleichzeitigen Wandels des Ostblocks – sind die ab September 1989 wöchentlich durchgeführten Montagsdemonstrationen zu bezeichnen, die auf eine Demokratisierung zielten. In Folge dieser Demonstrationen, weiterer Proteste während der Feiern

[28] Den Begriff ‚illegalisiert‘ verwende ich hier bewusst in Abgrenzung zu ‚illegal‘, denn ersterer verweist auf das gesellschaftspolitische Konstrukt, welches Menschen zu Illegalen macht. Weitere sinnvolle Ausdrucksweisen, die auf die Lage der Betroffenen in unterschiedlicher Weise aufmerksam machen sind ‚Menschen ohne Papiere‘ oder ‚undocumented migrants‘.

[29] Ausführlich zu Unterschieden zwischen der DDR und BRD siehe Kapitel 5.2.2 „Herausforderungen eines Dialogs zwischen Ostdeutschland und Westdeutschland“.

[30] Die Staatsanwaltschaft Berlin beziffert die Zahl der Toten mit Stand vom 9.6.2000 auf 270 (vgl. Hertle/Sälter 2006, 671). An der Berliner Mauer sind laut einem Forschungsprojektes des Zentrums für Zeithistorische Forschung Potsdam und der Stiftung Berliner Mauer „mindestens 136 Menschen (…) nachweislich (…) erschossen worden, verunglückt oder nahmen sich angesichts ihres gescheiterten Fluchtversuchs das Leben“ (Hertle/Nooke 2010, 2).

zum 40. Jahrestag der DDR sowie unter dem Druck neu gebildeter Bürgerrechtsbewegungen traten erst Erich Honecker und kurz danach am 7. November 1989 die gesamte SED-Führung zurück. Zwei Tage später, am 9. November 1989 wurden die Grenzen der DDR geöffnet. Am 3. Oktober 1990 trat die DDR mit ihren neu gebildeten fünf Ländern sowie dem Ostteil Berlins offiziell der BRD bei – damit endete gleichzeitig die Ära der DDR (vgl. Bahrmann/Links 1999).

Nach der Wende im Herbst 1989 in Folge der so genannten „friedlichen Revolution" (Schöne 2008) und der Wiedervereinigung am 3. Oktober 1990, waren die innerpolitischen Hauptthemen bestimmt vom Aufbau des Ostens. Sie zielten auf eine Anpassung an die administrativen, juristischen, wirtschaftlichen, politischen und infrastrukturellen Standards der BRD und waren mit hohen Investitionen verbunden. Mit der Wiedervereinigung wurde Deutschland ein souveräner Staat – die noch verbliebenen militärischen Einheiten der Westalliierten haben keine Hoheitsbefugnisse mehr. Im Zuge dieser Entwicklung und den daraus entstandenen Erwartungen an eine verantwortliche Rolle Deutschlands in der Weltpolitik beteiligte sich die Bundeswehr 2001 erstmalig wieder an Auslandseinsätzen (vgl. Wolfrum 2007, 451ff.).

Politische Bildung zwischen 1945 und 1990

Nach Dettendorfer (2009) lassen sich verschiedene Entwicklungsphasen der politischen Bildung ausmachen. Die *erste Phase* beginnt mit dem Kriegsende 1945. Sie war geprägt von den Bildungsprogrammen der Alliierten, mit jeweils unterschiedlichen Schwerpunkten in den verschiedenen Besatzungszonen, wobei das gemeinsame Ziel die Entnazifizierung der deutschen Bevölkerung war (vgl. ebd., 22). Bekannt geworden ist vor allem das Reeducation-Programm in den us-amerikanischen Besatzungszonen, mit dem Ziel der Demokratisierung und einer Reform des gesamten Bildungswesens (vgl. Sander 2005, 15). Auch in den anderen Besatzungszonen wurden Bildungsprogramme zur Demokratisierung entwickelt, jedoch mit unterschiedlicher Ausrichtung. Die französische Zone war gekennzeichnet von einer „Orientierung an der französischen Freiheitsidee, dem Individualismus und Laizismus", während die britische Zone durch das „Prinzip der Nichteinmischung und einer eher distanzierten Beobachterrolle" geprägt war (Dettendorfer 2009, 23). In der sowjetischen Zone wurden neben der Entnazifizierung vor allem auf den „Aufbau eines einheitlichen Schulsystems" gesetzt (ebd.). Durch die Blockkonfrontationen zwischen der Sowjetunion und den USA und der anschließenden Gründung der BRD auf dem Boden der Westzonen sowie kurz danach der DDR auf dem Boden der Ostzone bildeten sich zwei grundsätzlich verschiedene Bildungssysteme heraus. Das staatliche Bildungssystem der DDR hatte sowohl das Ziel, Wissen zu vermitteln als auch „die Aufgabe der politisch-ideologischen Erziehung, es sollte klassenbewusste sozialistische Bürgerinnen und Bürger heranbilden, die sich ihrem Staat gegenüber loyal verhalten" (ebd., 26). Zentrale Eckpfeiler waren zudem Antifaschismus und Kapitalismuskritik. Nach Dettendorfer enthielten diese Elemente zwar „emanzipatorisches Potential" (ebd.), da jedoch grundlegende Menschenrechte wie zum Beispiel die Meinungs- und Pressefreiheit nicht garantiert waren, konnten sich jene Elemente nicht entfalten. In der DDR existierten auch Formen außerschulischer politischer Bildung, wie etwa in Bürgerbewegungen und Kirchen, die durchaus (auch) kritisch waren. Diese waren aber nicht offizieller Teil der politischen Bildung, denn offiziell bestand die Aufgabe der politischen Bildung immer darin, die bestehende politische Ordnung zu stabilisieren und zu stützen, ohne diese zu kritisieren (vgl. ebd.; Sander 2005, 15). Bis zur Wende im Jahr 1989 änderte sich am System und den Zielen der politischen Bildung in der DDR nichts. Die Darstellung der folgenden Phasen der Geschichte der politischen Bildung bezieht sich bis 1990 daher nur auf die BRD.

Vor dem Hintergrund einer allgemeinen gesellschaftlichen Phase der Politisierung begann um 1960 mit den Auseinandersetzungen um Fragen zur Didaktik auch eine neue Phase der politischen Bildung (vgl. Dettendorfer 2009, 26f.). Mit der so genannten didaktischen Wende begann Ende der 1950er Jahre „die Entwicklung einer systematischen wissenschaftlichen Theoriebildung zur politischen Bildung" (Sander 2005, 22). Unterschiedliche Konzepte und Fragen wurden diskutiert, einige Eckpunkte dieser Debatte sollen hier stellvertretend kurz angerissen werden. So wurden von Wolfgang Hilligen (1955) die auch noch heute in der politischen Bildung relevanten Fragen nach Zielen, Inhalten und Methoden in der politischen Bildung formuliert. Hermann Giesecke (1965) zielte in seiner didaktischen Konzeption der politischen Bildung darauf, „die Alltagserfahrung eines Konflikts zu nutzen, zu untersuchen und zu fragen, was Interessen, was Machtverhältnisse sind und was die jeweilige Streitfrage beinhaltet" (Dettendorfer 2009, 28). Rolf Schmiederer (1971) problematisierte in diesen Konzepten, mit Blick auf die Kritische Theorie der Frankfurter Schule, den fehlenden Einbezug von gesellschaftlichen Herrschaftsstrukturen. Weiterhin zeigte sich im Feld der außerschulischen politischen Bildungsarbeit „ein Wandel im Selbstverständnis", wonach Lernende nicht mehr als Objekte sondern als Subjekte gesehen werden, anders gesagt, es ging um die Erfahrungen der Teilnehmenden, deren Lebenswelten und deren Lernmotivation (vgl. Dettendorfer 2009, 30). Politische Bildung wurde verstanden als „kritisches Potential" (Hafenegger nach Dettendorfer 2009, 30). Ein Grundkonsens der verschiedenen Positionen wurde im Beutelsbacher Konsens von 1976 in drei Punkten festgelegt. Demnach gilt als Grundlage der politischen Bildung

- *das Überwältigungsverbot:* keine Indoktrination oder Überrumpelung von Jugendlichen, sondern Anregung eigenständiger Urteilsfindungen von Seiten der Pädago_innen,
- *das Kontroversitätsgebot:* kontroverse Themen in der Öffentlichkeit müssen von Pädago_innen kontrovers aufgearbeitet und verhandelt werden sowie
- *das Befähigungsgebot*: Schüler_innen sollen fähig sein, ihre eigenen Interessen im Spiegel der politischen Situationen zu analysieren und diese vertreten zu können (vgl. Sander 2005, 18; Dettendorfer 2009, 31).

Die offenen Fragen in der Debatte um die politische Bildung, etwa, ob politische Bildung auf eine kritische Distanz oder Herrschaftskritik zielen sollte, wurden damit jedoch nicht beantwortet (vgl. ebd.).

Die folgende Phase, die 1980er Jahre, waren geprägt von einer „Pluralisierung und Aufsplitterung in verschiedenste Ansätze" (ebd., 31). Beobachtet werden kann zu dieser Zeit vor allem eine Hinwendung zur Praxis. Drei zentrale Begriffe und Konzepte sind hier vor allem für den Bereich der außerschulischen politischen Bildung zu nennen: die Subjekt-, die Lebenswelt- und die Handlungsorientierung (vgl. ebd., 31). Eine der Grundfragen des Konzepts der Handlungsorientierung war (wiederum) die Frage nach dem Ziel der politischen Bildung: geht es eher um Kritikfähigkeit oder auch um politische Aktivität? Aus Sicht einer emanzipatorischen politischen

Bildung muss nach Dettendorfer beides Inhalt sein, jedoch muss der politischen Aktion immer die politische Bildung vorausgehen (vgl. ebd., 33). In ähnlicher Weise findet sich dies auch in der Anti-Bias-Arbeit. Diese zielt nach der Auseinandersetzung mit der eigenen Gewordenheit und gesellschaftlichen Machtverhältnissen ebenfalls auf eine (politische) Aktivierung (vgl. Schmidt/Dietrich/Herdel 2009, 165; Bovha/Kontzi 2009, 297).[31]

1.4 Politische Bildung heute – ein Überblick

Der Blick auf die heutige politische Bildung in Deutschland und deren Entwicklung seit den 1990er Jahren, zeigt ein – auch im Vergleich zu anderen Staaten – einzigartiges System auf. Zu nennen sind hier vor allem der Grad der Institutionalisierung (zum Beispiel die Bundeszentrale für politische Bildung) sowie die große Anzahl an verschiedenen Trägern und Einrichtungen in der schulischen und außerschulischen politischen Bildung sowie ihre systematisierte Theoriebildung (vgl. Dettendorfer 2009, 33; Sander 2005, 21ff.). Dettendorfer (2009) fragt kritisch, ob diese Entwicklung nun als eine „reine Erfolgsgeschichte" gelesen werden sollte, und gibt einige problematische Punkte zu bedenken (ebd., 33). So gibt es etwa in der schulischen Bildung im Fach Politische Bildung keine einheitliche Fachbezeichnung und es fehlt an grundlegenden Vereinbarungen über Ziele und Inhalte (vgl. ebd., 33f.). Zudem „(stagniert) der Anteil der *politischen* Bildung in allen außerschulischen pädagogischen Praxisfeldern auf einem niedrigen Niveau" (ebd., 34).[32] Weiterhin sieht Dettendorfer Schwierigkeiten der politischen Bildung im Umgang mit neuen digitalen Medien sowie im überwiegend nationalstaatlichen Bezug der politischen Bildung angesichts einer zunehmenden Globalisierung (vgl. ebd., 34f.). Zudem weist sie auf die in der Debatte zum Teil anklingende Forderung nach mehr Professionalität im Sinne der Stärkung des eigenen Selbstverständnisses in der politischen Bildung hin. Des Weiteren stellt sich die Frage, wie politische Bildung auf einen gesellschaftlichen Wandel reagiert, dem zufolge weniger Teilnehmende erreicht werden und gleichzeitig auch in größerem Maße finanzielle Grundförderungen weg brechen (ebd., 35).[33] Dettendorfer weist an dieser Stelle nachdrücklich darauf hin, Bildung nicht zu kommerzialisieren oder in ihr lediglich Wissensvermittlung zu sehen (vgl. ebd.). Vielmehr ist Politische Bildung „die Grundlage für Mündigkeit und Emanzipation des Menschen und muss zur Entwicklung ihrer Kritik- und Widerstandsfähigkeit beitragen" (ebd.). Wie ich später zeigen werde, entspricht dieses Verständnis von politischer Bildung auch den Zielen der Anti-Bias-Arbeit, die (auch) auf die Entwicklung von Kritikfähigkeit und aktives Eintreten gegen Diskriminierung setzt (vgl. Derman-Sparks 2008, 241; Wagner 2008, 208).[34]

Der folgende Überblick über bestehende Ansätze und Konzepte basiert in Anlehnung an Sander (2005) auf einem weit gefassten Verständnis von politischer Bildung, „das alle Formen absichtsvoller pädagogischer Einwirkung auf Prozesse der politischen Sozialisation umfasst – beginnend in Familie und Kindergarten über den Fachunterricht in den verschiedenen Schulfor-

[31] Zu den Zielen in der Anti-Bias-Arbeit vgl. auch Kapitel 2.3 der vorliegenden Studie.

[32] Hervorhebung im Originalzitat.

[33] So wurden beispielsweise von 2010-2012 von Seiten der schwarz-gelben Regierung die Mittel der Bundeszentrale für politische Bildung um 21 Prozent, das heißt 3,5 Millionen Euro gekürzt, was wiederum Auswirkungen auf 430 geförderte Träger der politischen Bildung hatte (vgl. Bundesausschuss Politische Bildung 2011, 4).

[34] Zu den Zielen in der Anti-Bias-Arbeit vgl. auch Kapitel 2.3 der vorliegenden Studie.

men und Schulstufen, die politischen Implikationen anderer Schulfächer und die politische Sozialisationswirkung der institutionellen Kultur der Schule bis zu den vielfältigen Trägern und Angeboten der außerschulischen politischen Jugend- und Erwachsenenbildung" (ebd., 9f.). Wer aus dieser Perspektive den Versuch wagt, sich einen Überblick über die verschiedenen Ansätze und Konzeptionen in der aktuellen politischen Bildung zu verschaffen, wird sich vorkommen wie in einem unsortierten Blumengeschäft. Es finden sich zahlreiche Themen oder mit Sander gesprochen „inhaltbezogene Aufgabenfelder" wie etwa Menschenrechte, Diskriminierung, Demokratie, Umwelt, Frieden oder Globalisierung. Gleichfalls gibt es eine Vielzahl von spezifizierten Pädagogiken und Ansätzen, die zum Teil explizit Themen aufgreifen (zum Beispiel Umweltpädagogik) oder ihrerseits eigene Titel tragen wie etwa der Anti-Bias-Ansatz (ebd., 5). Daneben existieren eine Reihe von Methoden[35], die zwar einen spezifischen Namen wie beispielsweise Theaterpädagogik tragen, jedoch aber nicht zwangsläufig einen Inhalt der politischen Bildung thematisieren. Erst im spezifischen Kontext wird beispielsweise Theater zu einem ihrer Teile, etwa wenn mit Hilfe des Theaters der Unterdrückten nach Augusto Boal Unterdrückungsmechanismen aufgespürt und verdeutlicht werden sollen (vgl. Boal 1979, 1989). Diese Methoden können, wie zum Beispiel auch die Arbeit mit dem Medium Film und Ton, als künstlerischer Zugang an politische Bildung verstanden werden (vgl. Lemberg 2008, 7). Weiterhin wird in den einschlägigen Abhandlungen auch von Didaktiken gesprochen (Dettendorfer 2009, 32). Gemeint sind damit Lernformen wie etwa Adressatenorientierung (vgl. Schelle 2005, 79ff.), Problemorientierung (Breit 2005, 108ff.) oder Handlungsorientierung (vgl. Reinhardt 2005, 146ff.). Schließlich lassen sich auch verschiedene Praxisfelder, Adressat_innen bzw. Zielgruppen in der politische Bildung ausmachen, die gleichsam alle Lebens- bzw. Altersabschnitte abdecken. Wenig in den Blick genommen wird dabei das so genannte 3. und 4. Lebensalter. Mit der Bezeichnung „3. Lebensalter" sind Menschen gemeint, die aus Altergründen aus dem Berufsleben ausgeschieden sind und beispielsweise ein Seniorenstudium aufnehmen (vgl. Universität des 3. Lebensalters an der Johann Wolfgang Goethe-Universität 2012). Der Begriff „4. Lebensalter" kennzeichnet die Lebensphase, „in der körperliche und psychische Einschränkungen zunehmen und nicht selten zu sozialen Ausgrenzungen führen" (Seniorenreferat und Altenwerk der Erzdiözese Freiburg 2012, o. S.).[36] Explizite Ansätze der politischen Bildung dieser Lebensalter finden sich nicht in den Nachschlagewerken oder neueren Werken zur außerschulischen politischen Bildung (vgl. Sander 2005; Mende/Müller 2009). Zusammenfassend kann in Bezug auf die politischen Bildungsarbeit in Deutschland also folgendes gesagt werden: Es existieren *inhaltsbezogene Aufgabenfelder* (wie etwa Diskriminierung), die auch mit dem Namen eines spezifischen Ansatzes betitelt werden können (zum Beispiel Anti-Bias), *Methoden* (zum Beispiel Theater), die nur zum Teil als politische Bildungsarbeit bezeichnet werden können (etwa das Theater der Unterdrückten nach Boal) und die auch als künstlerischer Zugang gelten können. Weiterhin gibt es *Didaktiken* (zum Beispiel Handlungs-

---

[35] Sander nennt in diesem Zusammenhang auch Medien wie die Arbeit mit Texten, Bildern etc. (vgl. ebd., 487ff.).

[36] „Oft wird übersehen, dass viele Menschen im 4. Lebensalter nach wie vor über vielfältige Kompetenzen und Ressourcen verfügen. Sie bleiben neugierig und wissensdurstig. So können sie, etwa aufgrund einer Geh- oder Hörbehinderung, nicht mehr an Bildungsveranstaltungen teilnehmen. Deshalb ist es notwendig, neue Formen einer ‚zugehenden' Bildungsarbeit zu entwickeln" (Seniorenreferat und Altenwerk der Erzdiözese Freiburg 2012, o.S.).

orientierung) und *Zielgruppen* (wie etwa die Erwachsenenbildung). Anhand dieser Differenzierungen ließe sich eine erste Systematisierung der Ansätze und Konzepte vornehmen. Die vorliegende Studie fokussiert beispielsweise einen Ansatz der Antidiskriminierungsarbeit (Anti-Bias) am Beispiel der Erwachsenenbildung, das heißt die Frage der Zielgruppe, des Inhalts und des gewählten Ansatzes ist beantwortet. Schwieriger zu fassen ist jedoch die Frage der Didaktik und Methodik. Auch fehlen weitere bedeutende Analysekategorien wie die der eingenommenen Perspektive oder der zu Grunde liegende Situationsbeschreibung (vgl. Attia 2000, 5). Verschiedene Autor_innen haben mit Hilfe von (kritischen) Fragen versucht, Ansätze in der politischen Bildung weitergehend zu analysieren (vgl. Attia 2000; Schumacher 2002; Leiprecht 2003; Sander 2005; Elverich/Kalpaka/Reindlmeier 2006; Bundschuh/Jagusch/Mai 2008). Auf Grundlage dieser Beiträge wurden die nachfolgenden Analysekategorien erstellt. Diese können dazu beitragen, Konzepte und Ansätze entlang bestimmter Fragestellungen kritisch zu analysieren, miteinander zu vergleichen und zu systematisieren. Ausdrücklich liegt das Ziel hier *nicht* darin, allgemeine Qualitäts-, Reflexions- oder Evaluationskriterien für Ansätze in der politischen Erwachsenenbildung aufzustellen – dazu bedarf es weitergehender Auseinandersetzungen und Analysen. Vielmehr geht es darum, Kategorien an die Hand zu geben, die eine differenzierte Sicht auf Ansätze und damit eine begründete Auswahl für den Einsatz in der Praxis ermöglicht. Darüber hinaus könnte diese auch als *Ausgangspunkt* für weitergehende Analysen, beispielsweise mit dem Ziel der Qualitätssicherung dienen.

Analysekategorien für Ansätze und Konzepte der politischen Bildung

a. *Inhalt:* Die Frage bezieht sich auf die inhaltsbezogenen Aufgabenfelder eines Ansatzes bzw. Konzeptes (vgl. Sander 2005, 24; Lemberg 2008, 7):[37] Welche inhaltlichen Themen stehen im Mittelpunkt, zum Beispiel Antirassismus, Demokratie, Diskriminierung, Diversity, Entwicklungszusammenarbeit, Frieden, Gender, Historisch-Poltische Bildung, Kommunikation, Konflikte, Kultur, Menschenrechte, sexuelle Orientierung, Umwelt, ‚*Weiß*sein'?
b. *Zentrale Begriffe:* Die Frage nach zentralen Begriffen, die im jeweiligen Ansatz verwendet werden, kann dazu beitragen, eine erste Spur zu den Zielen der Situationsbeschreibung und der Perspektive zu finden. Dabei ist es sinnvoll, neben dem Titel eines Ansatzes auch die zur Verfügung stehenden Arbeitsmaterialien (auch Ausschreibungstexte oder dergleichen) zu untersuchen. Welche zentralen Begriffe spielen hier eine Rolle, zum Beispiel Vorurteile, Toleranz, Machtverhältnisse, Diskriminierung, Demokratie?
c. *Ziele:* Die konkrete Frage nach den Zielen scheint selbstverständlich zu sein, wird jedoch oftmals unterschlagen, sobald ein Ansatz thematisch sehr gut zu der zu bearbeitenden Situation passt. Neben der Frage welche Ziele der Ansatz verfolgt, ist auch die Frage was verändert werden soll hilfreich (vgl. Attia 2000, 5). Zielt der Ansatz etwa auf Einstellungsänderung, Sensibilisierung oder politische Aktivierung?
d. *Zielgruppen:* Grundlegend ist die Frage nach der Zielgruppen: „An wen richtet sich das Konzept?" (Attia 2000, 5). Darüber hinaus ist es bedeutend danach zu fragen, wer verän-

[37] Die Begriffe Ansatz und Konzept verwende ich hier synonym.

dern und wer verändert werden soll (vgl. ebd.). Richtet sich der Ansatz zum Beispiel an spezifische Berufsgruppen, zielt er auf gesellschaftlich dominante oder marginalisierte Gruppen, oder eher unspezifisch auf verschiedene oder gar alle, zielt er eher auf das Individuum oder die Institution oder beides?

e. *Motivation/Intention:* Sander (2005) fragt auch nach den pädagogischen Intentionen und deren Begründung (vgl. ebd., 24f.). So stellt sich etwa im Rahmen von Seminaren zum Thema Rassismus die Frage, welche Motivation zum Beispiel *weiße* Deutsche Mehrheitsangehörige haben, „sich gegen Rassismus zu engagieren, zumal sie immer auch von rassistischen Strukturen profitieren" (Elverich/Reindlmeier 2006, 40). Konkret könnte mit Attia (2000) folgendermaßen gefragt werden: „Aus wessen Perspektive und in wessen Interesse wird geforscht, entworfen und gehandelt? Wem nützt das Konzept?" (ebd., 5). Diese Frage lässt sich auch auf den Aspekt des Trademarkings ausweiten. Ist der Ansatz möglicherweise institutionell geschützt? Welche Auswirkungen hat dies für die konkrete praktische Arbeit? Welche Interessen verfolgen Institutionen wie etwa Bertelsmann, die um das Jahr 2000 mehrere Ansätze der politischen Bildung urheberrechtlich haben schützen lassen (Betzavta, EWdV, Achtung Toleranz) und welche Problematiken ergeben sich daraus (vgl. Schuler 2010)?

f. *Situationsbeschreibung/Grundannahmen:* Die Frage nach der jeweils zugrunde liegenden Situationsbeschreibung bzw. die Frage danach, was als Problem definiert wird ist zentral (vgl. Attia 2000, 5). Wird zum Beispiel das Individuum oder die Struktur oder beides zur Problemlösung adressiert? Liegt eine monokausale oder mehrdimensionale Situationsbeschreibung zugrunde? Diese Fragen stehen in einem engen Zusammenhang mit den zugrunde liegenden Theorien oder Grundannahmen. Werden diese expliziert bzw. offen gelegt (vgl. Lemberg 2008, 19)? Wird etwa von einer Konstruktion von Welt ausgegangen oder von biologisch bedingten Voraussetzungen (Elverich/Reindlmeier 2006, 35f.)? Des Weiteren stellen sich Elverich und Reindlmeier (2006) in Bezug auf den Umgang mit Theorie in Fortbildungsmaßnahmen die Frage, wessen Theorie verwendet wird und wessen Bedürfnisse damit erfüllt werden (vgl. ebd., 54ff.)? Im Zusammenhang mit den Zielen und Grundannahmen ist insbesondere bei bildungspolitischen Maßnahmen die Frage zu stellen, wie der Theorie-Praxistransfer gedacht ist. Wird hier von einem einfachen Transfer ausgegangen? Welche Theorien über Lernen liegen zugrunde?

g. *Begründer_innen/Entstehungskontext:* Für die Einordnung und das tiefere Verständnis eines Ansatzes ist es wichtig auch nach den Begründer_innen zu fragen, zum Beispiel welchen theoretischen und persönlichen Background bringen diese mit? Auch der Entstehungskontext eines Ansatzes gilt es in den Blick zu nehmen, zum Beispiel wo und wann ist er erstanden und welche politischen Begebenheiten waren in dieser Zeit von Bedeutung?

h. *Methode/Didaktik:* Weiterhin relevant ist die Frage danach wie gelernt werden soll. Sander (2005) fragt nach Lernorten, den Methoden und den zum Einsatz kommenden Medien (vgl. ebd., 24f.). Daran anknüpfend fragt Attia (2000) nach den Mitteln mit denen verändert werden soll (vgl. ebd., 5). Wird zum Beispiel mit geschützten Räumen[38] gearbeitet, wird eher konfrontativ vorgegangen, wird prozessorientiert (teilnehmerorientiert) oder ziel- bzw. produktorientiert gearbeitet, wie ist der Grad der Freiwilligkeit einzuschätzen, sieht der Ansatz lebenslanges Lernen vor oder fokussiert er eher einmalige Maßnahmen und wird eher affektiv oder kognitiv vorgegangen? Inwieweit werden auch unbewusste Verhaltensdispositionen in den Blick genommen? Zentral ist auch die Frage der Teamzusammensetzung einer Maßnahme: Wird zu zweit, mit mehreren oder alleine gearbeitet? Anhand welcher Kriterien wird die Auswahl der Leitung, der Teamzusammensetzung getroffen. Wiederum ist auch die Frage zu stellen, ob die Mittel bzw. Methoden mit denen die Ziele erreicht werden sollen offen gelegt werden (vgl. ebd.). Nicht zuletzt ist auch die Frage nach der Übereinstimmung von Form (Methode/Didaktik) und Inhalt (Thema) relevant. Möglicherweise beruht auf einer Übereinstimmung auch die Glaubwürdigkeit eines Ansatzes. So erachten Bettina Schmidt, Shantala Herdel und Katharina Dietrich (2009) beispielsweise „die Übereinstimmung von Inhalt und Form als entscheidende Voraussetzung, um eine überzeugende Anti-Bias-Arbeit leisten zu können“ (ebd., 166). Sie beziehen sich dabei auf die Übereinstimmung von eigener interner Zusammenarbeit und äußerem Auftreten (ebd.).

i. *Auswirkungen:* Welche Spuren können in der bisherigen Arbeit mit dem Ansatz bzw. Konzept beobachtet werden? Welche (*un*)erwünschten Effekte und Konsequenzen hatte das Handeln in der Praxis (vgl. Elverich/Reindlmeier 2008, 39f.)?

[38] Das Konzept ‚geschützter‘ Raum dient (in erster Linie) dazu People of Color einen von Mehrheitsangehörigen getrennten Raum zu bieten, um individuelle rassistische Diskriminierungserfahrungen „in einem Rahmen der Vertrautheit und Sicherheit vor potentiell rassistischen Verletzungen“ in einer Gruppe gemeinsam reflektieren zu können (Can 2008, 54).

2. Der Anti-Bias-Ansatz

Im folgenden Kapitel wird der Forschungsgegenstand – der Anti-Bias-Ansatz – ausführlich dargestellt. Zu Beginn steht eine kurze Auseinandersetzung mit dem Begriff ‚Anti-Bias'. Anschließend gehe ich in einem chronologischen Überblick[39] auf die Entstehungs- und Entwicklungsgeschichte des Ansatzes ein und stelle nachfolgend die Ziele sowie zentrale Grundannahmen, Inhalte und Modelle vor. Ich beziehe mich dabei auf den aktuellen Stand der Auseinandersetzungen in der Anti-Bias-Fachdebatte, an denen verschiedene Organisationen und Menschen beteiligt sind. Bestehende unterschiedliche Sichtweisen zwischen den Praxisfeldern sowie verschiedenen Akteur_innen in Bezug auf bestimmte Inhalte und Spannungsfelder in der Anti-Bias-Arbeit werden nachfolgend nur angedeutet. Eine intensive Auseinandersetzung mit diesen Fragen findet im empirischen Teil der vorliegenden Studie in den Kapiteln vier, fünf und sechs statt – im Rahmen der Fundierung zentraler Themen auf Grundlage der Analyse der Expert_inneninterviews.

2.1 Der Begriff Anti-Bias

Der Begriff ‚Bias' wird aus dem Englischen mit „Voreingenommenheit", „Befangenheit", „Vorurteil" (Langenscheidt 2007, 71) oder auch „Schieflage" übersetzt (vgl. Wagner 2003, 34). Louise Derman-Sparks (1989), die Begründerin des Ansatzes, versteht unter ‚Bias' „[a]ny attitude, belief, or feeling that results in, and helps to justify, unfair treatment of an individual because of his or her identity" (ebd., 3). Der Begriff wurde ausgewählt um zu verdeutlichen, dass der Ansatz sich gegen alle Formen von Ausgrenzung, Diskriminierung und Unterdrückung richtet.[40] Die aus Fachkreisen stammende Kritik an der Übernahme des Begriffs in Deutschland, im Zuge der Adaption des aus den USA stammenden Ansatzes, bezieht sich auf eine mögliche Reduktion von Diskriminierung und Unterdrückung auf die individuelle Ebene. Die Gefahr eines solchen Verständnisses ist durchaus berechtigt, letztlich kann aber die Übersetzung als „gesellschaftliche Schieflage" eine mögliche Reduzierung auf die individuelle Ebene vermeiden (vgl. Schmidt 2009, 24). Eine Übersetzung mit Vorurteil *und* gesellschaftlicher Schieflage bietet den Vorteil, bereits im Titel des Ansatzes sowohl die individuelle als auch die gesellschaftliche Ebene aufzugreifen und auf die Verstrickung des Individuums in gesellschaftliche Machtverhältnisse hinzuweisen.

Die Verwendung der Präposition ‚anti' verweist auf den aktivierenden Charakter des Ansatzes und fordert dazu auf, gegen jegliche Form von Diskriminierung und Unterdrückung (tatsächlich) einzutreten (vgl. Derman-Sparks 1989, 3). Kritisch betrachtet kann dieser Terminus auch verkürzend als ‚gegen etwas sein' ohne Alternative verstanden werden kann. Dieser Aussage lässt sich jedoch entgegnen, dass der Anti-Bias-Ansatz sich gerade dadurch auszeichnet,

[39] Eine ausführliche Darstellung der Entstehungs- und Entwicklungsgeschichte des Anti-Bias-Ansatzes findet sich bei Bettina Schmidt (2009, 30ff.) sowie Katja Gramelt (2010, 87ff.).

[40] Wird der Begriff ‚Bias' übrigens aus dem Altgriechischen übersetzt, ist dieser der Genitiv Singular von „Gewalt" oder „Kraft" (‚Bia') und setzt die Präposition ‚Anti' voraus, die mit „anstelle von" übersetzt werden kann. Anti-Bias bedeutet vor diesem Hintergrund also „anstelle von Gewalt" (vgl. Schmidt/Winkelmann/Trisch 2005, 18; Schmidt 2009, 98).

Handlungsansätze zu erarbeiten und die Wahl des Begriffs ‚Anti' vor diesem Hintergrund zu verstehen ist (vgl. Schmidt 2009, 24).[41]

2.2 Zur Entwicklungsgeschichte des Anti-Bias-Ansatzes[42]

2.2.1 USA

Entwickelt wurde das Konzept von Louise Derman-Sparks (1989) in den USA, wo es zu Beginn im Rahmen der Kleinkindpädagogik zur Anwendung kam. Der Ausgangspunkt war die Kritik an multikulturellen bzw. antirassistischen Ansätzen, die (bis heute) oftmals in Gestalt so genannter ‚touristischer' oder ‚farbenblinder' Konzepte[43] auftreten (vgl. Derman-Sparks 1989, 6f.). Vor diesem Hintergrund formierte sich eine Arbeitsgruppe (Anti-Bias Education Task Force) am Pacific Oaks College in Kalifornien, die sich vor allem mit „Untersuchungsergebnisse[n] zu den Auswirkungen des konkreten gesellschaftspolitischen Kontexts auf die kindliche Entwicklung von Identität und Haltungen" beschäftigte (Derman-Sparks 2001, 11). Die Gruppe führte auch einzelne eigene Handlungsforschungen durch. Auf Basis der gesamten Forschungsergebnisse wurden vier zentrale Ziele der Anti-Bias-Arbeit mit Kindern entwickelt.[44] Im Jahr 1989 publizierte dann die Arbeitsgruppe um Louise Derman-Sparks und Carol Brunson-Phillips das „Anti-Bias Curriculum: Tools For Empowerimng Young children" (Derman-Sparks 1989). Es enthält Methoden, Leitlinien und Anregungen für die Anti-Bias-Arbeit im Bereich frühkindlicher Bildung, die vor allem „für eine ganzheitliche Implementierung des Ansatzes in Institutionen entwickelt worden [sind] und (...) ausdrücklich auch auf Veränderungen auf institutioneller Ebene ab(zielen)" (Schmidt 2009, 35). Heute wird in den USA mit verschiedenen Zielgruppen und in unterschiedlichen Einrichtungen mit dem Ansatz gearbeitet (vgl. Schmidt 2009, 35f.).

2.2.2 Südafrika

Die internationale Verbreitung des Anti-Bias-Ansatzes wurde in erster Linie durch Valerie Batts, eine Mitgründerin von VISIONS (Vigorous Interventions in Ongoing Natural Settings)[45], voran-

---

[41] Vgl. dazu auch in diesem Kapitel unter Punkt 2.4.7 den Abschnitt zur Handlungsorientierung.

[42] In Fachpublikationen der Anti-Bias-Arbeit aus den USA und Südafrika findet sich ein zum Teil problematisches Kulturverständnis. So wird Kultur beispielsweise als ‚feste Größe' eingeführt, wodurch ihre Prozesshaftigkeit und Offenheit verloren geht und Menschen auf ihre Funktion als Träger einer bestimmten (festen) Kultur reduziert werden (vgl. Schmidt 2009, 26ff.). Siehe dazu auch die weiteren Ausführungen in Kapitel 5.3.1 zur „Anti-Bias-Arbeit im Feld interkultureller und antirassistischer Ansätze und Konzepte".

[43] ‚Touristische' Konzepte vermitteln in exotisierender Weise Inhalte einer anderen, vermeintlich homogen konstruierten Kultur (zum Beispiel durch Musik, Tanz, Essen). Problematisch daran ist die fehlende Hinterfragung von Werten und Normen der jeweiligen Mehrheits- bzw. Dominanzkultur. ‚Farbenblinde' Konzepte blenden in vermeintlich ‚guter Absicht' Unterschiede aus und verfestigen diese dadurch erneut. Der Begriff farbenblind (engl.: colour blind) wurde aus den USA übernommen und bezog sich dort zuerst auf die Ausblendung der spezifischen Erfahrung von *schwarzen* Menschen von Seiten (*weißer*) Mehrheitsangehöriger. Im deutschen Kontext werden mit ‚farbenblind' solche Ansätze bezeichnet, die generell bestehende wirkmächtige Unterschiede zwischen Angehörigen der Mehrheits- bzw. Dominanzkultur auf der einen Seiten und marginalisierten Gruppen auf der anderen Seite ausblenden.

[44] Vgl. zu den Zielen im Anti-Bias-Ansatz Kapitel 2.3 der vorliegenden Studie.

[45] VISIONS ist ein Non-Profit-Organisation in den USA mit Schwerpunkten in der Personal- und Organisationsentwicklung sowie im Konfliktmanagement (vgl. VISIONS 2005).

getrieben. Die Weiterentwicklung des Ansatzes für die Erwachsenenbildung und die Arbeit mit Multiplikator_innen fand insbesondere in Südafrika nach dem Ende der Apartheid statt. Nach ersten Anti-Bias-Projekten im Jahr 1990 durch ELRU (Early Learning Resource Unit)[46] wurden nach einer Anti-Bias-Tagung 1992 in Kapstadt die Arbeitsschwerpunkte auf Workshops mit Lehrer_innen und Dozent_innen sowie auf Personalentwicklung in Institutionen gelegt (vgl. Koopmann/Robb 1997, 3). Im Laufe weiterer Projekte, einer weiteren Tagung 1996 sowie der Gründung eines Anti-Bias-Netzwerks mit dem Namen ‚Qhubeka', was mit „vorwärts gehen" übersetzt werden kann (Schmidt 2009, 39), wurde ein Handbuch publiziert, welches die Ideen und Erfahrungen der Projekte aufnahm. Es trägt den Titel „Shifting Paradigms: Using an anti-bias strategy to challenge oppression and assist information in the South African context" und enthält sowohl Methoden als auch Leitlinien zur Implementierung des Ansatzes in den eigenen Arbeitsbereich (Koopmann/Robb 1997). Heute dient der Anti-Bias-Ansatz bei ELRU in erster Linie als Grundlage aller weiteren Angebote und Arbeitsbereiche. Darüber hinaus wird im Zuge des Demokratisierungsprozesses in Südafrika, insbesondere im schulischen Kontext, einer Kombination aus Anti-Bias-Arbeit und Menschenrechtsbildung eine besondere Bedeutung beigemessen (vgl. Schmidt 2009, 39f.).

2.2.3 Deutschland

Erst Mitte der 1990er Jahre kam Anti-Bias über den von INKOTA e.V. (Information, Koordination, Tagungen zu den Themen des Nord-Süd-Konflikts und der Konziliaren Bewegung)[47] initiierten Fachkräfteaustausch im Rahmen des Projektes „Vom Süden Lernen" auch nach Deutschland. Grundgedanke des Projektes war bei „Entwicklungsproblemen bei uns, ‚EntwicklungshelferInnen' (...) aus dem Süden einzuladen" und damit „die strukturelle Einseitigkeit von Wissensvermittlung zwischen Nord und Süd aufzubrechen" (Volks 2002, 7). Neben zahlreichen Konzepten und Ansätzen der Antidiskriminierungsarbeit, die im Rahmen des Projektes eingebracht wurden, zum Beispiel die Gender-Arbeit mit Männern aus dem Projekt Padare/Enkundleni/Men's Forum on Gender aus Simbabwe oder die Antidiskriminierungsarbeit der Dalit-Bewegung in Indien, wurde der Anti-Bias-Ansatz von den südafrikanischen Partner_innen eingebracht. Dieser Ansatz, der darauf abzielt, unterschiedliche Formen von Diskriminierung und ihre Überschneidungen in den Blick zu nehmen, wurde zum zentralen Konzept des Projekts, da es als sinnvoll erachtet wurde, die Kategorien Gender und ethnische Herkunft nicht länger getrennt voneinander zu betrachten. Im Zeitraum von 1998 bis 2002 wurden zahlreiche Anti-Bias-Trainings veranstaltet, Anti-Bias-Multiplikator_innen ausgebildet und ein Anti-Bias-Netzwerk aufgebaut (vgl. Reddy 2002, 17). Das Projekt endete 2002 mit der Publikation „Vom Süden lernen – Erfahrungen mit einem Antidiskriminierungsprojekt und Anti-Bias-Arbeit" (INKOTA 2002).

Ungefähr zur gleichen Zeit, gegen Ende der 1990er Jahre, entwickelte sich das Projekt KINDERWELTEN[48] ausgehend von einer Berliner Gruppe von Pädagog_innen und Erzie-

---

[46] ELRU mit Sitz in Südafrika ist eine Einrichtung, die sich mit verschiedenen Angeboten um die Stärkung der Potentiale von Kindern bemüht. Der Anti-Bias-Ansatz ist dabei eines der tragenden Elemente (vgl. ELRU 2009).

[47] INKOTA (o. J.) ist ein ökumenisches Netzwerk entwicklungspolitischer Gruppen, Weltläden, Kirchengemeinden sowie Einzelengagierter (vgl. ebd.).

[48] Vgl. KINDERWELTEN 2012.

her_innen, die den Eindruck hatten, mit ihrer interkulturellen Arbeit häufig in ‚Sackgassen' zu geraten (vgl. Gramelt 2010, 87f.). 1998 kamen sie auf einer Tagung in Gent mit dem Anti-Bias-Ansatz durch einen Vortrag von Louise Derman-Sparks in Berührung und entwickelten anschließend auf Grundlage des Anti-Bias-Ansatzes und des Situationsansatzes die Konzeption des Projektes KINDERWELTEN. Die vier Ziele des us-amerikanischen Ansatzes wurden an den deutschen Kontext angepasst und diesen ergänzend vier Ziele für die Arbeit mit Pädagog_innen zugeordnet (vgl. Wagner/Hahn/Enßlin 2006, 23; Wagner 2008, 208). Das Projekt ist bekannt unter dem Begriff KINDERWELTEN – vorurteilsbewusste Bildung und Erziehung und wurde seit dem Jahr 2000 bereits bundesweit in über 30 Kindertageseinrichtungen durchgeführt (vgl. Schmidt 2009, 47). Das Projekt ist auch Mitglied des europäischen Netzwerkes DECET (Diversity in Early Childhood Education and Training)[49]. Ein Ziel dieses Zusammenschlusses ist es, den Anti-Bias-Ansatz weiter zu verbreiten, Aktive zu vernetzen und internationale Trainings im Bereich der frühkindlichen Bildung und Erziehung anzubieten.

In Deutschland arbeiten einige weitere Einrichtungen, Organisation und Initiativen in verschiedenen Kontexten mit dem Anti-Bias-Ansatz. Zu den zentralen Akteur_innen zählt FiPP (Fortbildungsinstitut für pädagogische Praxis)[50], die auf den Ansatz durch Angebote von INKOTA und KINDERWELTEN aufmerksam geworden sind. FiPP engagiert sich in verschiedenen Arbeitsfeldern wie etwa Freizeit, Schule und Kindertagesstätten und ist bemüht, den Ansatz beständig an diese Praxisfelder anzupassen (vgl. Schmidt 2009, 49f.).[51] Das IKM (Institut für konstruktive Konfliktaustragung und Mediation)[52] versucht „den Anti-Bias-Ansatz als ein Lebenskonzept mit der konstruktiven Konfliktaustragung als Methode zu verknüpfen" (Schmidt 2009, 50) und ist bestrebt, das Konzept auch in Schulen zu tragen. Die Anti-Bias-Werkstatt[53] versteht sich als eine Arbeitsgemeinschaft, die sich sowohl auf praktischer als auch auf theoretischer Ebene (wissenschaftliche Arbeiten und Tagungen) mit dem Anti-Bias-Ansatz beschäftigt. Sie ist 2002 nach einem Anti-Bias-Training an der Universität Oldenburg entstanden, welches von zwei südafrikanischen ELRU-Trainerinnen (Beryl Hermanus und Welakazi Dlova) durchgeführt wurde. Die Seminartätigkeit umfasst Anti-Bias-Seminare und Workshops für verschiedene Zielgruppen und Träger sowie seit 2008 mehrmodulige Weiterbildungsreihen für Mulitplikator_innen und mehrjährige Projekte.[54] Mit der RAA Brandenburg (Regionale Arbeitsstellen für Bildung, Integration und Demokratie, Brandenburg) und der ZWST (Zentrale Wohlfahrtsstelle der Juden in Deutschland) gibt es darüber hinaus zwei weitere Institutionen, die mehrjährige und zum Teil internationale Projekte mit dem Anti-Bias-Ansatz konzipiert und durchgeführt haben: zum Beispiel von 2006-2009 das dreijährige europäische Projekt mit dem Titel „ANTI-BIAS – Intercultural Learning in context of youth and informal education" in Trägerschaft der RAA Brandenburg

49 Vgl. DECET 2012.

50 Vgl. FiPP (o. J.).

51 FiPP e.V. war unter anderem Träger des Projekts „Starke Kinder machen Schule" (2007-2010), welches mit Methoden des Anti-Bias-Ansatzes, der Kinderrechtsbildung sowie des Betzavta Programms arbeitete (vgl. Hahn/Bitis/Wullenkord 2010).

52 Vgl. IKM (o. J.).

53 Vgl. Anti-Bias-Werkstatt (2011).

54 Die Anti-Bias-Werkstatt ist Initiator und Kooperationspartner des Projekts „Heterogenität in der Jugendarbeit", das in Trägerschaft der RAA Brandenburg von 2009-10 durchgeführt wurde (vgl. RAA Brandenburg 2010).

(vgl. ebd. 2009) sowie das 2007 ins Leben gerufene Projekt „Perspektivwechsel – Bildungsinitiativen gegen Antisemitismus und Fremdenfeindlichkeit“[55] in Trägerschaft der Zentralwohlfahrtsstelle der Juden in Deutschland (ZWST) (vgl. ebd. 2010; 2010a).

Darüber hinaus sind viele Einzelpersonen und Initiativen an der Weiterverbreitung und Weiterentwicklung des Anti-Bias-Ansatzes im Rahmen unterschiedlichster Zusammenkünfte beteiligt. Dazu gehören auch kleinere Tagungen zur theoretischen Fundierung des Ansatzes, etwa im Mai 2005 an der Universität Oldenburg (vgl. Schmidt 2009, 52) oder eine Arbeitsgruppe in Berlin, die sich in wechselnder Zusammensetzung mit Fragen nach Qualitätskriterien des Ansatzes auseinandersetzt (vgl. AG des Anti-Bias-Jour Fixe Berlin 2010) sowie auch größere Tagungen zum Anti-Bias-Ansatz wie etwa die „Anti-Bias-Tage“ im Herbst 2011 (vgl. Speidel o. J.).

Bezogen auf den deutschen Kontext findet Anti-Bias-Arbeit somit unterschiedliche Anwendung. Mit Hilfe von Katja Gramelt (2010) lassen sich vier pädagogische Kontexte in Deutschland ausmachen: Anti-Bias in Kindertageseinrichtungen, Anti-Bias in Schule und offener Jugendarbeit, Anti-Bias in der Erwachsenenbildung und Anti-Bias in pädagogischen Fortbildungen (vgl. ebd., 7). Ergänzend gibt sie in ihrer Studie zum Anti-Bias-Ansatz die Sicht von Expert_innen wieder, „die nicht primär mit dem Ansatz arbeiten, sondern in andere Kontexte eingebunden sind“ und „Elemente des Anti-Bias Ansatzes als eines von vielen pädagogische Konzepten (verwenden)“ (ebd., 185).[56] Gramelt umschreibt diesen zusätzlichen Kontext mit „Anti-Bias als pädagogische Leitidee“ (ebd.).

Wie bereits in der Darstellung zur aktuellen Landschaft der politischen Bildung zu Beginn der vorliegenden Studie festgestellt wurde, scheinen dazu analog auch in der Anti-Bias-Arbeit für die Zielgruppe des 3. Lebensalters (Phase nach dem Ende der Berufslaufbahn) oder 4. Lebensalters (Phase in der physische und/oder psychische Erkrankungen zunehmen)[57] keine Konzepte zu existieren. In den einschlägigen Fachpublikationen findet diese Zielgruppe (fast) keine Erwähnung, lediglich in einer Ausgabe der Publikationsreihe „Themenschwerpunkte“ des Forums Senioren-Arbeit mit dem Titel „Gleiche Rechte und Chancen für alle Lebensalter“ findet sich ein Artikel zum Anti-Bias-Ansatz (vgl. Reddy 2007a). Dieser Text ist jedoch eine Einführung zum Anti-Bias-Ansatz und setzt sich *nicht* spezifisch mit Fragen von Altersdiskriminierung auseinander.

Im Kontrast zu Gramelt (2010) versucht Bettina Schmidt (2009) die Anti-Bias-Arbeit mit Hilfe des Begriffs Umsetzungen zu fassen. Aus dieser Perspektive ergeben sich drei Formen der Umsetzungen: Anti-Bias-Arbeit als Seminarkonzept politischer Bildungsarbeit oder als Organisationsprofil sowie Anti-Bias-Arbeit als Haltungsarbeit (vgl. ebd., 53ff.). Haltungsarbeit umfasst dabei sowohl eine Auseinandersetzung mit der eigenen Haltung „in ihrer Verstrickung in gesellschaftliche Macht- und Unterdrückungsverhältnisse“ als auch eine Auseinandersetzung mit dem „Zusammenhang von inneren Haltungen einerseits und der Veränderung äußeren Verhaltens andererseits“ (ebd., 57). Schmidt versteht Anti-Bias-Arbeit dabei grundsätzlich „als die Einbeziehung all dieser Interpretationen“, weist aber darauf hin, dass ihre Einteilung nicht den Anspruch

---

[55] Vgl. PERSPEKTIVWECHSEL (o. J.).

[56] In diesem Kapitel finden sich Abschnitte zur Humanistischen Grundhaltung, Wertschätzung, Kommunikation, zum Fokus auf Macht und Unterdrückung sowie zur Authentizität (vgl. Gramelt 2010, 185ff.).

[57] Vgl. zum 3. und 4. Lebensalter auch die Darstellung in Kapitel 1.4 „Politische Bildung heute – ein Überblick“.

hat, „den Vorstellungen und Auslegungen aller Anti-Bias Aktiven in Deutschland zu entsprechen“ (ebd., 53). Meines Erachtens ist Schmidts Sichtweise, neben einer Darstellung der Praxisfelder, sehr gut zur Darstellung der Anti-Bias-Arbeit geeignet, denn sie vermag die potentielle Breite sowie den gesellschaftlichen und strukturellen Anspruch des Ansatzes in angemessener Weise zu verdeutlichen.

Insgesamt betrachtet zeigt sich ein deutlicher Praxisschwerpunkt der Anti-Bias-Arbeit in Deutschland. Bislang liegen nur zwei ausführliche wissenschaftliche Arbeiten zum Anti-Bias-Ansatz im deutschen Kontext vor, die Publikationen von Bettina Schmidt (2009) sowie von Katja Gramelt (2010).[58]

2.3 Ziele im Anti-Bias-Ansatz

Wichtig ist, dass die grundlegenden Ziele des Anti-Bias-Ansatzes für alle Menschen gleich sind und als auf jeden Kontext übertragbar gelten (vgl. Derman-Sparks 2001, 1). Unterschiede ergeben sich bezüglich der Wege zur Erreichung dieser Ziele. Die Variationen hängen davon ab welches Praxisfeld zu Grunde liegt (zum Beispiel Kindertageseinrichtung oder Hochschule), mit welcher Zielgruppe gearbeitet wird (zum Beispiel Kinder, Jugendliche oder Erwachsene), welche Erfahrungen mit Diskriminierung und Privilegierung die Teilnehmenden mitbringen (vgl. Stamer 2004, 78) und in welchem geografisch(global)-gesellschaftlichen Kontext der Ansatz Anwendung findet. Zudem haben auch die oben genannten Umsetzungen des Anti-Bias-Ansatzes (als Seminarkonzept, Haltung und Organisationsprofil) einen Einfluss auf die Wege zur Erreichung der Ziele (vgl. Schmidt 2009, 53ff.).

Vor dem Hintergrund der oben dargestellten Entstehungs- und Verbreitungsgeschichte des Anti-Bias-Ansatzes wird deutlich, dass seine Ursprünge in der Kleinkindpädagogik liegen und die von Derman-Sparks ausformulierten Ziele somit schon einer Kontextualisierung (Zielgruppe Kinder) unterliegen. Diese Ziele sind somit gleichzeitig grundlegend *und* bereits kontextualisiert.[59] Derman-Sparks (2001), die Begründerin des Anti-Bias-Ansatzes, formuliert vier verschiedene Ziele in der Anti-Bias-Arbeit mit Kindern.[60] Sie werden als Grundgerüst des Ansatzes gesehen, „bauen aufeinander auf und verstärken sich wechselseitig“ (Wagner 2003, 52):

1. Stärkung des Selbstbewusstseins durch Ich-Identität und Gruppenidentität(en);
2. Entwicklung von Empathie und einem Wohlfühlen mit Unterschieden durch das Verständnis, „dass wir gleichzeitig gleich und verschieden sind“ (Derman-Sparks 2001, 12);
3. Unterstützung von kritischem Denken;
4. Aktives Vorgehen gegen Ungerechtigkeiten (vgl. ebd., 11).

---

[58] Es existieren zwar auch einige wissenschaftliche *Abschlussarbeiten* zum Anti-Bias-Ansatz, diese sind jedoch, mit Ausnahme der oben genannten Arbeit von Bettina Schmidt (2009), leider nicht veröffentlicht wurden.

[59] Weiterführende Fragen nach Kontextualisierungen und damit auch Spezialisierungen hinsichtlich unterschiedlicher Praxisfelder werden in Kapitel 5 „Kontextualisierungen der Anti-Bias-Arbeit in Deutschland“ ausführlich behandelt.

[60] Diese wurden vor allem vom Projekt Kinderwelten übernommen und an den deutschen Kontext angepasst (vgl. Wagner 2003, 52ff.).

Darüber hinaus möchte ich auf eine Formulierung von Zielen hinweisen, die historisch gesehen in einen neueren Kontext der Anti-Bias-Arbeit in Deutschland einzuordnen ist. Bettina Schmidt (2009), eine der Mitbegründer_innen der Anti-Bias-Werkstatt, beschreibt in ihrer Studie zum Anti-Bias-Ansatz die grundlegenden Ziele wie folgt: „Mit der Anregung von (Lern-)Prozessen hinsichtlich der Themen Differenzierung, Macht und Diskriminierung verfolgt der Anti-Bias-Ansatz das Ziel, Menschen durch Sensibilisierung zur Veränderung diskriminierender Verhältnisse anzuregen" (ebd., 69). Diese Formulierung benennt in kompakter Form die Themen[61] der Arbeit und wirft gleichzeitig auch ein Licht sowohl auf das Lernverständnis des Ansatzes (Anregung von Lernprozessen) als auch auf die Didaktik (Sensibilisierung).

Neben den oben beschriebenen Zielen für Kinder und der weit gefassten Zielformulierung von Schmidt werden im Projekt Kinderwelten auch vier Ziele für pädagogische Fachkräfte in der frühen Bildung benannt:

1. „Erzieher/innen müssen sich ihrer eigenen Bezugsgruppenzugehörigkeit bewusst werden und erkennen, welchen Einfluss diese auf ihr berufliches Handeln hat",
2. „Erzieher/innen (…) sollen wissen, wie sie die unterschiedlichen Vorstellungen der Familien über Erziehung und Lernen in Erfahrung bringen können",
3. „Erzieher/innen müssen kritisch sein gegenüber den Diskriminierungen und Vorurteilen in ihrer Kindertageseinrichtung, im Elementarbereich und allgemein in der Bildungspolitik" und
4. „sie brauchen die Fähigkeit, Dialoge über Diskriminierung und Vorurteile zu initiieren und am Laufen zu halten" (Wagner 2003, 52f.).

Nach Gramelt (2010) finden sich in den Fortbildungspraxen der Erwachsenenbildung und der frühen Bildung die gleichen Elemente, wie etwa die Auseinandersetzung mit der eigenen Sozialisation unter Einbezug gesellschaftlicher Strukturen, der Sensibilisierung für diskriminierendes Verhalten oder der Entwicklung von alternativen Handlungsansätzen (vgl. ebd., 162ff.). Daher sind die oben genannten und auf die frühe Bildung bezogenen Ziele für pädagogische Fachkräfte auch grundsätzlich auf andere Praxisfelder übertragbar. Selbstverständlich müssen die jeweiligen Zielformulierungen noch einmal an den konkreten Kontext angepasst werden. Über die konkreten Ziele hinaus findet sich gelegentlich in Fachpublikationen zum Anti-Bias-Ansatz – und hier meist in Bezug auf die Erwachsenenbildung – die Formulierung einer übergreifenden Utopie (vgl. Schmidt/Dietrich/Herdel 2009, 165; Schmidt 2009, 61). Demnach setzt der Ansatz „explizit auch auf eine gesellschaftliche Transformation im Sinne einer Gleichberechtigung an Wahlmöglichkeiten und einer diskriminierungsfreien Teilhabe an Ressourcen sowie einen Zugang zu diesen" (Trisch/Winkelmann 2007, 108).[62]

---

61 Den Begriff Differenzierung führt Schmidt (2009) in ihrer Publikation zum Anti-Bias-Ansatz anstelle des Begriffs Vorurteil oder Voreingenommenheit ein. Sie sieht in diesem Begriff „den enormen Vorteil, dass er sehr viel weiter zu fassen ist und so eine Reduktion von Diskriminierung auf die individuelle Ebene vermieden werden kann" (ebd., 102).

62 Eine ausführliche Auseinandersetzung mit übergeordneten Utopien (und Visionen) in der Anti-Bias-Arbeit findet sich in Kapitel 4.4 „Utopien oder Visionen als Handlungsmotivation?"

2.4 Grundannahmen und zentrale Inhalte

2.4.1 Jeder Mensch macht Erfahrungen mit Diskriminierung

Der Anti-Bias-Ansatz richtet sich an alle Menschen, da davon ausgegangen wird, dass jeder Mensch Erfahrungen mit Diskriminierung macht (vgl. Wagner/Hahn/Enßlin 2006, 15; Schmidt/Dietrich/Herdel 2009, 156). Begründet wird dies zum einen mit der generellen Eingebundenheit aller Menschen in strukturelle gesellschaftliche Ungleichverhältnisse. Zum anderen liegt die Annahme zugrunde, dass alle Menschen vor dem Hintergrund ihrer jeweiligen Eingebundenheit in Ungleichverhältnisse Erfahrungen damit machen, andere zu diskriminieren *und* selber diskriminiert zu werden – und zwar jeweils sowohl in privilegierten als auch unterdrückten Positionen und Situationen. Schmidt (2009) merkt dazu an, dass „alle Menschen nicht nur mächtig oder nur ohnmächtig sind, sondern abhängig von den jeweiligen Kontexten über mehr oder weniger Macht verfügen" (ebd., 65).

2.4.2 Jeder Mensch hat Vorurteile

Weiterhin geht der Ansatz davon aus, dass jeder Mensch Vorurteile hat und diese immer eine bestimmte Funktion erfüllen wie etwa die Reduktion von Unsicherheit, die Herstellung klarer Zugehörigkeit, den Erhalt eines positiven Selbstbilds oder die Legitimation von Herrschaft (vgl. Trisch/Winkelmann 2007, 113). Der Versuch, Vorurteile ‚vollständig' abzubauen, kann daher nur scheitern. Aktive der Anti-Bias-Arbeit sprechen aus diesem Grund auch von vorurteilsbewusst und grenzen sich damit bewusst gegenüber Ansätzen ab, die Vorurteilsfreiheit als eines ihrer Ziele anstreben.[63] Zudem ist zu betonen, dass in der Anti-Bias-Arbeit davon ausgegangen wird, „dass Vorurteile und Diskriminierung nicht als individuelle Fehlurteile zu sehen sind, sondern in der Gesellschaft als Ideologien institutionalisiert sind und von den Subjekten erlernt werden" (ebd., 109).

2.4.3 Einbezug aller Formen von Diskriminierung

Ein Spezifikum des Anti-Bias-Ansatz ist die Thematisierung aller Diskriminierungsformen, vorherrschender, wie etwa Rassismus, Sexismus, Klassismus, Ageism, Antisemitismus und Homophobie (vgl. Schmidt/Dietrich/Herdel 2009, 158), oder weiterer Formen, die sich „in spezifischen Kontexten und Zusammenhängen ungleicher Machtverteilung vollziehen" (Schmidt 2009, 79), wie zum Beispiel entlang von Auftreten, Aussehen oder Wissen. Diskriminierungsformen werden in der Anti-Bias-Arbeit verstanden als sozial konstruierte, in Sozialisationsprozessen erlernte und (meist) verinnerlichte Phänomene, mit Auswirkungen auf das alltägliche Leben aller Menschen sowie den sie umgebenden gesellschaftlichen Strukturen (vgl. Schmidt/Dietrich/Herdel 2009, 168). Im Besonderen sind dabei die Verstrickungen, Abhängigkeiten und Überschneidungen der verschiedenen Formen untereinander von Bedeutung, ein Thema, dass in der Fachdebatte unter dem Stichwort Intersektionalität verhandelt wird (vgl. Eisele/Scharathow/Winkelmann 2008, 24;

[63] KINDERWELTEN bezeichnet ihren Ansatz beispielsweise als „Vorurteilsbewusste Bildung und Erziehung" (vgl. Wagner 2008).

Winker/Degele 2009). Der Anti-Bias-Ansatz ist aus diesem Grund auch bestens geeignet, um die Erkenntnisse der Debatte um Intersektionalität in die Praxis zu überführen (vgl. Trisch 2010, 5).

Jedoch wird der Einbezug aller Formen von Diskriminierung auch problematisiert. Da die verschiedenen Diskriminierungsformen in ihrer historischen Entwicklung und ihren Auswirkungen sehr unterschiedlich sind, kann es keine ausreichende Auseinandersetzung mit einzelnen Formen geben, so die Kritik. Demgegenüber wendet Schmidt (2009) unter Bezug auf Arabella Koopmann und Helen Robb (1997) ein, dass gerade „eine reduzierte Betrachtung einer einzelnen Diskriminierungsform (...) unkonstruktive Hierarchiebildungen begünstigt und die Chancen des Austauschs von Menschen mit unterschiedlichen Erfahrungen verhindert" (Schmidt 2009, 79).

2.4.4 Interpersonelle, institutionelle und diskursive Diskriminierungsebenen

Wie oben erwähnt, werden Diskriminierungen unterstützt von entsprechenden Diskursen in der Gesellschaft oder dem unmittelbaren Umfeld, die als Ideologien[64] Ungleichbehandlung rechtfertigen und dazu beitragen, Diskriminierung zu institutionalisieren. Der Anti-Bias-Ansatz adressiert daher explizit auch institutionelle oder gesellschaftliche Ebenen von Diskriminierung und hebt sich damit deutlich von anderen Ansätzen gegen Diskriminierung ab, die oftmals auf der individuellen Ebenen verbleiben (vgl. Schmidt 2009, 87). Petra Wagner (2003) fasst dies folgendermaßen zusammen: „Anti-Bias-Arbeit ist tiefer gehend, denn sie gründet auf der Theorie ‚Institutioneller Diskriminierung', wonach die Ausgrenzung und Benachteiligung von Menschen nicht den Vorurteilen einzelner Individuen geschuldet ist, sondern gesellschaftlichen Strukturen, in denen bestimmte Merkmale von Menschen ihre Bevorzugung oder ihre Benachteiligung wahrscheinlich machen" (ebd., 36). Die Anti-Bias-Werkstatt unterscheidet zwischen der zwischenmenschlichen, institutionellen sowie ideologisch/diskursiven Ebenen von Diskriminierung (vgl. Schmidt/Dietrich/Herdel 2009, 163). Bei Schmidt (2009) finden sich zur Benennung einiger dieser Ebenen zusätzliche Begriffe wie die „interpersonelle-zwischenmenschliche Ebene" und die „strukturelle/institutionelle Ebene" von Diskriminierung (ebd., 85).[65] Die analytische Trennung der Diskriminierungsebenen zielt darauf, „zunächst die Einsicht in die komplexen Wirkungsweisen und Mechanismen von Diskriminierung zu erleichtern und daraufhin die Entwicklung konkreter Handlungsmöglichkeiten auf den einzelnen Ebenen zu ermöglichen" (Schmidt 2009, 84). Wichtig ist dabei, dass eine Diskriminierung sich häufig über mehrere Ebenen gleichzeitig erstreckt, in Abhängigkeit vom jeweiligen Grad ihrer Institutionalisierung (vgl. Koopmann/Robb 1997, 13ff.).

---

[64] Petra Wagner (2003) beschreibt Ideologien in diesem Zusammenhang als „die Vorstellung von der Überlegenheit einer bestimmten Gruppe oder einer bestimmten Art und Weise, sein leben zu leben" (ebd., 37).

[65] In Anlehnung an die südafrikanische Publikation „shifting paradigms" (Koopmann/Robb 1997) führt Schmidt (2009) zusätzlich zu den drei genannten Ebenen eine individuell/persönliche Ebene ein (vgl. ebd., 83ff.). Diese findet jedoch hierzulande in der Praxis wenig Anwendung und wird daher an dieser Stelle nicht aufgeführt. Eine Diskussion der Vor- und Nachteile dieser Ebene erfolgt in Kapitel 4.3.1.8 „Dimensionen von Diskriminierung".

Zwischenmenschliche Ebene Bezieht sich auf das direkte Verhalten gegenüber Menschen und Gruppen, die hinsichtlich eines bestimmten Aspektes oder Merkmals vom je eigenen Standpunkt aus als anders konstruiert werden, beeinflusst durch die eigene Bewertung dieser Differenzierung. Diese Ebene umfasst den Bereich der direkten Diskriminierungs-praxen gegenüber anderen Menschen oder Gruppen im Rahmen von zwischenmenschlichen Interaktions- und Kommunikationsprozessen, in denen individuelle situative Handlungsmacht und Macht durch gesellschaftliche Positionierung bewusst oder nicht bewusst eingesetzt bzw. ausgespielt wird.
Institutionelle Ebene Bezieht sich auf etablierte Rechte, Traditionen, Gewohnheiten und Verfahren, durch die bestimmte Gruppen und Menschen hinsichtlich eines bestimmten Aspektes oder Merkmals als anders konstruiert und systematisch benachteiligt werden. Diese Ebene umfasst jegliche Gesetze und Strukturen, die durch eine soziale, politische und ökonomische Macht gekennzeichnet sind. Diese Strukturen lassen sich nicht oder nur bedingt auf einzelne Personen zurückführen, da die institutionellen Funktionen relativ stabil gegenüber personellen Veränderungen bleiben. Trotzdem aber tragen die Profiteure und Profiteurinnen sowie Mitspieler und Mitspielerinnen kontinuierlich, bewusst oder nicht bewusst, zur Reproduktion der Ungleichheitsstrukturen bei.
Ideologisch-diskursive Ebene Bezieht sich auf das, was von den dominanten Kulturen und Ideologien als richtig, gut und schön angesehen wird und als Maßstab zur Bewertung, Beurteilung und Benachteiligung gegenüber Menschen oder Gruppen angewandt wird, die hinsichtlich eines bestimmten Merkmals oder Aspekts als anders konstruiert werden können. Diese Ebene umfasst jegliche ungeschriebene Gesetze, Normen, Werte, Ideale sowie Diskurse, die in einem bestimmten Kontext wirksam sind und von der dominanten Mehrheit als selbstverständlich anerkannt und bewusst oder nicht bewusst reproduziert werden. Die ideologisch-diskursive Diskriminierung vollzieht sich auf der Basis ideologischer Macht.

Tab. 1: Ebenen von Diskriminierung (Schmidt/Dietrich/Herdel 2009, 163)

2.4.5 Diskriminierungsmodell

In der Anti-Bias-Arbeit in Deutschland kommt vor allem im Bereich der Erwachsenenbildung ein Diskriminierungsmodell zur Anwendung (vgl. Anti-Bias-Werkstatt 2007a), dass von Schmidt (2009) noch einmal weiterentwickelt wurde (vgl. ebd., 82). Das Modell dient dazu zu erkennen, wie aus der Perspektive der Anti-Bias-Arbeit Diskriminierung funktioniert, wo sie beginnt, welche Voraussetzungen es dafür bedarf und an welchen Stellen angesetzt werden kann, um Diskriminierung zu verhindern bzw. ihr entgegen zu wirken.

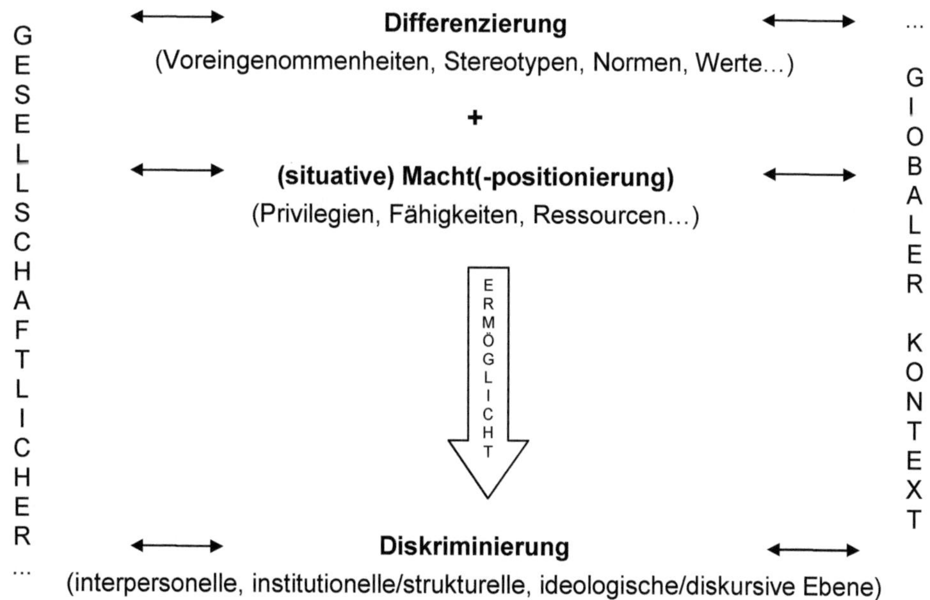

Abb. 1: Diskriminierungsmodell (Schmidt 2009, 82)

Ausgangspunkt des Modells sind Differenzierungen, die entlang von Voreingenommenheiten, Vorurteilen, Stereotypen sowie Normen und Werten vorgenommen werden. Nach Schmidt (2009) können Differenzierungen „als Voraussetzung für Diskriminierung verstanden werden" (ebd., 81).[66] Diese werden von einzelnen Personen oder Angehörigen von Gruppen gegenüber Anderen vorgenommen, jedoch ohne diese in (un)bewusstes Verhalten oder Handlungen münden zu lassen. Anders gesagt: Differenzierungen finden ‚im Kopf' statt und legen ein Verhalten nahe. Schmidt (2009) weist zudem zu Recht darauf hin, dass auch nicht vorgenommene Differenzierungen eine Voraussetzung für Diskriminierung sein können (vgl. ebd., 81), etwa wenn ungleiche Ausgangsbedingungen zwischen Subjekten bei gleichen Aufgaben nicht berücksichtigt werden.[67] Schmidt betont weiterhin, das Differenzierungen auch „institutionell oder gesellschaftlich verankert sein (können)" (ebd.). Sie verwendet daher entgegen anderer Modelle den Begriff Differenzierung anstelle von Haltung (vgl. Anti-Bias-Werkstatt 2007a, 6). Allerdings kann eine Differenzierung nicht von sich aus institutionell oder gesellschaftlich verankert sein, hier müssen bereits Handlungen von Subjekten vorausgegangen sein – dies steht aber im Gegensatz zur Idee von Differenzierung, die sich zunächst einmal ‚im Kopf' abspielt. Diese Problematik werde ich in Kapitel 4.3.2 im Rahmen der Diskussion des Diskriminierungsmodells noch einmal aufgreifen.

Eine weitere zentrale Komponente des Modells, die ebenfalls als Voraussetzung für Diskriminierung angesehen werden kann, ist der Machtaspekt. Macht wird hier verstanden als die Macht von Akteur_innen „bestimmte Differenzierungen durchzusetzen bzw. ihnen entsprechend

[66] Vgl. dazu auch die Ausführungen in Kapitel 4.3.1.1 „Unterscheidung".

[67] Vgl. dazu auch die Ausführungen in Kapitel 4.3.1.2 „(Be)Handlung".

zu handeln“ (Schmidt 2009, 81). Diese wird auch als Durchsetzungsmacht bezeichnet und umfasst wiederum verschiedene Komponenten: die soziale, politische, rechtliche, ökonomische Macht, die Definitionsmacht und situative Macht sowie die jeweilige gesellschaftliche Machtpositionierung (vgl. Anti-Bias-Werkstatt 2007a, 6). Das Modell zeigt nun, dass ein Zusammenspiel von Differenzierungen einerseits und der Verfügung über Macht andererseits, zu Diskriminierung auf verschiedenen Ebenen führen kann, jedoch nicht automatisch muss (vgl. Schmidt 2009, 83). Damit wird aufgezeigt, dass Diskriminierung auch vermieden werden kann. Zum Beispiel indem *nicht* entlang der vorgenommenen Differenzierung gehandelt wird oder, wenn die zur Verfügung stehende Macht dazu genutzt wird, um beispielsweise diskriminierende Verwaltungsvorschriften zu verändern. Wichtig ist mit Blick auf das Modell weiterhin, dass die drei zentralen Aspekte Differenzierung, Macht und Diskriminierung immer in einem gesellschaftlichen und globalen Kontext eingebunden sind und von Wechselwirkungen ausgegangen werden muss.

2.4.6 Verinnerlichte (internalisierte) Machtverhältnisse

In der Anti-Bias-Arbeit werden auch solche Mechanismen von Diskriminierung in den Blick genommen, die als verinnerlichte Formen von Dominanz und Unterdrückung bezeichnet werden. „Internalisierte, d. h. verinnerlichte Machtverhältnisse beschreiben Dominanz und Unterdrückungsstrukturen, die solange erlebt worden sind, dass sie als solche nicht mehr (in allen ihren Ausprägungen) erkannt werden. Sie haben sich über Jahrzehnte oder Jahrhunderte tief in Denk- und Verhaltensmuster eingegraben und sind zur Normalität geworden“ (Trisch/Winkelmann 2008, 62). Es wird unterschieden in internalisierte Dominanz auf der einen und internalisierte Unterdrückung[68] auf der anderen Seite. Derman-Sparks (2001) definiert den Begriff internalisierte Unterdrückung als Verinnerlichung von „negativen Botschaften über die eigene Gruppe“ (ebd., 10). Sie sind eine Folge sich wiederholender direkter Erfahrungen mit Vorurteilen und Diskriminierung und indirekter Erfahrungen mit gesellschaftlich vorherrschenden Bildern, Normen und Werten (vgl. ebd.). „Der Begriff der internalisierten Dominanz beschreibt demgegenüber die Verinnerlichung von positiven Botschaften über die eigene Gruppe“ (Anti-Bias-Werkstatt 2007b, 1). Diese werden vermittelt durch (in)direkte Erfahrungen der Überlegenheit und Privilegierung der eigenen Gruppe, die den vorherrschenden Normalitätsvorstellungen entsprechen (vgl. Derman-Sparks 2001, 10). In Anlehnung an das von Valerie Batts entwickelte Analyseschema der verinnerlichten Machtverhältnisse, welches sich ursprünglich auf die Aufdeckung subtiler und verdeckter Formen von Rassismus bezog (vgl. Robb/Koopmann 1997, 18ff.), wurde das Schema bzw. Modell von der Anti-Bias-Werkstatt übersetzt und weiterentwickelt (vgl. Anti-Bias-Werkstatt 2007b; 2007e) und von Schmidt (2009) mit Bezug auf den deutschen Kontext theoretisch fundiert (vgl. ebd., 205ff.). Das Modell ist, so Batts nach Schmidt, grundsätzlich auch auf alle anderen (verinnerlichten) Unterdrückungsformen anzuwenden (vgl. ebd., 89). Für die Anti-Bias-Arbeit ist das Analyseschema zur Auseinandersetzung mit verinnerlichten Machtverhältnissen von zentraler Bedeutung, da es ermöglicht sowohl subtile, verdeckte und zum Teil nicht (mehr) erkannte Diskriminierungspraxen als auch ihre machtstabilisierenden Effekte zu erkennen und aufzudecken sowie in einem zweiten Schritt Anknüpfungspunkte für Alternativen zu erarbei-

[68] Zur Unterscheidung der Begriffe Diskriminierung und Unterdrückung siehe Kapitel 4.3.1.9.

ten (vgl. ebd., 91). Die folgende Tabelle zielt darauf, einen ersten Eindruck verschiedener Formen von Internalisierungen zu erlangen. Die jeweils gegenübergestellten Formen werden dabei nicht als aufeinander bezogene Reaktionen verstanden, sondern als zwei unterschiedliche Perspektiven, die dazu beitragen, bestehende und fest verankerte Machtkonstellation aufrecht zu erhalten (vgl. ebd., 89). Die Tabelle ist als ein Arbeitsinstrument zu verstehen und kann bei Bedarf um weitere Formen ergänzt werden.

VERINNERLICHTE DOMINANZ	*VERINNERLICHTE UNTERDRÜCKUNG*
Entmündigende und/oder schädigende Hilfe *Oft ist diese Form disfunktionaler Hilfe durch Schuld, Scham oder Überlegenheitsgefühle motiviert. Die Fähigkeit der je anderen, sich selbst zu helfen, wird eingeschränkt.*	***Abgabe von Verantwortung/im System mitspielen*** *Abgabe von Verantwortung/Manipulation und Erwecken von Schuldgefühlen bringen kurzfristige Vorteile, die aber nicht zu langfristigen Veränderungen führen können.*
Schuldzuweisungen an die Benachteiligten *Eine benachteiligte Person wird für die Konsequenzen struktureller Unterdrückung selbst verantwortlich gemacht.*	***System verantwortlich machen/Passivität*** *Das System oder die je Anderen werden für die eigene Situation verantwortlich gemacht.*
Kontakt mit der benachteiligten Person/ Gruppe/Kultur vermeiden *Es wird keine Anstrengung unternommen, die je benachteiligten Gruppen/Personen kennenzulernen. Die Vermeidung liegt schon in der Akzeptanz separierender Strukturen. Mit einer Kontaktvermeidung geht oft die (geleugnete) Ablehnung der je benachteiligten Gruppe/ Person/Kultur einher.*	***Kontakt mit der dominanten Person/ Gruppe/Kultur vermeiden*** *Es wird keine Anstrengung unternommen, die je privilegierten Gruppen/Personen kennenzulernen. Mit der Kontaktvermeidung gehen neben Ablehnung oft Misstrauen oder Wut gegenüber der je privilegierteren Gruppe/Person/ Kultur sowie besondere Sensibilität einher.*
Unterschiedliche Zugehörigkeiten/ Lebensrealitäten ignorieren *Das Leugnen von unterschiedlichen individuellen Lebensrealitäten kann auch als farbenblinder Ansatz bezeichnet werden, durch den eigene Unsicherheit mit Differenz(ierung)en kaschiert wird.*	***Eigene Zugehörigkeiten/Lebensrealitäten ablehnen und verleugnen*** *Die vorherrschenden Bewertungs- und Deutungs-muster werden übernommen: Ablehnung und Leugnung der eigenen Zugehörigkeit bei gleichzeitiger Aufwertung jeweils anderer Lebensrealitäten.*
Strukturelle (politische, historische, ökonomische, psychologische und soziale) Auswirkungen durch Differenzierungen (Unterdrückung) leugnen/nicht verstehen *Der farbenblinde Ansatz impliziert eine Leugnung der strukturellen Auswirkungen von Unterschieden sowie die Normalisierung/Naturalisierung von Ungleichheitsverhältnissen. Diese werden auch durch die Überbetonung individueller, kultureller Unterschiede, z.B. in Form touristischer Ansätze, verschleiert.*	***Strukturelle (politische, historische, ökonomische, psychologische und soziale) Auswirkungen durch Differenzierungen (Unterdrückung) leugnen/nicht verstehen*** *Die Verinnerlichung manifestiert sich in gelernter Hilflosigkeit oder es wird versucht, durch Statussymbole, Konfliktvermeidung, Konkurrenz und Feindschaft zu Mitbetroffenen oder Aggressionen gegenüber benachteiligteren Gruppen/Personen zu kompensieren. Die Leugnung struktureller Differenzierungen kann auch eine Überbetonung individueller, kultureller Unterschiede implizieren.*

Tab. 2: Internalisierung von Dominanz und Unterdrückung (Schmidt 2009, 90)

2.4.7 *Handlungsorientierung, Didaktik und Lernverständnis*

Von besonderer Bedeutung für die Anti-Bias-Arbeit ist die Handlungsorientierung. Der Ansatz möchte zur Handlung auffordern und Alternativen zu diskriminierenden Praxen suchen und erarbeiten. Anti-Bias-Arbeit geht damit weit über die notwendige, alleine aber nicht ausreichende Selbstreflexions- und Sensibilisierungsphase[69] im Rahmen von Seminaren und Fortbildungen hinaus (vgl. Trisch/Winkelmann 2007, 108; Schmidt 2009, 92ff.).

Gisela Führing (2000) beschreibt die Anti-Bias-Arbeit als ein „Prozess der Umdenkens" in drei Schritten: „die Bewusstmachung, das Verlernen und das kreative Neu-Lernen" (ebd., 19). Ein ähnlicher Dreischritt im „Prozess der Veränderung" findet sich auch bei Valerie Batts (2005), die die Selbstreflexion, den Austausch mit anderen Menschen und die Entwicklung von Handlungsalternativen nennt (vgl. ebd., 22f.).[70] Diese Einteilung bezieht sich auch auf die Anwendung von Übungen, wenngleich sie nicht für alle Methoden anwendbar ist, wie Schmidt (2007) betont: „Viele dieser Übungen sind in einem Dreischritt aufgebaut: ausgehend von (1) der Selbstreflexion eigener Erfahrungen, Hintergründe und Gefühle, wird (2) der Austausch mit anderen angeregt, der wiederum als Grundlage für (3) die Entwicklung von Handlungsalternativen verstanden wird" (ebd., 3).

Weiterhin wird in der Anti-Bias-Arbeit von einem bestimmten Lernverständnis ausgegangen. Die Herangehensweise kann dabei als erfahrungs-, subjekt- und prozessorientiert beschrieben werden. Die jeweils eigenen Erfahrungen mit dem Themenkomplex Diskriminierung werden dabei zum Ausgangspunkt einer (auch emotionalen) Auseinandersetzung im Rahmen eines Gruppenprozesses (vgl. Kübler/Reddy 2002, 89). In dieser Phase übernimmt die Seminarleitung in erster Linie Moderations- und Prozessbegleitungsaufgaben. Ein Kennzeichen von Anti-Bias-Arbeit ist dabei „das grundsätzliche Bemühen, niemandem theoretische Modelle aufzuzwingen oder überzustülpen, sondern diese gemeinsam zu erarbeiten" (Schmidt 2009, 67). Dabei wird von einem lebenslangen Lernprozess ausgegangen, der sich durch Flexibilität und seinen Prozesscharakter auszeichnet. Flexibilität meint in diesem Zusammenhang die Annahme, dass jeder Mensch in seiner eigenen Auseinandersetzung in seinem eigenen Tempo und Intensität lernt (vgl. ebd.). Schmidt verknüpft dies mit der subjektwissenschaftlichen Lerntheorie von Klaus Holzkamp (1995), der dies als expansives Lernen beschreibt – ein Lernen aus eigener Motivation heraus inklusive der Möglichkeit des Nichtlernens (vgl. Holzkamp nach Schmidt 2009, 68). Der Prozescharakter des Lernens in der Anti-Bias-Arbeit beschreibt die grundsätzliche Unabgeschlossenheit der Auseinandersetzung mit dem Themenkomplex Diskriminierung. Es wird davon ausgegangen, dass diese Auseinandersetzung sowie das Erarbeiten von Handlungsalternativen Menschen vor „immer wieder neue Aufgaben und Herausforderungen stellt" (Schmidt 2009, 69).[71] Anzufügen ist zudem, dass Lernen in der Anti-Bias-Arbeit vom Prinzip der Freiwilligkeit gekennzeichnet ist. So sind beispielsweise alle Übungen in einem Seminarkontext Angebote, die

---

[69] Vgl. ausführlich zur Bedeutung der Selbstreflexion in der Anti-Bias-Arbeit den Fachartikel von Marina Chernivsky, Nadine Fügner und Monika Chmielewska-Pape (2010, 18ff.) sowie Kapitel 5.3.4 „Zwischen Pädagogik und Therapie: der selbstreflexive Anteil in der Anti-Bias-Arbeit".

[70] Vgl. dazu auch ausführlich Bettina Schmidt (2009, 92f.).

[71] Vgl. zum Lernverständnis in der Anti-Bias-Arbeit auch den Abschnitt zum Thema Erfahrung und Handlung in Kapitel 4.1.2 der vorliegenden Studie.

nicht verpflichtend sind sondern freiwillig wahrgenommen werden können (vgl. Trisch 2010, 6). Es ist so grundsätzlich möglich, an bestimmten Seminarphasen und Übungen nicht teilzunehmen.

3. Zum Forschungsdesign

3.1 Vor- und Grundannahmen sowie zentrale Fragestellungen

Ausgangspunkt des Forschungsvorhabens sind folgende Vor- und Grundannahmen, die aus der bisherigen Anti-Bias-Praxis[72] einerseits und der Beschäftigung mit angrenzenden Theoriedebatten sowie vergleichbaren Praxisansätzen andererseits abgeleitet sind:

a. Um dem komplexen Phänomen der Diskriminierung entgegen zu treten, bedarf es eines Ansatzes der *mehrere verschiedene* Formen von Diskriminierung in den Blick nimmt.[73]
b. Antidiskriminierungsarbeit muss neben der Mikroebene (Interpersonelle Interaktionen) *immer auch* die Mesoebene (Gruppen/Organisationen) und Makroebene (Recht, Politik, Diskurse) und deren Strukturen betrachten und sich mit diesen auseinandersetzen.[74]
c. Ansätze der Antidiskriminierungsarbeit erfordern eine theoretische Fundierung der grundlegenden Theorien, Modelle und Begriffe wie Vorurteile, Diskriminierung, Macht[75] etc.[76]
d. Diskriminierung ist der zentrale Begriff in der Antidiskriminierungsarbeit und muss aus diesem Grund explizit im Rahmen der Ansätze thematisiert und reflektiert werden.
e. Ansätze der Antidiskriminierungsarbeit, die in anderen regionalen Kontexten (weiter)entwickelt wurden – wie etwa der Anti-Bias-Ansatz in den USA und Südafrika – bedürfen einer Adaption an den hiesigen Kontext.
f. Der Einbezug der spezifischen historischen Vergangenheit ist dabei bedeutend und unverzichtbar.[77]

Vor diesem Hintergrund und angesichts des bisherigen Praxisschwerpunktes der Anti-Bias-Arbeit in Deutschland sowie der bislang unzureichenden theoretischen Fundierung und Anpassung des Ansatzes an den deutschen Kontext unter besonderer Berücksichtigung der spezifischen Geschichte,[78] interessieren mich folgende *zentrale Fragestellungen*:

---

72 Dazu gehören auch meine langjährigen Erfahrungen in Seminaren und Workshops, Lehraufträgen und Fachpublikationen sowie der Zusammenarbeit und dem Austausch mit Kolleg_innen der Anti-Bias-Arbeit (vgl. Trisch 2012).

73 Gabriele Rosenstreich (2006) sieht in der Kontextualität und der Dynamik mehrdimensionaler Ansätze die sich an Mehrheits- und Minderheitsangehörige richten bedeutende Potentiale (vgl. ebd., 205). Hier liegt auch ein Anknüpfungspunkt für Theorien zur Intersektionalität (vgl. dazu auch Kapitel 2.4.3 der vorliegenden Studie).

74 Vgl. Schmidt/Dietrich/Herdel 2009, 163; Hormel 2007, 63ff.

75 Macht wird in diesem Rahmen verstanden als die Macht eigene Interessen, Anschauungen, Ideologien etc. durchzusetzen. Die Kategorie ist zentral in der Antidiskriminierungsarbeit, denn sie bestimmt darüber wer welche Möglichkeiten hat, behält, bekommt oder wem sie abgesprochen bzw. verweigert werden (vgl. Herdel 2007).

76 Elverich/Kalpaka/Reindlmeier (2006) konstatieren in diesem Zusammenhang, dass häufig Begriffe und Theorien in Konzepten nicht expliziert werden und dass die Theoriediskussion wenig Eingang in die Praxis findet (vgl. ebd., 9f.).

77 Das vorliegende Promotionsvorhaben setzt den Beginn seiner historischen Analyse bewusst auf die Zeit der deutschen Kolonialpolitik ab 1871. Dieser Hintergrund wurde in der Antidiskriminierungsarbeit in Deutschland bislang wenig oder gar nicht aufgegriffen. Des Weiteren wird vom Faktum eines Einwanderungslandes ausgegangen (vgl. Hormel/Scherr 2005). Der Schwerpunkt liegt aufgrund der guten Datenlage und der zahlreich vorhandenen Publikationen und pädagogischen Konzepte *nicht* auf der Zeit des Nationalsozialismus.

78 Vgl. dazu die Entwicklungsgeschichte des Anti-Bias-Ansatzes in Deutschland in Kapitel 2.2.3 sowie die Einleitung unter den Stichpunkten „Forschungsgegenstand, Forschungsinteresse und zentrale Fragestellungen“.

- Welche wiederkehrenden Schwierigkeiten in der Anti-Bias-Arbeit lassen sich beobachten und womit hängen diese zusammen?
- Welche Qualitätskriterien gibt es in der Anti-Bias-Arbeit?
- Welche Theorien fließen in die Anti-Bias-Arbeit ein bzw. auf Basis welcher theoretischen Grundlagen wird gearbeitet?
- Wie findet ein Theorie-Praxistransfer statt?
- Welche Elemente des Anti-Bias-Ansatzes bedürfen einer Anpassung an den deutschen Kontext?
- Welche Bedeutung haben die historischen Spezifika bzw. Besonderheiten Deutschlands für die Anti-Bias-Arbeit?
- Wo liegen die Grenzen und Überschneidungen zu anderen Ansätzen, Konzepten und Verfahren?
- Was bedeutet Professionalität im Kontext der Anti-Bias-Arbeit in Deutschland?

3.2 Methodische Überlegungen

Meine Erfahrungsgrundlage und die damit verbundene Expertise können Vor- und Nachteile haben. Zum einen erleichtert, ja ermöglicht sie teilweise erst den Zugang zum Forschungsfeld. Zum anderen kann die Innensicht zu blinden Flecken führen. Bereits zu Beginn des 20. Jahrhunderts machte deshalb vor dem Hintergrund ähnlicher Konstellationen zum Beispiel Max Weber (1994) in seinen Vorträgen der Jahre 1917 und 1919 zum Thema Wissenschaft als Beruf darauf aufmerksam, dass der Forschende zwar mit eigenem Interesse an den Gegenstand herantritt und dieses reflektieren muss (vgl. ebd.). Zentral ist im Anschluss jedoch die Verwendung von Forschungsmethoden, die von wissenschaftlich anerkannten Kriterien abgeleitet sind. Das vorliegende Forschungsvorhaben ist in seinem Design bewusst dergestalt angelegt, dass es auch zu Ergebnissen kommen kann, die mein eigenes bisheriges Handeln in der Praxis sowie in den theoretischen Vor- und Grundannahmen in Frage stellen könnten. Abgesichert wurde die notwendige kritische Distanz und Reflexion darüber hinaus (1) durch monatlich stattfindende Gespräche mit den Betreuer_innen der Studie, die jeweils nicht direkt im Arbeitsfeld Anti-Bias tätig sind sowie (2) durch die regelmäßige monatliche Teilnahme an einem Promotionskolloquium an der Universität Oldenburg. Die Teilnehmenden waren Kolleg_innen, die im Feld der Interkulturellen Pädagogik forsch(t)en.

Bezogen auf die konkrete Forschungsmethodik orientiert sich die vorliegende Studie an den Kennzeichen der Qualitativen Forschung nach Uwe Flick (2002): der Gegenstandsangemessenheit von Methoden und Theorien, der Berücksichtigung und Analyse unterschiedlicher Perspektiven, der Reflexion der Forschenden über die Forschung als Teil der Erkenntnis, mit dem Ziel Neues zu entdecken und empirisch begründete Theorien zu entwickeln (vgl. ebd., 16ff.). Die Forschungsarbeit ist angelegt als qualitativ-empirische Studie in der Sozialforschung und kann dem Feld der Handlungsforschung zugeordnet werden. Die übergreifende Zielsetzung ist es, das Handeln von Praktiker_innen zu unterstützen. Nach Philipp Mayring (2002) sind drei Grundgedanken für die Handlungsforschung von Bedeutung:

- „direktes Ansetzen an konkreten sozialen Problemen;

- praxisverändernde Umsetzung der Ergebnisse im Forschungsprozess;
- gleichberechtigter Diskurs Forscher – Betroffene“ (ebd., 51).

Im Rahmen dieser Studie bedeutet dies, den Diskurs über das Gelingen bzw. Misslingen von Anti-Bias-Arbeit (Seminare, Workshops, Weiterbildungen) aus der Sicht von Praktiker_innen zu untersuchen. Dazu wähle ich im empirischen Teil folgenden Ansatz: Die Durchführung und Analyse von Expert_inneninterviews mit dem Ziel der theoretischen Generalisierung in Anlehnung an Michael Meuser und Ulrike Nagel (2005) in Kombination mit der gegenstandsbezogenen Theoriegenerierung in Anlehnung an die Methodik der Grounded Theory. Dabei geht das vorliegende Forschungsvorhabens nicht von festen Hypothesensätzen aus, die im Sinne von „wenn-dann“ Aussagen überprüft werden, sondern bezieht sich auf einen Untersuchungsbereich, dessen theoretische Konturen sich erst im Laufe des Forschungsprozesses herausstellen (vgl. Strauss/Corbin 1996). Entgegen der Auffassung einer theorielosen empirischen Forschung (der grounded theory) und im Rückgriff auf Bettina Dausien (1996) wird hier im Rahmen der vorliegenden Forschungsarbeit davon ausgegangen, dass Theorie „keineswegs allein aus Daten (emergiert) oder (...) sonst wie induktiv aus ihnen hervorgebracht (wird), sondern (...) von Anfang an eine wichtige Rolle im Forschungsprozess (spielt)“ (ebd., 97). Wichtig ist, dass die theoretischen Vorannahmen als veränderbare Reflexionsfolie verstanden werden, die sich im Laufe des Forschungsprozesses weiterentwickelt. Nach Anselm Strauss und Juliet Corbin (1996) dient das sich hieraus ergebene Theoriemodell „nicht nur zur Erklärung der Wirklichkeit, sondern bietet auch einen Rahmen für das Handeln“ (ebd., 7).[79] Die Kombination der methodischen (Auswertungs)Verfahren geschieht im Sinne der Anwendung einer spezifischen und dem Forschungsgegenstand sowie Forschungszielen angemessen Erkenntnismethode (vgl. Mayring 2002, 149). Im Verlauf der Studie kamen selbstverständlich auch weitere Methoden wie Internetrecherchen, Quellenstudien und Textanalysen zum Einsatz. Die Expert_inneninterviews nehmen in dieser Studie jedoch eine zentrale Stellung ein.

3.3 Zu den Interviews

Durchgeführt wurden insgesamt acht leitfadenorientierte Interviews mit Expert_innen[80] der Anti-Bias-Arbeit, davon sieben in Deutschland und eines in den USA.

3.3.1 Zum Begriff Expert_in

Nach Meuser und Nagel (2005) werden Expert_innen als Angehörige der Funktionselite bzw. als Repräsentant einer Organisation oder Institution definiert (vgl. ebd., 74). Daran angelehnt werden in dieser Studie Expert_innen als Repräsentant_in eines bestimmten Ansatzes oder Konzepts – hier des Anti-Bias-Ansatzes – betrachtet. Jochen Gläser und Grit Laudl (2009) bezeichnen diese als „‚Zeugen‘ der uns interessierenden Prozesse“ (ebd., 12).

Expert_innen zeichnen sich darüber hinaus durch die soziale Relevanz ihres Wissens aus, und zwar „nicht etwa deshalb (...), weil der Experte dieses Wissen beispielsweise in besonders

[79] So können auf Grundlage dieser Arbeit auch Modelle und Übungen für die konkrete Praxis (weiter)entwickelt werden.

[80] Zu den unterschiedlichen Verfahren zur Datenerhebung vgl. Uwe Flick 2002, 190.

systematisierter und reflektierter Form aufweist, sondern weil es in besonderem Maße praxiswirksam wird" (Bogner/Menz 2005, 45). Das spezifische Expert_innenwissen selbst verstehe ich in Anlehnung an Alexander Bogner und Wolfgang Menz (2005) als „analytische Konstruktion", die technisches Wissen, Prozesswissen und Deutungswissen umfasst (vgl. ebd., 43f.). Letzteres will ich erheben bzw. analysieren, da es im Kontext der vorliegenden Studie um die Rekonstruktion von Ideen, Sinnentwürfen, Argumentationsfiguren, Situationen und Prozesse geht (vgl. Gläser/Laudl 2009, 13). In der Analyse steht dabei nicht die Gesamtperson im Vordergrund, ihr Lebenszusammenhang ist nur ein (eher untergeordneter) Faktor (vgl. Meuser/Nagel 2005, 72f.).

3.3.2 Zur Auswahl der Expert_innen

In enger Verbindung mit dem Begriff der Expert_innen stehen die Auswahl der Interviewpartner_innen und ihre Begründung. Aus Gründen der guten Kenntnis des Arbeitsfeldes[81] war die Auswahl nicht notwendigerweise ein sich wiederholender Prozess, in dem nach dem ersten Interview mit Hilfe der gewonnenen Informationen die nächsten Interviewpartner_innen ausfindig gemacht werden (vgl. Bogner/Menz 2005, 46f.). Die konkrete Auswahl oder mit Flick (2002) gesprochen die „Vorab-Festlegung der Samplestruktur" erfolgte anhand folgender Kriterien (vgl. ebd., 98ff.):

(1) die mehrjährige praktische Arbeit mit dem Anti-Bias-Ansatz in Form vom Seminaren, Workshops und/oder Weiterbildungen, um zu gewährleisten, dass ausreichend relevante Erfahrungen gemacht wurden;
(2) die Tätigkeit bezog sich in erster Linie auf Anti-Bias-Arbeit in Deutschland, um zu gewährleisten, dass der historische und räumliche Kontext vergleichbar ist;
(3) die Zielgruppe der jeweiligen Arbeit sind in erster Linie Erwachsene[82], um eine Vergleichbarkeit zu gewährleisten;
(4) die Gruppe der Interviewpartner_innen ist in Bezug auf unterschiedliche Differenzlinien[83] möglichst heterogen zusammengesetzt, um zu gewährleisten, dass unterschiedliche Perspektiven im Verhältnis zum Forschungsgegenstand berücksichtigt werden.

Während der Sichtung der potentiellen Interviewpartner_innen zeigte sich, dass bezüglich des Geschlechts, des Alters, des Migrationshintergrundes, der Hautfarbe, der Generation von Akteur_innen der Anti-Bias-Arbeit[84] sowie des regionalen Kontextes (Ost-West) Heterogenität hergestellt werden könnte. Darüber hinaus ergab sich durch die Arbeitsmarktsituation im Bildungsbereich zusätzlich die Kategorie Institutionsanbindung[85] – Freiberuflichkeit. Weitere eventuell relevante Differenzlinien wie soziale Schicht (Klasse), sexuelle Orientierung oder Behinderung (Beeinträchtigung) konnten nicht im Vorhinein berücksichtigt werden, weil diese entweder nicht sichtbar bzw. mir nicht bekannt waren und somit erst hätten abgefragt werden müssen oder sich

[81] Ich bin seit Jahren selbst in der Anti-Bias-Arbeit in Theorie und Praxis tätig (siehe dazu auch die Ausführungen in der Einleitung unter dem Stichwort „meine Motivation für diese Arbeit").

[82] Gemeint sind damit Multiplikator_innen, Lehrende, Jurist_innen, Verwaltungsangestellte usw.

[83] Mit unterschiedlichen Differenzlinien sind hier beispielsweise Gender, ethnische oder soziale Herkunft, sexuelle Orientierung, Alter, Religion, Behinderung etc. gemeint.

[84] Vgl. dazu auch die Ausführungen zur Geschichte der Anti-Bias-Arbeit in Deutschland in Kapitel 2.2.3.

[85] Hierzu zählen auch zeitlich befristete mehrjährige Projekte.

(wie zum Beispiel im Fall der Kategorie Behinderung/Beeinträchtigung) nicht im Kreis der potentiellen Interviewpartner_innen wiederfanden.

Das Interview in den USA mit Louise Derman-Sparks, der (Mit)Begründerin des Anti-Bias-Ansatzes, nimmt eine Sonderstellung ein, da es sich nicht originär auf die Arbeit im deutschen Kontext bezieht. Wegen der herausgehobenen Stellung als (Mit)Begründerin des Ansatzes und der damit verbundenen Expertise dient das Interview (1) zur Veranschaulichung zentraler Inhalte, (2) zur Bereitstellung von zusätzlichen Informationen zum Anti-Bias-Ansatz sowie (3) der Offenlegung zusätzlicher wichtiger Fragekomplexe.

3.3.3 Zum Interviewleitfaden

Der Interviewleitfaden wurde auf der Basis meiner langjährigen Erfahrung in der Anti-Bias-Arbeit und meiner theoretischen Auseinandersetzung mit weiteren Ansätzen der Antidiskriminierungsarbeit entwickelt. Während der Interviews habe ich zur Vertiefung des angesprochenen Themas an einigen Stellen ‚ad-hoc-Fragen' formuliert (vgl. Gläser/Laudl 2009, 175ff.). Die Interviews orientierten sich an folgenden Fragenkomplexen:

- Wie und warum entstand die Anti-Bias-Arbeit vor Ort?
- Mit welchen Zielgruppen arbeiten sie bzw. ihre Organisation oder Institution?
- Auf welchen theoretischen Hintergründen basiert ihre Anti-Bias-Arbeit?
- Welche Schwierigkeiten sind in ihrer bisherigen Arbeit mit dem Ansatz (wiederholt) aufgetaucht?
- Welche theoretischen, methodischen und didaktischen Weiterentwicklungen und Adaptionen benötigt der Anti-Bias-Ansatz in Deutschland?
- Welche anderen Ansätze der antidiskriminierenden Bildungsarbeit bieten hier Möglichkeiten der Erweiterung?
- Inwiefern spielt die Vergangenheit Deutschlands (Kolonialmacht, Holocaust, DDR/BRD) und die aktuelle gesellschaftliche Situation (Einwanderungsland) eine Rolle in ihrer Anti-Bias-Arbeit (der Organisationen bzw. der Institutionen)?

3.3.4 Meine Rolle als Interviewer

Eine besondere Bedeutung kommt auch der Reflektion meiner Rolle als Interviewer zu. Bogner und Menz (2005) machen sechs Typen der Zuschreibungen von Seiten der Expert_innen gegenüber den Interviewenden aus: Co-Expert_in, Expert_in anderer Wissenskultur, Interviewer_in als Laie, Interviewer_in als Autorität, Interviewer_in als potentielle Kritiker_in, (6) Interviewer_in als Komplize (vgl. ebd., 50ff.). Michaela Pfadenhauer (2005) thematisiert in diesem Zusammenhang den Aspekt des Konkurrenzdrucks zwischen Expert_in und Interviewer als Quasi-Expert_in und dem damit einhergehenden „letzten Vorbehalt hinsichtlich der Offenlegung von ‚Betriebsgeheimnissen'" (ebd., 120). Das Wissen um die Formen der „Wahrnehmung des Interviewers durch den Experten" (Bogner/Menz 2005, 50) kann während der Interviewsituation dazu beitragen stockende, belehrende oder auf eine andere Weise unfruchtbare Kommunikation zu verstehen und gegenzusteuern. Gleichfalls kann dieses Wissen auch für die Interviewanalyse verwendet werden, um beispielsweise auffallend belehrende Sequenzen einordnen zu können.[86]

Weiterhin ist es von Bedeutung, auch geschlechtsspezifische Deutungen und Handlungsmuster zu erkennen. Beate Littig (2005) weist zu Recht darauf hin, dies sowohl bei der Auswahl des Samples (vgl. ebd., 194) als auch bezüglich der Formen der Vergeschlechtlichung im Interview durch Ansprache oder durch Gesprächsinhalte mit im Blick zu behalten (ebd., 198). Aus der Perspektive der Debatte um Intersektionalität gilt es darüber hinaus auch zu beachten, welche Kategorie, wie etwa Geschlecht, Alter oder Status, die Interviewsituation gerade am meisten beeinflusst oder beeinflusst hat (ebd., 195).

3.3.5 Zur Interviewdurchführung und Transkription

Die jeweiligen Orte der Interviews wurden nach pragmatischen Gesichtspunkten ausgewählt, das heißt es wurde nach Möglichkeiten gesucht, die Fahrtkosten und den damit verbundenen zeitlichen Aufwand sowie den terminlichen Druck für beide Seiten gering zu halten. Aus diesem Grund wurden letztlich drei Interviews an den jeweiligen Arbeitsorten (Organisationen) der Personen durchgeführt, zwei in der Wohnung der interviewten Person sowie jeweils ein Interview bei mir zu Hause, eines in einem Café und eines während eines Fachkräftetreffens in einem Tagungshaus. Die Interviews wurden auf einem MD-Player bzw. mit einem digitalen Aufnahmegerät aufgezeichnet. Im Anschluss an das Interview wurde allen Interviewpartner_innen angeboten, die Transkriptionen zu lesen und gegebenenfalls Korrekturen vorzunehmen. In einem Fall wurden direkt im Text inhaltliche Ergänzungen vorgenommen, die in der Transkription gesondert gekennzeichnet wurden. Mit drei Interviewten wurden zudem Telefongespräche geführt, um inhaltliche Unklarheiten auszuräumen. Die Antworten wurden jeweils in einem Gedächtnisprotokoll festgehalten.[87] Alle Interviewten erhalten die Endergebnisse bzw. die fertige Publikation. Jedes Interview wurde anonymisiert (Namen, Zeiten, teilweise Orte), die einzige Ausnahme stellt das Interview mit Louise Derman-Sparks aus Gründen ihrer herausgehobenen Stellung dar.[88] Da die Interviewsituation das Interview beeinflusst, wurde teilweise ein Interviewbericht angefertigt, um im Auswertungsprozess diese mit heranzuziehen, „wenn es um die Plausibilität von Aussagen des Interviewpartners, um die Bewertung von Widersprüchen usw. geht" (Gläser/Laudl 2009, 192). Alle Interviews wurden mit Blick auf die beabsichtigte Auswertungsmethode vollständig und nach *inhaltlichen* Gesichtspunkten transkribiert, das heißt: Im Mittelpunkt stand *nicht* die Frage ‚wie' etwas gesagt wurde. Folgende Transkriptionsregeln kamen in Anlehnung an Gläser und Laudl (2009) zum Einsatz (vgl. ebd., 194):

- Alltagssprache wurde in Standardorthografie verschriftlicht (zum Beispiel „nee" in „nein");
- Unterbrechungen des Interviews wurden notiert;
- Unverständliches wurde gekennzeichnet;

[86] Zu Formen des Ge- bzw. Misslingens von Diskursverläufen in Interviews vgl. Michael Meuser und Ulrike Nagel 2005, 77ff.

[87] Die vollständigen Transkriptionen sowie die Gedächtnisprotokolle finden sich als Text auf der CD im Anhang.

[88] Vgl. dazu Kapitel 3.3.2 „Zur Auswahl der Expert_innen".

- Nichtverbale Äußerungen wurden nur im Fall einer besonderen Bedeutung notiert;
- Besonderheiten der Antworten (zum Beispiel ironischer Tonfall) wurden notiert;
- Füllworte wie „äh“ wurden nur bei inhaltlicher Relevanz transkribiert;
- Pausen wurden nur bei einer besonders auffallenden Zeitdauer notiert;
- Kommata wurden nach Sinnzusammenhängen und Pausen gesetzt;
- Der Satzbau wurde an manchen Stellen zum besseren Verständnis korrigiert;
- In einem Transkript wurden vom Interviewten selbst im Text Ergänzungen vorgenommen, diese wurden jeweils mit eckigen Klammern [...] gekennzeichnet;
- Die von den Interviewten zum Teil verwendeten männlichen Begriffe wie „Lehrer“ oder „Schüler“ für beide (oder gar alle) Geschlechter wurden *nicht* geändert.[89]

3.3.6 Zur Auswertung

Gläser und Laudl (2009) nennen vier Prinzipien für verlässliches Wissen in der sozialwissenschaftlichen Forschung, „deren Einhaltung (sicher) stellt, dass das durch einzelne Wissenschaftler und Forschungsgruppen produzierte Wissen auch zum gemeinsamen Wissenskorpus passt und sich die anderen Wissenschaftler auf das Ergebnis verlassen können“ (ebd., 29): Offenheit im Sinne unerwarteter Informationen, theoriegeleitet in Anknüpfung an das (theoretische) Vorwissen über den Forschungsgegenstand, regelgeleitet, das heißt die Anwendung von explizierten und nachvollziehbaren Regeln sowie Verstehen als Basishandlung des Forschungsprozesses (vgl. ebd., 30ff.). Der Empirieteil dieser Studie, konkreter, die Analyse der Expert_inneninterviews, vollzieht sich auf dieser Grundlage. Die Vergleichbarkeit der Interviews wird im Rahmen dieser Studie hergestellt durch den gemeinsamen Funktionskontext, das heißt die Arbeit aller Expert_innen mit dem Anti-Bias-Ansatz in der Antidiskriminierungsarbeit einerseits sowie der leitfadenorientierten Interviewführung andererseits (vgl. Meuser/Nagel 2005, 81f.). Die Interviewauswertung wurde computergestützt vorgenommen, zur Anwendung kam dabei MAXQDA – ein häufig genutztes Programm zur Unterstützung der qualitativen Auswertung empirisch gewonnener Daten. In der konkreten Auswertung bin ich wie folgt vorgegangen:

- Nach der Transkription aller Interviews und den Rückfragen zu Unklarheiten ging es mir in einem ersten Schritt darum, mit den Daten (Interviews) vertraut zu werden. Dazu habe ich alle Interviews komplett gelesen und wollte zudem jeweils eine kurze Nacherzählung verfassen sowie das jeweilige Interview mit einem Motto versehen bzw. betiteln (vgl. Jaeggi/Fass/Mruck 1998, 7f.). Die Nacherzählung und die Betitelung hat sich im Laufe der weiteren Arbeit jedoch nicht als erkenntnisreich erwiesen, daher habe ich diese nur für die ersten Interviews verfasst und an Stelle dessen zu wichtigen Punkten einzelne Notizen angelegt.
- Im zweiten Schritt ging es um das Aufbrechen der Texte in Sinneinheiten wie etwa thematische Trennlinien, Erfahrungsbündel oder Argumentationsmuster. Die einzelnen Sinneinheiten wurden codiert, das heißt die Sinneinheiten wurden mit Überschriften versehen. Die Benennung erfolgte dabei dicht am Text, zum Teil wurden Begriffe des Textes verwendet (vgl. Meuser/Nagel 2005, 85f.). Begonnen habe ich mit dem zuerst durchge-

[89] Siehe dazu auch die „Lesehinweise“ in der Einleitung.

führten Interview. Ich bin davon ausgegangen, dort noch am engsten am Leitfaden zu sein und damit gewährleisten zu können, dass die einzelnen Themenblöcke zumindest angesprochen werden. Das erste zusammenhängende Lesen hat diesen Eindruck bestätigt. Während der Codierung des ersten Interviews wurden gleiche oder ähnliche Themen Hauptüberschriften zugeordnet. Ergebnis dieses Vorgehens war eine gute Textübersicht und ein erstes Muster. Nachfolgend bin ich in gleicher Weise mit zwei anderen Interviews vorgegangen. Das bereits nach dem ersten Interview entstandene Muster wurde entsprechend modifiziert, einige neue Codes und Hauptüberschriften wurden gesetzt. Die ersten drei Interviews wurden nach der Erstellung des ersten Codebaums noch mal komplett gelesen und dieser überprüft bzw. ergänzt (in der Folge dann nur noch, wenn neue Sinneinheiten dazu kamen). Zudem wurden Codenotizen für die zentrale Sinneinheiten erstellt und weitere Memos für darüber hinausgehende Gedanken (vgl. Strauss/Corbin1996, 169ff.). Bei den folgenden Interviews wurden die Codes den Hauptüberschriften des bereits entstandenen Codebaum zugeordnet oder es wurden auch neue Hauptüberschriften gebildet. Zudem wurde auf Grund der Fülle der Codes (Überschriften) und Hauptüberschriften – insgesamt wurden rund 880 Codes und 85 Hauptüberschriften gesetzt – eine weitere dritte Ordnungsebene im Codebaum eingeführt, die bereits erste Ideen einer abstrakteren (theoretischen) Perspektive beinhaltet (vgl. Meuser/Nagel 2005, 90). Um hier nicht zu vorschnellen Schlüssen bzw. Einengungen zu gelangen, wurde der entstandene Codebaum (Codierungen, Hauptüberschriften, übergeordnete Ordnungskategorien) nach allen Interviews nochmals am Text überprüft. Insgesamt wurde also immer in Schleifen gearbeitet.

- Im nächsten Schritt folgte der thematische Vergleich der Interviews bzw. Interviewpassagen untereinander. Die Passagen aus allen Interviews unter den jeweiligen Hauptüberschriften wurden zusammengestellt und hinsichtlich ihrer Ähnlichkeiten, Unterschiede, Argumentationsmuster etc. verglichen. Dabei habe ich neben den Codelisten der Hauptüberschriften vor allem mit Mind-Maps gearbeitet, um einen Gesamtübersicht zu erhalten. In diesem Schritt wurden auch die Hauptüberschriften nochmals genauer in den Blick genommen und teilweise ergänzt, umbenannt oder neue gebildet (vgl. ebd., 86).
- Der folgende Schritt zielte darauf, sich vom Text zu lösen. Dabei wurden entweder die Hauptüberschriften mit Fachbegriffen der angrenzenden Disziplinen der Anti-Bias-Arbeit ersetzt oder es wurden abstraktere Begriffe gefunden. Nach Meuser und Nagel (2005) ging es in diesem Schritt darum, zu einer „Systematisierung von Relevanzen, Typisierungen, Verallgemeinerungen, Deutungsmustern" zu gelangen (ebd., 88).
- Im letzten Schritt wurden aus den Hauptüberschriften die zentralen Themen im Hinblick auf die aktuellen Debatten in der Anti-Bias-Arbeit, die vorliegenden Fachpublikationen sowie die Forschungsfragen dieser Studie ausgewählt und mit Theorien der jeweiligen Fachdisziplinen verknüpft (vgl. ebd., 89ff.).

B. Darstellung und Diskussion von Ergebnissen der eigenen Forschung

4. Grundlegende theoretische Bestimmungen

Das vorliegende Kapitel setzt sich mit grundlegenden theoretischen Begriffbestimmungen auseinander. So wird auf Grundlage der Analyse der Expert_innenintervies der Frage nachgegangen, wie die Begriffe ‚Theorie' und ‚Praxis' wissenschaftstheoretisch verstanden werden können und welche Überbrückungsfiguren denkbar sind. Zudem wird mit Blick auf die Praxis thematisiert, wie ein Theorie-Praxis-Transfer stattfindet und welche Modelle der Forschung Aufschlüsse über Hindernisse und Herausforderungen geben können. An einem Beispiel aus der Anti-Bias-Praxis werden darüber hinaus exemplarisch Faktoren aufgezeigt, die den Transfer fördern bzw. hemmen. Im Anschluss werfe ich einen Blick auf die Theoriezugänge im Anti-Bias-Ansatz und widme mich darauf ausführlich dem zentralen Begriff Diskriminierung. Zum Abschluss erfolgt eine theoretische Auseinandersetzung mit dem Begriff Utopie. Dabei gehe ich der Frage nach, ob die Formulierung einer Utopie oder Vision in der Anti-Bias-Arbeit motivierend wirken kann.

4.1 Von Theorie und Praxis

4.1.1 Über die Notwendigkeit von theoretischen Fundierungen im Anti-Bias-Ansatz

Der Anti-Bias-Ansatz – verstanden als ein Konzept in der Antidiskriminierungsarbeit – bedarf aufgrund seines bisherigen Praxisschwerpunktes einer theoretischen Fundierung entlang von zentralen Modellen, Begriffen und grundlegenden Theorien – so lautete eine der Grundannahmen dieses Forschungsvorhabens. Im Rahmen der Expert_inneninterviews wurde daher die Frage gestellt, ob der Ansatz grundsätzlich eine theoretische Fundierung benötigt (und wenn ja, an welchen Stellen diese vorgenommen werden müsste).[90] Beginnen möchte ich mit einer von Albert angeführten Perspektive zur Notwendigkeit einer grundlegenden theoretischen Fundierung:

> „Natürlich, theoretischer Aufbau solcher Ansätze ist sehr hilfreich, dass dieser Ansatz beiden Multiplikator(inn)en dort ankommt, wo der Ansatz irgendwie angedacht war, und wenn es dieses theoretische Feld einfach nicht geben sollte für die Ansätze, bestände immer die Gefahr, dass diese beliebig benutzt würden, wobei diese Gefahr der beliebigen Benutzung kann man nie ausschließen, nicht generell ausschließen, aber das ist einer der Gründe, wo man erstmal weiß wo der Zug hinfährt und warum auf dieser Schiene, und da denke ich mir, insoweit bin ich auch ein Verfechter von Theorie" (Albert, 392-401).

Insofern kann eine theoretische Fundierung immer auch einen Beitrag dazu leisten, die Beliebigkeit in der Anwendung eines Ansatzes zu reduzieren. Anders formuliert: Theorie kann einer Beliebigkeit in der Praxis entgegenwirken. Paula ist folgender Ansicht:

> „Also, ich finde schon, irgendwie so eine gesamte theoretische Fundierung des Ganzen. Also, wie das konkret aussehen soll, dass weiß ich auch nicht, aber wie gesagt, das sind eben so die Fragen teilweise, dass es eben nicht so ganz klar wird, was Anti-Bias ist" (Paula, 316-319).

[90] Vgl. dazu auch die Ausführungen zum Forschungsdesign der vorliegenden Studie in Kapitel 3.

Sie zielt damit auf eine grundlegende Fundierung und Konkretisierung des Ansatzes. Im Anschluss bezieht sich Paula explizit auch auf den deutschen Kontext:

> „[U]nd ja, so ein bisschen Rüstzeug zu haben, weil ich das auch noch von meiner Unizeit kenne, irgendwann hat es mich selber genervt diese Theorieverfangenheit, aber ich sehe, das ist legitim und es ist ein bisschen zu wenig da und vielleicht auch ein bisschen zu wenig für den deutschen Kontext immer noch" (Paula, 342-347).

Auch Albert ist der Ansicht, dass insgesamt wenig Anti-Bias-Literatur in Deutschland vorliegt, auf die in der Theorie Bezug genommen werden kann. Auf die Frage nach seinen theoretischen Bezügen in der Anti-Bias-Arbeit sagt er:

> „Eher sehr allgemein und auch Anti-Bias-Literatur, das heißt, wo es auch nach meinen Kenntnissen, was ich weiß, die nicht sehr ausgebreitet ist in Deutschland" (Albert, 29-31).

Karin plädiert für eine Darstellung der für sie zentralen Themen in einem theoretischen Zusammenhang:

> „[E]s geht nicht nur um individuelle Vorurteile und Stereotypen, sondern es geht um gesellschaftliche Bedingungen die die unterstützen, das heißt Macht, institutionelle Verankerung, Rassismus, und diese sind alle Themen, die in einem theoretischen Zusammenhang dargestellt werden müssen und es ist wichtig, dass sich Trainer das bewusst sind, aber es gibt, das Problem ist, es gibt keine einzige Theorie, es gibt verschiedene Theorien" (Karin, 620-626).[91]

Die Feststellung, dass es viele und nicht eine übergreifende Theorie gibt, bekräftigt meines Erachtens die Notwendigkeit einer theoretischen Fundierung, die auch offenlegt, auf welche Hintergründe im Anti-Bias-Ansatz Bezug genommen wird.[92]

Bezogen auf bestimmte Zielgruppen bzw. Praxisfelder finden sich unterschiedliche Aussagen. Zur Arbeit mit Studierenden sagt Meike:

> „An Theorie scheint es, glaube ich, ziemlich viel zu fehlen. Gerade wenn, ich meine, die Erfahrung hast du ja auch gemacht, wenn man an der Uni arbeitet, dann ist es einfach so, es gibt da zwei Bücher die man sich ausleihen kann, ‚ich habe nur deine Diplomarbeit gefunden' oder eben das von Louise Derman-Sparks was man hier auch käuflich erwerben kann, wenn ich bei Amazon rumsurfe und da gibt es dann eben wenig. Ich glaube, dass wäre auf jeden Fall besser, wenn es mehr geben würde" (Meike, 622-629).

Im Kontext der Universität kann auf Grund der (noch immer) geringen Anzahl spezifischer Publikationen von einem konkreten Bedarf an theoretischer Literatur zum Anti-Bias-Ansatz gesprochen werden. Da sich der Universitätskontext gerade durch die Auseinandersetzung mit Theorien bzw. ihrer Entwicklung auszeichnet, ist die ausdrückliche Einforderung dieser von Seiten der Studierenden auch zu erwarten (und eine Irritierung nicht verwunderlich, wenn ein Ansatz thematisiert wird bzw. mit ihm gearbeitet wird, der wenig offensichtliches Theoriefundament aufweist bzw. anbietet).

---

91 Karin bezieht sich hier auch auf Kompetenzen der Seminarleitung – diese müssen ihres Erachtens um die theoretischen Zusammenhänge wissen. Zu diesem Thema siehe auch Kapitel 6.2.1 „Über (historische) Kompetenz in der Anti-Bias-Arbeit".

92 Die Theoriehintergründe in der Anti-Bias-Arbeit werden in Kapitel 4.2 dieser Studie ausführlich thematisiert.

In Bezug auf Multiplikator_innen wird in verschiedenen Interviews auf die Notwendigkeit einer Fundierung bzw. Weiterentwicklung hingewiesen. Karin sagt dazu aus der Perspektive einer Weiterbildnerin:

> „[D]as heißt, dass man natürlich für manche Leute, die mehr Theorie haben wollen und das dann selber lernen und wir geben Vorschläge oder sonst was, wir haben so eine kleine theoretische Zusammenhänge da anzubieten, aber das natürlich muss weiterentwickelt werden. Ich bin auch der Meinung es wäre gut das noch weiter und umfassender zu machen, das wäre sinnvoll“ (Karin, 639-644).

In den Interviews wurde auch die Erfahrung geäußert, dass Praktiker_innen selbst eine Fundierung einfordern, dazu führt Anja aus:

> „Also ich habe mal im letzten Jahr ein Seminar geteamt, da waren überwiegend sehr sensibilisierte reflektierte Leute, die selber in der Jugendarbeit oder in der Bildungsarbeit tätig sind, auch zu Themen wie Antirassismus oder schwul-lesbische Lebensweisen etc., und da fand ich, war sehr viel gefragt auch nach einer theoretischen Fundierung“ (Anja, 370-374).

Diese Erfahrung teilt auch Paula:

> „Wo ich auch finde, es gibt eine Grenze, da bin ich jetzt verstärkt drauf gestoßen, dass ist dieses Training, was Marianne und ich in Flensburg machen, wo ja auch so eine ganz bestimmte, nicht Klientel, aber ein ganz bestimmter Personenkreis da ist, (I: alle Multiplikator_innen) genau, und in der politischen Arbeit schon lange und alle irgendwie fundiert, wo ich immer wieder auch merke, da ist ein ganz großes Bedürfnis danach so nach Theorie, nach theoretischer Fundierung, wo ich auch merke, bei bestimmten Nachfragen und so weiter, ist da Anti-Bias vielleicht noch ein bisschen zu schwammig, zu unkonkret“ (Paula, 220-229).

Die Aussagen von Paula und Anja weisen darauf hin, dass vor allem sehr sensibilisierte und kritische Multiplikator_innen Theorie einzufordern scheinen. Möglicherweise steht dahinter das Anliegen, eine Beliebigkeit in der Anwendung eines Ansatzes zu vermeiden oder eine Manipulation, die durch unbewusste theoretische Übernahmen entstehen könnte, vorzubeugen. In ähnlicher Weise hat auch Albert bereits zu Beginn dieses Kapitels auf diesen Aspekt aufmerksam gemacht (vgl. Albert, 392-401). Zusammenfassend lässt sich sagen, dass die Interviews die Eingangsthese belegen, nach der für die Erwachsenenbildung (hier Studierende und Multiplikator_innen) sowie für die Jugendarbeit ein Bedarf an einer theoretischen Fundierung besteht. Sonja formuliert demgegenüber scheinbar gegensätzlich:

> „[W]eißt du, es ist für mich gut fundiert, dass finde ich nach wie vor, auch wenn ich heute das Anti-Bias-Curriculum lese, da geht's Kollegen anders, die sehen vieles ganz kritisch, ich finde das immer noch ein mutiges Ding, ich finde das so anregend, ich finde es so schön praktisch, es ist ganz gut unterlegt für Pädagogenliteratur, aber es ist vor allem ein Praxiskonzept, dass wirklich viel an die Hand gibt und das finde ich total wichtig“ (Sonja, 630-636).[93]

Wichtig für die Einordnung dieser Aussage ist zuerst einmal Sonjas Praxisfeld: Sie ist im Bereich ‚frühe Bildung' tätig. Eine mögliche Erklärung ihrer Sichtweise, die jedoch nicht aus dem Interviewmaterial abgeleitet ist, ergibt sich durch die Betrachtung der Entwicklungsgeschichte des Anti-Bias-Ansatzes. Der Ansatz wurde Ende der 1980er Jahre in den USA ursprünglich für die

[93] Trotz dieser Ausführungen räumt Sonja in diesem Interviewabschnitt ein, dass einige Kolleg_innen die Frage nach einer (theoretischen) Fundierung anders sehen als sie selbst und eine solche als notwendig erachten. Leider geht aus dem Interview nicht hervor, ob Sonja Kolleg_innen anderer bzw. ihres eigenen Praxisfeldes oder eher allgemein Anti-Bias-Aktive meint.

Kleinkindpädagogik entwickelt und weist daher für diesen Zusammenhang (einige) grundlegende Fundierungen auf. Des Weiteren wurden diese im Praxisfeld ‚frühe Bildung' in Deutschland im Rahmen des langjährig finanziell geförderten Projekts Kinderwelten kontinuierlich (für die Praxis) weiterentwickelt (vgl. dazu Schmidt 2009, 42ff.; Gramelt 2010, 87ff.).

Hinsichtlich obiger Interviewpassage erscheinen mir zwei Aspekte besonders bemerkenswert zu sein: Die Begründung Sonjas Sichtweise über das Argument „für Pädagogenliteratur ganz gut unterlegt" und den Hinweis darauf, dass der Ansatz ein Praxiskonzept sei, was für sie von zentraler Bedeutung ist. Die Formulierung des ersten Arguments legt die Interpretation nahe, dass Sonjas Erfahrung nach eine gute Fundierung eines Konzeptes in der Pädagogik nicht recht verbreitet ist. Möglicherweise kommt sie im Vergleich mit dieser Erfahrung zu der Einschätzung, dass im Fall ihrer Arbeit mit dem Anti-Bias-Ansatz eine ausreichende und gute Fundierung vorliegt.[94] Rückmeldungen aus ihrem Praxisfeld bestätigen Sonja in ihrer Einschätzung:

> „Ich finde eher und ich kriege auch eher die Rückmeldung, dass Erzieherinnen und auch Multiplikatorinnen sagen, sie finden das fundiert, sie finden das fundierter als manches, was sie sonst so hören" (Sonja, 347-350).

Ein weiterer Aspekt spielt hier möglicherweise eine bedeutende Rolle. Kinderwelten, der hierzulande bekannteste Arbeitszusammenhang in der frühen Bildung, der mit einer Kombination aus dem Anti-Bias-Ansatz und dem Situationsansatz arbeitet (vgl. Sonja, 373-385; Preissing/Wagner 2003, 41ff.), ist ein Projekt des Instituts für den Situationsansatz an der Freien Universität Berlin (vgl. Kinderwelten 2010). Damit ist eine Wissenschaftsanbindung vorhanden, die inhaltliche Impulse für eine Fundierung der Praxis liefert und mit dazu führen kann, warum Praktiker_innen, die mit Kinderwelten zusammen arbeiten, eher die Rückmeldung geben, „es ist fundiert" (Sonja, 386). Für das Praxisfeld ‚frühe Bildung' scheint somit in Deutschland, im Gegensatz zum Feld der Jugend- und Erwachsenenbildung, eine ausreichende theoretische Fundierung vorzuliegen.[95]

Interessanterweise wird in den Interviews nur im Bereich der ‚frühen Bildung' mehrmals *konkreter* Forschungsbedarf formuliert[96] – im Gegensatz zu den eher allgemein gehaltenen Forderungen einer theoretischen Fundierung in der Erwachsenenbildung. Dies ist meines Erachtens ein weiteres Indiz für die weiter vorangeschrittene Arbeit dieses Praxisfeldes. Sonja weist beispielsweise darauf hin, dass das Thema Identitätsbildung bei Kindern in der Entwicklungspsychologie in Deutschland noch ein wenig untersuchtes Feld ist:

> „[D]a müsste auch wirklich echt ein Forschungsprojekt hin, oder, doch es müsste ein Forschungsprojekt hin, eigentlich muss das auch empirisch noch mal gemacht werden, also, wirklich mehr an Weltbildern und Iden-

[94] Zu überprüfen, wie es tatsächlich um die theoretische Fundierung von Ansätzen in der Pädagogik bestellt ist – auch im Vergleich mit Konzepten anderer Disziplinen – wäre eine interessante Aufgabe, ist jedoch nicht Ziel dieser Studie.

[95] Vgl. dazu auch die Ausführungen zur Entwicklungsgeschichte des Anti-Bias-Ansatzes in Deutschland in Kapitel 2.2.3 dieser Studie.

[96] Louise Derman-Sparks spricht im Zusammenhang mit dem Thema Forschungsbedarf zwei Bereiche an. Zum einem sieht sie einen Nutzen in der Zusammenführung der Forschungsergebnisse, die die vier Ziele der Anti-Bias-Arbeit in der ‚frühen Bildung' stützen (zu den Zielen in der Anti-Bias-Arbeit vgl. Kapitel 2.3). Zum anderen sieht sie Bedarf, die Wirkung des Ansatzes auf Kinder zu untersuchen (vgl. LDS, 1055-1063).

tifikationsprozessen von kleinen Kindern in Deutschland, das wäre auch genau eine Kontextualisierung, genau verstehen, was ist hier los, und was ist hier anders als in den USA" (Sonja, 206-212).

Diese Spezifizierung würde aus Sonjas Perspektive auch dazu beitragen, mehr konkrete Beispiele für die praktische Arbeit zur Verfügung zu haben (vgl. Sonja, 386-406).[97] Darüber hinaus sieht sie Bedarf an einem Forschungsprojekt zur Elternperspektive in Deutschland:

> „[W]wir merken, wir bräuchten mehr Aufmerksamkeit, also auf diese Frage der Elternperspektive, durchaus auch Forschung glaube ich. Ich glaube, auch da bräuchte man so ein richtig gutes Projekt, so Praxisforschung, das auch noch mal so offen legt, die Eltern gibt's gar nicht, es gibt unterschiedliche Perspektiven auch Eltern zu sein, unterschiedliche Wünsche an Partizipation auch und unterschiedliche Vorstellungen von Erziehung überhaupt" (Sonja, 433-440).

Der oben genannte zweite Aspekt, der Hinweis auf die zentrale Bedeutung als Praxiskonzept (vgl. Sonja 635), oder anders gesagt, die starke Praxisorientierung Sonjas, begründet sich bei ihr über ihre eigene Berufserfahrung:

> „Ich finde das so auch in meiner eigenen Geschichte, ich habe ja selber auch als Erzieherin gearbeitet, (...) du brauchst so einen kleinen Hinweis, du brauchst so ein kleines Bild, Bilder, ich habe richtig verstanden wie wichtig Bilder sind, also Bilder von einer anderen Praxis, Bilder von einem anderen Umgang, Bilder von einer anderen Interaktion, das brauchen wir, also ich brauche das und die meisten Erzieher_innen, mit denen wir arbeiten, brauchen das auch" (Sonja, 636-646).

Die Darstellung der eigenen Erfahrung als Erzieherin wirft einige grundsätzliche Fragen entlang des Begriffs Praxis auf, die meines Erachtens in einem engen Zusammenhang mit der Frage nach der Notwendigkeit einer theoretischen Fundierung stehen: In diesem Interviewausschnitt beantwortet Sonja aus ihrer Perspektive implizit *die Frage nach einer guten Praxis*, das heißt sie führt aus, was sie „und die meisten Erzieher_innen, mit denen [sie] arbeite[t]" brauchen, um in der Praxis gut und motiviert arbeiten zu können. Sie nennt „Bilder", das heißt die innere Vorstellung oder Angebote einer anderen, alternativen Praxis im Gegensatz zum bisherigen Umgang als notwendiges Mittel, um nicht letztlich in der Praxis allein auf sich zurückgeworfen zu sein. Möglicherweise ist im Zusammenhang mit der Frage nach einer Fundierung implizit auch immer die Frage mit angesprochen *in welcher Form, durch welche Auseinandersetzung ein (Praxis-)Konzept angemessen und zielgruppengerecht weiterentwickelt werden kann* bzw. sollte. Dies führt, unter der Voraussetzung, dass auch die Verbesserung eines Praxiskonzeptes die Rezeption von neuen, ergänzenden und weiterführenden Theorien benötigt, zu der Frage, *wie ein gelungener Theorie-Praxis-Transfer gewährleistet werden kann.* Weitere Fragen könnten sich anschließen: Bedeutet der von Sonja verwendete Begriff „Praxiskonzept" (ebd., 635), dass das Konzept aus der Praxis heraus für die Praxis entwickelt worden ist und bedeutet dies weiter, dass davon ausgegangen wird, Praxis sei ‚theorielos'? Es könnte auch die Frage gestellt werden, was eigentlich die Erwähnung des Begriffs Praxiskonzept im Zusammenhang mit der Frage nach einer theoretischen Fundierung bedeutet? Steckt dahinter möglicherweise eine Ablehnung von Theorie, die lediglich vorschreibt? Dient der Begriff Praxiskonzept eventuell zur Abgrenzung gegenüber anderen Praxisfeldern, die auch mit dem Anti-Bias-Ansatz arbeiten? *Und letztlich, was bedeutet*

[97] Zu Anpassungen von Begriffen und Beispielen an den deutschen Kontext sowie regionalen und berufsfeldbezogenen Kontextualisierungen vgl. Kapitel 5.1.2 und 5.1.3 dieser Studie.

eigentlich der Begriff Praxis der scheinbar im Gegensatz zum Begriff Theorie steht? Wird hier eine Trennung zwischen Wissenschaft und Theorie auf der einen Seite und einer unakademischen, an der Zielgruppe orientierten Praxisentwicklung auf der anderen Seite vorgenommen? Wo verlaufen die Grenzen zwischen den Begriffen Praxis und Theorie? Bevor ich mich mit einigen für diese Studie relevanten Fragen weiter auseinandersetze, möchte ich zusätzlich Derman-Sparks zu Wort kommen lassen, die kritisch anmerkt:

> „Well, [4 seconds] what I think, we probably do, well, let me think about this, I have to say I do have a little bit of a bias in that, I think, we try to much to solve some of these issues academically and I sort of, I have chosen to sort of not to get into the theoretical arguments" (LDS, 1051-1055).

Auffallend ist die längere Pause zu Beginn und die nachfolgenden Teilsätze, die als eine Art ‚Hin- und Hergerissensein' zwischen verschiedenen Positionen gedeutet werden können. In Kombination mit dem Satz „I do habe a little bit of bias in that" und der inhaltlich auf die Frage bezogenen Aussage „I think, we try to much to solve some of these issues academically" scheint dies darauf hinzuweisen, dass bei Derman-Sparks (mittlerweile) eine persönlich motivierte Distanz zu akademisch-theoretischen Auseinandersetzungen bzw. Lösungen besteht. Leider wird dies in der Interviewpassage nicht weiter ausgeführt und es bleibt offen, wie sie mit ihrer Entscheidung, nicht auf der Theorieebene zu argumentieren, weiterhin umgegangen ist, und welche Konsequenzen dies zur Folge hatte.

Wenn ich der Interpretation einer ablehnenden oder distanzierten Haltung folge, könnte diese mit der Erfahrung erklärt werden, dass akademische Auseinandersetzungen sich oftmals auf Theoriedebatten (unter Theoretiker_innen) beschränken und Ergebnisse nicht in die Praxis überführt werden (können). Aus dieser Perspektive trägt Theorie wenig oder sogar nichts für die praktische Arbeit bei. Auch Paula macht auf diesen Aspekt aufmerksam:

> „Und wo ich ihn [den Anti-Bias-Anatz] auch noch begrenzt sehe ist, das hat dann wieder mit diesem Netzwerk oder mit uns Aktiven zu tun, dass zu wenig zusammen läuft. Ich finde die Leute, die schwerpunktmäßig theoretisch in der Forschung arbeiten, da kommt zu wenig an bei den Leuten, die in der Praxis sitzen und umgekehrt" (Paula, 245-249).

Insgesamt betrachtet lassen die vorangegangenen Ausführungen zu den Interviewpassagen von Derman-Sparks, Sonja und Paula auf eine hohe Bedeutung des Theorie-Praxis Transfers schließen. Paulas Aussage verweist zudem darauf, dass ein Transfer nicht nur einseitig im Sinne von Theorie zu Praxis gedacht werden sollte, sondern auch „umgekehrt" in Richtung von Praxis zur Theorie.

Zusammenfassung und Schlussfolgerung

- Eine grundlegende theoretische Fundierung ist in Deutschland in erster Linie für die Erwachsenenbildung und Jugendarbeit erforderlich, es liegen hier zu wenige Theoriearbeiten vor. Auch in der neueren Literatur zum Anti-Bias-Ansatz wird auf die Notwendigkeit einer solchen Fundierung noch immer explizit hingewiesen (vgl. Ipsen 2008, 79; Schmidt 2009, 52; Schmidt/Herdel/Dietrich 2009, 167).

- Studierende messen der Theorie oft einen hohen Stellenwert bei und fordern diese aus Gründen der herrschenden Universitätskultur mit ihrem starken Theoriefokus (oftmals unter Ausblendung praktischer Fragen) auch ein.
- Ebenfalls stark an Theorie interessiert sind kritische und sehr sensibilisierte Multiplikator_innen in der Erwachsenenbildung – vermutlich um einer Beliebigkeit in der Anwendung von Ansätzen oder einer möglichen Manipulation entgegenzuwirken.
- Das Praxisfeld ‚frühe Bildung' scheint bezogen auf das Projekt Kinderwelten eine ausreichende Fundierung für die praktische Arbeit aufzuweisen, da der Ansatz originär im bzw. für das Feld ‚frühe Bildung' entwickelt wurde und die Entwicklung in diesem Bereich (daher) schon weiter fortgeschritten ist. Weiterhin weist das Projekt Kinderwelten eine Wissenschaftsanbindung auf (Institut für den Situationsansatz an der FU Berlin), die (fundierte) Impulse für die Praxis beitragen kann.
- Forschungsbedarf zu *spezifischen* Fragen wird vor allem im Bereich frühe Bildung artikuliert, Themen sind frühkindliche Identitätsentwicklung in Deutschland, Elternperspektive(n) sowie aus der Sicht Derman-Sparks die Zusammenführung von Forschungsergebnissen, die die vier Ziele des Ansatzes stützen und Langzeitstudien zur Wirkung des Ansatzes auf Kinder.
- Es besteht bei einigen Befragten der Eindruck, dass viele Theorien nebeneinander existieren und eine (weitere) Zusammenführung dieser Stränge für die Arbeit mit dem Anti-Bias-Ansatz sinnvoll ist.[98]
- Die Zusammenführung und Offenlegung von Theorien, die in einem Ansatz verwendet werden, trägt dazu bei, die Beliebigkeit in der praktischen Anwendung zu reduzieren (vgl. Elverich/Kalpaka/Reindlmeier 2006, 9).
- Aus den Interpretationen der Expert_innenaussagen zu Theorie und Praxis lassen sich eine Reihe grundsätzlicher Fragen ableiten. Im Mittelpunkt steht dabei die Klärung der Begriffe sowie Fragen zum Theorie-Praxis-Transfer.

4.1.2 Begriffliche und wissenschaftstheoretische Bestimmungen von Theorie und Praxis

Entlang der oben aufgeworfenen (kursiv gesetzten) Fragen befasse ich mich nachfolgend zuerst mit einer Klärung der Begriffe Praxis und Theorie und diskutiere anschließend zentrale Fragen des Theorie-Praxis-Transfers.

Im *Alltagsverständnis* bezieht sich der Begriff Praxis in erster Linie auf Handeln, darauf, etwas zu tun, den Körper einzusetzen. Mit ‚Theorie' wird eher Kopfarbeit verbunden, Texte lesen, nachdenken. Der Begriff wird aber auch abwertend verwendet, zum Beispiel in der Formulierung „das ist doch alles nur Theorie" oder „das funktioniert doch nur in der Theorie" sowie gelegentlich überhöhend im Sinne von Wissenschafts- und Theoriegläubigkeit. Jene Verwendung rückt den Begriff Theorie in die Nähe zur Phantasie und Illusion. Der Blick in die *Etymologie* der Begriffe zeigt folgendes: ‚Theorie' steht für „systematische Zusammenfassung und Verallgemeinerung von Erkenntnissen auf einem (wissenschaftlichen) Gebiet, auch ‚begriffliche, abstrakte Betrachtungsweise', abschätzig ‚bloße Vermutung, wirklichkeitsferne Meditation'". Der Begriff

[98] Vgl. dazu auch Kapitel 4.2 zu den Theorie Hintergründen im Anti-Bias-Ansatz.

leitet sich aus dem spätlateinischen bzw. griechischen Begriff *theoria* ab und steht für „‚Betrachtung, Untersuchung', besonders ‚das wissenschaftliche, geistige Anschauen'" (Etymologisches Wörterbuch des Deutschen 2004, 1429). Hervorzuheben sind hier meines Erachtens zwei Aspekte: Der Bezug auf Wissenschaft und (ihr) systematisches, das heißt methodengeleitetes Vorgehen sowie der abwertende Blick auf Theorie.

Der Begriff Praxis leitet sich aus dem lateinischen bzw. griechischen Begriff *praxis* ab und steht für „Ausübung, Ausführung, Anwendung, Verfahrensweise". Er ist das „Gegenwort zu Theorie" und steht auch für berufliche „Tätigkeitsbereiche" (ebd., 1039). Deutlich erkennbar wird die Betonung der Handlung. Weiterhin interessant erscheint mir, dass, ähnlich wie in den Interviews, von einer Gegensätzlichkeit der Begriffe Theorie und Praxis ausgegangen wird. Ebenfalls findet sich in den Interviews das Verständnis von Praxis als Berufsfeld wieder (vgl. Kapitel 4.1.1). Diese Auffassung kann jedoch auch verwirrend bzw. paradox wirken, zum Beispiel wenn der Tätigkeitsbereich oder das Berufsfeld sich durch (wissenschaftlich) theoretisches Arbeiten auszeichnet, kurz: sich Praxis durch Theorie auszeichnet. Die Verwirrung besteht in der Vermischung von verschiedenen Verständnisebenen. Zum einen handelt es sich im genannten Beispiel um das Verständnis von Praxis als ‚Tätigkeit im Berufsfeld'. Praxis würde dann bedeuten, im Berufsfeld tatsächlich zu arbeiten und theoretisch würde auf dieser Ebene bedeuten, nicht im Berufsfeld zu arbeiten (im Sinne von nur theoretisch darüber nachdenken dies zu tun, es aber praktisch nicht zu tun). Zum anderen geht es um die Ebene der ‚Ausrichtung des Berufsfeldes', die dann entweder eher praxis- oder, wie in diesem Beispiel, eher theorieorientiert ist bzw. sein kann. Mit der Trennung der Ebenen ergibt der Begriff Praxis als Gegenwort zu Theorie durchaus wieder Sinn.

Einführen möchte ich an dieser Stelle noch den Begriff der *Alltagstheorie*, um den Unterschied zur wissenschaftlichen Theorie zu verdeutlichen. Alltagstheorien basieren meist auf persönlichen Erfahrungen und daran anknüpfenden Gedanken und Schlussfolgerungen, die jedoch oft auch unbewusst entstehen. Wissenschaftliche Theorien zeichnen sich durch anerkannte wissenschaftstheoretische Kriterien aus: Klärung von Grundbegriffen, systematisch-regelgeleitetes Vorgehen, Überprüfbarkeit sowie für die sozialwissenschaftliche Forschung zusätzlich die Offenheit gegenüber Unerwartetem und das Verstehen als Grundhandlung (vgl. Gläser/Laudl 2009, 31f.). Wissenschaftliche Theorien zielen auf Generalisierung. Aus diesem Grund entfalten sie im Gegensatz zur Alltagstheorie eine größere Reichweite.

Wenn wir an dieser Stelle einen Blick in den *Diskurs der Erziehungswissenschaften* zu den Begriffen Theorie und Praxis werfen, zeigt sich, dass mit diesem Begriffspaar eine der Grundfragen der Erziehungswissenschaften angesprochen ist, die ich in Anlehnung an Hermann Hobmair (1992) als „Theorie-Praxis-Problem" bezeichnen möchte (vgl. ebd., 19). Ich nenne es „Theorie-Praxis-Problem", weil es aus erziehungswissenschaftlicher Perspektive widersprüchliche, zum Teil stark miteinander konkurrierende Positionen zu den Begriffen und ihrem Verhältnis gab und teilweise noch immer gibt (vgl. Gudjons 1999, 49f.). In den verschiedenen wissenschaftstheoretischen Strömungen der Erziehungswissenschaften wird etwa die Frage, ob Theorie oder Praxis vorrangig ist unterschiedlich beantwortet und auch die Grenze zwischen beiden Begriffen ist teilweise weit weniger deutlich, als die etymologischen Ausführungen dies vermuten lassen (vgl. ebd., 29ff.). Letztlich geht es auch um die Frage, welches Wissenschaftsverständnis die Erziehungswissenschaften auszeichnet: soll sie etwa theoretisch fundierte Handlungsanweisungen liefern oder kann sie auch, ähnlich den Naturwissenschaften, ohne weitere, normativ gesetzte Ziele forschend tätig sein (vgl. Jonas/Beelmann 2009, 27ff.)? Ohne an dieser Stelle näher auf die historischen Entwicklungslinien einzugehen und die Positionen der verschiedenen Richtungen im Einzelnen darzulegen, möchte ich nachfolgend einige zentrale Aspekte des Diskurses in den Erziehungswissenschaften herausgreifen, die mir in Bezug auf die in den Interviews aufgeworfenen Fragen für eine theoretische Fundierung des Anti-Bias-Ansatzes sinnvoll erscheinen.

Von Überbrückungsfiguren und Ähnlichkeiten zwischen Theorie und Praxis (Kant, Herbart, Ruhloff, Freire)

Transfer (lat.: transferre) wird übersetzt mit ‚hinüberbringen', und meint meist das Überbringen von Theorie bzw. theoretischem Wissen in die Praxis (und weniger umgekehrt).[99] Heide von Felden (2009) spricht in der aktuellen Diskussion um die Frage des Auftrags der Hochschulen in der Studienrichtung Erwachsenenbildung „von einer strukturellen Unterschiedlichkeit zwischen wissenschaftlichem Wissen und praktischem Handlungswissen" und von „unterschiedlichen Logiken" beider Wissensformen (ebd., 2). Die theoretisch wissenschaftliche Herangehensweise hat zum Ziel, Wirklichkeit zu erklären und zu verstehen. Praktisches Handlungswissen hingegen zielt auf die Lösung eines Praxisproblems durch Handlung. Wissenschaftliches Erklären ist immer auf Generalisierung, d.h. Verallgemeinerung ausgerichtet und daher auch im konkreten Einzelfall eines Praxisproblems nicht ‚eins zu eins' anwendbar (vgl. Dewe 2005, 369). Wissen muss also, wenn es der Verbesserung der Praxis dienen soll, prinzipiell erst anwendbar gemacht werden – das heißt es muss sich einem Transformationsprozess unterziehen. Wenn wissenschaftliches Wissen jedoch wie oben dargestellt einer anderen Logik folgt als Praxis, dann kann sie nicht ohne weiteres transferiert werden, sie muss vielmehr transformiert (lat.: umformen), das heißt umgewandelt werden. Die häufig verwendete Formulierung Theorie-Praxis-Transfer ist also insofern inkorrekt, als dass sie den strukturellen Unterschied beider Wissensformen übersieht bzw. vernachlässigt. Sinnvoller ist es daher, von Theorie-Praxis-Transformation zu sprechen (vgl. dazu auch Piezzi nach Dehm 2004, 19).

Anhand von Immanuel Kant und Johann Friedrich Herbart möchte ich verdeutlichen wie eine solche Transformation, die Brücke zwischen Theorie und Praxis, aus wissenschaftlicher Perspektive gedacht werden kann.[100] Für Kant (1977) ist die Überbrückungsfigur die Urteilskraft. Zentrale Denkfigur bei Kant ist die (praktische) Vernunft, die mit Theorie eng verbunden ist. (vgl. ebd., 127f.). Als Merksatz kann folgendes Zitat von Kant gelten: „Was aus Vernunftgründen für die Theorie gilt, gilt auch für die Praxis" (vgl. ebd., 172).

Bei Herbart (1997) ist der pädagogische Takt die Überbrückungsfigur zwischen Singulärem (Praxisereignis) und Allgemeinem (generalisierte Theorie). Dieser entwickelt sich während

[99] Vgl. dazu auch die Ausführungen zum Unterschied von Alltagstheorie und Wissenschaftstheorie zu Beginn dieses Kapitels.

[100] Die Auswahl fiel auf Kant und Herbart, weil beiden zum einen das Grundverständnis der Unterschiedlichkeit von Theorie und Praxis gemein ist. Zum anderen stehen sie als anerkannte Vertreter unterschiedlicher wissenschaftstheoretischer Positionen, nach denen bei Kant die Theorie und bei Herbart die Praxis vorrangig ist.

der Praxis und wird ausgebildet durch Erfahrung. Voraussetzung für das Erlernen dieses Taktes ist die Auseinandersetzung mit Wissenschaft. Dies ermöglicht dann in einer Praxissituation gleichsam auf die Theorie hörend den individuellen Einzelfall in seiner Einzigartigkeit schneller und angemessener zu beurteilen und zu entscheiden (vgl. ebd., 43ff.). Kant und Herbart gehen also von einer Trennung von Theorie und Praxis aus und denken beides über verschiedene Überbrückungsfiguren (Vernunft und Takt) wieder zusammen.

Theorie und Praxis kann aber auch von vornherein als ineinander verwoben betrachtet werden. Schon der Blick auf den heutigen Alltag in der postmodernen Gesellschaft zeigt die Verwobenheit mit theoretischem Wissen – eine grundsätzliche Theorieferne existiert nicht (mehr). Ein Beispiel dafür ist die Existenz populärwissenschaftlicher, für (fast) jede_n leicht zugänglicher Zeitschriften wie ‚Psychologie heute', die sich in ihren Beiträgen auf wissenschaftlich gewonnene Erkenntnisse stützen; jedoch weisen Zeitschriften dieses Genres an Breite und Tiefe der Darstellung sowie bzgl. eines kritischen Blicks in der Regel deutliche Defizite auf.

Nach Jörg Ruhloff (1993), einem Vertreter der skeptisch-pädagogischen Theorie,[101] sind in der Praxis immer schon theoretische Einschlüsse bzw. Theoriesegmente vorhanden (vgl. ebd., 30). Ruhloff erarbeitet in seinen späten Schriften (Spätwerk) eine Ähnlichkeit zwischen Theorie und Praxis, in dem er die wissenschaftliche Methode der Skepsis (Fragen, Prüfen, Widerlegen) auf die praktische Lehrsituation überträgt. Wenn also die Maßgabe des Unterrichts die Skepsis in Form von Fragen, Prüfen, Widerlegen ist, dann kann von einer Ähnlichkeit, dem so genannten Entsprechungsverhältnis zwischen Praxis und Theorie ausgegangen werden (vgl. ebd., 29ff.). Nach Gottfried Bieringer-Hinterbuchinger (2009) besteht das Besondere dieser von Ruhloff erarbeiteten „nicht-dogmatisch-normativen Orientierung (…) darin, dass eine Theorie, die sich nicht als eine bedingungslos gültige sieht, einer Praxis nicht vorschreibt, wie sie zu sein hat und was sie zu tun hat. Theorie leitet Praxis an, indem sie sich als Unterlage, als Rechtfertigungsgrund oder Gewährsinstanz einer entsprechenden praktisch-pädagogischen Ausformung, auf die sich diese berufen und spezifisch beziehen darf, anbietet. Die Praxis kann sich, wenn sie will, sozusagen der Theorie bedienen. Betont wird hier der Ausdruck ‚anbieten' – der steht im Gegensatz zu aufzwingen, diktieren beziehungsweise als Norm vorschreiben" (ebd., 95). Dieses Zitat kann stellvertretend für die in vorliegenden Studie eingenommenen Perspektive stehen – denn es geht mir nicht darum, *die* theoretische Grundlage der Anti-Bias-Arbeit zu schaffen, sondern Denkangebote zu machen, Diskussionen anzustoßen, Bezüge aufzudecken und herzustellen sowie Begründungen zu liefern, die den Ansatz rechtfertigen können. Möglicherweise können diese Ausführungen auch dazu beitragen, die in den Interviews teilweise anklingenden Vorbehalte respektive Skepsis gegenüber einer (vorschreibenden) Theorie zu verringern (vgl. Sonja, 630-646; LDS, 1051-1055).

Paulo Freire (1973) geht in seinem Werk „Pädagogik der Unterdrückten" nicht explizit auf Theorie und Praxis ein. Er zielt in seinem Werk auf einen gesellschaftlichen Veränderungs- bzw. Befreiungsprozess im Sinne einer Humanisierung, in der sich Menschen als selbst bestimmt handelnde Subjekte am Veränderungsprozess der Wirklichkeit begreifen (vgl. ebd.). Freires Ansatz weist jedoch gewisse Ähnlichkeiten mit der skeptisch-pädagogischen Theorie auf, die sich

[101] Die skeptisch-pädagogische Theorie zeichnet sich dadurch aus undogmatisch, das heißt nicht intentional-normativ vorzugehen (vgl. Ruhloff 2003).

auf die Art des Dialogs bzw. den kritischen Blick bezieht. So beschreibt Freire (1973) seinen Ansatz als „fortwährende Enthüllung der Wirklichkeit“ und „kritischen Eingriff in die Wirklichkeit“ (ebd., 65). Wichtiger für unseren Zusammenhang ist, dass sich Freire auch im Sinne von Theorien eines zentralen Aspekts von Überbrückungsfiguren lesen lässt. Dieser Aspekt, das so genannte Lehr-Lern-Verhältnis, ist grundlegend für den von ihm benannten Ansatz der problemformulierenden Bildungsarbeit. Dieses Verhältnis zwischen Lernenden und Lehrenden beschreibt Freire, entgegen der Bankiers-Methode des ‚Wisseneinfüllens‘ (engl.: banking education), als einen Dialog zwischen Lernenden und Lehrenden als Welt erforschende Subjekte, die er in Folge auch als Lehrer-Schüler bzw. Schüler-Lehrer bezeichnet (vgl. ebd., 57ff.). Auch Derman-Sparks (2009) thematisiert im Interview zu dieser Studie im Zusammenhang mit der Aneignung von Inhalten das Verhältnis zwischen Lernenden und Lehrenden und nimmt dabei auf Freires Ausführungen zur Bankiers-Methode Bezug. Sie berichtet aus ihrer eigenen Erfahrung, dass die vorherrschende Bildung die Lernende als Objekte sieht, die mit Inhalten gefüllt werden müssen, nicht funktioniert – auch dann nicht, wenn das Thema soziale Gerechtigkeit ist (vgl. LDS, 130-134; 142-164).[102] Hinsichtlich der Überbrückungsfigur zwischen Theorie und Praxis kommt dem Verhältnis zwischen Lernenden und Lehrenden also eine hohe Bedeutung zu. Besonders in Bezug auf den Anti-Bias-Ansatz ist es daher sinnvoll einen kritischen Dialog im Sinne Freires zu initiieren, der expansives Lernen ermöglicht.[103]

Erfahrung und Handlung (Dewey)

Vor dem Hintergrund des praxisorientierten Anti-Bias-Ansatzes[104] erscheint es mir sinnvoll, die Aspekte *Erfahrung* und *Handlung* in meiner Erarbeitung theoretischer Hintergründe mit zu berücksichtigen. Anschlussfähigkeit für den Anti-Bias-Ansatz und das Theorie-Praxis-Problem bietet sich bei John Dewey, dem wohl prominentesten Vertreter des philosophischen Pragmatismus, der in den USA im 20. Jahrhundert entwickelt wurde (vgl. Rorty nach Neubart 2004, 12). Ähnlich der skeptisch-pädagogischen Theorie geht es Dewey nicht um eine normative Orientierung der Praxis an der Theorie, seinem Menschenbild nach versteht er „Erziehung dabei auf allgemeinster Ebene als einen kontinuierlichen Wachstumsprozess (…), der kein Ziel außerhalb seiner selbst“ hat (Neubert 2004, 11). Dewey denkt dies jedoch nicht im anarchistischen Sinne, sondern setzt auf eine partizipatorische (umfassende Teilhabe aller an den gesellschaftlichen Ressourcen und Interessen zu gleichen Bedingungen in allen Lebensbereichen) und plurale (Gewinn durch Vielfalt an unterschiedlichen gesellschaftlichen Gruppen unter der Maßgabe institutioneller Bedingungen die einen freien Austausch untereinander ermöglichen) Demokratie, von der er sagt (vgl. ebd., 8): „Das Ziel der Demokratie ist ein radikales Ziel. Denn es ist ein Ziel, das bisher noch zu keiner Zeit und in keinem Land adäquat verwirklicht worden ist“ (Dewey 1991, 299).

102 Freires Perspektive hat einen starken Einfluss auf die Entwicklung des Anti-Bias-Ansatz ausgeübt. Louise Derman-Sparks, eine der Begründer_innen des Ansatzes, hat sich zur Zeit der Entwicklung intensiv mit Freire beschäftigt (vgl. LDS, 142-158). Freires Grundverständnis des dialogischen Lernens findet sich auch in neueren Publikationen zur Anti-Bias-Arbeit (vgl. Schmidt 2009, 68).

103 Klaus Holzkamp (1995) prägte den Begriff expansives Lernen als Gegensatz zu defensivem Lernen, verstanden als Lernzwang (vgl. ebd., 190f.). Expansives Lernen geht von einer Eigenmotivation des Lernenden aus, die auf „Erhöhung der Weltverfügung“ zielt und auch „die Alternative des Nichtlernens“ beinhaltet (Schmidt 2009, 68).

104 Vgl. dazu Kapitel 2.2 „Zur Entwicklungsgeschichte des Anti-Bias-Ansatzes“.

Deweys philosophischer Grundbegriff ist die *Erfahrung* (secondary and reflective experience), mit der er sich deutlich von anderen philosophischen Richtungen abhebt (vgl. Neubert 2004, 2f.). Sein philosophisches Ziel ist es, eine Methode der Reflexion über tatsächlich reale Probleme zu finden. Er sucht nicht nach den übergeordneten Zielen, sondern Erfahrungen stehen im Mittelpunkt, ihm geht es mehr um das Handeln als um bloßes Erkennen.[105] Theorien sind nur dann sinnvoll, wenn sie der Handlung dienen. Die Lösung realer Probleme fördert dabei nicht *eine* absolute Wahrheit zu Tage, es geht um Wahrheit*en*, die jeweils situiert sind, das heißt sie haben Geltung für einen bestimmten Ort zu einer bestimmten Zeit (vgl. Reichenbach 1999, 127f.). Spannend für die Anti-Bias-Arbeit ist weiterhin ein Aspekt, den Walter Bauer (1995) wie folgt fasst: „Es ist der bleibende Verdienst Deweys, dass er, wie kaum ein anderer Pädagoge und Philosoph zuvor und danach, das Verhältnis von Demokratie und Erziehung zu seinem zentralen Anliegen gemacht hat und dieses in seinem sich wechselseitig bedingenden, integrativen Zusammenhang durchdacht hat“ (ebd., 65f.).[106] Diese begründete Sichtweise stützt die Anti-Bias-Arbeit in ihrer Annahme das Erziehung (hier verstanden im Sinne einer reflexiven Entwicklung und einem Wachstumsprozess) und gesellschaftliche (Demokratie)Entwicklung sich bedingen und von einer Wechselwirkung ausgegangen wird.[107]

Die Aktualität Deweys legt Roland Reichenbach (1999) dar, der zwischen Dewey und der Postmoderne verschiedene „Affinitäten“ feststellt, von denen ich hier zwei Aspekte herausgreife, die mir im Besonderen für den Anti-Bias-Ansatz anschlussfähig erscheinen. Nach Reichenbach „gibt es weder im postmodernen Denken noch für Dewey Bestimmungen, die außerhalb der Erfahrung liegen, weder ein (übergeschichtlich bestimmbares) Wesen der menschlichen Natur, noch ein menschliches Schicksal als einer unabwendbaren Geschichte“ (ebd., 131). Weiter erkennt Reichenbach Gemeinsamkeiten bzgl. der Kritik an der Aufklärung: „Das erzieherische Ziel der Aufklärung, rationale Autonomie, sei vielmehr als ‚Intelligenz‘ bzw. als (aristotelische) ‚Phronesis‘ zu konzipieren, also als Urteilskraft, die nicht auf die Anwendung theoretischer Prinzipien abzielt, sondern auf die Beratungspraxis in Situationen, in denen die relativen Vorzüge und Nachteile verschiedener Handlungsalternativen bestimmt werden“ (ebd.). Beides, also der konkrete Bezug auf Handlungsalternativen sowie die Erkenntnis von geschichtlich eingebetteten Erfahrungen als einzig ‚objektivierbare‘ Wissensbestände sind Grundannahmen der in Kapitel zwei dargestellten Anti-Bias-Arbeit, die mit Dewey ein theoretisches Fundament erhalten.

Zusammenfassung und Schlussfolgerung

Welche Bedeutung haben diese Ausführungen zu Theorie und Praxis nun im Gesamten für eine theoretische Fundierung des Anti-Bias-Ansatzes? Praxis und Theorie werden meist als Gegensatzpaar verstanden. Unterschieden werden muss der Alltagsgebrauch der Begriffe von einem

105 Interessant für die konkrete Anti-Bias-Arbeit ist, dass schon bei Deweys Pragmatismus auch Sprechen unter Handlung fällt (vgl. Neubert 2004, 3f.) – ähnlich wie bei Jürgen Habermas (1981), der Sprache als soziales Handeln versteht (vgl. ebd.).

106 Die Rezeption von Deweys Werk in Deutschland war anfangs bestimmt von historisch geprägten Missverständnissen, aber auch von einer unzureichenden Übersetzungslage sowie dem Herauslösen einzelner Bestandteile ohne Gesamtbetrachtung des Werkes. Heute wird übrigens von einer beginnenden „Dewey-Renaissance“ gesprochen (Neubert 2004, 15).

107 Vgl. dazu die Darstellung des Anti-Bias-Ansatzes in Kapitel 2.

wissenschaftlichen Verständnis. Praxis bezieht sich auf Handeln (Alltagsverständnis: gelebtes Leben, aktives Handeln), kann auch die Bedeutung eines Berufs- bzw. Praxisfeldes haben und wird in der Wissenschaft als Handlungswissen verstanden. Theorie bezieht sich auf Denken (Alltagsverständnis: abstrakte Ideen, Spekulationen) und kann als intellektueller Inhalt verstanden werden. Sie verfolgt auf wissenschaftlicher Ebene das Ziel zu erklären und zu generalisieren. Alltagstheorien möchten ebenfalls ‚verallgemeinern'. Sie basieren aber meist auf persönlichen Erfahrungen und haben eine geringere Reichweite als wissenschaftlich gewonnene Theorien, die regelgeleitet sind. Da sich die Wissensformen in Praxis und Theorie unterscheiden, macht es Sinn von Transformation (Umwandlung) anstelle von Transfer (Übertrag) zu sprechen. Anmerken möchte ich an dieser Stelle, dass sowohl Praxis als auch Theorie borniert auftreten und jeweils der anderen Seite ihre Berechtigung absprechen können. Aus der Perspektive des Anti-Bias-Ansatzes ist jedoch von größerer Bedeutung, ob jeweils eine kritische Reflexion Ansatzpunkt der Auseinandersetzung mit Diskriminierung ist – dies kann sowohl Praxis als auch Theorie (nicht) auszeichnen.

In Bezug auf Wissenschaftstheorie können meiner Ansicht nach sowohl Deweys Arbeiten als auch Ruhloffs Beiträge als eine sinnvolle theoretische Grundlage herangezogen werden, die die (theoretische) Lücke füllen zwischen Anspruch, Annahmen und praktischer Umsetzung des Anti-Bias-Ansatzes auf der einen Seite und der eingangs herausgearbeiteten Notwendigkeit einer theoretischen Fundierung auf der anderen Seite. Begründet werden können mit Dewey in postmoderner Weise der Praxisfokus der Arbeit und die Erfahrungsorientierung sowie der Zusammenhang und die Wechselwirkung zwischen Erziehung und Demokratie.[108] Mit Ruhloff kann das Anliegen einer theoretischen Fundierung im Sinne des Anti-Bias-Ansatzes begründet werden, das sich durch theoretische *Angebote* als Unterlage/Folie für die Praxis auszeichnet – damit ist auch das Verhältnis von Theorie und Praxis in der Anti-Bias-Arbeit abgesteckt. Der heutige *Alltag* zeigt darüber hinaus, dass von einer generellen Trennung zwischen Theorie und Praxis sowie einer Theorieferne nicht mehr gesprochen werden kann. Nach Ruhloff sind vielmehr theoretische Einschlüsse in jeder Praxis vorhanden.[109] Die Sichtweise Freires macht zudem deutlich, dass Überbrückung auch bestimmt wird von dem Verhältnis der Lernenden und Lehrenden zueinander. Die Form und Idee des dialogischen Lernens im Sinne Freires kann als eine der Voraussetzungen für einen gelungenen Theorie-Praxis-Transfer im Anti-Bias-Ansatz angesehen werden.

4.1.3 Ein Blick auf die Forschungspraxis: Von Trainingstransfer und Wirksamkeitsforschung

Nach der Auseinandersetzung mit begrifflichen und wissenschaftstheoretischen Positionen zu Theorie und Praxis (Transfer) möchte ich nun den Blick auf die konkrete Forschungspraxis rich-

108 Der Pragmatismus wird im Zusammenhang mit seinem Wachstum- bzw. Entwicklungsparadigma häufig wegen seines scheinbar fehlenden übergeordneten Ziels und dem daraus möglicherweise hervorgehenden Nützlichkeitsdenken kritisiert. Gegen diese sehr einseitige und extreme Zerrfom, wie die des Utilitarismus, der unter anderen durch Peter Singer vertreten wird, grenze ich mich in meinem Bezug zum Pragmatismus deutlich ab. Vielmehr geht es mir im Sinne Deweys um ‚radikale' Demokratientwicklung auf Grundlage der Anerkennung der Menschenrechte als Rechte zum Dissens in einer pluralen Gesellschaft „die sich auf die Legitimität des Andersseins" beziehen (Ruhloff 1999, 132).

109 Dennoch findet sich meist eine *institutionelle* Trennung von Berufspraxis einerseits und Wissenschaft/Hochschule/Forschung/Ausbildung andererseits.

ten. Was wird in diesem Kontext unter Theorie-Praxis Transfer bzw. Transformation verstanden? Woran lässt sich dieser ablesen? Und was bedeutet dies bezogen auf den Gegenstand dieser Studie, den Anti-Bias-Ansatz? Wie lassen sich zentrale Kriterien für einen gelungenen Theorie-Praxis-Transfer bzw. Transformation mit dem Anti-Bias-Ansatz identifizieren und operationalisieren (anwendbar machen)?

Da im Kontext der Erwachsenenbildung in Bezug auf den Anti-Bias-Ansatz (bislang) leider keine umfassenden Implementierungsvorhaben in bestehende institutionelle und/oder organisationelle Strukturen bestehen, die (1) über den Charakter von Modellprojekten hinausgehen[110] und (2) die vergleichbar wären mit den systematischen Implementierungsbemühungen von Kinderwelten im Kontext der Kindertagesstätten/frühen Bildung, wird in diesem Kapitel nicht ausführlich auf die *Implementationsforschung* eingegangen.[111] Der Schwerpunkt liegt vielmehr auf Forschungsrichtungen, die näher an den zurzeit vorherrschenden Veranstaltungsformen in der Erwachsenenbildung liegen, wie etwa Seminare, Workshops und Weiterbildungen für Multiplikator_innen. Dazu werfe ich einen Blick auf den Stand der Wirksamkeitsforschung und dem sogenannten Trainingstransfer. Letztere bezieht sich zwar in erster Linie auf den unternehmerischen Bereich, bietet jedoch auch Anschlussmöglichkeiten für die politische Erwachsenenbildung. Dies zeigt auch eine erste wissenschaftliche Arbeit aus dem deutschen Sprachraum mit Bezug auf den Anti-Bias-Ansatz, auf die ich mich verschiedentlich beziehen werde (vgl. Ipsen 2008).[112] Obwohl, wie wir später sehen werden, auch im unternehmerischen Bereich aus verschiedenen Gründen vor allem der Langzeittransfer bislang wenig untersucht wurde, liegen zumindest zahlreiche Studien und Modelle zur Durchführung von Trainings bzw. Weiterbildungsmaßnahmen vor. Im (politischen) Bildungsbereich hingegen werden selbst solche Maßnahmen selten umfassend begleitet und analysiert, teilweise aus Geld- und Ressourcenmangel, jedoch vermutlich auch, weil (staatlich geförderte) Maßnahmen in diesem Kontext politische motivierte Beruhigungsfunktionen haben können, in denen es auf die tatsächliche Wirksamkeit nicht in erster Linie ankommt.

---

110 Eine Ausnahme ist die Universität Oldenburg, die seit einigen Jahren Anti-Bias-Seminare als feststehenden Bestandteil im Modul Managing Diversity unter dem Titel „Reflexions- und Sensibilisierungsübungen im Umgang mit Zuschreibungen und Ausgrenzungsmustern" anbietet (vgl. Anti-Bias-Werkstatt 2011,1).

111 Interessierte Leser_innen verweise ich auf die Studie von Katja Gramelt (2010), die neben einer Einführung zur Implementationsforschung auch die Implementationsbemühungen und -erfolge im Projekt Kinderwelten darstellt (vgl. ebd., 62-74; 148-154; 218-221). Weiterführende Modelle und Ansätze zur Unterstützung des Transfers, der Transformation bzw. Implementierung finden sich vermutlich auch in der Friedens- und Konfliktforschung. Ein vielversprechendes Konzept zur Kombination mit dem Anti-Bias-Ansatz könnte „Outcome Mapping" darstellen; „outcome" wird hier verstanden als „behavioural change" (vgl. Earl/Carden/Smutylo 2001, 1).

112 Die Magisterarbeit von Christiane Ipsen (2008) mit dem Titel „Trainingstransfer in der Weiterbildungsreihe ‚Der Anti-Bias-Ansatz in Theorie und Praxis': eine qualitative Erhebung zur Identifizierung relevanter Faktoren" liegt dem Autor vollständig vor.

Exkurs zu den Begriffen Transfer und Training

(1) Der Begriff Transfer findet sich in wissenschaftlichen, betriebswirtschaftlichen und pädagogischen Kontexten (vgl. Dehm 2004, 13; Jonas/Beelmann 2009, 28f.). Vor allem in (den Studien zu) Weiterbildungen im unternehmerischen Bereich hat sich zudem der Begriff Trainingstransfer etabliert. Dies ist meines Erachtens dem mittlerweile veralteten Bild eines analogen Übertrags von in Trainings gelernter Handlungen in der Praxis geschuldet. Da es mir in dieser Studie jedoch nicht um eine grundlegende Kritik am meist unzutreffenden Transferbegriff geht, verwende ich in der folgenden Darstellung vorerst weiter den Begriff und führe erst am Ende dieses Kapitels eine Begriffsdifferenzierung ein.

(2) Der Begriff Training ist im Kontext von Antidiskriminierungsarbeit/Anti-Bias-Arbeit irreführend, denn er suggeriert etwas, was sich trainieren lässt, von dem mensch also einen bestimmten Stand erreichen kann, der dann ausreichend ist für das Leben bzw. die Arbeit. Im Themenfeld Diskriminierung kann dies die Annahme zur Folge haben, dass ein oder auch zwei Trainings ausreichend sind und mensch dann „Bescheid weiß". Wie in Kapitel 2.4.7 zum Lernverständnis in der Anti-Bias-Arbeit dargestellt, ist die Auseinandersetzung mit Diskriminierung jedoch nie abgeschlossen, sondern eher als eine ständig mitlaufende Auseinandersetzungsebene zu betrachten. Des Weiteren verleitet der Begriff Training zu der irrigen Auffassung, dass ein Lehr-Lernverhältnis besteht, nach dem die eine Seite mehr und richtig „weiß", während die andere Seite belehrt werden muss (vgl. dazu auch Rosenstreich 2006, 224). In Anlehnung an Schmidt (2009) verwende ich in Bezug auf Anti-Bias-Arbeit den Begriff (Anti-Bias-)Seminar, „da er dem Verständnis von dialogischen und expansiven Bildungs- und Lernprozessen am nächsten kommt" (ebd., 53).[113]

Trainingstransferforschung

Die so genannte Trainingstransferforschung bezieht sich in erster Linie auf Unternehmen und deren Human Ressource Development (HRD) und zielt auf „die Gewährleistung einer effizienten Arbeitsleistung unter den Anforderungen sich rasch wandelnder Märkte" (Ipsen 2008, 13).[114] Sie wurde aus Gründen der geringen Wirkung und der hohen Kosten von Weiterbildungsmaßnahmen (weiter)entwickelt. Schätzungen gehen davon aus, dass nur circa zehn Prozent der Trainingsinhalte tatsächlich in der Praxis Anwendung finden. Obwohl die (erfolgreiche) Praxisanwendung (der Transfer) das eigentliche Ziel der Trainings ist, wird dieses Kriterium meist nicht evaluiert. Die Gründe dafür liegen nach Ruth Alcira Granados Cannawurf (2005) in den hohen Erhebungskosten solcher Evaluationen, dem mangelhaften Informationsfluss wissenschaftlicher Erkenntnisse in die Praxis sowie einem unklaren theoretischem Verständnis und Einordnung des Themas Trainingstransfer in der Wissenschaft selbst (vgl. ebd., 3f.).

Trainingstransfer wird im unternehmerischen Kontext sehr unterschiedlich definiert. Einige Autor_innen sehen Trainingstransfer als „Übertragen von Wissen von einer Lern- auf eine

113 Vgl. hierzu auch die Ausführungen zum Lehr-Lern-Verhältnis bei Paulo Freire (1973) in Kapitel 4.1.2 und die Darstellung des Lernverständnis im Anti-Bias-Ansatzes in Kapitel 2.4.7.

114 Vgl. kritisch zum alleinigen Ziel der Effizienzsteigerung im unternehmerisch orientierten Trainingstransfer (Ipsen 2008, 90).

Anwendungssituation" (Ipsen 2008, 27), andere erkennen jede Anwendung selbst wieder als Lernsituation (vgl. ebd.). Nach Timothy T. Baldwin und J. Kevin Ford (1988), eine der meist zitierten Autoren in diesem Feld, zeichnet sich gelungener Transfer durch die Dimensionen Zeit und Generalisierbarkeit aus, das heißt ein „erfolgreicher Trainingstransfer muss das neu gelernte Verhalten über einen längeren Zeitraum hinweg aufrechterhalten und in neue Situationen generalisieren" (Granados Cannawurf 2005, 4). Ipsen (2008) bezieht sich in ihrer Arbeit, die sich mit der Evaluation einer Anti-Bias-Weiterbildungsreihe befasst, ebenfalls auf die Definition von Baldwin und Ford (1988), weil diese neben den Variablen Generalisierbarkeit, Zeit (time), Wissen (knowledge) und Fähigkeiten (skills) explizit auch Haltung (attitude) miteinschließt, die für die Anti-Bias-Arbeit von zentraler Bedeutung ist:[115] „Positive transfer of training is defined as the degree to which trainees effectively apply the knowledge, skills, and the attitudes gained in a training context to the job. For transfer to have occurred, learned behavior must be generalized to the job context and maintained over a period of time on the job" (ebd., 63). Trainingstransfer wird damit als etwas verstanden, was erst *nach* dem Training geschieht. Um es mit Granados Cannawurf (2005) zu sagen: „Trainingstransfer (ist) ein Prozess, der nach dem Ende des eigentlichen Trainings beginnt und (...) Zeit und Anstrengung benötigt, um in erfolgreichen Langzeittransfer zu münden" (ebd., 134). Forschungen im unternehmerischen Bereich des Trainingstransfers hatte in den vergangenen Jahren meist das Ziel entweder den Lernerfolg im Training oder den Transfererfolg (Praxisanwendung) zu verbessern. Vor allem aber in Bezug auf den eigentlich gewünschten Langzeittransfer ist der Einbezug beider Perspektiven notwendig, da beiden ein durchgängiger Lernprozess zu Grunde gelegt werden kann (vgl. Granados Cannawurf 2005, 11). Granados Cannawurf (2005) entwickelt in ihrer Studie ein Modell, das Training und Transfer miteinander verbindet (vgl. ebd., 143ff.). Hinsichtlich des Transfers unterscheidet sie zwischen einfacher Reproduktion von Tätigkeiten (analog) oder komplexen Vorgängen wie Verhaltensmodifikationen (adaptiv). Diese differenzieren sich jeweils noch einmal in Langzeit- und Kurzzeittransfer. Granados Cannawurf unterscheidet demnach in ihrer Studie zwischen (1) kurzfristigem analogen Transfer, (2) kurzfristigem adaptiven Transfer, (3) langfristigem analogen Transfer und (4) langfristigem adaptiven Transfer (vgl. ebd., 138). Allerdings wurde der Langzeittransfer selten untersucht (vgl. Dehm 2004, 37) und in Studien zum Lerntransfer wurden bislang wenig Trainingsinhalte mit hoher Komplexität in den Blick genommen (vgl. Granados Cannawurf 2005, 149).

Anhand welcher Kriterien wird nun konkret der Lern- und Trainingstransfer untersucht? Ein Blick auf das Modell von Baldwin und Ford (1988), das häufig Ausgangspunkt von Studien in diesem Kontext ist (vgl. Dehm 2004, 17; Ipsen 2008, 14), kann zu einem *ersten* Verständnis beitragen.

[115] Vgl. Schmidt 2009, 57ff.

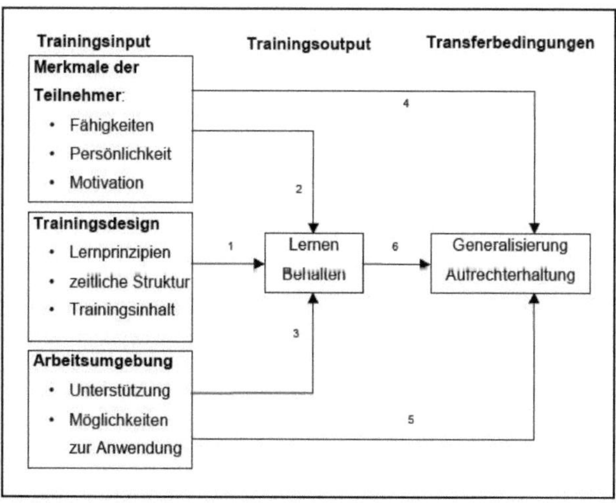

Abb. 2: Modell zur Analyse des Transfers von Trainingsmaßnahmen (Baldwin/Ford 1988, 65)[116]

Das Modell basiert auf der Unterscheidung von Trainingsinput, -output (Ergebnisse) sowie Transferbedingungen. Der Trainingsinput setzt sich aus verschiedenen Faktorengruppen zusammen:

- Merkmale der Teilnehmer_innen wie Fähigkeiten, Persönlichkeit und Motivation,
- Trainingsdesign wie Lernprinzipien, Strukturen und Inhalte,
- Arbeitsumgebung wie Unterstützung durch Kolleg_innen und Ausbilder_innen und Anwendungsmöglichkeiten (vgl. Ipsen 2008, 15; Dehm 2004, 18).

Die Pfeile verdeutlichen die direkten und indirekten Einflüsse dieser Faktorengruppen auf den Trainingsoutput und die Transferbedingungen. Der direkte Einfluss der Faktorengruppen des Trainingsinputs auf den Trainingsoutput (Ergebnisse) ist nicht weiter verwunderlich (Pfeil 1-3). Bemerkenswert erscheint mir jedoch zweierlei: (A) Das Trainingsdesign wirkt sich nur *indirekt* auf den späteren Transfer aus (siehe Pfeil 1 und 6) (ebd., 15). Das heißt, der alleinige oder zu einseitige Fokus auf die Inhalte, Lernprinzipien und -strukturen ist kein Garant für einen späteren gelungenen Transfer. (B) Die Merkmale der Teilnehmenden üben einen *direkten* Einfluss auf die Transferbedingungen aus (siehe Pfeil 4 und 5). Sie sind also wesentliche Einflussfaktoren für einen Transfer und müssen aus diesem Grund in der Planung von Weiterbildungsmaßnahmen explizit berücksichtigt werden. Leander Vivian Dehm (2004) fasst die beiden bedeutenden Punkte anschaulich zusammen: „Wie aus diesem Modell hervorgeht, reicht es für den Transfer nicht aus, wenn die Teilnehmer und Teilnehmerinnen die Trainingsinhalte nur Lernen und Behalten. So kann es vorkommen, dass diese zwar in der Weiterbildung viel gelernt und auch behalten haben, aber aufgrund fehlender Motivation oder Unterstützung am Arbeitsplatz nichts davon anwenden.

[116] Im Bereich der Trainingstransferforschung existieren mittlerweile zahlreiche Modelle mit unterschiedlichen Schwerpunkten. Für Leser_innen, die sich vertieft mit dieser Thematik auseinandersetzen möchten, bieten sich zum Beispiel folgende Autor_innen und Modelle an: Die Dimensionen des Praxistransfers nach Scharpf (1999, 5); die Transferlücke nach Wilkening (1986, 303); das integrative Bedingungsmodell des Transfers nach Rank und Wakenhut (1998, 16) oder die Stufen des Transferprozesses bei Foxon (1993).

Damit das Gelernte im Arbeitskontext auch angewandt wird, müssen die Teilnehmer und Teilnehmerinnen auch über die nötigen Fähigkeiten, Persönlichkeitseigenschaften sowie über eine entsprechende Motivation verfügen. Des Weiteren muss die Arbeitsumgebung für den Transfer förderlich sein und es muss entsprechende Anwendungsgelegenheiten geben" (ebd., 19). Im Zusammenhang mit dem Rückgriff auf betriebswirtschaftliche Modelle zum Lern- und Trainingstransfer möchte ich auf Folgendes hinweisen: Mir ist bewusst, dass aus der Perspektive des Anti-Bias-Ansatzes die verwendeten Begrifflichkeiten (auch in Zitaten) irritierend wirken und Bilder entstehen lassen können, die eine Art der Beurteilung von Menschen nahe legen, beispielsweise anhand scheinbar objektiver Kriterien, die der Vorgehensweise des Anti-Bias-Ansatzes entgegensteht. Auch passen einige Begriffe wie zum Beispiel „Generalisierung" und „Aufrechterhaltung" nicht zur Arbeit mit dem Anti-Bias-Ansatz. Diese sind unternehmerischen Zusammenhängen geschuldet, in denen es in Weiterbildungen unter anderem auch darum gehen kann, bestimmte Handlungsabläufe zu erlernen und diese dann in der Praxis tatsächlich „ein zu eins" umzusetzen. Trotz dieser Einschränkungen der Übertragbarkeit von Modellen aus dem unternehmerischen auf den erziehungswissenschaftlichen Kontext finden sich meines Erachtens auch einige anschlussfähige und weiterführende Erkenntnisse für die Arbeit mit dem Anti-Bias-Ansatz, wie die Studie von Ipsen (2008) zeigt.

Wirksamkeitsforschung

Im Themenfeld Prävention von Diskriminierung wird anstelle von Trainingstransfer eher allgemein von Wirksamkeitsforschung gesprochen, die neben Formen wie Trainings und Seminare auch Interventionsformen wie Medienkampagnen oder Bücher einbezieht (vgl. Beelmann/Heinemann/Saur 2009, 437). Ähnlich wie im unternehmerischen Bereich, weist auch die Wirksamkeitsforschung etliche Leerstellen und Uneinigkeiten auf. Die Überprüfung von Wirksamkeit geht beispielsweise oft von unterschiedlichen wissenschaftlichen Standards aus (vgl. ebd., 445). Zudem besteht die Frage, was grundsätzlich messbar ist, welche Möglichkeiten der Messbarkeit bestehen und welche Form jeweils angemessen ist (vgl. Gudjons 1999, 35ff.). Weiterhin mangelt es, meist aus finanziellen (und teilweise auch politisch motivierten) Gründen, an Langzeitevaluationen, die jedoch für die Wirksamkeitsforschung notwendig wären (vgl. Beelmann/Heinemann/Saur 2009, 454). Darüber hinaus ergeben sich beispielsweise zur Frage von Einstellungsveränderungen oder Umsetzungen von Maßnahmen in Organisationsstrukturen spezifische Herausforderungen in Bezug auf die Überprüfbarkeit. Louise Derman-Sparks (2009) merkt in Bezug auf die Untersuchung der Wirkung des Anti-Bias-Ansatzes auf Kinder an:

> „Unless you have some long term data, it seems to me it has to have long term data, (…) there have been some studies that sort of looked at the kids (…) and how do you also find out what preschool kids are really thinking in these areas? And I don't think you can do something at the beginning of the year and the end of the year and expect to see any real change with preschools because some of it is developmental too (…), you can get spots-checks on how they are thinking, but to say that and I guess you would have to do, we have to get the same kind of thinking in prekids we are not having in any of it and I think we need to see it over a long term, to see if there is any impact (…), what happens if they just in a preschool that does anti-bias work but than they go into, and there is no support, I think it'd be interesting to follow kids from, with this continual family support for the idea versus where there isn't, all of that would be very interesting to do because money and, it hasn't been done" (LDS, 1063-1079).

Derman-Sparks weist auf verschiedene Schwierigkeiten hin, wie die Zeitpunkte der Abfrage, den Einfluss der Entwicklung von Kindern, der diese ohnehin unterliegen oder den Einfluss von (nicht) vorhandenen Unterstützungen durch die Familie sowie die für eine solche Untersuchung notwendigen finanziellen Ressourcen. Weitere Fragen bestehen im Umgang mit dem Problem der sozialen Erwünschtheit (Menschen geben in der Weise Antworten, die von ihnen erwartet werden; vgl. Dehm 2004, 103) und in der notwendigen Befragung von Vergleichsgruppen, um sicherzustellen, dass die Wirkung der Maßnahme nicht mit anderen Faktoren zusammenhängt (vgl. ebd., 37; Beelmann/Heinemann/Saur, 448). Ein weiteres Problem liegt in der Erhebung der Daten, die Wirksamkeit nachweisen sollen bzw. zur Verbesserung der Wirksamkeit beitragen sollen (Evaluation).[117] Ein grundlegendes Problem besteht darin, dass die Evaluationsforschung und -ausbildung in Deutschland noch in den Kinderschuhen steckt (vgl. Ulrich/Wenzel 2003, 9f.). Andreas Beelmann, Kim Sarah Heinemann und Michael Saur (2009) kritisieren zudem, dass in der Evaluation politischer Bildungsmaßnahmen in Bezug auf so genannte Einstellungs- und Verhaltensänderungen oft grundlegende Kenntnisse der psychologischen Diagnostik missachtet werden (vgl. ebd., 449). Sie zielen damit auf die mangelhafte Erfassung quantitativer Daten ab. Allerdings ist fraglich, inwiefern sich quantitative und an der psychologischen Diagnostik ausgerichtete Evaluationsverfahren für die Anti-Bias-Arbeit anbieten. Diese und weitere sich anschließende Fragen, zum Beispiel nach einer möglichen Kombination aus quantitativen und qualitativen Verfahren, können im Rahmen dieser Studie jedoch nicht geklärt werden.[118]

Studie zur Evaluation einer Anti-Bias-Weiterbildungsreihe

Die eingangs erwähnte Studie von Christiane Ipsen (2008) versucht gängige Transfermodelle (aus dem unternehmerischen Kontext) auf die politische Bildungspraxis zu übertragen und entwickelt entlang der Evaluation einer 4-moduligen Anti-Bias-Weiterbildungsreihe (WBR) ein Transfermodell, welches das Subjekt in den Mittelpunkt stellt (vgl. ebd., 86).[119] Leitfragen der Studie waren: (1) Welche Faktoren beeinflussen den Transfer der Anti-Bias WBR und (2) welche Transferstrategien fördern den Transfer der Anti-Bias WBR (vgl. ebd., 36). Die evaluierte WBR beinhaltete folgende Bausteine und Aufgaben:

---

[117] Susanne Ulrich und Florian M. Wenzel (2003) unterscheiden für den Bildungs- und Trainingsbereich drei Funktionen von Evaluation: der Gewinn von Erkenntnissen über das Evaluationsobjekt, die Legitimation der Maßnahme durch die Feststellung der Wirksamkeit sowie die Optimierung der Maßnahme durch die Ergebnisse der Evaluation (vgl. ebd., 13f.).

[118] Interessant für die (Langzeit)Evaluation von Anti-Bias-Arbeit bzw. Seminaren könnten auch Lerntagebücher nach Frigga Haug (2004) sein. Auch Louise Derman-Sparks und Carol Brunson Phillps (1997) nutzten eine ähnliche Methode im Rahmen von Anti-Rassismus Seminaren mit Studierenden (vgl. ebd., 33; LDS, 162-174).

[119] Die Studie ist im Bereich der qualitativen Sozialforschung angesiedelt und analysiert erhobene Daten der Teilnehmenden Beobachtung des letzten Bausteins, der internen Evaluation sowie von Expert_innen-Interviews mit Teilnehmenden und dem Leitungsteam der WBR (vgl. ebd., 41ff.).

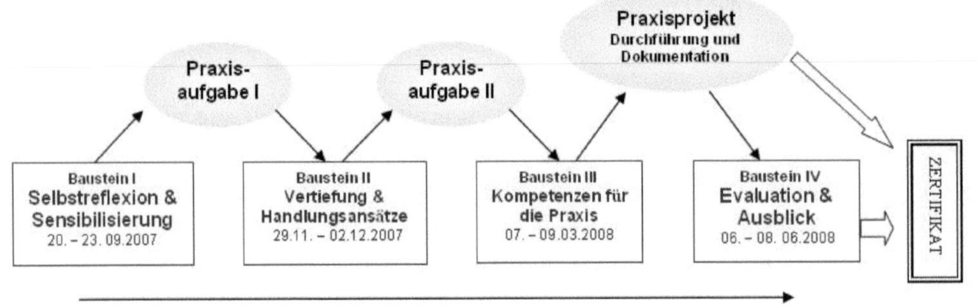

Abb. 3: Aufbau einer Anti-Bias-Weiterbildungsreihe (Ipsen 2008, 33)

Ausgangspunkt ist (auch) bei Ipsen das bereits oben eingeführte Transfermodell von Baldwin und Ford. Ipsen erweitert die oben dargestellten Faktorengruppen Merkmale der Teilnehmer_innen (TN), Trainingsdesign sowie Arbeitsumgebung um die der spezifischen Inhalte der WBR sowie des Expert_innennetzwerkes (vgl. ebd., 17).[120] Anhand dieser fünf Faktorengruppen analysiert sie die Anti-Bias WBR. Die folgenden tabellarisch zusammengefassten Ergebnisse der Studie verfolgen das Ziel, *ausgewählte* konkrete und zentrale Transferhindernisse sowie Transfer unterstützende Maßnahmen zu skizzieren und daran exemplarisch aufzuzeigen, in welcher Form es vorstellbar ist, Transferbedingungen von Anti-Bias-Arbeit in den Blick zu bekommen. Freie Felder in der folgenden Tabelle weisen darauf hin, dass zu diesem Faktor keine Ergebnisse vorliegen (vgl. ebd., 49ff.; 69ff.).

1. Merkmale der TN	Als ***transferfördernd*** wurde(n) wahrgenommen …	Als ***transferhindernd*** wurde(n) wahrgenommen …
Wissen: theoretische Kenntnisse der TN um den Ansatz nach der WBR	das eigene Sicherheitsgefühl bzgl. der Theorie.	das Gefühl, dass alles noch nicht gefestigt ist.
Haltung: TN kann eine AB-Haltung einnehmen	der Wunsch mit dem Ansatz aktiv werden zu wollen.	
Aktivität: TN engagiert sich für den Transfer der WBR	die (notwendige) Eigeninitiative, wenn sie aufgebracht wurde.	die (notwendige) Eigeninitiative, wenn sie nicht aufgebracht wurde.

120 Die Erweiterung aufgrund theoretischer Vorüberlegung erfolgte durch den Einbezug des Cognitive Apprenticeship-Ansatz, einer Richtung der Theorie des situierten Lernens. Dieser Ansatz geht davon aus, dass Lernen in einem spezifischen Kontext geschieht, das Ergebnis (Wissen) sich in der Beziehung zwischen lernender Person und der Situation äußert und von soziale Netzwerke einen zentralen Einfluss auf Lernen ausüben (vgl. Ipsen 2008, 11ff.). Kurz, es geht um ein Verständnis von Lernen als ein „Hineinwachsen in eine Expertengemeinde" (ebd., 13).

2. Trainingsdesign		
Bedarfsorientierung: Faktoren, die die WBR dem Bedarf der TN anpassen		die fehlende Bedarfsanalyse im ersten Baustein (erfolgte nur schriftlich im Vorfeld der WBR).
Inhaltsrelevanz: Verbindungen zwischen WBR und Arbeitsumfeld		von Seiten einiger TN der späte Bezug auf die Arbeitsfelder.
Transferstrategien: Strategien, die den Transfer fördern	Regionalgruppen, Praxisaufgaben, Methodenreflexionen, Praxisprojekt.	das unterschiedlich gute Funktionieren der Regionalgruppen. Gründe dafür waren die räumlichen Verteilung sowie des Engagements der TN; ... das mangelnde Engagement einiger TN bzgl. Praxisaufgaben, das sich auf die Motivation anderer und auch auf die eigene „Inhaltrelevanz" auswirkte.
3. Faktoren der WBR		
Individuelle Hemmnisse: individuelle Faktoren, die den Transfer erschweren		in Abhängigkeit der jeweiligen Arbeitsumfelder die fehlende empirische und theoretische Untermauerung; ...für die Praxis die in erst in den Anfängen steckende Fachdiskussion.
Strukturelle Hemmnisse: strukturelle Faktoren, die den Transfer erschweren	der Glaube daran, etwas strukturell verändern zu können.	die Offenheit und Bereitschaft zur strukturellen Veränderung von Seiten der Vorgesetzten und Kolleg_innen als Voraussetzung.
4. Arbeitsumgebung		
Möglichkeiten: Möglichkeiten im Job, den AB-Ansatz anzuwenden	dass der ABA auch als Analysewerkzeug in Beratungen oder zur Organisationsanalyse angewandt werden kann.	Wenn die TN in ihren Arbeitsstellen erst seit kurzem oder nicht mehr lange beschäftigt waren.
Transferklima: Situationen des Arbeitsumfelds, die den Transfer fördern od. behindern		eine eigene Position, die wenig Handlungsspielraum zulässt (zum Beispiel Praktikantin).
Transferunterstützung: durch (1) Kolleg_innen und (2) Vorgesetzte	(1) Offenheit und Interesse der Kolleg_innen sowie flache Hierarchien.	(2) unzureichende Betreuung.
5. Expert_innen-netzwerk		
Existenz: Zustand des AB-Netzwerks und eigene Einbindung	es besteht die Vermutung einiger TN, dass die frühe Einbindung der Arbeitsumfelder sich positiv auf die Netzwerkbildung ausgewirkt hätte.	die fehlende Vernetzung aufgrund räumlicher und persönlicher Distanz; ... die Vermutung sich selber zu wenig eingebracht zu haben.

Tab. 3: Ausgewählte Studienergebnisse zur Anti-Bias-Weiterbildungsreihe (vgl. Ipsen 2008)

Die identifizierten Faktoren der fünf Gruppen[121] können beispielsweise herangezogen werden, um die Evaluationen weiterer Anti-Bias-Weiterbildungen zu entwickeln. Denkbar wären dann Fragenbögen und Interviews, die die Faktorengruppen (gegebenenfalls um weitere Einzelfaktoren ergänzt) systematisch in den Blick nehmen. Weiterhin lassen sich in der Tabelle entlang bestimmter Faktoren konkrete *praxisbezogene* Ansatzpunkte für einen gelungenen Transfer in der Anti-Bias-Arbeit ablesen. Zwei Beispiele sollen dies verdeutlichen: Die in der Tabelle zusammengefasste Auswertung weist unter anderem auf die zentrale Rolle der Stärkung der Interaktionen der Akteure untereinander hin, hier im Sinne der Förderung der TN-Regionalgruppen sowie der Interaktion der TN mit ihrem Arbeitsfeld (Kolleg_innen, Vorgesetzten) (vgl. Punkt 2 unter *Transferstrategien*; Punkt 4 unter *Transferunterstützung*; Punkt 5). Auch kann die hohe Bedeutung der Eigeninitiative abgelesen werden, die mit verschiedenen Faktoren in Verbindung steht (vgl. Punkt 1 unter *Aktivität und Haltung*; Punkt 2 unter *Transferstrategien*; Punkt 5 unter *Existenz*; vgl. dazu auch Ipsen 2008, 71). Eine solche Tabelle hat jedoch auch ihre Grenzen, denn sie kann die subjektiven Begründungen eines Ergebnisses nicht erfassen. So wäre es für die theoretische Weiterentwicklung des Ansatzes beispielsweise hilfreich zu wissen, wie begründet wird, dass die fehlende empirische und theoretische Untermauerung des Ansatzes transferhinderlich ist (vgl. Punkt 3 unter *individuelle Hemmnisse*). Handelt es sich zum Beispiel um eine Vorstellung, nach der ein unabgeschlossenes Theoriekonstrukt eines Ansatzes „schlechterer" Theorie gleichkommt oder geht es beispielsweise um theoretische Lücken, die es zu füllen gilt, um die eigene praktische Arbeit besser begründen zu können? Bedeutend ist dies, weil sich aus den verschiedenen Begründungen möglicherweise unterschiedliche Schlussfolgerungen ziehen lassen, die letztlich auch unterschiedliche Lösungsstrategien zur Folge haben können.

Aufgrund der in der Studie gewonnenen Erkenntnisse nach der die lernende Person der „zentrale Akteur von Transferprozessen ist" (ebd., 85) und herkömmliche Transfermodelle sozialen Interaktionen sowie den Interaktionen zwischen den verschiedenen Faktorengruppen eine zu geringe Bedeutung beimessen entwirft Ipsen ein Transfermodell, was das Subjekt, die lernende Person, in den Mittelpunkt stellt (vgl. ebd., 86).

[121] In der Tabelle handelt es sich um eine Auswahl der von Ipsen (2008) untersuchten Faktoren (vgl. ebd., 49ff.; 69ff.).

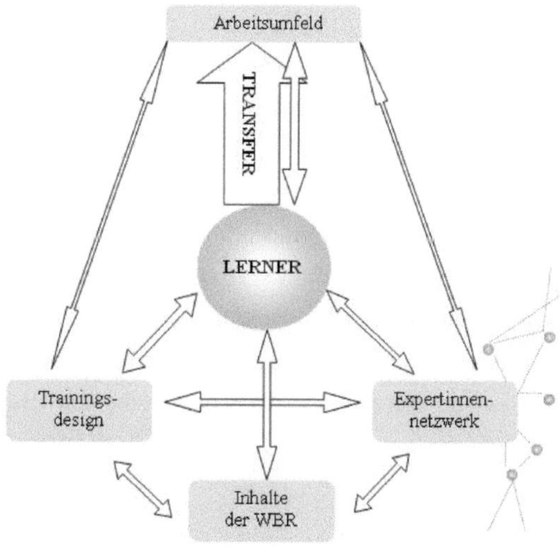

Abb. 4: Lerner_innenzentriertes Modell des Trainingstransfers (Ipsen 2008, 86)

Das Modell stellt meines Erachtens eine gute Ausgangsbasis für die Analyse des Transfers in der Anti-Bias-Arbeit dar, weil es zentrale Aspekte des Ansatzes wie zum Beispiel die Subjektorientierung und das Lehr-Lern-Verhältnis nach Paulo Freire (1973) sowie Klaus Holzkamp (1995) aufgreift und die Beziehungen zwischen den verschiedenen Faktorengruppen veranschaulicht.[122] Ein Nachteil des Modells besteht in der fehlenden Differenzierung zwischen der WBR und dem Transfer, der wie oben ausgeführt, erst nach dem Ende der Maßnahme beginnt. Anders formuliert, der Zeitaspekt (und die Generalisierung), die nach Baldwin und Ford (1988) relevant für den Transfer sind, wurden nicht aufgegriffen. Nachfolgendes Modell greift diese Kritik auf und bezieht in Anlehnung an Granados Cannawurf (2005) anhand der zeitlichen Dimension die Unterscheidung zwischen Maßnahme und Transfer mit ein (vgl. ebd., 143). Besonders in Bezug auf die Anti-Bias-Arbeit und die zeitlich nicht begrenzte („lebenslange“) Auseinandersetzung im Themenfeld Diskriminierung ist darüber hinaus davon auszugehen, dass ein Theorie-Praxis-Transfer nicht nur ein einseitiger linearer Prozess ist, sondern vielmehr als Kreislauf gedacht werden sollte (vgl. dazu auch Paula, 249). Unter Einbezug der Ruhloffschen Sicht auf Theorie[123] und der Motivation der vorliegenden Studie als einen möglichen Ausgangspunkt könnte sich ein Kreislauf folgendermaßen darstellen: Der Anti-Bias-Ansatz stellt sich in der Praxis an manchen Stellen als theoretisch unzureichend dar, Theorie wird „gesucht“, diese befruchtet und unterstützt Praxis, Praxis probiert und verwirft, Theorie greift dies auf und verfeinert ihre Aussagen usw.[124] Veranschaulicht wird dieser Kreislauf in der Abbildung durch die Pfeile (siehe unten). Die Darstellung

122 Vgl. zur Subjektorientierung Kapitel 2.4 zu Grundannahmen und zentralen Inhalten des Anti-Bias-Ansatzes sowie zum Lehr-Lern-Verhältnis die Ausführungen in Kapitel 4.1.2.

123 Vgl. dazu die Ausführungen in Kapitel 4.1.2.

124 Ob der Startpunkt letztlich Theorie oder Praxis war, ist Gegenstand wissenschaftstheoretischer Auseinandersetzungen und vermutlich ohnehin nicht abschließend feststellbar.

der Maßnahme erfolgt exemplarisch mit ausgewählten Faktorengruppen der von Ipsen (2008) evaluierten Weiterbildung. Die Faktorengruppen stehen in einer wechselseitigen direkten Beziehung zueinander und wirken sich auf den Transfer/die Transformation aus. Einzig die WBR Inhalte wirken sich nur indirekt über die Lernende auf den Transfer/die Transformation aus. Das nachfolgende Modell berücksichtigt ebenfalls, wiederum in Anlehnung an Granados Cannawurf (2005), vier unterschiedliche Transferformen (kurzfristiger analoger oder adaptiver Transfer sowie langfristiger analoger oder adaptiver Transfer)(vgl. ebd., 138). Der analoge Transfer wird dabei verstanden als (reine) Sachkenntnis, die kurzfristig oder langfristig angewendet wird. Die adaptive Transformation verstehe ich als Umwandlung im Sinne von Verhaltens- und Einstellungsänderungen sowie strukturellen Maßnahmen mit dem Ziel Diskriminierung abzubauen, auf Grundlage der eigenen Auseinandersetzung mit den Themen der Anti-Bias-Arbeit.

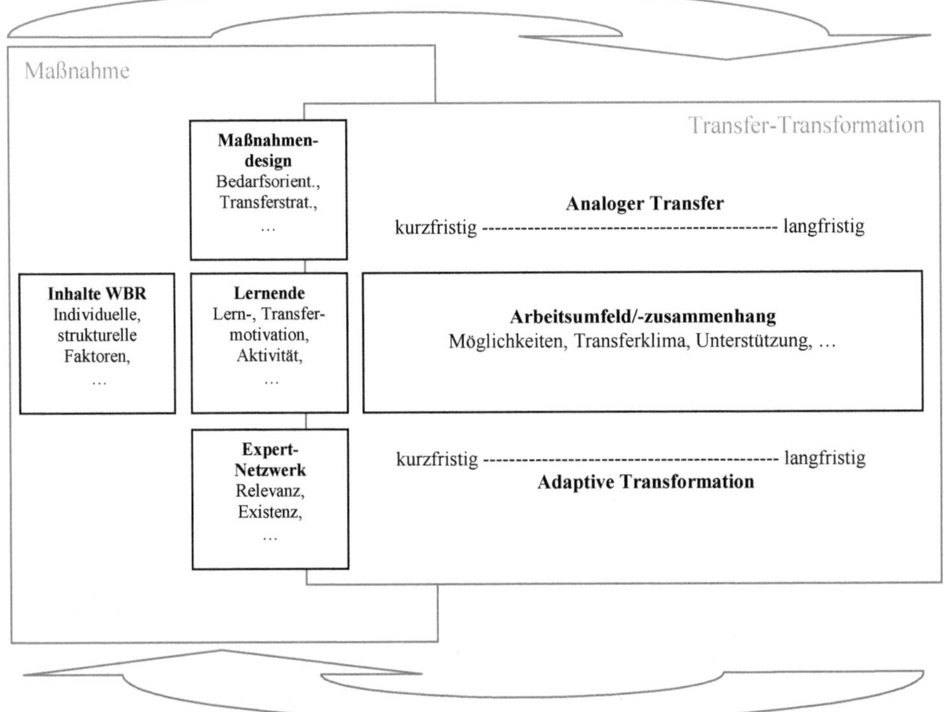

Abb. 5: Integriertes Maßnahmen/Transfer-Transformationsmodell

Zusammenfassung und Schlussfolgerungen

Die Ergebnisse der Forschungspraxis zum Theorie-Praxis-Transfer fördern einige interessante Aspekte zu Tage, die auch für eine Fundierung der Anti-Bias-Arbeit geeignet sind. Impulse können dabei sowohl aus der unternehmerisch geprägten Trainingstransferforschung als auch aus der pädagogisch-psychologischen Wirksamkeitsforschung entnommen werden. Der exemplarische Überblick auf die Ergebnisse der Studie von Ipsen (2008) zeigt die praxisbezogenen Möglichkeiten einer wissenschaftlich fundierten Evaluation einer Weiterbildungsreihe im Kontext der politischen Erwachsenenbildung auf. Ein Ergebnis möchte ich an dieser Stelle herausgreifen: Grundlagenforschung zum Anti-Bias-Ansatz ist von großer Bedeutung für den Transfer/Transformation des Ansatzes (vgl. ebd., 79). Darauf weisen auch die Ergebnisse der vorliegenden Studie hin.[125] Neben den Möglichkeiten einer solchen Evaluation zeigen sich jedoch auch der zeitliche und damit verbunden finanzielle Aufwand (Begleitung des Prozesses über eine lange Zeitspanne, Durchführung und qualitative Auswertung mehrerer Interviews und Teilnehmender Beobachtungen). Diese Investitionen lohnen sich jedoch, denn langfristig trägt die intensive Form der Auswertung und Begleitung zu einer Qualitätssteigerung im Sinne eines/r langfristigen Transfers/Transformation bei, die dann auch die eingesetzten Ressourcen durch den hohen Grad an erreichtem/r Transfer/Transformation rechtfertigt.

Ausgehend vom lerner_innenzentrierten Modell des Trainingstransfers von Ipsen (siehe Abbildung 4) und in Rückgriff auf Impulse weiterer Forschungen wurde ein Modell entwickelt, welches die Faktoren der (Weiterbildungs-)Maßnahme mit dem sich anschließenden Transfer/Transformation verbindet (siehe Abbildung 5): Integriertes Maßnahmen/Transfer-Transformationsmodell). Anhand dieses Modells wird es möglich bereits in der Planung von Maßnahmen den Transfer/Transformation mit einzubeziehen. Dies scheint auf den ersten Blick selbstverständlich zu sein – leider belegen die Ausführungen zum Stand der Trainingstransfer- und Wirksamkeitsforschung das Gegenteil. Gerade weil in der Erwachsenenbildung Implementierungsvorhaben bislang nicht systematisch umgesetzt wurden, lohnt sich ein kurzer Blick auf die Ergebnisse der Evaluation des Projektes Kinderwelten. Diese sind selbstverständlich nicht ‚eins zu eins' übertragbar, sie können jedoch meines Erachtens die Funktion erster Orientierungshinweise für Implementierungsvorhaben in der Erwachsenenbildung erfüllen. Zentrale Gelingensbedingungen im Projekt Kinderwelten sind nach Mechthild Gomolla (2007): Eine lange Vorlaufphase zur Erarbeitung einer gemeinsamen Orientierungsgrundlage, der Einbezug und die Weiterbildung der Leitungsebene, die Existenz mehrerer Delegierter, das strukturierte Programm sowie auf Trägerebene die konsequente Unterstützung durch die Geschäftsleitung und auf der Ebene der regionalen Berater_innen die Vertrautheit mit dem Projekt, die Neutralität gegenüber den Kita-Teams und die Kompetenz, Spannungsfelder rechtzeitig sichtbar zu machen und die Konfliktaustragung zu unterstützen (vgl. ebd., 70f.).[126] Abschließen möchte ich meine Ausführungen zu Theorie und Praxis jedoch mit einer Passage aus einem der Expert_inneninterviews der vorliegenden Studie, die die Bedeutung der eigenen intensiven Auseinandersetzung mit den Inhalten noch einmal betont. Die eigene Auseinandersetzung kann quasi als notwendige Voraussetzung bzw. Ausgangspunkt für den Theorie-Praxis-Transfer bzw. die Transformation in der Anti-Bias-Arbeit betrachtet werden (vgl. Winkelmann 2010, 41ff.).[127]

[125] Vgl. dazu Kapitel 4.1.1 „Über die Notwendigkeit von theoretischen Fundierungen im Anti-Bias-Ansatz" sowie Kapitel 4.1.2 „Begriffliche und wissenschaftstheoretische Bestimmungen von Theorie und Praxis."

[126] Siehe hierzu auch „wichtige Voraussetzungen für eine gelingende Kooperation zwischen Schulen und externen ProjektpartnerInnen" aus dem Projekt „Starke Kinder machen Schule", die unter anderem mit dem Anti-Bias-Ansatz arbeiteten (Hahn/Bitiş/Wullenkord 2010, 51).

[127] Die Auseinandersetzung mit der eigenen Gewordenheit gehört im Rahmen der Anti-Bias-Arbeit zu den zentralen Inhalten (vgl. dazu auch die Darstellung des Anti-Bias-Ansatzes in Kapitel 2).

„[Z]um einen gibt es, denke ich, ist der erste Schritt erstmal die eigene Auseinandersetzung mit diesen Theorien, (...) und aber wirklich auch, also betone ich auch, diese eigene Auseinandersetzung damit (...). Also, ich erkläre das noch mal deutlicher: Die vorherrschende Sichtweise auf Gruppen hat so eine Stärke in meiner, habe ich so sehr verinnerlicht, habe ich so sehr gelernt, dass es mir ganz schwer fällt über ein Buch lesen plötzlich verinnerlicht zu haben, wie es auch anders denkbar wäre" (Anja 724-744).

4.2 Theoriehintergründe im Anti-Bias-Ansatz

Folgenden Fragen wird in diesem Kapitel nachgegangen: Auf welche Theoriehintergründe bezieht sich der Anti-Bias-Ansatz bzw. welche Zugänge sind erkennbar oder herstellbar? Lassen sich Überschneidungen und gemeinsame Bewegungen bzw. Richtungen entdecken, die als gemeinsam geteiltes Fundament bezeichnet werden könnten? Dazu werfe ich zu Beginn einen Blick auf die in den Expert_inneninterviews genannte spezifische Anti-Bias-Literatur. Im Anschluss wird auf Grundlage der Interviewauswertung in Kombination mit einer Analyse der existierenden Literatur zum Anti-Bias-Ansatz sowie unter Rückgriff auf die Fachdebatte thematisiert, welche weiteren Theoriehintergründe für die Arbeit mit dem Ansatz bedeutsam sind. Dieser Überblick erhebt dabei nicht den Anspruch auf Vollständigkeit und kann auch nur als Momentaufnahme betrachtet werden. Vor allem in der konkreten Arbeit sind es immer auch die einzelnen Menschen, die zusätzlich ihnen bedeutsam erscheinende (*Alltags*)Theorien[128] und Erfahrungen mit einfließen lassen. Darüber hinaus werden auch zukünftig Fachdiskurse neue Inhalte hervorbringen, die, wenn sie von den Akteur_innen als anschlussfähig und bereichernd erachtet werden, wiederum in den Ansatz einfließen.

4.2.1 Spezifische Anti-Bias-Literatur

An englischsprachiger Literatur werden von Seiten der Expert_innen zwei Werke häufig angeführt: das von Louise Derman-Sparks 1989 herausgegebene „Anti-Bias-Curriculum" sowie die 1997 erschienene Publikation „Teaching/Learning Anti-Racism" von Derman-Sparks und Carol Brunson Phillips, die sich auf Erfahrungen eines Anti-Rassismusprojektes mit Studierenden bezieht (vgl. Pavel, 64-66; Anja, 83-86; Sonja, 630-631).[129] Darüber hinaus wird auf die dortigen Literaturangaben zurückgegriffen, wie Meike berichtet:

„Ich beziehe mich hauptsächlich auf den theoretischen Hintergrund, den Louise Derman-Sparks liefert, ‚Teaching and Learning Anti-Racism', und was sie dazu als kurzen Hintergrund referiert hat und dann auf ihre Literaturliste und wen sie da alles angeführt hat" (Meike, 28-31).

Während einer Südafrikareise des Projektes „Vom Süden lernen" wurde zudem auf nicht näher spezifizierte angrenzende Literatur zum Anti-Bias-Ansatz zurückgegriffen, die das dortige Netzwerk bereitgestellt hat. Albert führt dazu aus:

[128] Mit Alltagstheorien sind hier ergänzend solche Theorien gemeint, die nicht explizit auf Basis von wissenschaftstheoretischen Kriterien (Klärung von Grundbegriffen, Überprüfbarkeit etc.) entstanden sind (vgl. dazu auch Kapitel 4.1.2 „Begriffliche und wissenschaftstheoretische Bestimmungen von Theorie und Praxis").

[129] Der Bezug auf diese Publikationen ist ein Hinweis darauf, warum manchmal in der Anti-Bias-Arbeit in Deutschland der Eindruck entsteht – entgegen des eigentlich favorisierten Einbezugs aller Diskriminierungsformen – Rassismus werde vor allem in den Blick genommen. Zudem ist der Anti-Bias-Ansatz auch über Südafrika nach Deutschland gekommen und die Rezeption der südafrikanischen Literatur mit vielen Beispielen aus der sehr intensiv geführten Auseinandersetzung mit Rassismus nach dem Ende der Apartheid hat ebenfalls zu diesem Eindruck beigetragen.

> „Das ist diese, also erstmal dieses ‚Vom Süden lernen' und auch die ursprüngliche Phase, wo INKOTA erstmal im Rahmen dieses Programms eine Reise nach Südafrika für Multiplikatoren organisiert hat, unterschiedliche Literatur, die die Multiplikatoren erstmal damals bzw. das Anti-Bias-Netzwerk in Südafrika zur Verfügung gestellt hat" (Albert, 33-37).

Auf die deutschsprachige Literatur bezogen wird mehrmals die von INKOTA e.V. (2002), herausgegebene Publikation „Vom Süden lernen – Erfahrungen mit einem Antidiskriminierungsprojekt und Anti-Bias-Arbeit" erwähnt. Dieses Werk ist die Abschlusspublikation eines mehrjährigen Projektes und befasst sich aus unterschiedlichen Perspektiven mit dem Anti-Bias-Ansatz.[130] Diskutiert werden zum Beispiel das Verhältnis von Gender und Anti-Bias am Beispiel des im südafrikanischen Kontext entstandenen Handbuchs „Shifting Paradigms", das Thema Anti-Bias-Arbeit in der geschlechtsbezogenen Arbeit mit Jungen oder Fragen der Entwicklungszusammenarbeit (vgl. INKOTA e.V. 2002). Im Rahmen der Interviews wird auch auf die von KINDERWELTEN zur Verfügung gestellten Definitionen zu zentralen Begriffen wie Vorurteil und Diskriminierung Bezug genommen, die, wie Paula beschreibt, auch Eingang in die praktische Arbeit finden:

> „Dann wie gesagt bestimmte Begrifflichkeiten, wo ich auch denke, das ist so ein bisschen noch unausgereift, da hantiere ich zumindest und auch mit den unterschiedlichen Leuten, mit denen ich arbeite immer so nach frei Schnauze, wie gesagt Diskriminierung, Vorurteil, wobei, was ich da ganz gut finde, das sind die Sachen, die zum Beispiel Kinderwelten erstellt haben, die haben da ja auch, da finde ich da kann ich auch mit leben und gut arbeiten" (Paula, 283-289).

Zum Teil erfolgt auch gar kein Rückgriff auf deutsch- oder englischsprachige Anti-Bias-Literatur, wie Anjas Aussage verdeutlicht:

> „[E]hrlich gesagt wüsste ich spontan jetzt nicht, wo ich mich mal ausgiebig mit konkreten Theorien, die in Anti-Bias Literatur zu finden sind, auseinandergesetzt hätte. Also klar, die lassen sich da auch finden, aber die waren für mich nicht zentral in meiner Arbeit" (Anja, 83-91).

Insgesamt betrachtet ist die sehr begrenzte Literaturauswahl nicht verwunderlich, da zu dem Zeitpunkt der ersten Interviews (2006) noch nicht viel mehr als die zur Sprache gekommene Anti-Bias-Literatur zur Verfügung stand. Die Literaturauswahl ist zudem ein Hinweis auf die Einflüsse bzw. Richtungen, über die der Anti-Bias-Ansatz nach Deutschland gekommen ist: Die durch südafrikanische Organisationen und Zusammenschlüsse inspirierte Anti-Bias-Arbeit, die über INKOTA e.V. nach Deutschland kam sowie die direkt von Derman-Sparks beeinflusste Anti-Bias-Arbeit, die sich in erster Linie auf die Arbeit mit Kindern bezieht, wozu in Deutschland vor allem das Projekt KINDERWELTEN zählt.[131]

Interessant ist darüber hinaus die Tatsache, dass eine Arbeit mit dem Anti-Bias-Ansatz nicht unbedingt die nähere Kenntnis der theoretischen Bezugspunkte, die in der Anti-Bias-Literatur genannt werden, voraussetzt, wie auch an Anjas obiger Aussagen deutlich wird (vgl. ebd., 83-91). Dies lässt auf die Existenz von weiteren anschlussfähigen Theorien schließen, die es ermöglichen im Sinne des Anti-Bias-Ansatzes zu arbeiten.

---

[130] Vgl. Kapitel 2.2.3 zur Geschichte des Anti-Bias-Ansatzes in Deutschland.

[131] Vgl. dazu ausführlich Kapitel 2.2 „Zur Entwicklungsgeschichte des Anti-Bias-Ansatzes".

4.2.2 *Theoriezugänge im Anti-Bias-Ansatz*

Die verschiedenen Theoriezugänge der befragten Expert_innen, die über die spezifische Anti-Bias-Literatur hinausgehen, gestalten sich im Gesamten und auf den ersten Blick betrachtet als ein Sammelsurium, ohne erkennbare Systematik oder Zusammenhänge. Genannt wurden in den Interviews sowohl Autor_innen (zum Beispiel Gomolla/Radtke), zum Teil in Kombination mit Theorien (zum Beispiel institutionelle Diskriminierung), als auch konkrete Publikationshinweise[132] sowie wissenschaftliche Teildisziplinen (zum Beispiel Sozialpsychologie). Die nachfolgende Abbildung ist der Versuch, die unterschiedlichen Zugänge ausgehend von den jeweiligen übergeordneten Fach- bzw. Wissenschaftsdisziplinen (zum Beispiel Soziologie) systematisch zu ordnen. Sie dient dazu, in einem ersten Überblick die Frage zu beantworten, welche unterschiedlichen Disziplinen in den Anti-Bias-Ansatz mit einfließen. Daran anknüpfend finden sich in den grau unterlegten Feldern die jeweiligen Teildisziplinen und Theorien[133]. Eine Teildisziplin, wie etwa Interkulturelle Pädagogik, ist selbstverständlich noch nicht unbedingt eine Aussage über deren konkrete Theoriehintergründe. Die Teildisziplinen werden daher in der Abbildung in Bezug mit den in den Interviews zur Sprache gekommenen Autor_innen gesetzt, die so als ,Theorie-Richtungsweiser' dienen. Vereinzelt wurden mehrere Autor_innen genannt, von denen der Übersichtlichkeit halber nur ein (Nach)Name im jeweiligen Feld (in Grossbuchstaben) aufgeführt wurde.[134] Darüber hinaus unterscheidet die Abbildung zwischen Befunden aus den Interviews und weiteren Theoriezugängen, die aus der Literatur zum Anti-Bias-Ansatz bzw. der Fachdebatte stammen (siehe Legende).

---

132 Albert Memmi (1994) [1966]: Der Kolonisator und der Kolonisierte. Zwei Portraits. Hamburg; Kenneth B. Clark (1988) [1955]: Prejudice and your child. Beacon Press; Lisa Van der Broeck (1988): Das Ende des Weißheit. Berlin; Pierre Bourdieu (2009): Das Elend der Welt. Konstanz; Paulo Freire (1973): Pädagogik der Unterdrückten. Reinbek bei Hamburg; Ute Osterkamp (1996): Rassismus als Selbstentmächtigung. Hamburg; Lillian Smith (1994) [1949]: Killers of the dream. New York, London; Annedore Prengel (2006): Pädagogik der Vielfalt. Wiesbaden; Mechthild Gomolla/Franz-OlafRadtke (2002): Institutionelle Diskriminierung. Opladen.

133 Neben Theorien und Teildisziplinen wurde auch einmal eine Forschungsmethodik genannt: participatory action research.

134 Im Feld Interkulturelle Pädagogik wurden auch Annedore Pregel, Annita Kalpaka sowie Paul Mecheril genannt, im Feld der Frühen Bildung wurde zusätztlich Kennth B. Clark genannt. Im Themenfeld participatory action research kamen auch Daniel Mato und Anisur Rehman zur Sprache, die zur so genannten dritten Generation der Handlungsforschung gezählt werden.

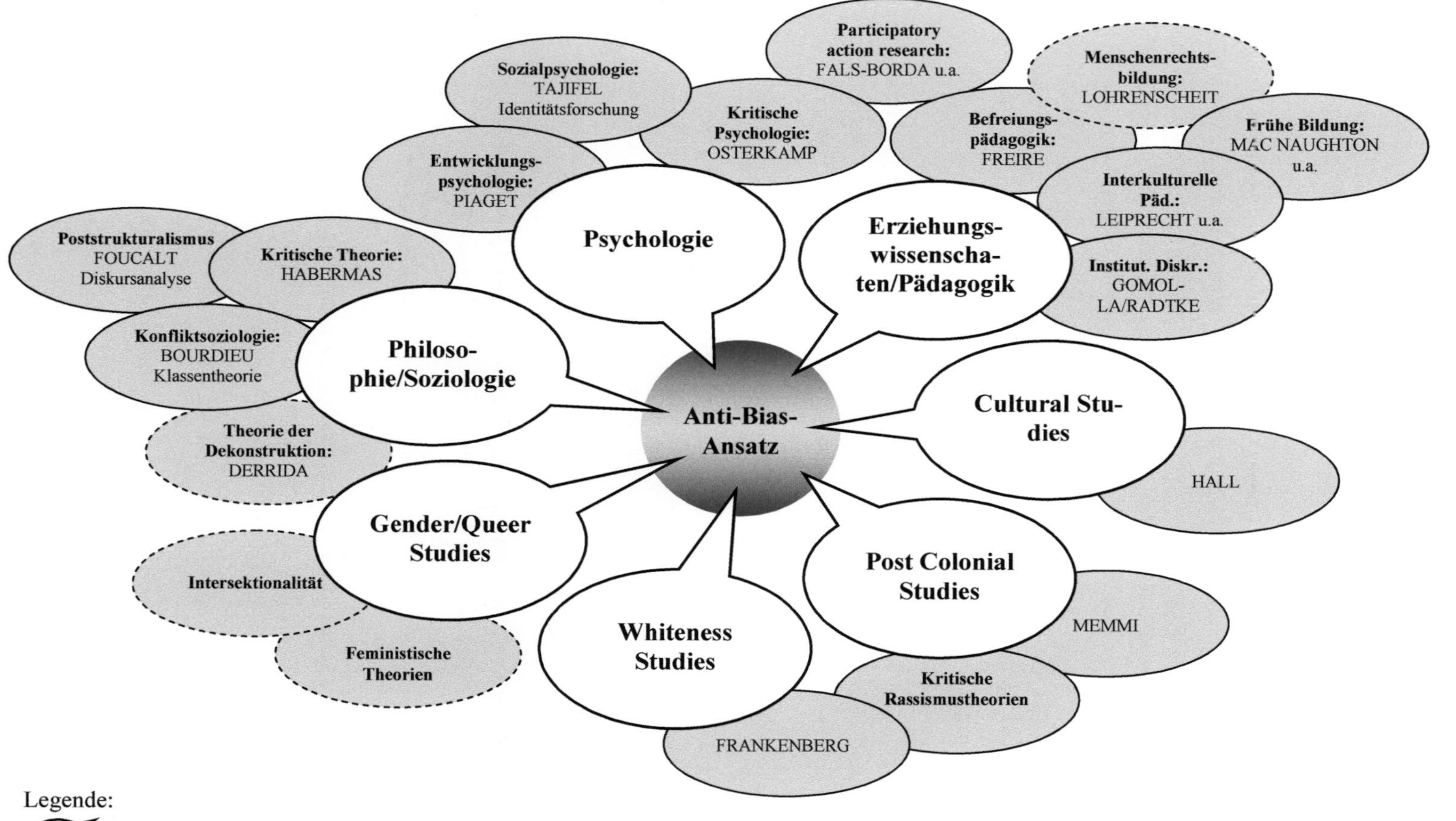

Legende:

Wissenschaftsdisziplin

Teildisziplin, Theorien, Autor_innen: aus den Expert_inneninterviews

Teildisziplin, Theorien, Autor_innen: aus der Anti-Bias Fachliteratur und der Fachdedatte

Abb. 6: Theoriezugänge im Anti-Bias-Ansatz

Anzumerken ist, dass die Expert_innen in den *Interviews* auf die Frage nach den theoretischen Zugängen, die über die spezifische Anti-Bias-Literatur hinausgehen, das Thema Gender oder feministische Theorien nicht explizit erwähnt haben. Ein Blick in die *Literatur* zum Anti-Bias-Ansatz zeigt, dass von Beginn an die Genderdebatte durch die Thematisierung von Sexismus miteingeflossen ist (vgl. Frey 2002, 76ff.; Kasiske/Krabel 2002, 82ff.; Koopman/Robb 1997, 13ff.; Derman-Sparks 1989, 49ff.). Auch in der neueren Literatur findet das Thema explizit Berücksichtigung (vgl. Rohrmann 2008, 59ff.). Die ‚Nicht-Nennung' von Seiten der Expert_innen ist meines Erachtens darauf zurück zu führen, dass das Genderthema, wie die Literatur zeigt, von Anfang an im Anti-Bias-Ansatz verankert war (wenngleich sicherlich in unterschiedlicher Ausprägung) und daher nicht als zusätzlicher theoretischer Zugang erwähnt wurde. Darauf deuten auch Passagen in den Interviews hin, in denen verschiedentlich das Thema Gender als relevante Perspektive in der Anti-Bias-Arbeit angeführt wird (vgl. Anja, 448-451; Sonja, 718-724; LDS, 1143). Der Blick auf die *aktuelle Fachdebatte* zeigt, dass in diesem Kontext der Theorie zur Intersektionalität eine besondere Bedeutung zukommt (vgl. zusammenfassend Eisele/Scharathow/Winkelmann 2008, 23ff.). Aus diesen Gründen finden sich sowohl die Wissenschaftsdisziplin Gender/Queer Studies als auch die Theorie zur Intersektionalität im Schaubild wieder.

Des Weiteren bleibt im Rahmen der *Expert_inneninterviews* der Theoriezugang Menschenrechte unerwähnt. In den Interviews wird das Thema Menschenrechte (und auch Gender) in Verbindung mit der Frage nach der Verknüpfung mit anderen Ansätzen genannt. Anja sagt dazu:

> „Nein, also das wäre mir jetzt, also da sind sicherlich Verknüpfungspunkte, also wenn du es jetzt so sagst, aber das wäre mir jetzt nicht unbedingt eingefallen. Eher dann in Richtung Menschenrechtsbildung, aber auch in Richtung zum Beispiel Critical Whiteness oder Gender, Genderansätze, so in die Richtung" (Anja, 683-687).

Meike nimmt in ihrem Interview Bezug auf die Entwicklungsgeschichte des Anti-Bias-Ansatzes:

> „Menschenrechtsbildung, ich meine, das habe ich auch in Südafrika so kennen gelernt, ist auch immer in Anti-Bias Seminaren ein Thema mit gewesen, das gehört einfach dazu" (Meike 591-593).

Die konkrete Verknüpfung mit Menschenrechtsbildung im deutschen Kontext fällt allerdings sehr unterschiedlich aus. Dazu sagt Meike direkt im Anschluss an die obige Interviewpassage:

> „Das ist zwar nicht so, dass ich da jetzt bei den Seminaren, die ich dazu mache, besonders viel darauf eingehe, aber es ist auf jeden Fall ein Thema" (Meike, 593-595).

Demgegenüber findet sich eine explizite Verknüpfung mit Menschenrechten bzw. der Menschenrechtsbildung in einzelnen *Praxisprojekten*, wie zum Beispiel im Modellprojekt „Starke Kinder machen Schule", in dem mit einer Kombination aus Anti-Bias, Betzavta[135] und Kinderrechten gearbeitet wurde (vgl. FiPP e.V. 2010, 6ff.). Auch werden in der *Literatur* zum Anti-Bias-Ansatz Bezüge zu den Menschenrechten bzw. zur Menschenrechtsbildung hergestellt (vgl. Schmidt 2009, 40; Gramelt 2010, 186f.; Schmidt/Trisch 2009). Aus diesen Gründen wurde auch dieser theoretische Bezugspunkt in das Schaubild aufgenommen.

135 Betzavta (hebräisch: Miteinander) ist ein Konzept in der politischen Bildung zur Demokratie-, Menschenrechts- und Toleranzentwicklung und wurde in Israel entwickelt (vgl. Maroshek-Klarmann 2005).

Darüber hinaus möchte ich noch auf die von Melanie Stamer (2004) durchgeführte Untersuchung zu dekonstruktiven Aspekten von Anti-Bias-Seminaren hinweisen (vgl. ebd.). Die Theorie der Dekonstruktion des Philosophen Jacques Derrida wird hier ausführlich im Zusammenhang mit dem Anti-Bias-Ansatz diskutiert und findet sich daher auch im Schaubild wieder.

Zum Abschluss dieser Darstellung möchte ich einen zentralen und über den Theorieinhalt hinausweisenden Punkt aufgreifen, der während des Interviews mit Albert im Zuge der Frage nach den theoretischen Hintergründen angesprochen wurde:

> „[A]lso antirassistische Literatur, die von Menschen mit einem anderen Erfahrungshintergrund zustande gekommen sind, nicht dieser Hauch von Eurozentrismus irgendwie mit sich so hintragen, die nehme ich sehr ernst wahr und beschäftige mich auch damit" (Albert, 410-414).

Hier geht es um den Einbezug von Erfahrungen abseits einer eurozentrischen Sichtweise. Er führt dazu weiter aus:

> „[D]ie Biografie der Menschen, die diese Literatur produziert haben, ist mir sehr wichtig. Ist mir sehr wichtig, damit ich überhaupt irgendwie nicht in teilweise, okay Nietzsche und Hegel sind mir sehr sympathisch, aber gleichzeitig, wenn ich mir den Ansatz in Bezug auf Rassismus so anschaue, kriege ich einen Schreck und da bin ich skeptisch. Also wenn ich im Antirassismusbereich arbeite, versuche ich einfach mir eine Auswahl an Literatur erstmal reinzuholen, die authentisch ist, ich meine, die nicht diesen Hauch von Eurozentrismus irgendwie mit sich trägt und auch nicht diese fehlende Ganzheitlichkeit der Aufklärungsphase in Europa, die Rassismus so außer Acht gelassen hat. Auf diese Ansätze achte ich und dahin fällt auch meine Literaturauswahl, was ich lese und für die Anwendung" (Albert, 420-432).

Am Beispiel des Themas Rassismus verdeutlicht Albert, dass es ihm wichtig ist „authentische" Literatur zu nutzen. Authentisch scheint für ihn zu bedeuten, in der Antirassismusarbeit Autor_innen heranzuziehen, die Rassismus als Tatsache miteinbeziehen und über eine eurozentrische Sichtweise hinausgehen. Bedeutende Eckpunkte bei der Auswahl sind dabei die Entstehungshintergründe der jeweiligen Literatur bzw. die biografischen Hintergründe der Autor_innen. Vermutlich sieht Albert darin eine Chance, der Reproduktion von eurozentrischen Sichtweisen durch eine unkritische Nutzung von Fachbüchern entgegenzuwirken. Konsequent angewendet bedeutet dies, jede zum Einsatz kommende Literatur auf die jeweiligen biografischen Erfahrungen und Hintergründe der Autor_innen hin zu befragen und zu thematisieren, inwieweit diese dazu geeignet sind, vor dem Hintergrund des Themenkomplexes Diskriminierung die jeweiligen Inhalte angemessen (das heißt glaubhaft oder authentisch) oder zumindest im Bewusstsein eigener blinder Flecken zu transportieren.[136]

Zusammenfassung

Eindeutig festzustellen ist die interdisziplinäre Ausrichtung des Anti-Bias-Ansatzes. Der Einbezug verschiedener Wissenschaftsdisziplinen erinnert dabei an die Anlage interdisziplinärer Fächer wie etwa Cultural- oder Diversity Studies.[137] Weiterführende Forschungen könnten sich mit der Frage befassen, inwiefern das Verständnis solcher interdisziplinär angelegter Disziplinen fruchtbare Elemente für den theoretischen Hintergrund des Anti-Bias-Ansatzes liefern können.

[136] Vgl. dazu auch Kapitel 6.2.2 zu Fragen der Teamzusammensetzung in Anti-Bias-Seminaren.

[137] Zum Zusammenhang der Cultural Studies und dem Anti-Bias-Ansatz liegt bereits eine erste (Bachelor)Arbeit vor (vgl. Chilewski 2010).

Die Analyse der Theoriehintergründe zeigt auch, dass ein gemeinsam geteiltes Theoriefundament, auf das von allen Akteur_innen der Arbeit in gleicher Weise Bezug genommen wird, nicht existiert. Vielmehr bietet sich das Bild eines Theoriepools, auf das im Sinne verschiedener theoretischer Bezugspunkte zurückgegriffen wird. Dennoch ist meines Erachtens eine gemeinsame Theorieperspektive erkennbar, die sich aus der Gesamtsicht auf die verschiedenen angeführten Theorien ableitet. Ich beschreibe diese als *kritischer Analyseblick auf die Konstruktionen von Welt, Gesellschaft und Identitäten sowie ihrer Interaktionen.*

Weiterhin zeichnet sich diese gemeinsame Theorieperspektive durch *Interdisziplinarität, Multiperspektivität* sowie *Multidimensionalität* aus: Von *Interdisziplinarität* lässt sich durch den Einbezug verschiedener Wissenschaftsdisziplinen sprechen (Soziologie, Psychologie, Erziehungswissenschaften, Cultural Studies etc.). *Multiperspektivisch* bezieht sich auf verschiedene Blickwinkel innerhalb einzelner Disziplinen, beispielsweise im Rahmen der Wissenschaftsdisziplinen Psychologie auf den Einbezug von Sozialpsychologie, Entwicklungspsychologie und Kritischer Psychologie. Mit *multidimensional* bezeichne ich die Berücksichtigung von Theoriebezügen, die einerseits vor allem das Individuum in den Blick nehmen, wie zum Beispiel die Entwicklungspsychologie *und* andererseits solchen Theorien, die in erster Linie die institutionell-strukturelle oder gesellschaftlich-diskursive Ebene betrachten, wie etwa die Theorie zur Institutionellen Diskriminierung bzw. Diskursanalyse. Des Weiteren gilt es zu beachten, vor welchem biografischen Erfahrungshintergrund der Autor_innen die in der Anti-Bias-Arbeit jeweils eingesetzte Literatur entstanden ist. Kurz: Es geht um die Vermeidung einseitiger Blicke bzw. die bewusste Kennzeichnung dieser.

4.3 Das Phänomen Diskriminierung

In den Expert_inneninterviews dieser Studie wird der Begriff Diskriminierung – und zwar praxisfeldübergreifend – als einer der Schlüsselbegriffe in der Anti-Bias-Arbeit genannt (vgl. Anja, 36; Meike, 14-15; Paula, 35-36; Sonja, 114-115). Gleichzeitig weist die Interviewauswertung darauf hin, dass der Begriff bzw. das Phänomen Diskriminierung in der konkreten Arbeit bisweilen undeutlich zu bleiben bzw. schwer zu fassen scheint. So sagt Anja:

> „[E]s war in der Gruppe schwer, die erfahrungsorientierte (…) Definition für Diskriminierung als die Antwort auf ihre Frage [Wie wird Diskriminierung definiert?] anzunehmen. Das konnten sie zwar schon irgendwie auch fühlen (…), aber sie suchten da so ein fünf-Sätze-Theorie-Ding“ (Anja, 397-401).

Weiterhin stellt sich die Frage, wo Diskriminierung (aus einer theoretischen Perspektive) beginnt:

> „[W]enn es um diese Ebenen von Unterdrückung oder Ebenen von Diskriminierung geht, da eine klare theoretische Antwort zu haben was jetzt davon wirklich, ab wann was Diskriminierung ist, (…) wo fängt Diskriminierung an und fängt sie dann eben auch in der wissenschaftlichen Definition bitte schön an, solche Punkte“ (Anja, 413-424).

Auch Paula hat in ihrer Seminararbeit ähnliche Erfahrungen gemacht:

> „[W]o ich auch merke bei bestimmten Nachfragen (…), ist da Anti-Bias vielleicht noch ein bisschen zu schwammig, zu unkonkret, sei es so eine Sache wie Schlüsselbegriffe, was ist im Anti-Bias-Ansatz, was heißt Diskriminierung“ (Paula, 227-231).

Diese Aussagen zeigen zum einen das Bedürfnis von Seiten der Teilnehmenden nach einer eindeutigen und auch theoretischen Definition von Diskriminierung. Anja formuliert dies an anderer Stelle wie folgt:

> „Also, zum einen ging es da ganz konkret auch um eine klare deutliche Definition von Diskriminierung" (Anja, 394-395).

Zum anderen kann dieses Theorie- und Definitionsbedürfnis auch andere Ursachen haben. Es kann beispielsweise darauf hindeuten, dass sich Teilnehmende mit der persönlichen erfahrungsorientierten Auseinandersetzung unwohl fühlen, sie sich daraus zurückziehen bzw. ‚flüchten' wollen und daher auf eine Metaebene, die Theorieebene ausweichen. Paula sagt dazu:

> „Ja, und was ich aber in dem Ganzen problematisch sehe, das ist (…) zwar auf der einen Seite das Bedürfnis es etwas theoretisch fundierter haben zu wollen, aber auf der anderen Seite habe ich auch so ein bisschen das Gefühl, die Abwehr sich dann mit individuellen Prozessen auseinander zu setzen" (Paula, 295-299).

Weiterhin kann das Bedürfnis nach (wissenschaftlicher) Theorie auch als ein Spiegel der hiesigen Wissensgesellschaft respektive des Bildungssystems gedeutet werden, wonach eher Theorien und bedauerlicherweise weniger persönliche Erfahrungen Inhalte von Bildungsprozessen sind. Zudem wirft solch ein Theoriebedürfnis auch ein Licht auf das Klientel der Seminare. So kann in Bezug auf obige Aussagen von einer ausgeprägten Neigung zu theoretischen Auseinandersetzungen von Seiten der Teilnehmenden ausgegangen werden. Einen Grund dafür sieht Paula darin, dass ein

> „ganz bestimmter Personenkreis da ist, (I: alle Multiplikator_innen) genau, und in der politischen Arbeit schon lange und alle irgendwie fundiert, wo ich immer wieder auch merke, da ist ein ganz großes Bedürfnis danach so nach Theorie, nach theoretischer Fundierung" (Paula, 223-227).

Die Gründe dafür können jedoch auch in einer (zusätzlichen) akademischen Sozialisation der Teilnehmenden liegen. Anja sagt dazu:

> „[I]m Allgemeinen mit der Zielgruppe auch von Studierenden (…), kommt oft auch mal wieder die Frage auf, nach, aber wir müssen das erstmal definieren, wovon wir hier reden, sei es auch irgendein Begriff der jetzt nicht unbedingt ein zentraler Begriff für Anti-Bias sein muss" (Anja, 432-436).

Paula weist (indirekt) auf einen weiteren Grund für eine theoretische Fundierung hin:

> „[B]estimmte Begrifflichkeiten, wo ich auch denke, das ist so ein bisschen noch unausgereift, da hantiere ich zumindest und auch mit den unterschiedlichen Leuten, mit denen ich arbeite, immer so nach frei Schnauze, wie gesagt Diskriminierung" (Paula, 283-286).

Daraus lässt sich schließen, dass es keine gemeinsame (explizite) Grundlage in der Anti-Bias-Arbeit in Bezug auf den Diskriminierungsbegriff zu geben scheint, auf die von Seiten der Teamenden zurückgegriffen werden kann. Dies kann auch zu Unklarheiten auf Seiten der Teilnehmenden führen. Wie Paula anmerkt, bedeuten fehlende gemeinsame Grundlagen auf Seiten der Anti-Bias-Aktiven jedoch im Umkehrschluss nicht unbedingt, dass alle auf Grundlage einer gemeinsamen Begriffsdefinition arbeiten sollten:

> „Das weiß ich nicht, ob man sich überhaupt darauf einigen sollte, was das für uns Anti-Bias-Aktive oder, ob wir da einen gemeinsamen Nenner finden müssen, aber das merke ich, also dass da so ein Bedürfnis da ist,

> von irgendwie, und dann, um eben auch über eine theoretische Fundierung, die meiner Meinung nach fehlt, auch eine stärkere Abgrenzung machen zu können, die auch immer eingefordert wird, zum Beispiel zu anderen antirassistischen und interkulturellen Ansätzen" (Paula, 231-238).

Zu diesen Schwierigkeiten mit dem Diskriminierungsbegriff finden sich Interviewaussagen zu fehlenden oder unausgereiften Modellen, die Diskriminierung angemessen zu fassen vermögen (vgl. Anja, 330-332, 415-422; Paula, 301-308). Hier ist zwar in letzter Zeit theoretisches Material entstanden, vor allem ist in diesem Zusammenhang die Studie von Bettina Schmidt (2009) zum Anti-Bias-Ansatz zu nennen, dennoch kann noch längst nicht von einer ausreichenden theoretischen Literaturgrundlage gesprochen werden. Darüber hinaus scheint auch die Abgrenzung gegenüber dem Begriff Unterdrückung nicht eindeutig zu sein:

> „Ja und das ist natürlich auch ein Stück weit der theoretische Hintergrund der eben fehlt, (...) der in den Anti-Bias spezifischen Materialien so nicht mitgeliefert wird, da gibt es keine allgemeingültige, weltweit allgemeingültige Definition von Diskriminierung, von Unterdrückung zum Beispiel, die Unterscheidung (...), die kann ich mir zwar erarbeiten, aber die lässt sich da für mich nicht eindeutig raus lesen" (Anja, 340-346; vgl. dazu auch Meike, 668-673).

Insgesamt betrachtet sind die Begründungen in den *Interviews*, Diskriminierung (auch) theoretisch besser fassen zu wollen, sehr vielfältig. Eine theoretische Fundierung halte ich vor dem Hintergrund obiger Interviewpassagen aus folgenden Gründen für hilfreich:

- Sie kann dazu beitragen, um sich selbst in der Seminarleitung ein Begriffsfundament zu geben,
- sie kann als Diskussionsgrundlage dienen und die Entwicklung eines gemeinsamen Verständnis in der Seminarleitung (oder Anti-Bias-Gruppe) ermöglichen,
- eine theoretische Definition von Diskriminierung kann zur Unterstützung der erfahrungsorientierten Definition hilfreich sein,
- zum Beispiel als Rahmen zur weiteren Auseinandersetzung mit Diskriminierung auf einer Metaebene, wenn die möglicherweise sehr schmerzhafte erfahrungsorientierte Auseinandersetzung erschöpft ist,
- oder, um *zuerst* an die Bildungssozialisation bestimmter Gruppen (zum Beispiel Studierende) anzuknüpfen, die aus dieser Sozialisation heraus unter Umständen große Widerstände gegen eine persönliche Auseinandersetzung aufbringen.

Neben den Interviewergebnissen verdeutlicht auch der Blick in die angrenzende wissenschaftliche *Fachliteratur* die bislang unzureichende theoretische Fundierung des Diskriminierungsbegriffs in Bezug auf den deutschen Kontext. So existieren nur wenige Forschungen zur Theorie der Diskriminierung aus sozialwissenschaftlicher oder pädagogischer Sicht. Heike Weinbach (2006) sieht die „theoretische Debatte um einen Diskriminierungsbegriff in der Bundesrepublik" daher als „wenig entwickelt" an (ebd., 18). Die Bezugnahme auf den Begriff Diskriminierung orientiert sich nach Ulrike Hormel (2007) dabei in erster Linie an den durch den Diskurs der Menschenrechte geförderten philosophischen Ideen der Würde, Gleichheit und Freiheit[138] und verläuft weitgehend unsystematisch (ebd., 237f.). Mittlerweile ist zwar eine „eigenständige sozialwissenschaftliche Diskriminierungsforschung" an Hochschulen auszumachen (Hormel/Scherr 2010, 11).

---

[138] Vgl. zu Überschneidungen und Abgrenzungen zwischen Anti-Bias- und Menschenrechtsarbeit Kapitel 5.3.2.

Nach wie vor ist diese jedoch von fragmentarischem Charakter in Form vereinzelter Studien und Ansätzen (vgl. ebd.).[139]

Auch in der Fachliteratur zum Anti-Bias-Ansatz findet sich bislang nur eine einzige ausführliche wissenschaftliche Auseinandersetzung mit dem Diskriminierungsbegriff. Bettina Schmidt (2009) stellt dabei die Grundannahmen des Ansatzes in einen theoretischen Zusammenhang und diskutiert diese nachfolgend entlang der Theorien von Mechthild Gomolla und Frank-Olaf Radtke, Robert Miles, Mark Terkessidis, Iris Marion Young und Pierre Bourdieu (vgl. ebd., 175ff.). Dabei fällt auf, dass Schmidt gerade in Bezug auf die Auseinandersetzung mit dem Diskriminierungsmodell und Definitionsfragen zu einem großen Anteil auf Literatur aus der kritischen Rassismusforschung zurückgreift, wie etwa der Rassismusdefinition von Miles (vgl. ebd., 183) oder der Theorie zum Rassismusapparat nach Terkessidis (vgl. ebd., 188). Dies spiegelt in gewisser Weise die Entstehungsgeschichte des Anti-Bias-Ansatzes wieder, der zwar alle Diskriminierungsformen berücksichtigt, jedoch in den Anfängen aus kontextuellen und biografischen Gründen Rassismus stark fokussiert.[140] Vor dem Hintergrund der von Schmidt bereits geleisteten theoretischen Aufarbeitungen, wähle ich in Bezug auf die nachfolgende Annäherung an den Diskriminierungsbegriff einen anderen Zugang und fokussiere in erster Linie verschiedene Aspekte, die den Begriff näher *beschreiben.* Das Ziel ist dabei weder eine allgemeingültige Definition vorzulegen, noch eine Sammlung von Definitionen sowie eine Diskussion möglicher Vor- und Nachteile dieser. Vielmehr zielt das nachfolgende Kapitel darauf, ein möglichst breit angelegtes Verständnis von Diskriminierung zu entwickeln, um der Komplexität des Phänomens gerecht zu werden. In den Blick genommen werden dabei sowohl praxisrelevante Publikationen, Handreichungen, Internetressourcen, Übungen und Modelle als auch wissenschaftliche Publikationen. Gleichwohl ist es mir ein Anliegen, im Rückgriff auf die folgende Interviewpassage,

> „[d]a haben wir in dem Fall zum Beispiel Sachen angeboten, also wir haben gesagt, wir können jetzt nicht den Begriff, was ist Diskriminierung, sondern wir werden eine Arbeitsdefinition vorschlagen" (Paula, 270-273),

an einigen Stellen der theoretischen Auseinandersetzung Arbeitsdefinitionen zur Verfügung zu stellen. Zudem gehe ich kurz auf die Unterscheidung zwischen Unterdrückung und Diskriminierung ein und unternehme abschließend den Versuch, die erarbeiteten Aspekte in einen grafischen Zusammenhang zu stellen.

4.3.1 Zentrale Aspekte des Diskriminierungsbegriffes

In Anlehnung an die in der Anti-Bias-Arbeit verwendete Übung zum Modell von Diskriminierung[141] werden nachfolgend zentrale Aspekte des Diskriminierungsbegriffs diskutiert und um weitere Aspekte aus der Fachdebatte ergänzt. Das Phänomen Diskriminierung über verschiedene Aspekte zugänglich zu machen, eröffnet die Möglichkeit sich einem komplexen Sachverhalt anzunähern, ohne in die Gefahr zu geraten, definitorische Überfrachtungen vorzunehmen. Die Fun-

---

139 Einen guten Überblick über theoretische Grundlagen und Forschungen zum Thema Diskriminierung in Deutschland bietet die Publikation von Ulrike Hormel und Albert Scherr (2010).

140 Vgl. dazu auch die Ausführungen in Kapitel 4.2.1 zur Anti-Bias-Literatur.

141 Vgl. Kapitel 2.4.5.

dierung des in der Anti-Bias-Arbeit grundlegenden, jedoch bislang wenig theoretisch unterfütterten Begriffs kann so in einer Weise erfolgen, die auch didaktische Anschlussmöglichkeiten im Rahmen der Bildungsarbeit eröffnet. Darüber hinaus können die dargestellten Aspekte dazu dienen, konkrete Fälle hinsichtlich einer eventuell vorliegenden Diskriminierung näher zu beleuchten. Letztlich besteht auch die Möglichkeit, bereits bestehende Definitionen daraufhin zu befragen, ob einige für den jeweiligen Zusammenhang bedeutsame Aspekte möglicherweise unbeachtet geblieben sind.

4.3.1.1 Unterscheidung

Der etymologische Ursprung des Begriffs – das erste Auftreten wird auf das 19. Jahrhundert datiert – liegt im lateinischen Verb discriminare. Es bedeutet wörtlich trennen, absondern, unterscheiden (vgl. DTV 2004, 230). Als moderne Bedeutung wird Herabsetzung, Herabwürdigung angegeben (ebd.). Bezogen auf unseren Fokus der Auseinandersetzung mit einem gesellschaftlichen Phänomen findet sich der erste grundlegende Aspekt zu Diskriminierung somit in der Unterscheidung oder Trennung von einzelnen Personen oder Gruppen, die in der modernen Konnotation im Deutschen mit Abwertung einhergeht.

4.3.1.2 (Be)Handlung

Das Phänomen Diskriminierung beschreibt jedoch nicht eine gedankliche Unterscheidung. Von Diskriminierung lässt sich nur im Zusammenhang mit einer Handlung sprechen. Dieser Aspekt wird in unterschiedlicher Weise aufgegriffen. Sowohl in juristischen als auch soziologischen Definition finden sich Formulierungen wie „eine weniger günstige Behandlung" (Hieronymus 2007, 80), „andere (und zwar benachteiligende oder schlechtere) Behandlung von Menschen" (Marsh/Sahin-Dikmen 2003, 4) oder der Begriff „Ungleichbehandlung" (Hormel/Scherr 2005, 27). Auch die kürzeste mir bekannte Definition greift diesen Aspekt auf. So definiert Luciano Scagliotti (2002) Diskriminierung als die „Ungleichbehandlung von Gleichen" (ebd., 19). Jedoch kann auch Gleichbehandlung, genauer gesagt gleiche Behandlung trotz unterschiedlicher Voraussetzungen, unter Umständen zu Diskriminierung führen. Das folgende Cartoon zeigt dies in aller Deutlichkeit:

Abb. 7: Gleiche Aufgabe (Hans Traxler in Klant 1983, 25)

In ähnlicher Weise findet sich dies auch in einer der Fabeln des Aesop: „Ein Fuchs hatte einen Storch zu Gaste gebeten, und setzte die leckersten Speisen vor, aber nur auf ganz flachen Schüsseln, aus denen der Storch mit seinem langen Schnabel nichts fressen konnte. Gierig fraß der Fuchs alles allein, obgleich er den Storch unaufhörlich bat, es sich doch schmecken zu lassen“ (Klinger 2000, o. S.). Anmerken möchte ich an dieser Stelle, dass sowohl das Cartoon als auch die Fabel zwar den Sachverhalt der ungleichen Voraussetzungen eindrücklich darstellen, jedoch der Rückgriff auf die Tierwelt nicht unproblematisch ist.[142] Die Verwendung unterschiedlicher Tiere zur Veranschaulichung gesellschaftlicher Probleme aus der ‚Menschenwelt‘ kann der falschen Annahme es gäbe auch menschliche ‚Rassen‘ Vorschub leisten.[143] Um Biologisierungen respektive Naturalisierungen zu vermeiden, ist es daher besser Menschen darzustellen:

142 Rückgriffe auf die Tierwelt mit zum Teil erheblichen Unschärfen finden sich etwa im Rahmen von Managing Diversity Ansätzen. Roosevelt Thomas (2001) rekurriert beispielsweise fehlerhaft auf menschliche ‚Rassen‘ (vgl. ebd., 27).

143 Zur Geschichte des heute im politischen und wissenschaftlichen Diskurs zu Recht diskreditierten wissenschaftlichen Rassismus vgl. Brückmann/Maetzky/Plümecke 2009, 20ff.

Abb. 8: Chancen: Alte Ungleichheiten. Neue Benachteiligungen (Hans Traxler o.J.)

Gleichwohl ist auch diese Form der Abbildung nicht unproblematisch. Denn zumindest die Gefahr der Kulturalisierungen, die als moderne Ausdrucksform des Rassismus angesehen werden kann, hier beispielsweise entlang von Kleidung und Herkunft in Kombination mit kulturellen Eigenheiten(-schaften) bestimmter Gruppen, ist deutlich gegeben (vgl. Leiprecht 2004, 10ff.).

Nicht immer ist in Definitionen ausdrücklich von (Be)Handlung die Rede. In einem Vortrag von Birgit Rommelspacher (2006) heißt es: „Die soziologische Definition von Diskriminierung besagt, dass Diskriminierung dann vorliegt, wenn Menschen, die einer Minderheit angehören, im Vergleich zu Mitgliedern der Mehrheit weniger Lebenschancen, das heißt weniger Zugang zu Ressourcen und weniger Chancen zur Teilhabe an der Gesellschaft haben.“[144] Aber auch hier verweisen die Begriffe „Zugang“ oder „Teilhabe“ auf eine konkrete Handlungsorientierung. Diskriminierung steht also immer in einem Zusammenhang mit Handlung.

4.3.1.3 Vergleich – Situation

Die Begriffe Gleich- bzw. Ungleichbehandlung verweisen auf einen weiteren zentralen Aspekt: „Eine Diskriminierung kann nur durch einen Vergleich festgestellt werden. Sie kann nicht unabhängig von konkreten Situationen definiert werden“ (Scagliotti 2002, 19). Dieser Punkt ist in Definitionen in unterschiedlicher Weise eingeflossen. Nach den EU-Richtlinien 2000/43 und 2000/78 liegt eine (unmittelbare) Diskriminierung vor, „wenn eine Person [...] in einer vergleich-

[144] Vgl. dazu die Ausarbeitungen in Kapitel 4.3.1.6 zu „Mehrheiten und Minderheiten“.

baren Situation eine weniger günstige Behandlung als eine andere Person erfährt, erfahren hat oder erfahren würde" (ebd., 6). Anzumerken ist hier, dass es sich dabei nicht um den Vergleich zwischen einzelnen privaten Personen mit all ihren vielschichtigen Facetten handelt, sondern um so genannte Großgruppen wie etwa Brillenträger_innen, Akademiker_innen, Frauen, Griechen oder Deutsche, denen kollektiv bestimmte Eigenschaften zugeschrieben werden.

4.3.1.4 Rechtmäßige Ziele – sachliche Rechtfertigung

In Definitionen wird im Zusammenhang mit dem Aspekt des Handelns auch von „ungerechtfertigt" oder „unzulässigem Grund" gesprochen (vgl. Trisch 2009, 18; Anti-Bias-Werkstatt 2007a, 1). Mit Hilfe dieser Begriffe soll der Bestand der Ungleichbehandlung näher spezifiziert werden. Sie knüpfen damit auch an ein Rechtsverständnis von Diskriminierung an und verweisen auf die Möglichkeit einer Klage.[145] Darüber hinaus wird durch die Verwendung des Begriffs eine Abgrenzung gegenüber gerechtfertigten oder zulässigen Formen von Ungleichbehandlung hergestellt, denn nicht jede Ungleichbehandlung gilt als ungerechtfertigt oder unzulässig. Einige Formen gelten durch rechtmäßige Ziele als sachlich gerechtfertigt: „Wenn z.B. Jugendlichen unter 18 Jahren der Verkauf von Alkohol verweigert wird, eine Frau nicht Taxifahrerin werden kann, weil sie keinen Führerschein hat, oder eine politische Gruppierung verboten wird, weil sie Gewalt verherrlicht und zu Straftaten auffordert, dann ist dies keine Diskriminierung aufgrund des Alters, des Geschlecht oder der Weltanschauung. Derartige Formen der Ungleichbehandlung gelten vielmehr als **durch rechtmäßige Ziele** einer demokratischen Gesellschaft (z.B. Gewährleistung von Sicherheit und Ordnung, Verhütung von Straftaten, Schutz der Gesundheit, Sicherung der Rechte und Freiheiten) **sachlich gerechtfertigt"** (Rheims 2005, o.S.).[146] Albert Scherr und Ulrike Hormel (2005) bezeichnen diesen Sachverhalt als legale Diskriminierung und führen als Beispiel u. a. die „politische und rechtlich abgesicherte Ungleichbehandlung auf der Grundlage legaler Unterscheidungen" von Deutschen und Ausländern oder EU-Angehörigen und Drittstaatsangehörigen an (ebd., 27).

Welche Ungleichbehandlung(en) aus staatlicher Perspektive als rechtmäßig bzw. legal gelten und vom Staat legitimiert werden oder aber als unrechtmäßig definiert und vom Staat verboten werden, ist das Ergebnis politischer Entscheidungs- und Aushandlungsprozesse. Oftmals basieren diese Prozesse auf den bislang gesellschaftlich vorherrschenden Normen und Werten, die unter Umständen in der Bevölkerung oder einzelnen Gruppen stark umstritten sind (vgl. Anti-Bias-Werkstatt 2007a, 2).

4.3.1.5 ‚Positive' Diskriminierung und positive Maßnahme

Im Zuge der Diskussion um sachlich gerechtfertigte Ungleichbehandlung wird hierzulande in teilweise provokanter Weise auch von positiver Diskriminierung gesprochen (vgl. Tunnat 2005, 1). Damit sind jedoch positive Maßnahmen gemeint, „die zum Ausgleich gegenwärtig existierender wie in der Vergangenheit erlittener Nachteile aufgrund von Diskriminierung ergriffen wer-

---

[145] Vgl. dazu auch Kapitel 5.3.2 „Anti-Bias- und Menschenrechtsarbeit" sowie die Ausarbeitungen zum Aspekt „unmittelbar-mittelbar" auf der juristischen Ebene in Kapitel 4.3.1.8.

[146] Hervorhebungen stammen aus dem Original.

den“ (Bell 2007, 5). In Deutschland sind positive Maßnahmen nach § 5 des Allgemeinen Gleichbehandlungsgesetzes (AGG) zulässig.[147] Sie zielen darauf „einen Beitrag zu mehr echter und substantieller Gleichstellung in der Praxis zu leisten“ (Merx 2007). Eine (relativ) anerkannte Maßnahme ist die Frauenförderung mit der beispielsweise der Anteil an gegenwärtig unterrepräsentierten Wissenschaftlerinnen erhöht werden soll (vgl. Thomsen 2008).

Im englischsprachigen Raum hat sich der Begriff affirmative action durchgesetzt. Das Konzept wurde erstmals 1961 in den USA eingeführt und geht über die in der EU rechtlich zulässigen positiven Maßnahmen hinaus, in dem es beispielsweise automatische Vorzugsbehandlungen bei Einstellungen zulässt (vgl. Bell 2007, 6). Insgesamt zeigt sich eine große Vielfalt an Begriffen zu diesem Aspekt, deren jeweilige Bedeutung auch in der Wissenschaft strittig ist (vgl. ebd., 5). Im Rahmen dieser Studie bevorzuge ich die Formulierung positive Maßnahme und nutze diese gleichbedeutend mit affirmative action. Die Formulierung positive Diskriminierung verwende ich hingegen nicht. Wie eingangs ausgeführt, ist Begriff Diskriminierung in der modernen Verwendung im Deutschen negativ konnotiert, somit ist es irreführend von positiver Diskriminierung zu sprechen (vgl. migration.works 2007, 31). Des Weiteren ist auch eine so genannte positive Diskriminierung, wenngleich dies auf den ersten Blick nicht so erscheinen mag, zumindest in ihren Auswirkungen einschränkend. Ein Beispiel soll dies verdeutlichen: Wenn im Rahmen einer studentischen Feier spanische Studierende in der Absicht eingeladen werden, diese würden schon dafür sorgen, dass am Ende alle tanzen, liegt zwar eine Annahme zugrunde, die häufig positiv konnotiert ist, etwa ‚alle Menschen aus Spanien tanzen gerne und viel‘, jedoch gründet sich diese Annahme auf eine Verallgemeinerung und offenbart gleichzeitig eine kulturdeterministische Sichtweise (vgl. Eisele/Scharathow/Winkelmann 2008, 14). Nach Susan Arndt und Antje Hornscheit (2009) sind (Fremd)Stereotypisierungen „immer diskriminierend, egal ob sie mit positiven oder negativen Intentionen geäußert werden“ (ebd., 16).

Dennoch kann eine Differenzierung zwischen positiven Maßnahmen und positiver Diskriminierung sinnvoll sein, wenn es um die Frage nach rechtlich legitimierter Zulässigkeit geht. In Anlehnung an Bell (2007) spreche ich *ausschließlich* im Rahmen einer juristischen Sichtweise von positiver Diskriminierung, und zwar wenn es sich um Maßnahmen handelt, die dem Zweck dienen, strukturelle Unterschiede auszugleichen, aber gesetzlich (noch) nicht zulässig sind (vgl. ebd., 6). Vor diesem Hintergrund definiere ich eine positive Maßnahme (affirmative action) wie folgt:

Eine **positive Maßnahme** ist die bewusste und rechtlich legitimierte Bevorzugung in einem zeitlich begrenzten Rahmen von Mitgliedern einer Gruppe zum Ausgleich tatsächlich vorhandener (struktureller) Nachteile (vgl. Trisch 2009, 18).

Tab. 4: Definition „positive Maßnahme“

[147] Das AGG wurde im August 2006 nach zähen inhaltlichen Auseinandersetzungen in Deutschland verabschiedet und ist seit dem in der Fassung vom 14. August 2006 gültig (vgl. Bundesministerium der Justiz 2006). Es hat die Aufgabe, die vier EU-Richtlinien zur Gleichstellungspolitik im nationalen Recht umzusetzen: Antirassismus-Richtlinie vom 29.06.2000, Rahmenrichtlinie Gleichbehandlung in Beschäftigung und Beruf vom 27.11.2000, Gender-Richtlinie vom 23.09.2002 sowie 13.12.2004 (vgl. Antidiskriminierungsstelle des Bundes 2012).

4.3.1.6 ‚Mehrheiten' und ‚Minderheiten'

Rommelspacher (2006) spricht in ihrer Definition von Minderheiten und Mehrheiten (siehe oben). Eine kurze Anmerkung sei hier zur Vermeidung von Missverständnissen jedoch voran gestellt: Wenn in diesem Zusammenhang von Minderheit und Mehrheit gesprochen wird, ist damit nicht unbedingt die numerische Unter- oder Überzahl gemeint – Mehrheit kann sich zum Beispiel auch auf eine zahlenmäßige Minderheit beziehen, die die Durchsetzungsmacht besitzt, ihre Interessen und Anschauungen gegen eine der Zahl nach größeren Gruppe durchzusetzen. Es stellt sich die Frage, wie Menschen Teil einer Minderheit respektive Mehrheit werden. Eine Organisation der Antidiskriminierungsarbeit schreibt dazu folgendes: „Ausgangspunkt jeder Diskriminierung ist die Konstruktion von Differenz. Jeder Form sozialer Diskriminierung liegt eine Unterscheidung und **Bewertung durch eine Mehrheit** zugrunde, wie mensch zu sein hat bzw. was als gesellschaftliche Norm zu gelten hat" (Rheims 2005, o.S.).[148] Hiernach sind Unterschiede, ihre Bewertung und auch die Zugehörigkeit zur Minderheit oder Mehrheit konstruiert. Dies geschieht jedoch nicht zufällig, sondern ist Ergebnis eines Prozesses der von einer Mehrheit bestimmt wird, die die Macht besitzt ihre Interessen durchzusetzen. Bettina Schmidt (2009) führt dazu in ihrer Studie zum Anti-Bias-Ansatz dazu treffend aus: „Eine weitere elementare Voraussetzung für Diskriminierung ist die Macht, bestimmte Differenzierungen durchzusetzen bzw. ihnen entsprechend zu handeln. In einem spezifischen sozialen Kontext ergibt sich die Macht der Akteurinnen – Einzelne, Gruppen, Organisationen – einerseits durch die konkrete situationsabhängige Machtkonstellation und andererseits aus der Positionierung im Rahmen gesellschaftlicher und globaler Machtverhältnisse" (ebd., 81).[149]

4.3.1.7 Merkmale

Anhand welcher Kriterien werden Mehr- bzw. Minderheiten konstruiert bzw. was ist der Anlass von Unterscheidungen? Nach der EU-Definition liegt eine unmittelbare Diskriminierung dann vor, „wenn eine Person in einer vergleichbaren Situation aufgrund ihrer Rasse oder ethnischen Herkunft, Religion oder Weltanschauung, einer etwaigen Behinderung, wegen ihres Alters oder ihrer sexuellen Ausrichtung gegenüber einer anderen Person benachteiligt wird" (Europäische Kommission 2006, 17).[150] Ersichtlich sind in dieser Definition eine Reihe bestimmte Merkmale, die als Gründe für Diskriminierung gelten. Diese Merkmale werden zur Unterscheidung bzw. ihrer Konstruktion herangezogen. An dieser Stelle möchte ich auf Folgendes hinweisen: Die in Definitionen oder rechtlichen Formulierungen üblichen Verwendung von „aufgrund" oder „wegen" (siehe oben) ist grundsätzlich problematisch zu bewerten, denn es wird damit suggeriert, dass von Diskriminierung Betroffene an dieser selber schuld wären, nämlich *wegen* oder *auf-*

---

148 Hervorhebungen stammen aus dem Original.

149 Vgl. zur Durchsetzungsmacht auch das in Kapitel 2.4.5 dargestellte Diskriminierungsmodell.

150 Trotz anhaltender Kritik findet der Begriff ‚Rasse' noch immer Verwendung, dies vor allem in (menschen)rechtlichen Bestimmungen und Konventionen (vgl. Cremer 2008). Dies „klingt so, als würde es tatsächlich unterschiedliche menschliche ‚Rassen' geben – diese Annahme ist jedoch falsch" (Trisch 2009, 20). Hendrik Cremer (2008) schlägt für den Gebrauch in internationalen Menschenrechtsdokumenten und weiteren überregionalen rechtlichen Texten zum Diskriminierungsverbot, wie etwa in der EU, anstelle des Begriffs ‚race' die Formulierung „without discrimination based on racism" vor (ebd., 14). Für die deutsche Rechtsordnung votiert er für die Formulierung „rassistische Benachteiligung" (ebd., 13).

grund eines bestimmten Merkmals. Damit findet eine Verschiebung der Betroffenenperspektive in Richtung Täter_innenperspektive statt, denn Betroffene werden für ihre Diskriminierung verantwortlich gemacht und der Ursprung, die Konstruktion von Unterschieden durch eine Mehrheit, wird ausgeblendet. Angemessener ist es daher, in Definitionen und Beschreibungen des Phänomens Diskriminierung Formulierungen zu wählen, die Betroffene nicht *per se* zu (Mit-)Täter_innen bzw. anders ausgedrückt, zu Mitverantwortlichen machen. Mögliche Formulierungen, zum Beispiel in Anlehnung an die EU-Definition, wären folgende: Eine Diskriminierung liegt vor, wenn Merkmale zum Anlass genommen (oder herangezogen) werden einer Person in einer vergleichbaren Situation eine weniger günstige Behandlung zukommen zu lassen als einer anderen Person, oder kürzer: Eine Diskriminierung liegt vor, wenn entlang von Merkmalen eine Person in einer vergleichbaren Situation eine weniger günstige Behandlung erfährt als eine andere Person. Im Zusammenhang mit Merkmalen ist in verschiedenen Definitionen zu Diskriminierung von tatsächlichen oder zugeschriebenen bzw. zugewiesenen Merkmalen die Rede (vgl. Chicote 2005, 2). Von tatsächlichen Merkmalen wird beispielsweise gesprochen, wenn das Geschlecht einer Person zur Diskriminierung herangezogen wird. Zugeschriebene oder zugewiesene Merkmale zeichnen sich dadurch aus, dass sie nicht sichtbar oder auch gar nicht vorhanden sein müssen, zum Beispiel wenn von der leisen Stimme einer Schülerin auf eine mangelnde Durchsetzungskraft geschlossen wird oder aber ein besonders schick gekleideter Mann irgendwie schwul wirkt (vgl. Trisch 2009, 18).

Im Rahmen von Definitionen wird häufig eine Reihe von Merkmalen aufgelistet. Der Sinn dieser Merkmalskataloge erschließt sich in erster Linie im Zusammenhang mit dem Schutz vor Diskriminierung auf rechtlicher Ebene. Um Willkürlichkeit zu vermeiden und den Interpretationsspielraum möglichst gering zu halten, ist es für rechtsverbindliche Definitionen notwendig konkrete Merkmale zu nennen, auf die sich das jeweilige Diskriminierungsverbot bezieht. Im Allgemeinen Gleichbehandlungsgesetz heißt es in Abschnitt 1§ 1: „Ziel des Gesetzes ist, Benachteiligungen aus Gründen der Rasse oder wegen der ethnischen Herkunft, des Geschlechts, der Religion oder Weltanschauung, einer Behinderung, des Alters oder der sexuellen Identität zu verhindern oder zu beseitigen" (Hieronymus 2007, 79).[151] Darüber hinaus zeigt sich anhand des Merkmalkatalogs der Stand der politischen Anerkennung bestimmter Merkmale. In der EU-Grundrechtecharta aus dem Jahr 2000 werden im Vergleich zur Allgemeinen Erklärung der Menschenrechte (AEMR) von 1948 fünf Merkmale aufgeführt, für die damals noch keine gesellschaftliche Sensibilität und politische Anerkennung bestand: genetische Merkmale, Zugehörigkeit zu einer nationalen Minderheit, Behinderung, Alter sowie sexuelle Ausrichtung (vgl. Bielefeldt/Follmar-Otto 2005, 6f.).

Wenngleich der Sinn des Aspekts Merkmal zur Beschreibung des Phänomens Diskriminierung deutlich hervortritt, ist der Begriff jedoch nicht unproblematisch. Die Schwierigkeit liegt darin, dass der Begriff Merkmal auf die Wesenhaftigkeit oder wesenhafte Zuordnung einer Person verweist und der Versuch einer differenzierten Formulierung in tatsächlichen und zugeschriebenen Merkmalen dies sogar noch verstärkt. So zeigt beispielsweise das Merkmal Hautfar-

[151] Vgl. zur fehlerhaften Verwendung des Rassebegriffs die Ausführungen in der vorangegangenen Fußnote.

be, dass auch hier nicht von einem tatsächlichen, sondern von einer Konstruktion ausgegangen werden muss. Anders gesagt, tatsächlich ist nur die Konstruktion. Es stellt sich die Frage, unter welchen Voraussetzungen zum Beispiel eine Hautpigmentierung als nicht mehr *‚weiß'* angesehen wird? Hier wird die Frage der Übergänge plötzlich von Bedeutung, deren scheinbar ‚eindeutige' Grenzen sich somit als Konstrukt darstellen.

4.3.1.8 Dimensionen von Diskriminierung

Wie bereits deutlich wurde, umfasst der Begriff Diskriminierung eine Vielzahl von Aspekten. Darüber hinaus wird in der wissenschaftlichen Literatur, in der Anti-Bias Fachliteratur sowie in Beschreibungen des Phänomens der Versuch unternommen, verschiedene Dimensionen einzufangen, wie etwa Handlungsebenen, Praktiken, Typisierungen oder Erscheinungsformen (vgl. Rheims 2005; Hormel/Scherr 2005, 27; Hormel 2007, 247ff.; Schmidt/Dietrich/Herdel 2009, 163). Diese sind nicht immer trennscharf und es existieren zum Teil Begriffe wie etwa indirekt und mittelbar, die synonym verwendet werden (vgl. Europäische Kommission 2006, 17). Nachfolgend werden Begriff(spaar)e erläutert, die zu einer erweiterten Perspektive auf Diskriminierung beitragen können und im aktuellen Fachdiskurs eine zentrale Rolle spielen.

Unmittelbar (direkt) und mittelbar (indirekt)

Auf der juristischen Ebene wird beispielsweise in den EU-Antidiskriminierungsrichtlinien unterschieden nach unmittelbarer (direkter) und mittelbarer (indirekter) Diskriminierung. Von unmittelbarer Diskriminierung wird gesprochen, „wenn eine Person (…) in einer vergleichbaren Situation gegenüber einer anderen Person benachteiligt wird" (Europäische Kommission 2006, 17); zum Beispiel, wenn eine Person entlang ihrer ethnischen Herkunft benachteiligt wird: Das ungarische Arbeitsgericht stellte 2004 eine unmittelbare Diskriminierung eines Roma fest, der sich um einen Arbeitsplatz als Mitarbeiter in einer Sicherheitsfirma beworben hatte und dem trotz vorliegender Qualifikation eine Anstellung mit der Begründung verweigert wurde, die Firma stelle keine Roma ein (vgl. ebd.).

Eine mittelbare Diskriminierung hingegen liegt dann vor, „wenn scheinbar neutrale Vorschriften, Kriterien oder Verfahren Personen (…) in besonderer Weise benachteiligen können" (ebd., 17f.);[152] beispielsweise, wenn für eine Tätigkeit sehr gute Deutschkenntnisse gefordert werden, die jedoch für die Ausübung der Tätigkeit nicht notwendig sind und damit Menschen mit geringen Deutschkenntnissen benachteiligt werden. Oder, wenn ein Gebäude über Toiletten für Männer mit zwei geschlossenen Abteilen und vier Pissoirs verfügt sowie für Frauen mit zwei geschlossenen Abteilen (vgl. BMFSFJ o.J.). Das Aufgreifen von mittelbarer (indirekter) Diskriminierung auf EU-Ebene ist ein erster Schritt in die notwendige Richtung auch auf juristischer Ebene verstärkt institutionell-strukturelle Diskriminierung in den Blick zu bekommen. Auch in der Menschenrechtsdebatte ist diese Entwicklung auszumachen, demnach „hat sich ein allgemeiner Konsens herausgebildet, dass auch die indirekten und strukturellen Formen von Diskriminie-

[152] Auch das AGG definiert in Abschnitt 1 § 1 und 2 Diskriminierung auf diese Weise, bezeichnet den Sachverhalt jedoch als unmittelbare respektive mittelbare Benachteiligung. Das Gesetz definiert zudem Belästigung (Abschnitt 1 § 3), sexuelle Belästigung (Abschnitt 1 § 4) sowie die Anweisung zur Benachteiligung (Abschnitt 1 § 5) als unzulässige Benachteiligung (vgl. Hieronymus 2007, 80f.).

rung als Menschenrechtsverstöße zu werten sind, für deren Überwindung Staat und Gesellschaft Verantwortung tragen" (Bielefeldt/Follmar-Otto 2005, 7).

Strukturell – institutionell

Auch aus sozialwissenschaftlicher und aus bildungspraktischer Perspektive werden strukturelle bzw. institutionelle Formen von Diskriminierung in unterschiedlichen Zusammenhängen zunehmend in den Blick genommen.[153] So können beispielsweise Institutionen wie Schulen oder Behörden daraufhin analysiert werden, inwieweit sie in ihrer Anlage oder ihrer Ausprägung diskriminierend sind oder wirken (vgl. Gomolla/Radtke 2002). Hormel und Scherr (2005) thematisieren ebenfalls strukturelle und institutionelle Formen von Diskriminierung und führen im Zusammenhang mit der Auseinandersetzung um Exklusion in Bildungsprozessen den Begriff der organisationsspezifischen Diskriminierung ein (ebd., 27). Die Autor_innen sprechen weiterhin von sekundärer Diskriminierung (ebd.). Dieser Begriff zielt darauf, über die notwendige Auseinandersetzung mit institutionellen sowie indirekten Formen von Diskriminierung von Migrant_innen nicht die Effekte schulischer Benachteiligung zu vernachlässigen, die „durch die soziale Klassenlage und die Reproduktion sozialer Ungleichheit durch Schule mit bedingt" sind (ebd., 26f.).

In der Anti-Bias-Arbeit wird der Begriff der strukturell/institutionellen Diskriminierung ebenfalls verwendet. Dieser bezieht sich auf „etablierte Rechte, Traditionen, Gewohnheiten und Verfahren, durch die bestimmte Gruppen und Menschen hinsichtlich eines bestimmten Aspektes oder Merkmals als anders konstruiert und systematisch benachteiligt werden" (Schmidt 2009, 85).[154] Ein Beispiel für die strukturell/institutionelle Ebene von Diskriminierung ist die Residenzpflicht im deutschen Asylgesetz, welches Flüchtlingen untersagt, sich frei in Deutschland zu bewegen.

Bewusst – unbewusst und offen – verdeckt

In Verbindung mit der Thematisierung von institutioneller Diskriminierung finden sich des Öfteren die Begriffspaare ‚bewusst' und ‚unbewusst' sowie ‚offen' und ‚verdeckt' (vgl. Rheims 2005). Sie verweisen auf die jeweilige Intentionalität bzw. die ‚Sichtbarkeit' von Diskriminierung (vgl. dazu auch Gomolla/Radtke 2002, 44) und zeigen auf, „dass es nicht intendierte und nicht direkt sicht- und messbare Formen der Benachteiligung gibt" (Rheims 2005). Diese sind oft „das Ergebnis institutioneller Mechanismen", was wiederum als institutionell-strukturelle Diskriminierung verstanden werden muss (ebd.).

Schmidt (2009) kritisiert die Kategorien Intentionalität und Bewusstheit. Sie geht davon aus, dass diese Begriffe eine Rechtfertigung von unbewusster Diskriminierung begünstigen und zudem Diskriminierungserfahrungen Betroffener verharmlosen können. Problematisch ist nach Schmidt auch eine Betonung von Intentionalität, da diese zu sehr das Subjekt fokussiert und dadurch strukturell/institutionelle Diskriminierungen aus dem Blick geraten können (vgl. ebd., 33). Diese Kritik ist durchaus berechtigt und es ist bedeutsam, gerade auch in der Seminarpraxis, sich diese potentiellen Gefahren zu vergegenwärtigen. Jedoch halte ich die Verwendung dieser

---

153 Institutionelle Diskriminierung geht zurück auf den von der Black-Power Bewegung in den 1960er Jahren in den USA geprägten Begriff des institutionellen Rassismus (vgl. Gomolla 2010, 64ff.).

154 Vgl. dazu auch die Ausführungen in Kapitel 2.4.4.

Begriffe unter Einbezug einer kritischen Reflexion der Gefahrenpotentiale durchaus für sinnvoll, da gerade die Kategorien Intentionalität und Bewusstheit aufzeigen können, dass auch dann Diskriminierung (auf zwischenmenschlicher Ebene) vorliegen kann, wenn diese eben nicht intendiert ist. Damit gerät strukturelle Diskriminierung nicht automatisch aus dem Blick, denn für diese kann sinnvoll der oben angeführte Ausdruck *mittelbar (indirekt)* verwendet werden, nach dem eine solche Diskriminierung dann vorliegt, „wenn scheinbar neutrale Vorschriften, Kriterien oder Verfahren Personen (…) in besonderer Weise benachteiligen können" (Europäische Kommission 2006, 17f.). Zudem kann die Kategorie Bewusstheit eine Verständnisbrücke zu verinnerlichten Formen von Machtverhältnissen darstellen. Gerade unbewusste Formen von Diskriminierung können auf verinnerlichte Machtverhältnisse hindeuten, die eben als solche (oft) nicht mehr wahrgenommen werden. Ein Beispiel zur unmittelbaren (direkten) und unbewussten Diskriminierung soll dies verdeutlichen: In einer Grundschule wird das Übergewicht einer Schülerin von zwei Klassenkameraden zum Anlass genommen, diese mit Sprüchen zu hänseln. Viele Jahre später erinnert sich einer der beiden Klassenkameraden an diese Situation im Rahmen eines Anti-Bias-Workshops und sagt, dass er damals nicht darüber nachgedacht habe, ob sich die Mitschülerin diskriminiert fühlen würde. Zwar ereignet sich die Diskriminierung in diesem Beispiel auf der zwischenmenschlichen Ebene, es wird jedoch deutlich, dass im Spott über das Gewicht auch die ideologisch-diskursive Ebene eingelassen ist, hier zum Beispiel die Vorstellung über Normalgewicht, Schönheitsideal und möglicherweise auch Geschlechterverhältnisse. Das bedeutet wiederum auch, dass in der Analyse einer solchen Situation nicht automatisch die gesellschaftlichen Ebenen von Diskriminierung aus dem Blick geraten, vielmehr zeigt sich hier die Verstrickung von subjektivem Handeln vor dem Hintergrund gesellschaftlicher Diskurse besonders deutlich.[155]

Ideologisch – diskursiv

In der Anti-Bias-Arbeit werden verschiedene Ebenen von Diskriminierung thematisiert, so auch die bereits oben kurz angesprochene und in Kapitel 2.4.4 ausführlicher beschriebene ideologisch-diskursive Ebene. Diese bezieht sich auf das, „was in den dominanten Diskursen und Ideologien als richtig, normal und schön angesehen wird und als Maßstab zur Bewertung, Beurteilung und Benachteiligung gegenüber Menschen und Gruppen angewandt wird, die hinsichtlich eines bestimmten Merkmals (…) als anders konstruiert werden" (Schmidt 2009, 85). Auch Hormel und Scherr (2005) verwenden die Begriffe Diskurse und Ideologien im Zusammenhang mit verschiedenen Dimensionen von Diskriminierung (vgl. ebd., 27). Allerdings weisen sie diese nicht als eigene Dimension bzw. Ebene, sondern als übergreifenden Rahmen aus, „der Begründungen und Rechtfertigungen für diskriminierende Strukturen und Praktiken bereitstellt" (ebd.). Die deutlichste Überschneidung mit der ideologisch-diskursiven Ebene in der Anti-Bias-Arbeit liegt in der von ihnen angeführten „alltagskulturellen Diskriminierung", die als „Ungleichbehandlung auf Grund gesellschaftsweit einflussreicher, latenter und manifester (…) Erwartungen, Eigenschafts- und Fähigkeitszuschreibungen" definiert wird (ebd.). Beispiele für diese Dimension sind unter anderem medial verbreitete Aussagen wie ‚ein Indianer kennt keinen Schmerz', ‚Jungen weinen nicht' oder ‚in einem gesunden Körper wohnt ein gesunder Geist'.

155 Vgl. dazu auch die Darstellung der Ebenen von Diskriminierung in Kapitel 2.4.4.

Interaktionell – interpersonell und zwischenmenschlich

In der Anti-Bias-Arbeit findet sich neben der strukturell/institutionellen sowie ideologischen/diskursiven Ebene bzw. Dimension von Diskriminierung auch die interpersonelle/zwischenmenschliche Ebene. Nach Schmidt (2009) umfasst diese Ebene „den Bereich der direkten Diskriminierungspraxen gegenüber anderen Menschen oder Gruppen im Rahmen von zwischenmenschlichen Interaktions- und Kommunikationsprozessen" (ebd., 85). Diese kann bewusst oder unbewusst geschehen (siehe oben). Beispiele sind sprachliche Äußerungen wie „Brillenschlange", „Bohnenstange", „Püppchen", „Spasti" oder eine Situation wie die in einem Baumarkt, in dem sowohl eine weibliche Verkäuferin als auch ein männlicher Verkäufer anwesend sind und sich der Kunde an den Mann wendet – weil er ihm eine höhere Kompetenz zuspricht als der Frau (vgl. Anti-Bias-Werkstatt 2007c, 7). Hormel und Scherr (2005) beschreiben unter dem Begriff „interaktioneller Diskriminierung" einen ähnlichen Bereich und subsumieren darunter „individuelle Diskriminierung" im Sinne individueller Handlungen „auf der Grundlage sozial verfügbarer Zuschreibungen, Vorurteile und Feindbilder" sowie „Diskriminierung als Gruppenpraxis" im Zusammenhang mit Gruppenbeziehungen und Konflikten entlang sozial geteilter Vorurteile und (Feind)Bilder (ebd., 27).

Individuell – persönlich

Die Begriffe *individuell* und *persönlich* finden sich in verschiedenen Fachpublikationen, sie sind jedoch im Kontext der Diskriminierungsebenen aus mehreren Gründen verwirrend. Problematisch ist meines Erachtens die Einführung der individuellen Diskriminierungsebene bei Schmidt (2009), die übrigens auf die südafrikanische Rezeption des Anti-Bias-Ansatzes zurückgeht. Dort wurde die individuelle Ebene mit der Begründung eingeführt, auch sprachliche Formen von Diskriminierung thematisieren zu können (vgl. ebd., 84f.). Kritisch anzumerken ist in Bezug auf Schmidts Ausführungen, dass die Platzierung der individuellen Ebene als eine Ebene von Diskriminierung widersprüchlich erscheint, da Diskriminierung in Schmidts übrigen Text immer mit Handlung einhergeht – die individuelle/persönliche Ebene aber als „Bereich bewusster und unbewusster individueller Haltungen, der Gedanken, Gefühle, Voreingenommenheiten und Selbstverständlichkeiten und als indirekte Diskriminierung bezeichnet" wird (ebd., 85). Auch Hormel und Scherr (2005) verwenden, wie bereits oben angeführt, die Formulierung individuelle Diskriminierung und beziehen sich damit auf „individuelle Handlungen" (ebd., 27). Zwar wird hier von Handlung gesprochen, jedoch ist die Verwendung des Begriffs individuell bzw. persönlich im Kontext von Diskriminierungsebenen meines Erachtens grundsätzlich verwirrend. Bei Diskriminierung handelt es sich um ein Phänomen, welches sich ausschließlich in Bezug auf das (imaginierte) Andere konstruiert und eben nicht auf einer persönlichen Ebene, die nur nach ‚innen' gerichtet ist, verbleibt. Daher ist es meines Erachtens besser Diskriminierung mit Hilfe der dargestellten interpersonell/zwischenmenschlichen (interaktionellen) sowie der ideologisch/diskursiven und strukturell/institutionellen Ebene zu fassen und einzuordnen. Von der Benennung einer individuellen Ebene von Diskriminierung nehme vor dem Hintergrund dieser Argumentation Abstand, eher kann hier von einer Voraussetzung oder Disposition für diskriminierendes Handeln gesprochen werden. Daher ist auch die Formulierung „indirekte Diskriminierung" in Schmidts

(2009) obiger Beschreibung problematisch, da diese wiederum auf ‚innere' Haltungen ohne Handlung abzielt (vgl. ebd., 85). Zudem ist der Begriff indirekte Diskriminierung im Rahmen der EU-Antidiskriminierungsrichtlinien und im AGG bereits (anders) definiert und zielt auf Benachteiligungen durch scheinbar neutrale Vorschriften oder ähnlichem ab (siehe oben).

In Diskussionen unter Anti-Bias-Aktiven bzw. in Seminarkontexten wurde im Zusammenhang mit der individuellen Ebene von Diskriminierung manchmal angeführt, dass auch hier eine Handlung vorliegen könne und daher doch von einer Diskriminierungsebene gesprochen werden könne. Die Argumentation stützt sich in diesem Fall auf eine mögliche Diskriminierung sich selbst gegenüber. Allerdings würde ich hier eher von selbst verletzendem Verhalten sprechen, welches eine mögliche Folge von Diskriminierung sein kann. Ein grundlegender Unterschied dieses Verhaltens zu Diskriminierung ist die fehlende Konstruktion eines ‚Wir' gegenüber ‚Anderen', was in diesem Fall – der individuellen Ebene – nicht vorliegt.

Zusammenfassend kann also zwischen unmittelbarer (direkter) offener sowie mittelbarer (indirekter) verdeckter Diskriminierung unterschieden werden (vgl. Grzeszczak 2008). Diese können jeweils in ihrer Intention bewusst oder unbewusst sein. Aus juristischer Perspektive wird bislang zwischen unmittelbar und mittelbar unterschieden – in der Bildungspraxis ist jedoch auch die Frage nach unbewusster und bewusster Diskriminierung von Bedeutung. Schmidt (2009) merkt bezüglich der Verwendung der Dimension Bewusstsein kritisch an, dass diese dazu führen kann, gesellschaftliche und strukturelle Diskriminierungen zu übersehen (vgl. ebd., 33). Demgegenüber wende ich ein, dass eine Analyse einer (unbewussten) Diskriminierung gerade dazu beitragen kann, die Verstrickung mit gesellschaftlichen (auch verinnerlichten) Diskriminierungen aufzudecken. Darüber hinaus kann es auf politischer Ebene und für Interessensvertretungen Betroffener von Belang sein, ob Diskriminierung beispielsweise offen gewalttätig oder verdeckt und subtil abläuft.[156]

Die in der Anti-Bias-Arbeit gängige Einteilung in (meist) drei Ebenen von Diskriminierung (zwischenmenschlich/interpersonell, strukturell/institutionell, ideologisch/diskursiv) erscheint auch im Vergleich mit der angrenzenden Fachliteratur als sinnvoll und begründet. Einige weitere Differenzierungen können zum Verständnis des Phänomens Diskriminierung durchaus hilfreich sein, zum Beispiel die von Hormel und Scherr (2005) eingeführte so genannte „legale Diskriminierung" (ebd., 27). Problematisch ist hingegen meines Erachtens eine ‚erste' individuell/persönliche Ebene von Diskriminierung, wie sie unter anderem von Schmidt (2009) im Sinne persönlicher Haltungen und Differenzierungen verwendet wird, da hier nicht von Handlung gesprochen wird (vgl. ebd., 85). Diese Ebene kann eher als ein (möglicher) Ausgangspunkt für Diskriminierung angesehen werden.[157] Aus diesen theoretischen Überlegungen lässt sich nun folgendes Schaubild entwickeln:

---

156 Damit soll nicht der Eindruck erweckt werden verdeckte, subtile Diskriminierungen seien unbedeutend und ihre Auswirkungen harmlos. Vielmehr geht es um die Frage der angemessenen Präventions- und Interventionsformen.

157 Andere mögliche Ausgangspunkte – in deren Kontext die individuell-persönliche Haltung ohne Einfluss bleibt – können zum Beispiel Gruppendynamiken sein, die zum ‚Mitmachen' oder ‚Wegschauen' führen oder historische Konstellationen, die Diskriminierung ‚erzwingen'.

AUSGANGSPUNKT
Individuell-persönliche Haltungen/Differenzierungen in wechselseitiger Beeinflussung mit Diskursen/Ideologien
EBENEN VON DISKRIMINIERUNG
Interpersonelle-zwischenmenschliche Ebene oder interaktionelle Diskriminierung
Ideologisch-diskursive Ebene, umfasst alltagskulturelle Diskriminierung sowie sekundäre Diskriminierung
Strukturell-institutionelle Ebene, umfasst legale sowie organisationsspezifische Diskriminierung

Tab. 5: Diskriminierungsebenen und Ausgangspunkt (vgl. Schmidt 2009, 85; Hormel/Scherr 2005, 27)

Grundsätzlich muss bei den Dimensionen von Diskriminierung, die sich auf die verschiedenen Ebenen beziehen, von einer Überschneidung dieser untereinander ausgegangen werden (vgl. Schmidt 2009, 84; Hormel/Scherr 2005, 28). Dennoch ist die analytische Trennung der Ebenen sinnvoll. Zum einen, um das Phänomen Diskriminierung differenziert in den Blick zu bekommen und dadurch zum Beispiel auch nicht direkte erkennbare Diskriminierungen aufzudecken und zu adressieren. Und zum anderen, um für die konkrete Arbeit die jeweiligen Handlungsebenen zu verdeutlichen, an denen Kampagnen und Programme ansetzen und deren Ziel es ist, auf diesen Ebenen Veränderungen anzustoßen, zum Abbau von Diskriminierung, für größere gesellschaftliche Gerechtigkeit und Inklusion.

4.3.1.9 Die Begriffe Diskriminierung und Unterdrückung

Schmidt (2009) erläutert, dass in der deutschsprachigen Anti-Bias Literatur fast nur von Diskriminierung gesprochen wird, wohingegen im Englischen meist der Begriff ‚oppression' Anwendung findet. Die Autorin führt dies auf die jeweils unterschiedlichen Bedeutungen und Konnotationen in den Sprachen zurück (vgl. ebd., 176ff.). Demnach ist der Begriff Diskriminierung im Deutschen ausschließlich negativ konnotiert. Im Englischen wird dieser jedoch auch als Bezeichnung für „eine gute Beurteilung bzw. Unterscheidung" herangezogen und wird daher in der englischsprachigen Anti-Bias-Literatur kaum verwendet (ebd., 176). Der dort vorwiegend genutzte Begriff ‚oppression' wird lexikalisch als „kontinuierliche ungerechte oder grausame Behandlung oder Beherrschung" erklärt (Oxford Dictionary nach Schmidt 2009, 177). Die deutsche Übersetzung des Begriffs ‚oppression' – Unterdrückung – findet im deutschen Sprachraum wenig Anwendung (vgl. ebd.). Schmidt diskutiert weiterhin, ob die beiden Begriffe im Deutschen „synonym oder differenziert verwendet werden können bzw. sollten" (ebd., 178). Ich schließe mich der Argumentation Schmidts an, grundsätzlich beide Begriffe auch synonym zu verwenden, weil „Diskriminierung und Unterdrückung im Sinne des Anti-Bias-Ansatzes, sowohl die individuellen, situativen als auch die strukturellen, ideologisch legitimierten Benachteiligungen und Herabwürdigungen beschreiben können" (ebd., 179). In Bezug auf die Auseinandersetzung mit verinnerlichten Formen von Machtverhältnissen[158] ist der Begriff Unterdrückung jedoch vorzuziehen, weil dieser meines Erachtens die strukturelle Ebene deutlicher hervorhebt.

4.3.2 Arbeitsdefinitionen und Modell zu Diskriminierung

Die inhaltliche Fülle der dargestellten Aspekte zeigt die Komplexität des Phänomens Diskriminierung und verweist auf ein Dilemma: Zum einen wird eine Vereinfachung des Phänomens von Betroffenen oftmals als unangemessen empfunden.[159] Zum anderen birgt der Versuch alle zentralen Aspekte in einer Definition (oder einem Modell) zu fassen, die Gefahr eines akademisch überladenen und (nicht nur für die Praxis) unzugänglichen Satzkonstrukts. Dieses Dilemma lässt sich nicht vollständig beseitigen. Meines Erachtens ist es gerade in hochkomplexen Zusammenhängen notwendig mit Modellen und mit (Arbeits)Definitionen zu agieren, um nicht in Willkürlichkeit zu enden – unter anderem wegen der benötigten juristischen Trennschärfe – aber gerade auch um die Komplexität aufzuzeigen und greifbarer zu machen. Dies stellt letztlich weniger Anforderungen an eine scheinbar nicht leistbare angemessene Definitionsarbeit, vielmehr geht es hier um Fragen einer angemessenen Didaktik, die in der Lage ist, einen komplexen Sachverhalt Schritt für Schritt aufzubauen und nachvollziehbar zu machen. Aus diesem Grund möchte ich zunächst zwei Arbeitsdefinitionen vorzuschlagen, eine sehr kurze, die Diskussionen anzukurbeln vermag, sowie eine ausführlichere, die versucht, die zentralen oben dargestellten Aspekte zu berücksichtigen.

Diskriminierung kann definiert werden als *Ungleichbehandlung Gleicher* (vgl. Scagliotti 2002, 19).
Diskriminierung kann definiert werden als *ungerechtfertigte Ungleichbehandlung von Großgruppen oder Einzelnen (als Angehörige dieser Gruppen) entlang der Bewertung konstruierter Merkmale durch dominante Gruppen oder Einzelne.*

Tab. 6: Arbeitsdefinitionen zu Diskriminierung

Nachfolgend möchte ich das eingangs in Kapitel 2.4.5 vorgestellte Diskriminierungsmodell von Schmidt (2009) kritisch aufgreifen und an einigen Stellen erweitern. In eine Kurzform gebracht stellt sich das Modell wie folgt dar: Differenzierung + Macht → Diskriminierung (vgl. ebd., 82). Das Modell der Anti-Bias-Werkstatt aus dem Jahr 2007 hingegen verwendet an Stelle des Begriffs Differenzierung den Begriff Haltung: Haltung + Macht → Diskriminierung (vgl. Anti-Bias-Werkstatt 2007a).[160] Haltung wird in diesem Zusammenhang verstanden als Oberbegriff von

[158] Zum Modell der verinnerlichten Machtverhältnisse vgl. Kapitel 2.4.6.

[159] Es ist mir wichtig darauf hinzuweisen, dass jeder Versuch erlebtes bzw. erfahrenes in einem Modell fass- und erklärbar zu machen, notwendigerweise einer Vereinfachung unterliegt. Diese scheinbare Selbstverständlichkeit ist meist schwer anzunehmen, da oftmals eine starke persönliche und emotionale Involviertheit vorliegt.

[160] Das Modell der Anti-Bias-Werkstatt und auch das Modell von Schmidt gehen auf die im Rahmen eines Anti-Bias-Einführungsseminars ausgehändigten Arbeitspapiere zurück. Das Seminar wurde von zwei Teamerinnen von ELRU im Dezember 2002 an der Universität Oldenburg durchgeführt (vgl. Schmidt 2009, 51). Die Anti-Bias-Werkstatt verwendet in ihrer Arbeit mittlerweile den von Schmidt eingeführten Begriff Differenzierung.

Vorannahmen, Voreingenommenheit, Vorurteil, Werte und Normen etc., als Sammelsurium dessen, was meine individuelle Haltung in Verstrickung und Wechselwirkung mit gesellschaftlichen Machtverhältnissen prägt (vgl. ebd.). Schmidt (2009) grenzt sich in diesem Kontext zwar nicht explizit gegenüber dem Begriff Haltung ab, sondern gegenüber den Begriffen Vorurteil und Voreingenommenheit (vgl. ebd., 102). Jedoch verwendet die Autorin in ihrem Modell anstelle von Haltung Differenzierung und sieht den Vorteil in der Verwendung letzteren Begriffs darin, „dass er sehr viel weiter zu fassen ist und so eine Reduktion von Diskriminierung auf die individuelle Ebene vermieden werden kann“ (ebd., 102). Die Sichtweise Schmidts (2009), nach der Differenzierungen nicht unbedingt von einzelnen Menschen oder Gruppen ausgehen muss, „sondern (…) auch institutionell verankert sein (können)“ (ebd., 81), ist im Prinzip richtig. Im Zusammenhang mit dem dargestellten Diskriminierungsmodell vernachlässigt diese Perspektive jedoch, dass eine institutionelle Verankerung von bestimmten Differenzierungen, selbst bereits eine Folge von (andauernder) Diskriminierung ist, die sich beispielsweise über das zur Gewohnheit gewordene diskriminierende Verhalten Einzelner in einem institutionellen Rahmen konstituiert hat. So betrachtet sollte hier nicht von institutionell verankerten Differenzierungen gesprochen werden, sondern besser von Auswirkungen von Diskriminierung, die dann auf der institutionellen Ebene von Diskriminierung zu Tage tritt und wiederum als ‚neue‘ Ausgangsbasis für Differenzierung dienen kann.

Deutlich zeichnet sich hier ein Kreislauf zwischen Differenzierung und Diskriminierung ab: Differenzierungen Einzelner, die durch die Verfügung über Macht zum Beispiel ihre Gewohnheiten und Vorlieben im Rahmen einer Institution über Jahre durchsetzen können und damit diskriminieren, werden selbst wieder Ausgangspunkt von Differenzierung. In Bezug auf den Begriff Haltung möchte ich zudem anmerken, dass letztlich auch institutionelle (Diskriminierungs-)Praxen nur durch Menschen entstehen und durch diese auch wieder geändert werden können. Kurz: Der Mensch ist in jedem Falle der Ausgangspunkt zur Veränderung. Gleichzeitig gebe ich Schmidt Recht, dass der Begriff Haltung die Sicht auf Diskriminierung als individuelles Problem begünstigt. Um im Modell beide Aspekte zu berücksichtigen, den Mensch als Ausgangspunkt der Veränderung sowie den Kreislaufcharakter von Diskriminierung, schlage ich vor sowohl den Begriff Haltung weiterhin zu nutzen als auch den Begriff Differenzierung.[161] Zudem rege ich dazu an, im Modell selbst den sich abzeichnenden Kreislauf auch grafisch anzudeuten.

[161] Die Verwendung des Begriffs Differenzierung kann jedoch auch zur Verwirrung führen. So ist der Begriff in der Alltagssprache meist positiv besetzt und beschreibt präzises Hinschauen, wohingegen im obigen Kontext auf (problematische) Unterscheidungen hingewiesen werden soll.

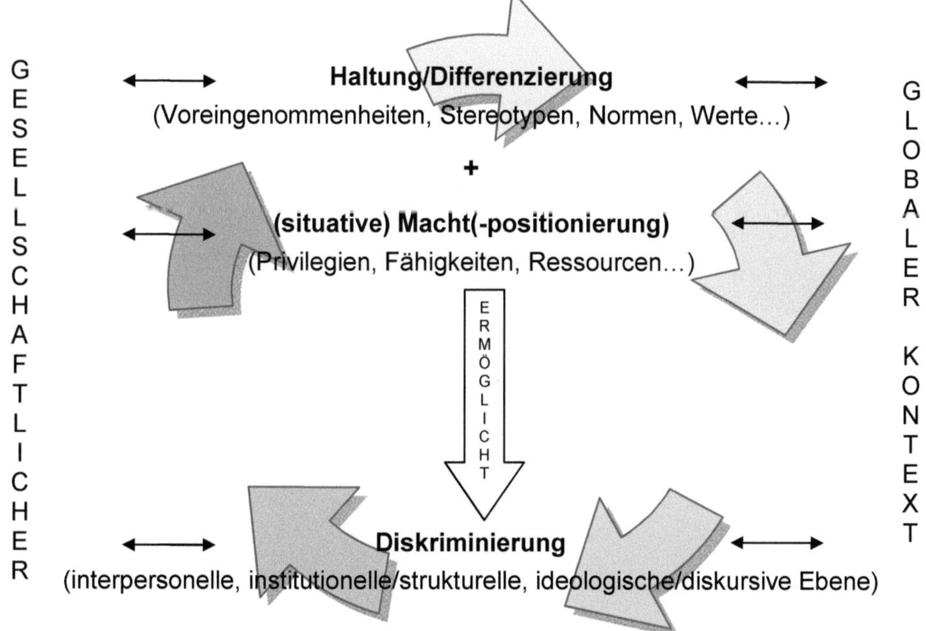

Abb. 9: Überarbeitetes Diskriminierungsmodell (in Anlehnung an Schmidt 2009, 82)

Zum Abschluss unternehme ich den Versuch, alle vorangegangenen theoretisch erarbeiteten Aspekte des Diskriminierungsphänomens in einem grafischen Zusammenhang zu stellen und dadurch didaktische Anschlüsse hinsichtlich einzelner Themenfelder aufzuzeigen. Die Abbildung orientiert sich dabei in seiner Struktur an die in der Anti-Bias-Fachliteratur veröffentlichten Modelle von Diskriminierung (vgl. Schmidt 2009, 82; Anti-Bias-Werkstatt 2007a). Die teilweise eingefügten ‚leeren' Kästchen möchte exemplarisch dazu einladen, weitere relevante Aspekte zur Beschreibung des Phänomens zu erforschen und aufzugreifen.

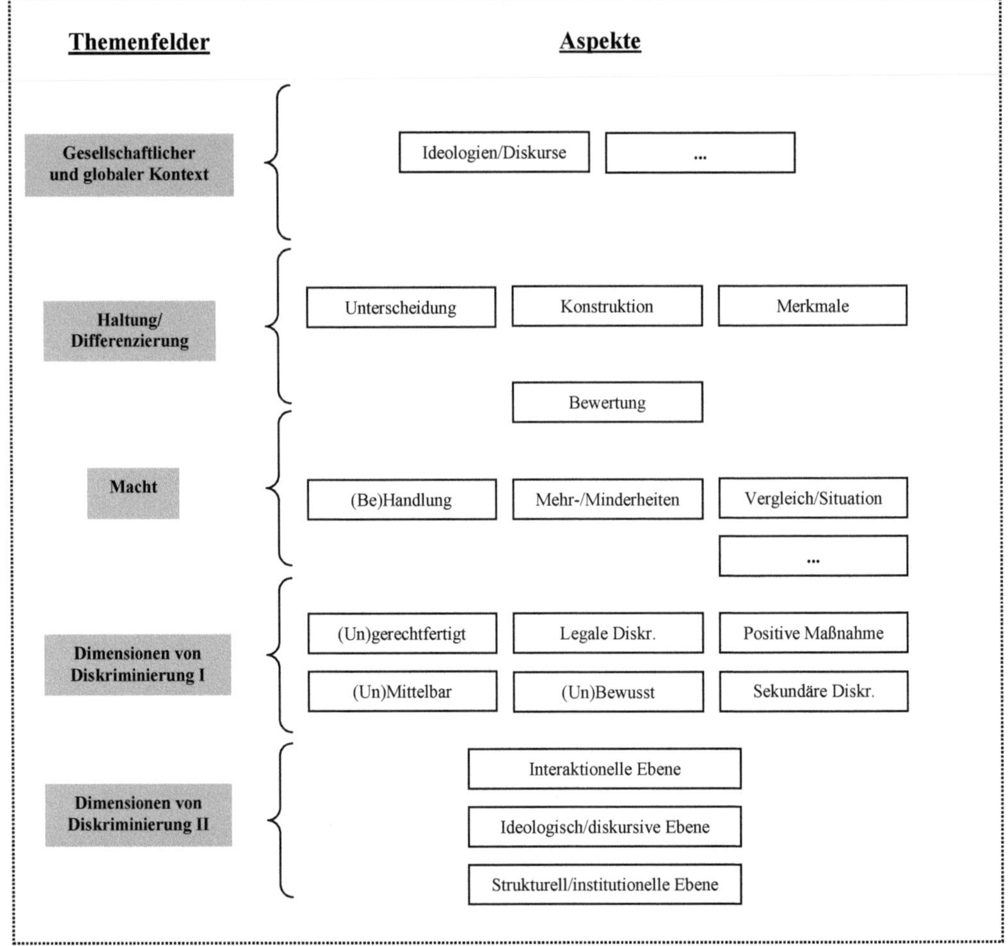

Abb. 10: Das Phänomen Diskriminierung: Themenfelder und Aspekte

4.4 Visionen oder Utopien als Handlungsmotivation?

Warum folgt an dieser Stelle eine Auseinandersetzung mit Visionen bzw. Utopien? Der Ausgangspunkt war die Frage nach Utopien oder Visionen in der Anti-Bias-Arbeit, die ich im Rahmen der Interviews allen Expert_innen am Ende gestellt habe. Ich beabsichtigte, dadurch einige grundlegende Informationen über das Weltbild und die (tiefere) Motivation für die Arbeit mit dem Anti-Bias-Ansatz zu erhalten.

Meine eigenen Praxiserfahrungen und die vorhandene Literatur zum Anti-Bias-Ansatz zeigen, dass in der bzw. für die Anti-Bias-Arbeit (bislang) keine philosophisch geprägte Bestimmung der Begriffe Utopie und Vision vorgenommen wird. Aus diesem Grund verwendete ich den Begriff Visionen in den Interviews synonym mit Utopien. Dies erfolgte in Anlehnung an Hanna

Behrend, die Utopien als „Visionen einer menschengerechten Zukunft für alle“ sieht (Behrend 1998).[162]

Für Louise Derman-Sparks, eine der Begründerinnen des Ansatzes, ist es im Rahmen der Frage nach der theoretischen Fundierung von besonderer Bedeutung auch nach der Vision zu fragen:

> „I think it would be useful to try and pull together what is the theoretical, conceptional basis for it, as well as what the vision is I think it's very important to be talking about the vision too“ (LDS, 1089-1092).

Diese Aussage nehme ich zum Anlass, um mich zunächst in einem theoretischen Exkurs dem Begriff Utopie anzunähern und einige wesentliche Aspekte herausarbeiten, die die Bedeutung, den Wert dieser Auseinandersetzung für den Anti-Bias-Ansatz verdeutlichen. Unter Utopien findet sich im Politiklexikon folgender Eintrag: „Utopie (griech.: ohne Ort). Auf die Zukunft gerichtete politische und soziale Vorstellungen, die Wunschbilder einer idealen Ordnung oder fortschrittlichen menschlichen Gemeinschaft zeichnen bzw. als Anti-Utopie Schrecken und Apokalypsen beschreiben. Positive U. vermitteln z.B. Plato („Der Staat“) und T. Morus („Utopia“), negative U. bspw. A. Huxley („Schöne neue Welt“) und G. Orwell („1984“). U. können langfristige Leitbildfunktion haben“ (Schubert/Klein 2006, o.S.). Diese sehr allgemeine Definition beinhaltet sowohl positive als auch negative Utopien, d.h. Wunsch- oder Schreckensbilder einer möglichen Zukunft und enthält auch den Aspekt der Handlungsmotivation.

Wird der Begriff aus der wissenschaftlichen Perspektive (Sozialphilosophie, Erkenntnistheorie) in den Blick genommen, fällt zunächst auf, dass überwiegend ‚positive‘ Utopien Gegenstand der Untersuchung sind. Behrend (1997) merkt an, dass ohne Utopien, „ohne Überlegungen, wie es denn anders als bisher sein sollte, keine Handlungsmotivationen (entstehen)“ (ebd., 23). Eine weitere Differenzierung findet sich in dem von Ernst Bloch eingeführten Begriff der konkreten Utopie, der sich der Utopiekritik – dem Vorwurf einer idealen Vorstellung ohne Realitätsnähe – entgegenstellt (vgl. Bloch 1985). Eine konkrete Utopie zeichnet sich durch konkrete gesellschaftliche Voraussetzungen aus, die ihre Verwirklichung möglich machen. Sie ist demnach nicht unerfüllbar, sondern kann Wirklichkeit werden (vgl. Schwendter 1994, 20). Karl R. Popper richtet sich mit seiner Kritik gegen Utopien, die eine ‚Heilsversprechung für alle‘ ohne rationale Realisierungsziele durchzusetzen versuchen und (Gewalt-) Opfer billigend in Kauf nehmen, er nennt diese Utopismus. Popper, ein Vertreter der kritischen Rationalisten, sieht in der Vernunft des Menschen und der Möglichkeit des Argumentierens den Weg zu einer besseren Welt. Dabei sind bei ihm durchaus politische Idealvorstellungen von Gesellschaft möglich, um dorthin zu gelangen, favorisiert er (jedoch anstelle einer gewaltvollen Revolution) die so genannte Stückwerktechnik (engl.: social engineering), eine Reform in kleinen Schritten (vgl. Popper 1975). Für die Praxis rät er: „Arbeite lieber für die Beseitigung von konkreten Missständen, als für die Verwirklichung abstrakter Ideale“ (ebd., 311). Hans Albert (1991) argumentiert ähnlich wie Popper und bezeichnet ebenfalls nur solche Utopien als akzeptabel, die ihre Realisierbarkeit nachweisen

---

[162] Zur Abgrenzung von Utopie zum Genre Science-Fiction beziehe ich mich auf den etymologischen Ursprung und verorte letzteres eher in Beschreibungen von Teilaspekten technischer und gesellschaftlicher Entwicklungen wohingegen die Utopie versucht, einer umfassenderen Gesellschaftsentwurf vorzulegen. Die Übergänge zwischen den Begriffen sind dabei oft fließend.

können. Gleichwohl erkennt er einen Nutzen in Utopien. So können sie zur Aufdeckung von Missständen dienen und auch dazu beitragen, dass wir uns nicht an diese gewöhnen (vgl. Albert 1991). Utopien entfalten nach Behrend ihre Kraft gerade dadurch, dass sie nicht Teil des gesellschaftlichen Mainstreams sind und es erstaunt ihres Erachtens somit nicht, dass gerade utopische Literatur fast ausschließlich mit emanzipatorischen Bewegungen verknüpft sind (vgl. Behrend 1998). Sie stellt weiterhin fest, dass es eine einzige Utopie für alle Menschen nicht geben kann, da „die Produktion von Utopien geschlechts-, klassen-, kulturkreisabhängig ist und auch andere Differenzen wie die ethnische widerspiegelt" und diese jeweils „aus der Sicht der historisch konkreten Gesellschaftskritik der AutorInnen gestaltet" ist (ebd., o.S.). Das bedeutet, dass Utopien immer (neu) auf ihrem möglichen Weg zur Umsetzung gesellschaftlich ausgehandelt werden müssen und die ursprünglichen Vorstellungen auf dem Weg zum Ziel evtl. abzuändern oder gar aufzugeben sind. Behrend formuliert dazu treffend: „Sie [Utopien] können und sollen aber als ein Arsenal von alternativen Denkoptionen betrachtet und genutzt werden, deren man sich bei Reformvorhaben bedienen kann und die im Zuge solcher Vorhaben immer wieder in der Praxis modifiziert werden müssen" (ebd.).

Ausgehend von diesen Überlegungen erscheinen mir folgende Punkte weiterführend für die Auseinandersetzung mit dem Utopiebegriff im Rahmen der Anti-Bias Arbeit zu sein:

- Vereinbar mit dem Anti-Bias Ansatz ist ein Verständnis von Utopie, welches als Ziel *nicht* einen ‚Heilsplan für alle' durchzusetzen versucht. Vielmehr geht es um alternative Ideen und Modelle, die auf Grundlage von Gesellschaftsanalyse und Kritik (Aufdecken von Missständen) entstanden sind und die nach Bedarf wieder verworfen oder angepasst werden können, ähnlich der im Anti-Bias Ansatz immer neu zu erbringenden Kontextualisierung und Orientierung an den Teilnehmenden.
- Utopien weisen einen emanzipatorischen Charakter auf, der sich in der konkreten Bereitstellung alternativer Denkangebote zeigt, die auch dem Anti-Bias-Ansatz zueigen sind.[163]
- Solche Utopien können handlungsleitend und motivierend wirken und somit eine Antwort auf die Frage der Motivation für die Arbeit in dem sehr herausfordernden Feld der Antidiskriminierungsarbeit bieten.

Befunde aus den Interviews

Die in den Interviews zur Sprache gebrachten Utopien oder Visionen sind sehr unterschiedlich. Zum Teil wurde noch gar nicht über Utopien nachgedacht, dazu Anja:

> „Für mich wäre vielleicht, na vielleicht Elemente einer Anti-Bias Utopie [überlegt lange], das müsste ich mir mal in Ruhe überlegen" (Anja, 161-162).

Oder die Entwicklung und Formulierung einer übergeordneten Utopie oder Vision ist nicht unbedingt von großer Bedeutung, da im Mittelpunkt eher eine Konkretisierung und Kontextualisierung steht:

[163] Vgl. dazu auch die Darstellung der Ziele des Anti-Bias-Ansatzes in Kapitel 2.3.

„Ja, also für mich ist das ganz bescheiden, Praxisentwicklung im Feld der frühen Bildung, also ich fände es natürlich schön, wenn das dann dazu beitragen könnte, dass das Leben insgesamt besser wird, aber das ist nicht so oben auf" (Sonja, 622-625).

Sonja erklärt dies mit ihrem im Vergleich zu anderen Aktiven „engen Praxisfeld":

„[U]nd ich glaube auch, ich habe da nicht so ein Sendungsbewusstsein, darin merke ich manchmal so die Unterschiede zu Anti-Bias-Aktivisten die nicht so speziell auf so einem, in so einem engen eigentlichen Feld arbeiten, in einem so engen Praxisfeld" (Sonja, 625-628).

Louise Derman-Sparks formuliert eine grundlegende Vision zum Anti-Bias-Ansatz, die auch ein Licht auf ihr Menschenbild wirft und die Zeit ihrer eigenen Kindheit und Jugend mit einbezieht:

„Yes, I think I had the vision that, well the vision which I had grown up with, which I still kept, that we could create a world that where people, you know that everybody had a chance to have a decent quality of life, I believe that then, I still believe it, humans have, we can do it, I mean we are far from it but we could do it" (LDS, 282-286).

Sie geht davon aus, dass es allen Menschen grundsätzlich möglich ist, daran mitzuwirken, die Gesellschaft so zu verbessern, dass jedem Menschen eine angemessene Lebensqualität zukommt. Beachtenswert ist die Tatsache, dass sie diese Sicht trotz der Aussagen „we are far from it" (LDS, 286) über die Zeitspanne ihres Lebens aufrechterhalten hat. Eine Begründung findet sich am Ende des weiteren Verlaufs der Interviewpassage, in der sie zu Beginn noch einmal ausführlicher auf ihre Vision eingeht:

„[T]he vision was that it is possible for human beings to believe in themselves, to like who they were, and to be able to be respectful and interested and you know, interact healthfully with people who are different from themselves, that was the, you know, and that a world where that would exist was possible. Because I knew people who are doing it, you know, that's the question" (LDS, 293-299).

Für den Glauben an die Vision ‚eine bessere Welt ist möglich' ist für Derman-Sparks die persönliche Bekanntschaft mit real existierenden Menschen, die sich tatsächlich respektvoll und interessiert begegnen und in gesunder Weise mit anderen Menschen interagieren („interact healtfully") von zentraler Bedeutung (ebd., 296). Direkt im Anschluss an die obige Interviewpassage thematisiert sie, warum es ihr unmöglich war, nicht zur Verbesserung der Welt beizutragen:

„[I]n a way the alternative was not even possible, because we knew what happened when that didn't happen, but you know one thing that does relate to Germany, see, I grow up knowing that there were people in Germany who had resisted the Nazis. That was sort of part of my families understanding of the world, so even though, you know, it was very hard, even know I was, had, you know I was very uncomfortable about going, I also knew that that wasn't fair to everybody because that there were people and so even in the most recently worse scenario of what injustice and racism and so-on can do, I knew that there were people who did not accept it. So I think that, that's the sort of the belief but the vision was a world were those things were never happen again, you know, and slavery wouldn't happen and all the stuff that was going on in the United States wouldn't happen" (LDS, 299-311).

Aus der persönlichen Überzeugung (Derman-Sparks ist selbst Kind einer jüdischen Familie), dass Unterdrückung wie diejenige durch die NS Diktatur nie wieder passieren dürfe, gibt es für Derman-Sparks quasi gar keine Alternative als die, die Welt zu verbessern. Die Nähe dieser Aussagen (direkt im Anschluss) zur Vision und zur Familiengeschichte einerseits sowie die Begründung der mangelnden Alternative aus ihrer Familiengeschichte heraus andererseits verweisen auf eine enge Verknüpfung von Visionen und biografischen Zusammenhängen. Ein Hinweis darauf findet sich auch in der Interviewpassage, in der Derman-Sparks ihrer Vision in einen Zusammenhang mit der Zeit ihres eigenen Aufwachsens stellt (vgl. LDS, 282-286). Ein besonders beachtenswerter Aspekt, der hier nur kurz angerissen werden soll, liegt in den Aussagen zur Reise nach Deutschland: Derman-Sparks hat trotz ihrer familiären Herkunft als Kind einer jüdischen Familie und ihrem Unwohlsein das Land zu besuchen, welches für den Holocaust verantwortlich ist, eine differenzierten Blick auf die Menschen und möchte Individuen sehen (vgl. LDS, 299-311). Sie erklärt dies im Rückblick biografisch: „[S]ee, I grow up knowing that there were people in Germany who had resisted the Nazis. That was sort of part of my families understanding of the world“ (ebd., 301-303). Die Entwicklung eines solchen Blicks und Umgangs ist (auch) Angesichts ihrer Gefühle, „you know, it was very hard, even know I was, had, you know I was very uncomfortable about going“ (ebd., 304-305) nicht selbstverständlich.[164]

Es liegt die Vermutung nahe, dass grundsätzlich zwischen den jeweiligen Utopien und Visionen ein (zum Teil enger) Zusammenhang mit den biografischen Vorerfahrungen der jeweiligen Person besteht – dies ist jedoch nicht Gegenstand dieser Untersuchung und müsste im Rahmen einer eher biografisch orientierten Forschung, die ihren Schwerpunkt auf diesen Zusammenhang legt, untersucht werden.

Nach dem Überblick über die Spannweite der in den Interviews zur Sprachen gebrachten Visionen oder Utopien, soll nun der Versuch unternommen werden diese zu ordnen: Es existieren Visionen, die eher *übergeordnete Gesellschaftsvisionen* beschreiben. Dazu gehören meines Erachtens die oben erwähnte Passage von Derman-Sparks „that everybody had a chance to have a decent quality of life“ (LDS, 284-285), Aussagen wie

> „Anti-Bias als Querschnittaufgabe für eine Gesellschaft zu sehen, das wäre zum Beispiel eine Vision vielleicht“ (Paula, 597-598)

und die folgende Formulierung:

> „Utopie von dieser Ansatz, ich denke eine vorurteilsbewusste Gesellschaft und wenn es gelingt auch vorurteilsfreie Gesellschaft, wenn es gelingt“ (Pavel, 395-397).

Auch die folgende Vision kann zu dieser Kategorie gezählt werden, wenn gleich sie auf den ersten Blick nicht zu passen scheint, da sie keine explizite Aussage über ein mögliche Gesellschaft enthält:

> „[E]eine Vision die ich in der Arbeit so verfolge, ist, dass ich mit meiner Arbeit überflüssig werde“ (Albert, 467-468).

Auch Meike formuliert eine übergeordnete Gesellschaftsvision, interessanterweise scheinen bei ihr die sprachliche Wendung „langfristige Ziele“ gleichbedeutend mit dem Begriff Utopie zu sein:

> „Ich finde das langfristige Ziel, eine nicht-diskriminierende Gesellschaft zu entwickeln, finde ich toll, das ist auch meine Utopie und auf den Weg habe ich mich sozusagen begeben und das ist ein langer, ich hoffe viel-

[164] Vgl. zu den Herausforderungen im Umgang mit der deutschen Geschichte ausführlich Kapitel 5.2.3.

leicht kriege ich noch ein wenig davon mit, aber ich bin da jetzt nicht so optimistisch, dass ich das tatsächlich erlebe, aber auf jeden Fall möchte ich etwas dazu beitragen" (Meike, 76-81).

Auch in einigen *neueren Publikationen* zum Anti-Bias Ansatz findet sich die „Utopie einer diskriminierungsfreien Gesellschaft" (Schmidt/Dietrich/Herdel 2009, 165; vgl. auch Trisch/Winkelmann 2007, 108). Gramelt (2010) nutzt in ihrer Studie *nicht* den Begriff Utopie oder Vision. In ihren Schlussfolgerungen zu zentralen Elementen einer Anti-Bias-Pädagogik knüpft sie jedoch indirekt an die Diskussion einer übergeordneten Gesellschaftsvision an: „Eine diskriminierungsfreie Gesellschaft, in der alle Mitglieder gleiche Teilhabe- und Gestaltungsmöglichkeiten haben ist das formulierte Leitbild derer, die mit dem Anti-Bias-Ansatz arbeiten" (ebd., 195).

Von den dargestellten übergeordneten Gesellschaftsvisionen unterscheiden lassen sich *konkrete individuelle Visionen,* die sich auf *einen gesellschaftlichen Bereich* beschränken (die Ziele können dabei durchaus langfristig sein):

> „Meine Herzensangelegenheit ist sozusagen das Bildungssystem zu verändern" (Meike, 84-85).

Dazu gehört auch der Wunsch nach einer Professionalisierung der Anti-Bias Arbeit oder die Arbeit speziell mit Entscheidungsträgern in der Entwicklungszusammenarbeit:

> „Ich würde mit wünschen irgendwann es gibt eine gute NGO oder einen guten Träger oder drei, vier Leute, die wirklich professionell diese Trainings anbieten, na ja, aber das ist ein Wunsch, und ich weiß nicht, wie man das realisieren kann" (Pavel 31-35).

> „Ich würde mir wünschen zum Beispiel in Deutschland sehr viel Antidiskriminierungsarbeit mit EZ- (I: Entwicklungszusammenarbeit) Bereich zusammen [an] zu [knüpfen], sehr, sehr wichtig und vor allem die Entscheidungsträger da" (ebd., 81-84).

Darüber hinaus gab es auch Visionen, die auch von der interviewten Person selbst eher als Ziele in der konkreten Arbeit bezeichnet wurden:

> „Menschen in Reflexion über sich und die Verhältnisse um sie rum zu bringen, als ganz am Anfang und dann ein Bewusstsein darüber anzuregen, wie Machtverhältnisse das eigene Handeln prägen und das eigene Sein in eben diesen Machtverhältnissen und da bewusst und achtsam mit Machtpotentialen umzugehen, aber auch auf der anderen Seite wiederum Möglichkeitsräume zu sehen und zu nutzen und als drittes dieses zu lernen sich und vor allem auch also sich und andere, sich und anderen mehr Raum zu geben, als sie eindeutig in irgendwelche Schubladen stecken zu müssen, im Sinne von mehr gleichzeitige Zugehörigkeiten zu sehen, mehr Vielfalt in der Person zu sehen und nicht eben sich genötigt zu fühlen oder so ganz selbstverständlich heranzugehen, Leute ständig einordnen zu müssen" (Anja, 188-200).

Aus den zitierten Interviewpassagen lassen sich folgende zentrale Punkte ableiten:

- *Die* gemeinsam geteilte übergreifende Anti-Bias Utopie scheint nicht zu existieren, es kann eher von kontextbezogenen und oder persönlich motivierten Utopien gesprochen werden.
- Der Versuch alle Utopien zu ordnen lassen *übergeordnete Gesellschaftsvisionen* und *konkrete individuelle Visionen* sichtbar werden. Die übergeordneten Gesellschaftsvisionen weisen die Merkmale ‚vorurteilsbewusst', ‚diskriminierungsfreie Gesellschaft', ‚Anti-Bias als Querschnittsaufgabe' und ‚angemessene Lebensqualität für alle' auf. Konkrete Visionen sind ‚die Veränderung des Bildungssystems', ‚eine NGO, die professionell Anti-

Bias-Seminare anbietet', ,mehr Antidiskriminierungsarbeit in der EZ-Arbeit' sowie ,Menschen zu Reflexion anregen'.

- Eine eingehende Thematisierung von Utopien (bezüglich der Umsetzungen/Kontextualisierungen) im Rahmen der Aktiven in der Anti-Bias-Arbeit ist sinnvoll. Sie kann dazu beitragen, die Motivation zu erhalten und zu fördern sowie die Transparenz des Ansatzes zu stärken.
- Eine Auseinandersetzung mit den Utopien oder Visionen (einschließlich der Wege ihrer Umsetzung) ist darüber hinaus empfehlenswert, um nicht in die Falle zu geraten durch eine möglicherweise zu weit angelegte und niemals umsetzbare Vision die ursprünglich angestrebte Motivation zu verlieren.

5. Kontextualisierungen der Anti-Bias-Arbeit in Deutschland

In den Expert_inneninterviews wird der Frage nachgegangen, ob und entlang welcher Themen und Aspekte eine Anpassung des Anti-Bias-Ansatzes an den deutschen Kontext notwendig erscheint. Die Auswertung der Interviews beförderte eine Vielzahl von relevanten Aspekten auf verschiedenen Ebenen zu Tage. Das vorliegende Kapitel bezieht daher drei aus den Interviews abgeleitete *Dimensionen der Kontextualisierung* der Anti-Bias-Arbeit in Deutschland mit ein:

- die gegenwärtige länder- (sprach-) und regionsspezifische Dimension (Begriffsübersetzungen, -anpassungen, Übernahmekontrolle),
- die berufsfeldbezogene Dimension (Bilder, Beispiele, Begriffe, Sprache, Übungsauswertungen, Theorie, Forschung, Abgrenzungen),
- die historische Dimension (Wissensbestände, Auseinandersetzung und Umgangsweisen mit Geschichte).

Die Dimensionen sind jeweils miteinander verbunden und es finden sich zum Teil fließende Übergänge. Die Adaption des Anti-Bias-Ansatzes an einen bestimmten (regionalen) Kontext kann somit als eine dreifache Anpassungsbewegung beschrieben werden.

Vor diesem Hintergrund befasse ich mich nachfolgend zunächst mit der Frage, inwieweit eine Anpassung des situations- und subjektorientierten Anti-Bias-Ansatzes *grundsätzlich* erforderlich ist. Anschließend widme ich mich ausführlich der historischen Dimension und den damit in Verbindung stehenden Herausforderungen in der Anti-Bias-Arbeit in Deutschland. Dabei konzentriere ich mich in erster Linie auf bislang meist bzw. mittlerweile vernachlässigte Epochen – die deutsche Kolonialzeit und die Zeit der BRD/DDR. Zudem wird das Thema ‚deutsch sein' eingehend in den Blick genommen.[165] In den Interviews wurde bezüglich der berufsfeldbezogenen Dimension deutlich, dass die Auseinandersetzung mit der Anpassung des Anti-Bias-Ansatzes auch Fragen von Überschneidungen und Abgrenzungen zu anderen Konzepten aufwirft. Daher befasse ich mich zuletzt mit den Schnittstellen und Grenzen zu interkulturellen und antirassistischen Ansätzen, zur Menschenrechtsarbeit und zur Social Justice Education sowie mit den Grenzen zwischen Selbstreflexion in der Anti-Bias-Arbeit und psychotherapeutischen Verfahren.

5.1 „Da braucht man nicht soviel anpassen" - oder doch?

5.1.1 Zur Anpassung eines situationsbezogenen und subjektorientierten Ansatzes

Zur Frage nach der Notwendigkeit einer Anpassung des Anti-Bias-Ansatzes an den deutschen Kontext finden sich in den Expert_inneninterviews unterschiedliche Positionen. Meike sagt dazu:

> „Also da ist jetzt nicht soviel was ich jetzt von einem Konzept, glaube ich, für mich jetzt nicht so sehe was ich jetzt anpassen muss, weil es einfach so angelegt ist, dass ich das sowie mit denen entwickele, mit denen

165 Der Beginn der historischen Analyse liegt bewusst auf der Zeit der deutschen Kolonialpolitik ab 1871. Dieser Hintergrund wurde in Ansätzen antidiskriminierender Arbeit bislang wenig oder gar nicht aufgegriffen. Aufgrund der guten Datenlage, der zahlreich vorhandenen Publikationen und pädagogischen Konzepte steht die Zeit des Nationalsozialismus *nicht* im Mittelpunkt der historischen Analyse (vgl. dazu auch Kapitel 3 zum Forschungsdesign dieser Studie).

ich da arbeite und wenn das der Ansatz ist, dann gucke ich mir ja auf jeden Fall die Situationen an, die Erfahrungshintergründe beziehe ich mit ein und daraus entwickele ich etwas, was jetzt, wenn ich eine Schule habe, für die Schule sinnvoll und möglich ist zu realisieren. Und dann nehme ich ja nicht das Modell von Südafrika, weil das wäre natürlich Quatsch, aber wenn der Ansatz so ist, dass ich mir die Situationen vor Ort angucke mit den Leuten und wir arbeiten da und dazu und das gemeinsam entwickele, dann brauche ich da nicht viel anpassen" (Meike, 460-471).

An anderer Stelle führt sie aus:

> „[E]s geht genau darum jeweils für die jeweiligen Menschen zu gucken, abgesehen davon, dass es immer [in der Anti-Bias-Arbeit] um Diskriminierung geht und Ungerechtigkeiten aufzuheben und Schieflagen in eine Balance zu bringen, geht es dann darum vor Ort zu gucken, welche Schieflagen gibt es hier und das mache ich in Südafrika, das mache ich in den USA, das mache ich in Deutschland und dann muss ich mir das da auch angucken, wenn das der Ansatz ist, muss ich da nicht viel anpassen sondern ich gucke einfach wie es vor Ort ist und dann gehe ich damit weiter um" (Meike, 530-538).

Meike stellt hier sozusagen indirekt die Frage, inwieweit ein subjektorientierte Ansatz, der ohnehin immer auch kontext- und situationsbezogen vorgeht, (grundsätzlich) einer Anpassung Bedarf. Sie greift dazu in den Interviewpassagen die Subjekt- und Kontextorientierung auf, die ihrem Verständnis nach grundlegender Bestandteil des Anti-Bias-Ansatzes ist. Meike versteht unter Kontextorientierung die jeweilige Gesellschaft hinsichtlich der Schieflagen zu analysieren, entlang derer Diskriminierung und Ungerechtigkeiten entstehen (vgl. ebd., 534-536). Eine solche Analyse kann als ein zentraler Aspekt (regionaler) Adaption verstanden werden. Subjektorientierung hat bei ihr damit zu tun, die jeweiligen Erfahrungshintergründe der anwesenden Teilnehmenden mit einzubeziehen (vgl. ebd., 462-466). In Bezug auf die Frage nach den historischen Themen die in ihren Seminaren angesprochen werden, bringt Meike ihre Perspektive in kurzer Form noch einmal auf den Punkt:

> „Das kommt natürlich darauf an was die Teilnehmenden mit einbringen" (Meike 558-559).

Dies findet sich in ähnlicher Weise auch in anderen Interviews. Karin sagt dazu:

> „[F]ür mich die Kernerfahrung, die ich gemacht habe mit dem Ansatz, sagt mir, der Ansatz funktioniert überall" (Karin, 484-485).

Auch in der Fachliteratur wird die Subjekt- und Kontextorientierung des Ansatzes betont.[166] Meikes Verständnis von Anti-Bias-Arbeit ist somit nicht ungewöhnlich. Auffallend ist jedoch Meikes fast provokant erscheinende obige Aussage „wenn das der Ansatz ist, muss ich da nicht viel anpassen", die sich gegen eine Anpassung des Anti-Bias-Ansatzes zu richten scheint (ebd., 537; vgl. auch 470-471). Dies erscheint vor allem hinsichtlich ihrer gleichzeitig als wichtig empfundenen Gesellschaftsanalyse als widersprüchlich. Möglicherweise wird hier implizit ein Unwohlsein vor einer Anpassung des Anti-Bias-Ansatzes artikuliert, die dann als die vermeintlich einzig wahre und richtige Form zu Tage tritt und den offenen Charakter des Ansatzes dadurch in Frage stellt. Das möglicherweise vorhandene Unwohlsein vor der *einen* Sichtweise, die andere Sichtweisen an den Rand drängt oder gar ausschließt, ist übrigens auch ein Aspekt der an einer anderen Stelle der Interviewauswertung anklingt. Dort ging es um die Frage der Notwendigkeit einer

[166] Vgl. dazu die ausführliche Darstellung des Anti-Bias-Ansatzes in Kapitel 2.

theoretischen Fundierung des Ansatzes.[167] Zusammen betrachtet deutet dies auf ein eventuell grundsätzlich vorhandenes Unwohlsein in Bezug auf eine Vereinnahmung des Anti-Bias-Ansatzes aus *einer theoretischen* Perspektive hin.[168]

5.1.2 Über Begriffe und Beispiele

Karin führt in Bezug auf die Anpassung des Anti-Bias-Ansatzes aus:

> „Natürlich manche Begriffe oder Worte und Beispiele, natürlich müssen wir die immer ändern, aber wenn man verstanden hat, was der Ansatz ist, dann kann das überall funktionieren" (Karin, 485-488).

Aus ihrer Sicht ist es selbstverständlich, dass bestimmte Begriffe und Beispiele jeweils kontextbezogen angepasst werden müssen. Auch Paula ist es ein Anliegen,

> „immer wieder mit Beispielen aus dem deutschen Alltag zu arbeiten" (Paula, 557-558).

Anja legt in ihrem Arbeitszusammenhang ebenfalls Wert auf die Anpassung von Begriffen, Beispielen sowie Übungsauswertungen:

> „Nein, auf jeden Fall habe ich oder haben wir (...) den Ansatz angepasst an Deutschland, also wir haben von vornherein uns da sehr viel Zeit für genommen die Übungen alle durchzusprechen, auch durch zu erproben mit uns gegenseitig und darüber nachzudenken was bedeutet das hier, was müssen da vielleicht für, angefangen bei, andere Begriffe benutzt werden oder andere Personen als Beispiele eingesetzt werden, bis hin zu ein anderer Fokus vielleicht in der Auswertung gelegt werden oder so und auch andere Ausrufezeichen wo achtsam mit umgegangen werden muss" (Anja, 543-551).

Darüber hinaus weist Sonja am Beispiel des aus dem us-amerikanischen stammenden Begriffs „color-blindness" darauf hin, dass die Kenntnis des jeweiligen begrifflichen Entstehungskontextes von Bedeutung für eine sinnvolle Verwendung bzw. ‚eins zu eins' Übernahme eines Begriffes in einen anderen Kontext ist:

> „[S]o ein Begriff wie color-blindness, (...) dass ist ein Begriff den entwickelst du in einem Kontext wo skincolor ständig den Diskurs bestimmt und (...) den kannst du übertragen auf genau diesen Vorgang den dieser Begriff beschreiben will, dass du (...) die tatsächlich vorhandenen Unterschiede die da sind (unterdrückst) und suggerierst dir selbst und anderen, du könntest mit so einer Gleichbehandlung auch diese unterschiedlichen Voraussetzungen wegmachen oder die unterschiedlichen Zustände und Erfahrungen der Menschen. Und so was fand ich immer total hilfreich, ich musste jetzt gar nicht (...) dagegen (...) Stellung beziehen, sondern konnte einfach sehen, das ist bei uns anders, wir hätten einen anderen Begriff gefunden, aber gut, die sind halt früher darauf gestoßen und jetzt finde ich ihn hilfreich, wenn ich erklären kann was er meint und dann gibt's ihn auch in Bezug auf Gender und (...) in Bezug auf den Umgang mit Behinderungen und sexueller Orientierung" (Sonja, 222-238).

Diese Passagen verdeutlichen, dass auch ein Ansatz der kontext- und subjektbezogen arbeitet, einer Anpassung bzw. einer Übernahmekontrolle entlang von Begriffen und Beispielen bedarf.[169]

---

[167] Vgl. dazu Kapitel 4.1.1 „Über die Notwendigkeit von theoretischen Fundierungen im Anti-Bias-Ansatz" sowie Kapitel 4.1.2 „Begriffliche und wissenschaftstheoretische Bestimmungen von Theorie und Praxis".

[168] Ob das möglicherweise vorhandene Unwohlsein an meiner Person bzw. Rolle liegt (das Anfertigen einer Promotion könnte zu einem Unwohlsein in Bezug auf eine theoretischen Vereinnahmung des Ansatzes aus einer Perspektive beitragen) oder ein grundsätzliches Problem der freiberuflichen Bildungsarbeit ist (jede_r ist auch Konkurrent_in) oder ein Problem eines ‚offenen' Ansatzes (kein copyright) oder eine Kombination aus alldem ist, kann hier nicht geklärt werden.

5.1.3 Über regionale und berufsfeldbezogene Kontextualisierungen

Pavel formuliert kurz und prägnant zwei Schwerpunkte, entlang derer Anpassung bzw. Konkretisierung nötig erscheint:

> „Ich denke, was fehlt, ist konkrete, wie sagt man, Konkretisierung für verschiedene Regionen oder Arbeitsgebiete" (Pavel, 76-78).

Diese beiden Punkte werden auch in anderen Interviews aufgegriffen. Louise Derman-Sparks verdeutlicht sehr anschaulich am Beispiel des Einbezugs verschiedener Differenzlinien und Diskriminierungsformen in der Anti-Bias-Arbeit, dass vor allem die Anpassung an die spezifische Situation notwendig ist.

> „I think it's all over, to how do you deal with gender issues in a way that deals with cultural issues and doesn't become a white teacher feminist imposing her way on other cultural groups or even it could be two cultures of color who had different views, you know, so, certainly the issues around sexual orientation and how do, see that's built in contradiction (…) but you may have to make choices about what issues you work on and how do you work on them, (…) it has to get worked out in the specifics" (LDS, 632-642).

Diese Aussage stützt wiederum die Bedeutung der situationsbezogenen Herangehensweise des Anti-Bias-Ansatzes, die unter anderen auch Meike vertritt (siehe oben). Die von Pavel angesprochen Konkretisierung der Arbeitsfelder findet sich auch im Interview mit Sonja. Sie spricht von einer notwendigen Kontextualisierung der unterschiedlichen Berufsfelder:

> „Wenn ich sage das ist ein gutes Handlungskonzept für die Kita, habe ich noch längst keines für die Schule, also das muss man ganz klar sagen und ich habe auch keins für Sozialarbeit, keins für Beratungsarbeit, also das muss kontextbezogen entwickelt werden und berufsfeldbezogen entwickelt werden" (Sonja, 669-674).

Die Gründe für eine berufsfeldbezogene Anpassung bzw. Weiterentwicklung sind nach Sonja eine jeweils

> „andere professionelle Kultur, andere institutionelle Wirklichkeit [und] andere Funktionsmechanismen" (Sonja, 665-666).

Dabei spielt die „institutionelle Wirklichkeit" in den Berufs- bzw. Praxisfeldern eine besondere Rolle:

> „[W]ir müssen uns viel mehr auf die institutionelle Wirklichkeit wirklich einlassen, den Kontext untersuchen und dann verstehen, was die Logik des Handelns des Einzelnen in diesem System ausmacht. Weil das ist ja ein Schlüssel, weil dann bist du weg von einer so einfachen systemfunktionalistischen Idee, System schlägt durch oder von so einer idealistischen Vorstellung der Einzelne kann es schon irgendwie richten, der eine ist halt so der andere so, also diese Äußerungen immer, ein Lehrer schafft es halt und der andere Lehrer schafft es nicht. Weißt du, was ja Individualisierungen sind von etwas, was tatsächlich individuell so gar nicht zu überschreiten ist als Beschränkung oder Zurichtung von sozialer Wirklichkeit" (Sonja, 157-168).

Von besonderer Bedeutung für die unterschiedlichen Berufs- bzw. Praxisfelder ist zudem die ‚richtige' bzw. ‚angemessene' Sprache zu finden. Karin sagt dazu:

---

[169] Vgl. dazu auch die Ausführungen zur Verwendung des Begriffs Stolz in Kapitel 5.2.3 „Über die Herausforderungen ‚deutsch sein' zu thematisieren".

„[I]ch habe so eine Liste von allen Arten von Trainings, die wir gemacht haben, und das war häufig mit dem Gedanken, das ist interkulturelles Lernen, das muss man auch sagen, obwohl wir haben auch gesagt, wir sind Anti-Bias- und Diversity-Training, aber das konnte nicht verstanden werden muss man ehrlich sagen, man muss eine Sprache finden, der Menschen zuhören möchten“ (Karin, 249-254).

Meike gibt zudem zu bedenken, dass die in Seminaren intensive Auseinandersetzung mit sich selbst den Teilnehmenden erst „schmackhaft“ gemacht werden muss (ebd., 104). Die Motivation dazu ist aus Meikes Sicht durchaus bei einigen Teilnehmenden vorhanden, jedoch ist es wichtig auch einen passenden, das heißt motivierenden Titel zu finden:

„[E]s bedeutet, dass ich Lust haben muss oder Motivation mich mit mir selber und meinen Verhaltensweisen auseinander setzen zu wollen und ich glaube schon, dass das manche haben, aber vielleicht nicht gerade unter dem Thema“ (Meike, 109-112).

Eine angemessene, teilnehmer_innenorientierte Bezeichnung eines Seminars ist daher wichtig für die Motivation, unter Umständen ist es sinnvoll auch den Titel ‚Anti-Bias‘ zu vermeiden oder diesen nur als Untertitel zu verwenden.

Zusammenfassung und Schlussfolgerung

Der Anti-Bias-Ansatz bedarf trotz seiner ausdrücklichen Subjekt- und Situationsorientierung einer Anpassung an den deutschen Kontext. Die Adaption vollzieht sich entlang der Übersetzung von Begriffen einschließlich dem kritischen Hinterfragen von Begriffsübernahmen aus dem usamerikanischen oder südafrikanischen Kontext sowie der Entwicklung von eigenen regionalen Beispielen und Bildern und der Anpassung von Übungsauswertungen – immer im Hinblick auf die jeweilige berufsfeldbezogene Kontextualisierung. Dazu gehört auch die Verwendung einer teilnehmerorientierten Sprache. In einigen Interviewpassagen deutet sich zudem ein Unwohlsein in Bezug auf eine Vereinnahmung des Anti-Bias-Ansatzes aus *einer theoretischen* Perspektive an.

5.2 Herausforderungen im Umgang mit der deutschen Geschichte

Aus der Interviewanalyse schälen sich in Bezug auf die historische Geschichte Deutschlands drei übergeordnete zentrale Themenkomplexe heraus, die konkrete Herausforderungen in der Anti-Bias-Arbeit darstellen: historische Kontinuitäten, der Dialog zwischen Ost- und Westdeutschland sowie das Thema deutsche Identität. Nachfolgend werde ich diese unter Einbezug angrenzender Fachliteratur jeweils kritisch diskutieren und theoretisch fundieren.[170]

5.2.1 Kontinuitäten der Geschichte aufzeigen: das Beispiel deutscher Kolonialismus

Paula sagt zum Thema historischer Kontext der Anti-Bias-Arbeit in Deutschland:

[170] Insbesondere in Bezug auf die Auseinandersetzung mit der historischen Dimension der Kontextualisierung des Anti-Bias-Ansatzes, ist es mir ein Anliegen (nochmals) auf meine eigene gesellschaftliche Positionierung als (auch) *weißer*, mitteleuropäischer und westdeutscher, überwiegend männlich sozialisierter Mensch hinzuweisen. Diese Positionierung hat zur Folge, dass ich nur insoweit andere Perspektiven mitdenken kann, wie der Stand der Reflexion meiner eigenen Erfahrungen und Fähigkeiten zum Perspektivwechsel zum Zeitpunkt der Verfassung dieser Studie ist (vgl. dazu die Ausführungen in der Einleitung unter dem Stichpunkt „eigene Positionierung“).

„[D]ie Einflüsse, zum Beispiel dass wir eine Kolonialgesellschaft waren, auch in unserem Denken auch irgendwo sind, das wird nicht deutlich" (Paula, 568-569).

Sie spricht hier zwei Punkte an: Zum einen kritisiert Paula die fehlende Sichtbarkeit der Einflüsse der deutschen Kolonialzeit auf unser heutiges Denken. Zum anderen geht es ganz grundsätzlich um Wissensbestände, in diesem Fall um den Fakt, dass Deutschland eine Kolonialgesellschaft war. Gerade die Epoche der deutschen (und europäischen) Kolonialzeit wurde hierzulande bislang unzureichend thematisiert, obwohl (oder gerade weil?) in Deutschland bis heute Auswirkungen dieser Epoche festzustellen sind. Diese erschweren, verstellen oder verunmöglichen letztlich eine gleichberechtigte Teilhabe von marginalisierten, ethnisierten und rassialisierten Menschen an gesellschaftlichen Ressourcen, Rechten und Wahlmöglichkeiten.[171] Gleichzeitig tragen die heute noch wirksamen Auswirkungen der Kolonialzeit bei *weißen* deutschen Menschen beständig dazu bei, eine Identität aufzubauen bzw. eine (kollektive) Identität aufrechtzuerhalten, die sich vor allem durch ein Überlegenheitsdenken und -gefühl auszeichnet. Auswirkungen der Kolonialzeit zeigen sich entlang von Denkweisen, Bildern, Sprache, Diskurse und Strukturen, zum Beispiel in abwertenden Redewendungen „das sieht ja (so chaotisch!!) aus wie bei den Hottentotten", Begriffen wie „Bananenrepublik" (vgl. Arndt/Hornscheidt 2009, 85ff.; 147ff.), Straßennamen wie die „Mohrenstraße" in Berlin, in den bis 1974 in Deutschland existierenden ca. 20 Kolonialgesellschaften (vgl. Ha 2009, 111), in der (mittlerweile zurückgenommenen) Benennung eines Äffchens im Dresdner Zoo mit Obama zur „Ehre" des Besuchs des us-amerikanischen Präsidenten (vgl. tagesspiegel vom 10.07.2009) oder in der Vorstellung von ‚Deutsch sein als (*weißes*) Monovolk' (vgl. Pokos 2009, 46). Hugues Blaise Feret Muanza Pokos (2009) zeigt in seiner Studie anhand der Untersuchung von deutschen Geschichtsschulbüchern aus den Jahren 1995-2005 deutlich auf, wie sich die Konstruktion eines deutschen Monovolkes sowohl im wilhelminischen Reich und kolonialen Diskursen über die Weimarer Republik und die NS-Zeit *bis heute* fortsetzt (vgl. ebd.). Dass diese Vorstellung sich nicht nur in Schulbüchern wieder findet, verdeutlicht das folgende Praxisbeispiel aus meiner Anti-Bias-Arbeit: So löst im Rahmen von Rollenspielen die Beschreibung „*weißer* deutscher Professor" öfters Lachen oder Irritationen unter Mehrheitsangehörigen aus. Wie selbstverständlich werden deutsche Professoren meist *weiß* gedacht – die Markierung der Norm(alität) des hegemonialen Diskurses irritiert. Das Wissen um die Existenz *schwarzer* Deutscher fehlt auch heute noch mehrheitlich oder ruft Irritationen hervor.[172] Zudem gibt es auch Sichtweisen, die die negativen Auswirkungen des deutschen Kolonialismus bis heute im Gesamten verharmlosen oder herunterspielen (vgl. Ha 2009, 113). Dies sind jedoch nicht nur Positionen alternder Kolonialzeitromantiker_innen. Zum Beispiel ist auch der universitäre Kontext kein Garant für einen selbstreflexiven Umgang mit der deutschen Kolonialzeit. Aussagen bzw. Haltungen wie die Antwort einer *weißen* Professorin, „Na – das bisschen Ostafrika", nachdem sie von einer *schwarzen* Studierenden in einem Seminar zu Interkulturalität auf die Kolonialgeschichte Deutschlands aufmerksam gemacht wurde, sind leider keine Seltenheit (vgl. Schwarzbach-Apithy 2009, 250ff.). Allerdings, so schreibt Kien Nghi Ha (2009), „sagen solche Perspektiven viel über die ideologischen Hinterlassenschaften und den Zustand dieser Gesell-

171 Vgl. dazu die Darstellungen in Kapitel 1.1 „Kolonialgeschichte(n)".

172 Zur Kritischen Weißseinforschung in Deutschland vgl. Eggers/Kilomba/Piesche/Arndt (2009).

schaft aus. Sie sagen uns, dass die Frage nach der Kontinuität kolonialer Blicke aktuell ist" (ebd., 113).

Ein anderes Argument, welches öfters herangezogen wird, um die Auswirkungen der deutschen Kolonialzeit herunterzuspielen, ist ihre geringe zeitliche Ausdehnung. Damit ist gemeint, dass die Zeit zu kurz war, als dass Auswirkungen bis heute erkennbar und wirkmächtig sein könnten. Diese Annahme ist jedoch aus zwei Gründen falsch bzw. unhaltbar. Erstens muss die deutsche Kolonialzeit im Kontext der europäischen Kolonialbestrebungen gesehen werden, die wesentlich länger andauerte und deren Auswirkungen bis heute spürbar sind.[173] Zweitens sagt die Dauer einer Epoche nicht unbedingt etwas über die Auswirkungen aus, denn im Vergleich mit der deutschen Kolonialzeit von knapp 50 Jahren (1871- 1918) fällt die NS-Zeit mit 12 Jahren (1933-1945) sogar noch kürzer aus – und niemand wird ernsthaft behaupten, dass wegen der historisch gesehen relativ kurzen Zeitspanne der NS-Zeit die Auswirkungen gar nicht so dramatisch sein können und daher auch heute nur wenig Bedeutung haben. Albert greift einen weiteren zentralen Punkt auf:

> „Mir schwirrt schon seit Jahren im Kopf, eigentlich muss ich mich noch weiter fortbilden (…) zu was ist Eurozentrismus, wie ist Eurozentrismus gewachsen (…). Was ist Eurozentrismus, wo sind die Grenzen und wo geht es irgendwo ganz selbstverständlich und wo nicht selbstverständlich in Rassismus (…) rein" (Albert, 181-197).

Das Phänomen des Eurozentrismus ist von besonderer Bedeutung für das Verständnis der Eingebundenheit der deutschen in die europäische Kolonialzeit. Der Beginn des Eurozentrismus liegt bereits in der Zeit der europäischen Aufklärung. Er kann verstanden werden als das Bestreben zur weltweiten Durchsetzung der europäisch-wissenschaftlichen Kategorien der Rationalität (Vernunft) zur Interpretation der Natur des Menschen und der Gesellschaft, welches dann als Fortschritt gilt.[174] Allerdings, so Marie-Theres Albert (2009), „(ist) Eurozentrismus (…) andererseits das Konzept, das eben nicht mit der Kraft des besseren Argumentes, sondern mit militärischer und struktureller Gewalt weltweit durchgesetzt worden ist. Und das beinhaltet eine Dominanz in einem doppelten Sinne. Überall dort, wo die Europäer mit kolonialer und imperialer Gewalt ihre Heilsbotschaften und ihre ökonomischen Strukturen verankert haben, haben sie zweierlei getan: Sie haben Gewalt ausgeübt, um Strukturen zu schaffen, die wiederum Perspektiven, Strategien und die Befähigung beinhalten, Gewaltausübung zu kritisieren. Mittels dieses Prozesses haben [sie] gleichzeitig ein gedankliches System bestehend aus Vernunft und Objektivität etabliert, das Machtausübung zu einem konstituierenden Bestandteil von Denken gemacht hat" (ebd., 9). Neben der hoch problematischen und paradoxen Kopplung von Vernunft und Machtausübung – denn wie kann es vernünftig sein, durch oftmals gewaltvolle Machtausübung andere Menschen vom Sinn der Vernunft zu „überzeugen" – dienten (am offensichtlichsten) während der Kolonialzeit rassistische Konstruktionen als Legitimation zur Durchsetzung des Eurozentrismus (vgl. A-

173 Vgl. dazu die Ausführungen in Kapitel 1.1 „Kolonialgeschichte(n)".

174 Eines der Standwerke ist Samir Amins Werk „Eurocentrism" von 1989. Amin bezieht sich in seiner Analyse vor allem auf den Zusammenhang von Kapitalismus und Eurozentrismus. Martin Bernal (1991) zielt in seiner Kritik am Eurozentrismus auf den Irrglauben der Einzigartigkeit europäischer Kultur. Edward W. Said setzt sich mit dem Phänomen des „Orientalism" als eine Spielart des Eurozentrismus auseinander (vgl. Heigl 2010). Vgl. dazu auch weiterführend den Beitrag von Kien Nghi Ha (2007, 41ff.).

min 104f.). Rassistische Konstruktionen, wenn gleich sie auch nicht immer in einer offenen Form auftreten, finden sich jedoch nicht erst in der Kolonialzeit, sondern schon wesentlich früher, beispielsweise in philosophischen Texten der Aufklärung bei Kant (1785) und Hegel (1971).[175] Es ist nicht von der Hand zu weisen, dass Deutschland stark in die philosophische Tradition der Aufklärung sowie den Ideen des Eurozentrismus eingebunden war und ist. So wundert es nicht, dass sich auch heute rassistische und imperialistische bzw. koloniale Muster in Denkweisen, Bildern, Sprache, Diskurse und Strukturen in Deutschland wieder finden, wenn gleich dies heute manchmal subtiler zu Tage tritt oder durch die Abtrennung vom historischen (Entstehungs-)Kontext oftmals gar nicht mehr wahrgenommen wird. In Anschluss an Ha (2009) möchte ich diese kolonialen Denkweisen, Bilder, Strukturen und ihre bis heute erkennbare Auswirkungen als *historische Kontinuitäten* bezeichnen (vgl. 111ff.; dazu auch Bhahba in Castro Varela/Dhawan 2005, 84). Diese gilt es aufzuzeigen und kritisch zu bearbeiten, sowohl in der politischen Bildungsarbeit als auch in der Wissenschaft. Denn auch in der Wissenschaft mangelt es an Studien, die die historischen Kontinuitäten der deutschen Kolonialzeit (das heißt ihrer Auswirkungen auf Denkweisen, Bildern, Sprache, Strukturen und Diskurse) bis in die heutige Zeit hinein untersuchen (vgl. Ha 2009, 106). Maria do Mar Castro Varela und Nikita Dhawan (2005) weisen zudem darauf hin, „dass keine Region der Erde den Wirkungen kolonialer Herrschaft entkommen konnte (…) kolonialistische Diskurse haben auch in Ländern, die nie kolonisiert wurden – wie etwa Thailand –, tiefe Spuren hinterlassen“ (ebd., 11). In diesem Zusammenhang möchte ich kurz auf bestehende Problematiken an der Schnittstelle von politischer Bildungsarbeit und Entwicklungszusammenarbeit eingehen. Pavel sagt dazu:

> „So für die Anti-Bias-Arbeiter ist sehr, sehr wichtig immer wieder zu betonen, dass soviel Geld in EZ, entwicklungspolitische Arbeit im Süden gelegt wird und nur ein [Bruch; Pavel] Teil davon in Bildungsarbeit fließen soll (…) und die so genannte Entsendeorganisationen, die sollen Anti-Bias als Festbestandteil ihrer Trainings machen. Sonst sehe ich keine Zukunft für die Verbesserung der sowieso schlechten Entwicklungszusammenarbeit“ (Pavel, 91-101).

Die Notwendigkeit der Verankerung von Anti-Bias-Arbeit in den Bildungsseminaren, die auf Tätigkeit in der Entwicklungszusammenarbeit vorbereiten, sieht Pavel in dem dort oftmals vorherrschenden Blick auf ‚die anderen‘, der eine Auseinandersetzung mit der eigenen gesellschaftlichen Position außer Acht lässt und damit Gefahr läuft, unreflektiert historische Kontinuitäten fortzuschreiben. Er berichtet von seiner eigenen Erfahrung als Teamer eines solchen Seminars:

> „[A]ber das hat mit der Entwicklungszusammenarbeit zu tun, mit einer Gruppe von Menschen hier, die sich vorbereiten im Ausland Erfahrungen zu sammeln und da waren sehr, sehr versteckte Mauerbauen, sozusagen gegenüber diesem Ansatz, weil dieser Ansatz ist sehr, sehr herausfordernd, die schüttelt die Basis von deinem Glaube in Gerechtigkeit, das heißt, er fragt deine eigene Basis, was du denkst über so genannte Afrikaner oder Inder in Deutschland, und das ist der erste Schritt und da haben sie sich total unwohl gefühlt, das habe ich geahnt und die Rahmenbedingung war sehr schlecht (…). Und statt Anti-Bias-Trainings für Deutsche, für ins Ausland gehende Deutsche zu machen, haben sie (…) entschieden über Flüchtlinge was zu machen. Ich denke, dass sollte sich dringend ändern (…), dieser Fokus von Opfer zu Täter, Fokus von Minderheiten zu Mehrheiten, das ist dringend notwendig und ich kann [das, Pavel] auch wissenschaftlich beweisen“ (Pavel, 122-143).

[175] Vgl. dazu ausführlich den Beitrag von Arnold Farr (2009, 40ff.) zum Thema Rassismus in philosophischen Texten der Aufklärungszeit.

Anzumerken ist, dass seit kurzem in der Entwicklungszusammenarbeit vor allem im Bereich der Entsendedienste (Programme wie Weltwärts) einige erste Verbesserungen zu verzeichnen sind. So sind immer häufiger in den Vor- und Nachbereitungsseminaren Anti-Bias-Workshops Teil des Programms (vgl. Deutsche Gesellschaft für Internationale Zusammenarbeit 2011, 2) und es gibt erste freiwillige mehrtägige Seminarangebote für Rückkehrer_innen (vgl. Deutscher Entwicklungsdienst 2011, 6; 10).[176] Allerdings sind die meisten Angebote in den Programmen Kurzzeitworkshops mit circa drei Stunden, die in einer oft zu großen Gruppe (bis 40 Personen) stattfinden. Zudem ist die Entlohnung dieser Workshops und der Vorbereitung unangemessen (vgl. Deutsche Gesellschaft für Internationale Zusammenarbeit 2011) und es wird in der Regel nur ein_e Teamer_in bezahlt. Unter diesen Bedingungen ist eine (nachhaltige) Selbstreflexion bzw. Auseinandersetzung mit der eigenen gesellschaftlichen Position und ihrer Bedeutung für eigene Rolle in der Entwicklungszusammenarbeit nicht zu verwirklichen. Es besteht daher weiterhin immenser Verbesserungsbedarf: (1) Anti-Bias-Einheiten müssen länger sein können (Selbstreflexion benötigt ausreichend Zeit), (2) müssen zwei Teamer_innen bezahlt werden (ermöglicht verschiedene Perspektiven im Team, Identifizierungsmöglichkeiten für die Teilnehmenden sowie eine ‚Sicherheitsreserve' in der Begleitung[177]) und (3) müssen die Gruppen kleiner werden (Selbstreflexion und Austausch benötigt einen persönlichen Bezug in einer überschaubaren Gruppe[178]). Ohne diese Veränderungen erfüllen die Anti-Bias-Einheiten nur den Zweck einer zwar zu begrüßenden Aufnahme eines zentralen Themas, die jedoch nur einen allerersten Einstieg ins Thema darstellen kann. Zugespitzt formuliert: Anti-Bias-Kurzzeitworkshops erfüllen im Kontext der Entwicklungszusammenarbeit bislang eher eine Alibifunktion, da beispielsweise eine kritische Auseinandersetzung mit der eigenen gesellschaftlichen Positionierung und ihren Auswirkungen nicht tatsächlich geleistet wird.[179]

Eine Voraussetzung für die Thematisierung historischer Prozesse und Kontinuitäten ist grundlegendes Faktenwissen. Neben der bereits eingangs von Paula kritisierten unzureichenden Thematisierung der Kolonialzeit und ihrer historischen Kontinuitäten sind auch in Bezug auf andere historische Epochen Defizite zu verzeichnen:

> „Die letztere, die 60er bis heute, also das ist auch so ein Aha-Effekt gewesen, zum Beispiel Anti-Bias-Trainings mit Schulklassen. Wenn wir zum Beispiel versucht haben Anti-Bias jetzt nicht als solches zu benennen ‚wir machen jetzt Anti-Bias-Training', sondern zum Beispiel beim Thema Geschichte und Migration, wo, also wirklich, da ist kein Wissen da, weil es auch nicht vermittelt wird. Und das ist aber auch unheimlich wichtig, um bestimmte Prozesse und den Jetzt-Zustand unserer Gesellschaft einfach mal wirklich in seiner Tiefe zu begreifen und eben auch dieses Vorurteilsbewusste, man kann nicht vorurteilsbewusst sein, gerade auch in Bezug auf solche Sachen wie gescheiterte Integration und Parallelgesellschaft (…), wenn man das nicht auf dem Bildschirm hat, meiner Meinung nach" (Paula, 576-587).

---

176 Inwieweit die politische Umstrukturierung dieses Sektors, das heißt die Bündelung der Institutionen „Deutscher Entwicklungsdienst" (DED), „Deutsche Gesellschaft für technische Zusammenarbeit" (GTZ) und „Internationale Weiterbildung und Entwicklung" (Inwent) in der neu geschaffenen „Deutschen Gesellschaft für Internationale Zusammenarbeit" (GIZ) Einfluss auf diese Entwicklungen hat bleibt abzuwarten (vgl. GIZ 2011).

177 Vgl. dazu auch ausführlich zur Teamzusammensetzung in der Anti-Bias-Arbeit Kapitel 6.2.2 sowie Kapitel 5.3.4 „Zwischen Pädagogik und Therapie: der selbstreflexive Anteil in der Anti-Bias-Arbeit".

178 Vgl. dazu Kapitel 6.2.1 „Kompetenz – grundlegende Aspekte am Beispiel der historischen Dimension".

179 Vgl. weiterführend zum Zusammenhang von Rassismus und Entwicklungszusammenarbeit Aram Ziai (2007, 12ff.) sowie zu Fallen in der Entwicklungszusammenarbeit Prasad Reddy (2007, 20ff.).

Interessant sind in dieser Passage zwei Aspekte: Zum einen stellt Paula einen Zusammenhang zwischen Wissen und der Entwicklung von Vorurteilsbewusstsein her, das heißt, ohne historisches Faktenwissen ist es ihres Erachtens nicht möglich, die heutige Gesellschaft und ihre Prozesse zu verstehen. Kurz: Der Blick auf die Vergangenheit ist notwendig, um die Gegenwart zu verstehen. Zum anderen hat Paula die Erfahrung in Schulklassen gemacht, dass wenig Wissen über das Thema „Geschichte und Migration" vorhanden ist, und zwar, weil es schlicht „nicht vermittelt wird". An anderer Stelle beschreibt Paula ihrer Vorstellung des zeitlichen Rahmens von Migrationsgeschichte genauer:

> „Genauso was mir da einfällt, auch ein anderer blinder Fleck, der zum Beispiel auch wichtig wäre, dass Deutschland, also unsere Migrationsgeschichte jetzt, ich meine, die ist noch viel länger, noch bevor jetzt in den 50er oder 60er Jahren, aber das sind so Sachen, die komplett ausgeblendet sind, auch im Schulunterricht" (Paula, 570-573).

In der Interviewnachbereitung sagt sie auf Nachfrage am Telefon, dass sie bei der Aussage „die ist noch viel länger, noch bevor jetzt in den 50er oder 60er Jahren", zum Beispiel an die Zeit der Hugenotten[180] dachte (vgl. Trisch 2007). Paula sieht das Thema „Geschichte und Migration" somit vor einem sehr weiten zeitlichen Rahmen und erachtet diesen auch für notwendig, um die aktuellen gesellschaftlichen Prozesse zu verstehen. Das führt zu weiteren Fragen, so zum Beispiel: Welche historischen Ereignisse werden grundsätzlich im Unterricht, wann, in welchem Umfang, für wen und aus welcher Perspektive behandelt? Diesen grundlegenden Fragen, die die Ausgestaltung der Curricula bzw. des Lehrplans und über die einzelnen Lehrer_innen und Schulen hinaus auch die Schulämter der Bundesländer und ihre Bildungsministerien sowie schlussendlich auch die Ebene der Kultusministerkonferenz betreffen, können in dieser Studie nicht abschließend geklärt werden. Anmerken möchte ich jedoch Folgendes: Geschichtsschreibung ist immer auch bestimmt von einem Ringen um die Definitionsmacht von historischen Ereignissen bzw. Geschichtsbildern. Dadurch kommen in vielen Fällen die Perspektiven marginalisierter Gruppen nicht (oder wenn überhaupt, dann nicht mit eigener Stimme) zur Sprache (vgl. Schwarzbach-Apithy 2009, 248). Eine Folge davon ist die Verharmlosung von Ereignissen, die beispielsweise in Geschichtsschulbüchern zu Engführungen, Einseitigkeiten, Ausblendung und Reproduktion von zu überwindenden Sichtweisen führen kann, wie Pokos (2009) am Beispiel *schwarzer* Deutscher aufzeigt (siehe oben). Eine Ausnahme in Bezug auf die Tiefe, den Umfang und auch die Perspektiven der Auseinandersetzung bildet hier sicherlich die Thematisierung der NS-Zeit, hinsichtlich ihrer historischen Kontinuitäten ist jedoch festzustellen, dass durchaus auch hier Defizite in der Auseinandersetzung und der Bearbeitung bis heute bestehen.[181] Anti-Bias-Arbeit steht damit vor einer großen Herausforderung, denn es ist davon auszugehen, dass margi-

---

180 Im 17. Jahrhundert flüchteten circa 50.000 Hugenotten in verschiedene deutsche Territorien (vgl. Braun/Lachenicht 2007).

181 Beispielsweise waren trotz verschiedener Entnazifizierungsprogramme und einer Auseinandersetzung mit der NS-Zeit in der BRD zentrale Stellen mit ehemaligen NSDAP Angehörigen besetzt (vgl. Euler 2011) und in der DDR wurde eine weitere Auseinandersetzung mit der NS-Vergangenheit durch den staatlich verordneten Antifaschismus fast vollständig vermieden. Vgl. dazu auch Kapitel 1.3 zur Geschichte der BRD und DDR sowie die Kapitel 5.2.2 zu Herausforderungen eines Dialogs zwischen Ost- und Westdeutschland und Kapitel 5.2.3 „Über die Herausforderung ‚deutsch sein' zu thematisieren".

nalisierte Sichtweisen in Deutschland keinen Eingang in die vorherrschende Geschichtsschreibung gefunden haben und daher nicht thematisiert werden. Dem wird in der konkreten Anti-Bias-Arbeit der Austausch der persönlichen Erfahrung entgegengesetzt.[182] Diesem Austausch kommt eine hohe Bedeutung zu, er kann jedoch den Blick auf die historischen Prozesse und die damit verbundene Kenntnisnahme von Wissensbeständen aus einer übergeordneten Perspektive nicht ersetzen, der nach Paula auch eine Voraussetzung für die Entwicklung von Vorurteilsbewusstsein ist. Grundlegende Kenntnisse historischer Wissensbestände sind somit auch in der Anti-Bias-Arbeit von Bedeutung. Ich fasse noch einmal zusammen:

- Die deutsche Kolonialzeit ist vor dem Hintergrund der europäischen Kolonialbestrebungen und des Eurozentrismus zu sehen.
- Es kann daher in Deutschland (trotz der im europäischen Vergleich relativ kurzen Dauer der Kolonialherrschaft) von *historischen Kontinuitäten* in Bezug auf die Auswirkungen der Kolonialzeit bis heute gesprochen werden.
- Diese historischen Kontinuitäten sind hinsichtlich ihrer Bedeutung für unser Denken (und Handeln) in der Bildungsarbeit aufzuzeigen.
- Kenntnisse historischer Wissensbestände sind auch in der Anti-Bias-Arbeit unerlässlich, sie sind neben der Selbstreflexion (eigener Diskriminierungserfahrungen und Privilegien) eine notwendige Voraussetzung für die Entwicklung von Vorurteilsbewusstsein.
- Gerade auch historische Wissensbestände sind auf die Perspektiven hin zu untersuchen, aus der sie verfasst wurden, konkret: wer spricht über wen?
- Es besteht weiterer Forschungsbedarf in Bezug auf die historischen Kontinuitäten und deren Auswirkungen in Deutschland.

5.2.2 Herausforderungen eines Dialoges zwischen Ostdeutschland und Westdeutschland

Einigkeit besteht unter den befragten Expert_innen, dass dem Thema Ost- und Westdeutschland eine hohe Bedeutung zukommt. Die jeweiligen Erfahrungen mit dem Thema und die eingenommenen Positionen und Begründungen sind jedoch sehr unterschiedlich. Karin sagt zum Thema Ost/West:

> „Ossi-Wessi (…) ist ein ganz wichtiges Thema, aber es ist nicht das Einzige“ (Karin, 448-449).

Das Thema ist für Karin somit von hoher Bedeutung, gleichzeitig deutet sie an, dass die Differenzlinie Ost-West letztlich nicht für sich alleine betrachtet werden kann und verweist damit indirekt auf die Verschränkung von verschiedenen Differenzlinien, die eine Situation jeweils rahmen. Angesprochen ist somit auch das in der Anti-Bias-Arbeit zentrale Thema Intersektionalität.[183] Auch in einer Studie von 2009 zur Deutschen Einheit wird auf diesen Aspekt aufmerksam gemacht: „Die Einheit als Projekt einer sozialen Einheit zu denken, bedeutet für das zentrale Problem von Angleichung und Gleichwertigkeit (…), die deutsch-deutsche Problemdimension als

[182] Zu den Herausforderungen eines Austauschs von Diskriminierungserfahrungen zwischen Menschen, die sich in Bezug auf bestimmte Diskriminierungsformen wie etwa Rassismus (eher) der privilegierten oder (eher) der marginalisierten Gruppen zugehörig fühlen siehe Kapitel 5.2.3 und 6.2.2.

[183] Vgl. dazu Kapitel 2.4.3 zum „Einbezug aller Formen von Diskriminierung“.

eine wichtige, aber nicht als einzige Ungleichheitsdimension zu betrachten“ (Innovationsverbund Ostdeutschlandforschung 2009, 5).

Meike und Albert weisen in ihrem Interview darauf hin, dass alleine durch die gemeinsame Anwesenheit von Teilnehmenden aus Ost- und Westdeutschland in einem Seminarkontext die jeweilige Geschichte bedeutsam wird. Die Teilnehmenden sind quasi Träger (auch) der ost- bzw. westdeutschen Geschichte:

> „Ja, wenn Menschen aus West- und Ostdeutschland da sitzen, dann spielt das schon auch eine Rolle“ (Meike, 567-568).

> „Also Ost-West sagen wir so, solange das die Geschichte (…) in Anwesenheit von den Menschen (…) lebt, die Teilnehmer bringen diese Geschichte rein, die Teilnehmer machen auch diese Geschichte präsent, die Teilnehmer am meisten, weil ich auch immer in meinem Teilnehmerkreis Ossis und Wessis zusammen habe und die Geschichte ist präsent“ (Albert, 334-339).

Auffällig an Alberts Passage ist der mehrmalige Hinweis darauf, dass „Geschichte präsent ist.“ Diese Formulierung findet sich auch in derselben Textpassage etwas weiter unten:

> „[E]infach die Geschichte (ist) präsent (…), die Geschichte anhand der Menschen, die diese Schätze einfach bringen. Präsenz ist da, da ist es leichter da ranzugehen“ (Albert, 352-354).

Die Bedeutung des Begriffes „Präsenz“ bzw. „präsent“ erschließt sich in Verbindung mit dem davor liegenden Interviewabschnitt, in dem Albert länger auf den Holocaust, die Zeit des Nationalsozialismus und deren Auswirkungen eingeht (vgl. Albert, 287-305; 310-328). Für die NS-Zeit existieren (fast) keine Zeitzeugen mehr. Im Gegensatz dazu ist die Ost/West-Geschichte durch Zeitzeugen noch präsent. Genau auf diesen Unterschied zielt Alberts Verwendung des Begriffs „präsent“. Die Anwesenheit bzw. Existenz von Zeitzeugen bietet den Vorteil der unmittelbaren Erinnerung von Geschichte. Durch den altersbedingten Tod von Zeitzeugen bzw. der zunehmenden zeitlichen Distanz zwischen einem historischem Ereignis und aktuellem Zeitpunkt ändert sich der Umgang mit Geschichte. An die Stelle persönlicher Erinnerungen treten nun Erinnerungsorte, Museen, Ausstellungen und wissenschaftliche Werke. Neben diesen meist von Historiker_innen verantworteten Formen existieren auch an Gesellschaften gebundene kollektive Erinnerungsformen wie das kollektive Gedächtnis. Der Begriff und das Konzept des kollektiven Gedächtnisses wurden in Deutschland unter anderem von Aleida Assmann (2006a) stark geprägt (vgl. ebd., 130ff.).[184] Die kollektive Form des Gedächtnis zeichnet sich durch eine Vereinfachung der Ereignisse unter Ausblendung von Mehrdeutigkeiten und Widersprüchen aus. Nach Assmann (2006) werden im kollektiven Gedächtnis „mentale Bilder zu Ikonen und Erzählungen zu Mythen, deren wichtigste Eigenschaft ihre Überzeugungskraft und affektive Wirkmacht ist“ (ebd., 2).[185] Historische Erinnerung wird zudem auch durch die (Massen)Medien betrieben, die einen nicht geringen Einfluss auf die Inhalte, die eingenommene Perspektive und die Art der Darstellung ausüben. Edgar Wolfrum (2008) bringt dies pointiert in folgender Formel zum Ausdruck: „Erinnert wird,

184 Der französische Soziologe und Philosoph Maurice Halbwachs (1877-1945) war einer der ersten der den Begriff kollektives Gedächtnis einführte (vgl. Halbwachs 1939).

185 Anzumerken ist in diesem Zusammenhang, dass sich das kollektive Gedächtnis durchaus gleichzeitig und widersprüchlich zu den Erinnerungen noch lebender Zeitzeugen entwickeln kann.

was massenmedial präsentabel ist" (ebd., 5). In Bezug auf die DDR-Zeitzeugen gibt Albert in einer weiteren Interviewpassage zu bedenken, dass diese zwar heute noch leben, es aber wichtig ist daran zu denken, diese Geschichten und Erfahrungen auch zu dokumentieren und sich zu fragen, aus welcher Perspektive dies vorgenommen werden soll:

> „[A]ber ich kann mir schon vorstellen, in zwei Generationen ist das [die unmittelbare DDR-Erfahrung] dann die Geschichte und die Erfahrungen sind nicht mehr da, und, wer könnte das dokumentieren, das ist vielleicht die Frage" (Albert, 372-377).

Inwiefern nun die Anwesenheit von Zeitzeugen von Stasi-Diktatur und Zweistaatlichkeit dazu beiträgt tatsächlich „leichter" an das Ost/West Thema „ran zu gehen", bleibt noch zu klären (Albert, 354). Es stellt sich beispielsweise die Frage, wie sich das ‚Präsentwerden der Geschichte' konkretisiert. Ob und in welcher Form bringen die Teilnehmenden (ihre) Geschichte ein bzw. wie zeigt sich die Bedeutung der unterschiedlichen Hintergründe, hier der Ost- und Westsozialisation? Beachtung bedürfen dabei nicht nur Unterschiede zwischen Ost und West, sondern auch die Unterschiede innerhalb der westdeutschen bzw. ostdeutschen Sozialisation. So bestehen beispielsweise sehr unterschiedliche Erfahrungshintergründe zwischen einer Person, die überzeugtes Parteimitglied der SED war und die noch heute überwiegend die Vorzüge der SED-Diktatur sieht und einer anderen Person, die zum Beispiel einer Familie angehörte, aus derer ein Mitglied in den Westen geflohen ist oder die offen bekennendes Kirchenmitglied und nicht der SED beigetreten war. Auch in Bezug auf Westdeutschland sind unterschiedliche Sozialisationen zu berücksichtigen, so zum Beispiel die unterschiedlichen Erfahrungshintergründe zwischen einer Familie, die durch den Mauerbau getrennt wurde, deren größerer Teil in Westdeutschland lebte und einige wenige Mitglieder in Ostdeutschland und einer Familie, die beispielsweise ihren Familienwohnsitz in Südbaden hatte und nie mit der DDR und den Auswirkungen der Stasi-Diktatur in Kontakt gekommen ist, zum Beispiel bei der Ein- und Ausreise in die DDR zum Familienbesuch. In den Blick zu nehmen ist somit auch, dass sowohl in Ost- als auch Westdeutschland jeweils (strukturell) dominierende und benachteiligte bzw. dominierte gesellschaftliche Positionen existierten.

Eine weitere Frage ist, ob das Thema Ost/West und die jeweiligen Unterschiede in Ost und West direkt oder eher implizit angesprochen werden? Oder steht das Thema lediglich ‚im Raum', ohne in irgendeiner Weise tatsächlich angegangen zu werden? Weiterführend könnte auch danach gefragt werden, ob nur in Anwesenheit von Teilnehmenden beider Regionen Ost/West thematisiert wird und inwiefern die Region, in der jeweils gearbeitet wird, Einfluss auf die Thematisierung nimmt. Interessant wäre auch die Frage, ob auch in Anwesenheit von Teilnehmenden nur einer Region das Thema angesprochen wird und welche Rolle die unterschiedlichen persönlichen Lebenserfahrungen spielen, die jeweils auch innerhalb West- bzw. Ostdeutschland bestehen. Welche Erfahrungen haben nun die befragten Expert_innen im Umgang mit Ost/West Geschichte in ihrem Arbeitskontext gemacht und welche Faktoren spielen dabei eine besondere Rolle? Anja und Sonja berichten von einer Vermeidung bzw. fehlenden Thematisierung in Seminaren und Fortbildungen:

> „Was bisher eigentlich weniger eingeflossen ist in unsere Arbeit konkret, was aber auch wichtige Punkte sind oder was ich jetzt vor allem auch durch die Arbeit hier mit Berlinern und mit Menschen um Berlin rum, ist so DDR-Geschichte, Einheit und Unterteilung und Einheit Deutschlands" (Anja, 604-608).

„Ja, also es gibt so eine ziemliche Meidung des Ost-West-Themas, das ist schwierig da ranzugehen (I: Auch dort in Thüringen?) ja auch dort, es ist nicht so, dass das da sofort, es ist eher so, dass wir ab und zu mal fragen, wie ist denn das?“ (Sonja, 545-548).

Die Anwesenheit der Geschichte allein durch die Teilnehmenden führt also nicht automatisch und in jedem Fall zu einer ‚leichteren‘ Thematisierung. Auch Sabine Beyersdorff und Evelyn Höhme-Serke (2008), die wie Sonja im Praxisfeld der frühen Bildung tätig sind, stellen in Bezug auf Arbeitszusammenhänge, in denen Ost- und Westdeutsche gemeinsam tätig sind, fest: „Meist wird über die Unterschiede in den soziokulturellen Prägungen, Verhaltensmustern und Werten nicht ausdrücklich gesprochen. Sie treten häufig in eher gefühlsbesetzten Äußerungen und Haltungen zutage: Ärger, Hilflosigkeit wegen Unverständnis, Ablehnung, Ressentiments, Scham“ (ebd., 160). Welche Gründe führen nun zu einer Vermeidung des Themas bzw. indirekten emotionalen Äußerungen? Für Anja liegt einer der Gründe in dem fast nicht vorhandenen öffentlichen Diskurs zu Unterschieden zwischen Ost- und Westsozialisation:

„[D]as ist, glaube ich auch generell einfach in der Gesellschaft ein Thema, was sehr in den Hintergrund gedrängt wird oder wo nicht viel drüber diskutiert wird oder was nicht sehr viel in der öffentlichen Wahrnehmung ist, dass hier Menschen wohnen, gerade in Berlin, die eine ganz andere Geschichte haben als ich (…), ich bin in Offenbach geboren, eine ganz andere Sozialisation erfahren haben, für die Dinge eine Selbstverständlichkeit waren, von denen habe ich noch nicht mal was gehört, so ungefähr. Ich denke das liegt daran, dass da so wenig Diskussion im öffentlichen Raum drüber ist“ (Anja, 613- 622).

Frank Pergande (2009) schreibt zum Thema Deutsche Einheit in der FAZ, dass „das Interesse aneinander schon lange erloschen ist“ und „dass über ostdeutsche Erfahrungen öffentlich kaum noch gesprochen wird“ (ebd., 1f.). Sowohl Anja als auch Pergande teilen also die Einschätzung, dass aktuell wenig bis keine gesellschaftliche Diskussion über das Thema Ost/West vorhanden ist. Die (etwas überspitzte) Formulierung Pergandes deutet gleichzeitig darauf hin, dass in einem bestimmten Zeitraum – einige Jahre nach dem Mauerfall von 1989 – sehr wohl Interesse bestand. Allerdings wurde bereits ein Jahrzehnt nach der Wiedervereinigung ein schwindendes Interesse an der DDR-Geschichte verzeichnet (vgl. Kleßmann 2001, 3). Laut einer Studie des Innovationsverbundes Ostdeutschlandforschung von 2009 zur „Wahrnehmung und Bewertung der deutsch-deutschen Einheit“ kann mittlerweile in den vier zentralen Diskursfeldern Sozialwissenschaft, Politik, Massenmedien und Bevölkerungseinstellungen bis auf wenige Ausnahmen eine „diskursive Stagnation“ festgestellt werden (ebd., 2). Eine Antwort auf die Frage der mangelnden Thematisierung bzw. Themenvermeidung könnte in den folgenden Ergebnissen der Studie liegen. Zum einen wird „auf der Ebene der Bevölkerungseinstellungen (…) von einer thematischen Stagnation durch Hinnahme und erschöpfte Hoffnungen gesprochen“, was im Übrigen für Ost- und für Westdeutsche gilt. Dies kann durchaus zu einer Haltung beitragen, nach der ein Dialog als nicht Erfolg versprechend im Sinne einer Verbesserung der Situation bewertet wird und daher auch gar nicht (mehr) geführt wird. Die vorhandene Unzufriedenheit zeigt sich dennoch – in indirekten emotionalen Äußerungen und Haltungen wie Wut und Ablehnung. Zum anderen bleiben die Diskurse zu Ostdeutschland und deutscher Einheit im medialen und alltagsweltlichen Bereich oftmals „zwischen Ost und West, den großen ideologischen Lagern sowie sozialen Statusgruppen getrennt“ (ebd., 2f.). Ein gemeinsamer Dialog zwischen Ost und West findet somit nicht statt.

Anja spricht in obiger Interviewpassage auch von Selbstverständlichkeiten in der Ost-Sozialisation, von der sie ausgeht, dass ihr diese als in Offenbach geborene und in Westdeutschland sozialisierte Person völlig unbekannt seien (vgl. ebd., 613- 622). Sonja berichtet diesbezüglich von ihren Erfahrungen folgendes:

> „[U]ns fehlt zum Beispiel genügend Sensibilität für das Ost-West-Thema (...), trotz des Anspruchs gibt's dann auch in so einem Team die Einseitigkeiten (...) und das hat damit zu tun, dass wir im zweiten Kinderweltenprojekt in Thüringen arbeiten und in Thüringen war es so, dass wir erstmal so als Projektzusammenhang wahrgenommen wurden, glaube ich, als Westler, die irgendwas Interkulturelles verkaufen wollen, obwohl wir das nicht so nannten, aber das ist ja interessant, das kommt dann halt so rüber, auch weil unsere Bespiele eher aus der Kiste rühren und so haben wir wirklich lernen müssen wie einseitig wir sind" (Sonja 466-482).

Die Einseitigkeiten im Team bzw. fehlende Sensibilität für das Thema führt Sonja auf den Erfahrungshintergrund West des Projektteams zurück, aus dem auch die Beispiele stammen, die von Seiten der Teamer_innen eingebracht werden. Die Erfahrungen und Einschätzungen von Sonja und Anja in Bezug auf die fehlende Sensibilität durch geringe Kenntnisse bzw. durch eine möglicherweise einseitige (West-)Perspektive sind keine Einzelfälle. In einer Studie zur Wahrnehmung und Bewertung der deutsch-deutschen Einheit heißt es dazu: „Die Kenntnis der Lebenslagen von Menschen und Gruppen im je anderen Teil Deutschlands ist auf beiden Seiten der einstigen innerdeutschen Grenze (von Pendlern und Sondergruppen einmal abgesehen) unterentwickelt" (Innovationsverbund Ostdeutschlandforschung 2009, 14).

Sonja spricht oben auch von Einseitigkeiten bzw. blinden Flecken, die „trotz des Anspruchs" an einen inklusiven Blick entstehen. Es drängt sich in diesem Zusammenhang die Frage auf, inwieweit blinde Flecken überhaupt vermieden werden können, gerade angesichts der immer auch vorauszusetzenden unterschiedlichen Sozialisationserfahrungen, die bereits oben von Anja angesprochen wurden (vgl. Anja 613-622).

Diese Frage berührt eine grundsätzliche Schwierigkeit in der Arbeit mit Menschen und ihren jeweils unterschiedlichen Erfahrungen und Hintergründen. Zum einen verweist diese Tatsache wiederum auf die bereits mehrfach angeführte Notwendigkeit der Erarbeitung von Wissensbeständen. Zum anderen geht es um die Frage der Entwicklung von Empathiefähigkeit (verstanden als die Fähigkeit sich emotional in die Lage anderer einzufühlen) und der Fähigkeit des Perspektivwechsels (verstanden als die Fähigkeit sich kognitiv in die Lage anderer einzudenken). Jedoch können auch durch diese Fähigkeiten und Kompetenzen nicht alle blinden Flecken oder Einseitigkeiten vermieden werden – selbst bei heterogenen Teams, die damit über verschiedene Erfahrungshintergründe verfügen.[186] Daher ist es wichtig, sich darüber bewusst zu werden, dass eine solche Anti-Bias-Arbeit potentiell immer die Gefahr birgt, auf Grund von einseitigen Perspektiven und Erfahrungen Verletzungen auszulösen, zu reaktivieren, zu verstärken oder zu übersehen. Dies bedeutet letztlich sich von der Annahme bzw. der Erwartung, dem Wunsch oder dem Anspruch, zu verabschieden, es gäbe einen Weg alle Perspektiven (immer) berücksichtigen zu können – und es bedeutet gleichzeitig auch diese Erkenntnis *nicht* dazu zu nutzen, sich aus der

186 Zu Möglichkeiten und Grenzen von heterogenen Teams siehe ausführlich Kapitel 6.2.2 „Zum Seminarleitungsteam in der Anti-Bias-Arbeit".

Verantwortung zu nehmen, sondern die Verantwortung genau im Moment der potentiellen Möglichkeit der Einseitigkeit und Verletzung und dem (offenen) bewussten Umgang bzw. der Thematisierung dieser zu sehen.

In den Expert_inneninterviews finden sich weitere konkrete Hinweise auf Unterschiede in der Sozialisation in Ost- und Westdeutschland. Sonja berichtet in ihrem Interview von Erfahrungen ihrer Arbeit mit Kitas in Thüringen:

> „Und dann (...) gibt's etwas Hilflosigkeit in dem Umgang mit sozialen Unterschieden, weil das ja auch so was ist, was so mit Macht in das Leben der Menschen in den letzten 15 Jahren so gestoßen ist, also vorher gab es ja auch irgendwie Unterschiede, aber die waren ja nicht so an (...) den sozialen Status gebunden, sondern da war auch die Doktrin, alle sind gleich, so, und daran hat man auch irgendwie geglaubt, aber jetzt so richtig mit Verelendung auch klar zu kommen auf der einen Seite und so einer Prosperität, die auch zum Beispiel in manchen Kitas dazu führt, dass jetzt Eltern da ziemlich die Teams majorisieren. Also das sind so Akademikereltern, die kommen da hin, manche West, manche Ost das macht irgendwie gar keine Unterschied, haben viel mehr Geld, viel mehr Geld, viel mehr Einfluss als die Erzieherinnen, also wo sich noch mal was ganz anderes, was zum Beispiel Machtverhältnisse angeht, darstellt als hier [in Berlin]" (Sonja, 548-562).

Sonja bezieht sich hier auf eine ostdeutsche Sozialisation, die geprägt war von dem Leitsatz bzw. der Doktrin „alle sind gleich". Die Herausforderung besteht nach Sonja darin, diese verinnerlichte Sichtweise mit den aktuellen Entwicklungen von (zunehmender) sicht- und spürbarer Armut und gleichzeitigem (partiellem) Wachstum in Einklang zu bringen. Die von Sonja beobachtete Hilflosigkeit im Umgang mit eben diesem Dilemma ist nachvollziehbar. Des Weiteren legt die Verwendung des Begriffs „Doktrin" nahe, dass Sonja hier auf den staatstragenden Charakter des Leitsatzes „alle sind gleich" abzielt. Zugespitzt kann dieser als Staatsdoktrin bezeichnet werden, der ausdrücklich die Gemeinsamkeit bzw. das Kollektiv betont und in den Vordergrund stellt. Albert geht in seinem Interview aus einer soziologischen Perspektive auf die Unterschiede zwischen der DDR und BRD ein und beschreibt die DDR als Staatsform mit kollektivistischer Ausrichtung im Gegensatz zur individualismusbetonten und kapitalistisch geprägten BRD:

> „[A]uch gerade diese Wandlung von Kollektivismus zu Individualismus (...), Kapital ist ah und oh, Gemeinschaft ist ah und oh, Individualismus ist ah und oh oder dort irgendwie die Gemeinschaft ist ah und oh, also diese Parallelen zu ziehen" (Albert, 365-368).

Die Unterschiede zwischen beiden Staaten zeichneten sich nach Wilhelm Heitmeyer (2009) durch diametral entgegen gesetzte Konstruktionsweisen und Wertesysteme aus, wie etwa Kapitalismus gegenüber Sozialismus, Föderalismus gegenüber Zentralismus, Demokratie gegenüber Ein-Parteien-Staat, Individualismus gegenüber Kollektivismus betonende Werte und zivilgesellschaftliche Institutionen gegenüber staatlichen Kombinaten (vgl. ebd., 13).[187] Ohne an dieser Stelle ausführlicher auf Unterschiede und Überschneidungen eingehen zu können, möchte ich dennoch auf zwei zentrale Aspekte in Bezug auf die DDR und BRD hinweisen: die jeweiligen Unterschiede im Umgang mit der NS-Vergangenheit sowie die Bedeutung des Untergangs der

[187] Diese Unterschiede wirkten sich auch auf die Erziehung und Bildung aus. Petra Wagner (2008) spricht in Bezug auf das Bildungssystem der DDR von einer „Einwirkungspädagogik" und „Kollektiverziehung" (ebd., 13f.). In der BRD bestand eine Vielzahl von Ansätzen, wobei entsprechend der kapitalistisch-individualistischen Ausrichtung der Fokus meist auf die individuelle Persönlichkeitsentwicklung gelegt wurde.

DDR für das gegenwärtige Deutschland. Zum einen kann als konstitutiv für die frühere BRD, trotz Historikerstreit, der „Erinnerungsimperativ“ an den Holocaust und den Nationalsozialismus angesehen werden (Wolfrum 2008, 4). Dieser stand gleichzeitig für die Westbindung der damaligen BRD. Hingegen herrschte in der DDR die Staatsdoktrin des Antifaschismus, in der der Nationalsozialismus als „ausgerottet“ galt (ebd.). Zudem wurde von Seiten der DDR und der damaligen Sowjetunion der Faschismus als kapitalistische Ausdrucksform interpretiert. Damit wurde öffentlich „die Frage der gesellschaftlichen und kulturellen Bedingungen des Nationalsozialismus kaum diskutiert“ (Schneider 2001, 59). Zum anderen wirkt der Untergang der DDR, auch wenn sie durchaus als (SED-)Diktatur bezeichnet werden kann, nicht in gleicher Weise konstituierend auf das gegenwärtige Deutschland wie die NS-Zeit (vgl. Kleßmann 2001, 3). Hinsichtlich der Überwindung der NS-Zeit und der SED-Diktatur bestehen für das gegenwärtige Deutschland, so Wolfrum (2008), „Ungleichgewichte und Spaltungen zwischen West- und Ostdeutschland“ und es kann von einer „geteilten deutschen Geschichtskultur“ gesprochen werden (ebd., 6).[188] In der obigen Interviewpassage spricht Albert auch die „Wandlung“ von einer Staatsform in die andere an (Albert, 365). Den Wandlungsprozess in den Blick zu nehmen ist für ihn von besonderer Bedeutung, da dieser in direkter Verbindung mit Ab- und Anerkennungsprozessen steht:

> „[D]iese neuere Geschichte (...) als Beispiel, als Erfahrung von den Teilnehmern raus zu nehmen und zu sehen, welche Unterschiede es da gab, welche Unterdrückungsmechanismen, welche Anerkennung und Aberkennung es da gab, vom Bildungssystem bis hin zur Stellung der Frau“ (Albert, 341-345).

Wie stellt sich das Verhältnis zwischen Ost- und Westdeutschland heute in der Fachliteratur bzw. in Studien konkret dar? Welche Ab- und Anerkennungsprozesse zeigen sich? Dazu werfe ich einen Blick auf die Ergebnisse von zwei zentralen Studien, der bereits oben angeführten Untersuchung zur Deutschen Einheit von 2009 und der Langzeitstudie „Deutsche Zustände“ zum Jahr 2008 des Forscher_innenteams um Wilhelm Heitmeyer und Andreas Zick. Nach den Ergebnissen der Langzeitstudie „Deutsche Zustände“ fühlen sich im Jahr 2008 73 Prozent aller Ostdeutschen gegenüber den Westdeutschen benachteiligt. Der Aussage, „irgendwie Bürger zweiter Klasse“ zu sein, stimmen 64 Prozent aller Ostdeutschen zu, jedoch nur 13 Prozent der Westdeutschen. Zudem fühlen sich nur 24 Prozent der Westdeutschen gegenüber Ostdeutschen benachteiligt (vgl. Klein/Küpper/Zick 2009, 93ff.). In Bezug auf die gegenseitige Anerkennung sind fast 75 Prozent der Ostdeutschen der Ansicht, dass sich Westdeutsche zu wenig um Verständnis der Situation der Ostdeutschen bemühen und die Leistungen für den Aufbau in den neuen Bundesländern zu wenig würdigen. Demgegenüber sind auch fast die Hälfte der Westdeutschen der Ansicht, dass ihre Arbeit am Aufbau zu wenig gewürdigt wird und der eigenen Situation zu wenig Verständnis entgegen gebracht wird (vgl. Heitmeyer 2009, 13ff.).[189] Die bereits oben angeführte Studie des Innova-

[188] Vgl. zu den Unterschieden zwischen BRD und DDR auch Kapitel 1.3 dieser Studie. Weiterführend zum Umgang mit der Geschichte der DDR vgl. Sabrow/Eckert/Flacke et al (2007).

[189] Trotz der enormen Popularität dieser Langzeitstudie (Laufzeit von 2002-2012) und einen renommierten Team von Forscher_innen sind sowohl die Herangehensweise als auch verschiedene zur Anwendung kommende Begrifflichkeiten kritisch zu betrachten. So stellt sich grundsätzlich die Frage nach der „Messbarkeit bestimmter Einstellungen über die genutzten Items“ (vgl. Pfahl-Traughber 2009). Auch ist der in den Studien zentrale Begriff der „Menschenfeindlichkeit“ problematisch, denn dieser suggeriert, dass abwertende oder diskriminierende Einstellungen immer in einer feindlichen Haltung oder Absicht auftreten.

tionsverbundes Ostdeutschlandforschung von 2009 zur Wahrnehmung der Deutschen Einheit kommt zu dem Ergebnis, dass trotz größerer Erfolge auch in der soziokulturellen Vereinigung „die deutsche Teilung (…) in vielerlei Hinsicht noch nicht überwunden (ist). Alle wichtigen Indikatoren zum Stand der materiellen und symbolischen Vereinigung (…) lassen erkennen, dass die Ost-West-Differenz noch immer andere regionale Disparitäten überragt und insofern eine der zentralen Ungleichheits- und Desintegrationslinien darstellt" (ebd., 1). Interessant ist weiterhin die Tatsache, dass seit 1990 in verschiedenen „soziokulturellen oder mentalen Dimensionen des Vereinigungsprozesses" eine Verhärtung der Positionen festzustellen ist. Dies betrifft die Dimension „kollektiver Identitätsformationen" wie ‚Ostdeutsche', „kollektiver Anerkennungsdesiderata" wie ‚Bürger zweiter Klasse' sowie die Dimension der Enttäuschung gegenüber der Angleichung entlang von Umfang und Tempo (ebd.). Des Weiteren wird in der Studie auf generationelle Unterschiede hingewiesen. So erscheint der Gruppe der Nachwendegeneration „die deutsche Einheit als selbstverständliche gesellschaftliche Realität und Rahmen individueller Entwicklungschancen", allerdings ist „die deutsche Teilung nicht schlechterdings irrelevant" (ebd.). Dies bedeutet, dass auch die Jahrgänge nach 1989 von Unterschieden zwischen Ost- und Westsozialisation betroffen ist. Denn die Eltern der Nachwendegeneration sind genau die Gruppe, die selbst entweder in der DDR oder BRD aufgewachsen sind und zumeist sowohl Teilung als auch Wiedervereinigung miterlebt haben. Sowohl mit den bereits angedeuteten unterschiedlichen Sozialisationserfahrungen als auch mit den möglicherweise auf ostdeutscher Seiten vorhandenen Unsicherheiten und Hilflosigkeiten mussten die Eltern in irgendeiner Weise umgehen und es ist sehr wahrscheinlich, dass genau dieser Umgang einen nicht zu unterschätzenden Einfluss auf die Erziehung bzw. das Heranwachsen der Nachwendegeneration hatte. In Bezug auf die unterschiedlichen Sozialisationserfahrungen möchte ich auf einen Aspekt hinweisen, den Jens Schneider (2001) in seiner Studie zum Selbstbild des vereinten Deutschlands herausarbeitet. Auffällig ist, dass nur wenige Interviewpartner_innen, egal, ob aus West oder Ost, auf die unterschiedlichen Sozialisationserfahrungen eingehen. Vor allem aber „bescheinigen (diese wenigen) den Ostdeutschen, in dieser Frage den Westdeutschen etwas voraus zu sein: Sie haben beide Systeme kennengelernt und in beiden Systemen Überlebensstrategien entwickeln müssen" (ebd., 193). Diese Erfahrung kann meines Erachtens als eine zentrale Ressource ostdeutscher Sozialisation bezeichnet werden, die bislang allerdings unbeachtet und ungenutzt geblieben ist. In Bezug auf die Gegenwart und Zukunft der deutschen Einheit benennt die bereits zitierte Studie des Verbundes zur Ostdeutschlandforschung von 2009 sechs zentrale Konfliktfelder:

- Geschichte und Erinnerung zur DDR und BRD sowie der (Nach)Wendezeit,
- Anerkennung der Ostdeutschen und das Risiko einer ‚Ethnifizierung' Ostdeutscher als soziale Verlierer und Angehöriger der Unterschicht sowie einer äußeren Großregion,
- Angleichung und Gleichwertigkeit von Lebensbedingungen zwischen Ost und West,
- Übertragungen von Konzepten und Finanzen von West nach Ost sowie das Bedürfnis nach ostdeutscher Selbstbestimmung,
- zunehmende Probleme wie Arbeitslosigkeit, demografischer Wandel und innovative Lösungsansätze in Ostdeutschland sowie

- Konzepte zur Gestaltung der Deutschen Einheit sowie der gesamtdeutschen Zukunft (vgl. ebd., 3).

Die angeführten Ergebnisse der Studien verdeutlichen die spezifischen Herausforderungen, vor die ein Dialog zwischen Ost und West heute steht. Für die praktische Arbeit bedeutet dies, sich sowohl mit den jeweiligen Sozialisationsunterschieden zwischen (und innerhalb von) Ost und West und deren Auswirkungen sowie subjektiven Bedeutungen als auch mit den mittlerweile verhärteten Dimensionen ‚mangelnde Anerkennung', ‚erstarrte Gruppenidentitäten' und ‚enttäuschte Erwartungen' auseinanderzusetzen. Zudem kann das Wissen um die sechs genannten aktuellen und künftigen „Problem- und Konfliktfelder" in der konkreten Anti-Bias-Arbeit von Vorteil sein (ebd.). Diese können zum einen herangezogen werden, um einen Dialog zu starten und diesen gegebenenfalls inhaltlich zu rahmen. Gleichwohl kann dieses Wissen in einem möglicherweise stark emotionalisierten Dialog und bei Konflikten von Teamenden zur inhaltlichen Strukturierung genutzt werden. Des Weiteren stellt sich in Bezug auf die generationellen Unterschiede die Frage, in welcher Weise die Herangehensweise an einen Dialog verändert werden muss. Denn es macht einen bedeutenden Unterschied, ob ich über direkte bewusste Erfahrungen spreche oder über Ereignisse, die ich nicht direkt oder indirekt, wie beispielsweise die erwähnte Nachwendegeneration, erlebt habe.

Lousie Derman-Sparks, die us-amerikanische Mitbegründerin des Anti-Bias-Ansatzes, sagt nach zwei Besuchen des Projektes Kinderwelten und ihren Kontakten mit Ost- und Westdeutschen:

> „I found fascinating the conversation, thinking about sort of what are the pros and cons of having been raised in West, coming out of West-Germany or East-Germany because there is strengths and there is weaknesses in both places and creating a third space is a sort of being able to use the strengths of both, but it's a real issue and before you even get, I mean it's a prejudice issue that has to be addressed, it might be easier to talk about prejudice against Turkish people than it is about [L. is laughing] the East-West stuff" (LDS, 921-928).

Besonders interessant sind meines Erachtens in dieser Passage zwei Aspekte. Zum einen vermutet Derman-Sparks selbst aus einer Außenperspektive und wenigen Besuchen in Deutschland eine besondere Schwierigkeit in der Thematisierung des Ost-West-Themas. Dies unterstreicht noch einmal die Studienergebnisse, die unter anderem eine Verhärtung verschiedener Positionen wie etwa die fehlende Anerkennung auf Seiten der Ostdeutschen aufzeigen. Zum anderen beschreibt sie hier eine mögliche konkrete Vorgehensweise, nach der die jeweiligen Vor- und Nachteile und die jeweiligen Stärken und Schwächen in Bezug auf das Heranwachsen in Ost- bzw. Westdeutschland in den Blick genommen werden. Sie spricht in diesem Kontext auch davon einen „third space" herzustellen. Derman-Sparks greift damit begrifflich ein Konzept auf, was ursprünglich auf Homi K. Bhabba zurückgeht, der als ein bedeutender Denker der Postkolonialen Theorie bezeichnet werden kann (vgl. CastroVarela/Dhawan 2005, 8; 83ff.). Das Konzept des „third space" oder „Dritten Raumes" bezieht sich bei Bhabha in erster Linie auf Kolonialismus und Migration. Mit „third space" ist ein Dialograum gemeint, in dem „kulturelle Symbole neu verhandelt, das heißt mit neuen Bedeutungen belegt und damit reinterpretiert werden (können)" (ebd., 97). Wird das Konzept nun direkt auf den Kontext Ost- und Westdeutschland übertragen, ergibt sich daraus ein nicht uninteressantes Gedankenspiel. Ostdeutschland könnte dann als kolonisiertes Gebiet angesehen werden und Westdeutschland als die Imperialmacht. Die Übertragung stößt selbstverständlich auf Grenzen, denn die Transformationsprozesse in Deutschland unterliegen anderen Mechanismen, Machtverhältnissen und historischen Begebenheiten. Gleichwohl kann diese Perspektive meines Erachtens den Blick für die Tragweite der Schwierigkeiten einer Wiedervereinigung schärfen, die zwar von der Mehrheit beider Seiten begrüßt wurde, deren Prozess jedoch oft nicht auf Augenhöhe geführt wurde und wird. Eindrückliches Beispiel für eine solche vereinnahmende und einseitige Perspektive, die auch gleichzeitig markiert, wer über die Definitionsmacht verfügt, ist die sprachliche Einteilung in ‚alte' Bundesländer, die schon ‚immer' der BRD zugerechnet werden und den so genannten neuen Bundesländern, die im ehemaligen Gebiet der DDR liegen. Genau in der Verwendung des Begriffs *neue* Bundesländer für Ostdeutschland zeigt sich – anknüpfend an obiges Gedankenspiel – die dominante Westperspektive. Denn aus der Perspektive der früheren DDR Einwohner_innen sind die alten Bundesländer der BRD eigentlich die neuen. Eben diese Perspektive wird in der Aufteilung in so genannte alte und neue Bundesländer nicht mitgedacht. Das Konzept des Dritten Raumes könnte nun im Sinne des von Bhabha (2006) geforderten „Darüber-hinaus-gehens" über die eigenen Positionen dazu dienen, im Rahmen eines Dialogs solche einseitigen Perspektiven aufzudecken und einen solchen Dritten Raum zu kreieren, in dem neue soziale Wirklichkeiten gemeinsam konzipiert werden können (vgl. ebd.).[190]

Zusammenfassung und Schlussfolgerungen

- Dem Thema Ost/West wird von Seiten der Expert_innen eine hohe Bedeutung für die Anti-Bias-Arbeit beigemessen. Dabei ist die Differenzlinie Ost/West immer intersektional zu betrachten, das heißt danach zu fragen, welche weiteren Differenzlinien eine Situation mitbestimmen und welche Wechselwirkungen be- bzw. entstehen.
- Sowohl in den Interviews als auch in der Fachliteratur wird das im öffentlichen Diskurs kaum mehr vorhandene Interesse am Thema Ost- und Westdeutschland konstatiert – trotz weiterhin bestehender Ungleichheitsverhältnisse. In den Interviews zeigt sich in Bezug auf den Seminarkontext die Schwierigkeit bestehende Unterschiede zu thematisieren bzw. die Tendenz das Thema Ost/West zu vermeiden.
- Durch die Unterschiede in den Staatssystemen verlief die Sozialisation unterschiedlich. Auswirkungen zeigen sich auch in der Nachwendegeneration, da deren Eltern jeweils in der DDR oder BRD sozialisiert sind. Wichtig ist zudem, die Unterschiede der Sozialisation jeweils innerhalb von West und Ost zu beachten. Die ‚ostdeutsche' Erfahrung beide Systeme erlebt zu haben, ist eine zentrale Ressource.
- In Ost- und Westdeutschland kann bezüglich der unterschiedlichen Bewältigung der NS-Zeit in der DDR und BRD von einer geteilten Geschichtskultur gesprochen werden.
- Das Verhältnis zwischen Ost- und Westdeutschen ist heute geprägt von spezifischen Herausforderungen, die sich in Interessens- („Wer bekommt was und wie viel und wer be-

[190] Konkrete Anregungen für die Initiierung eines Dialogs in der Praxis finden sich auch bei Sabine Beyersdorff und Evelyne Höhme-Serke (2008, 168ff.).

stimmt darüber?") und Identitätskonflikten („Wer sind wir (nicht) und welche Art des Zusammenlebens im vereinten Deutschland soll den Vorrang vor anderen möglichen Formen des Zusammenlebens haben?") widerspiegeln (Innovationsverbund Ostdeutschlandforschung 2009, 11).

- Die Anwesenheit/Existenz von DDR-Zeitzeugen ermöglicht den unmittelbaren Zugang zur Geschichte, das heißt jedoch nicht, dass dadurch der Zugang in jedem Falle ‚leichter' herzustellen ist.
- Auf den Seminarkontext bezogen liegt eine Möglichkeit des Dialogs in der Herstellung eines ‚Dritten Raumes', der dazu dienen kann über die eigene Position hinauszugehen und Bestehendes mit neuen Bedeutungen zu versehen (vgl. Bhabha 2006; Rutherford 1990).[191]
- Für die Initiierung bzw. Moderation eines solchen Dialoges ist für Teamende der Anti-Bias-Arbeit Hintergrundwissen um die spezifischen Herausforderungen im Verhältnis zwischen Ost- und Westdeutschland hilfreich. Die Interviewergebnisse legen den Schluss nahe, dass dieses Hintergrundwissen insbesondere für westdeutsche Teamer_innen von besonderer Bedeutung ist, da es diesen an ‚Ost-Sensibilität' fehlt. Studien zur Folge kann insgesamt von einem unzureichenden Wissen in Bezug auf die gegenseitigen Lebensverhältnisse in Ost und West gesprochen werden.
- Die Bedeutung von Kenntnissen um Lebensverhältnisse und Konfliktfelder darf dabei nicht dazu führen, zwei zentrale Aspekte der Anti-Bias-Arbeit zu vernachlässigen: die Auseinandersetzung mit der eigenen Sozialisation in Ost- und Westdeutschland sowie die Thematisierung von Bildern und deren Konstruktion über die jeweils ‚Anderen'.

5.2.3 Über die Herausforderungen ‚deutsch sein' zu thematisieren

Ein zentrales Thema in der Anti-Bias-Arbeit ist die Auseinandersetzung mit den eigenen (Gruppen-)Zugehörigkeiten als Teilaspekt der eigenen Identität, oder, anders gesagt, die Auseinandersetzung mit der Frage, zu welcher Gruppe ich mich selbst (nicht) zugehörig fühle sowie darin eingebunden auch die Frage, welche Gruppenzugehörigkeiten mir von außen zugeschrieben werden.[192] Nach Derman-Sparks (2008) haben diese Gruppenidentitäten „Einfluss auf jedes Mitglied der Gruppe und sind mit strukturellen oder institutionellen Vorteilen oder Nachteilen verbunden" (ebd., 241). Identität wird hier als Konstrukt verstanden, das sich aus den verschiedenen Gruppenidentitäten zusammensetzt, denen ein Mensch angehört bzw. derer er sich zugehörig fühlt (zum Beispiel Familienmitglied, Tochter) sowie deren verschiedenen persönlichen Charakteristika und Fähigkeiten (zum Beispiel durchsetzungsfähig und redegewandt) und körperlichen Besonderheiten (zum Beispiel Behinderung bzw. Beeinträchtigung oder Größe) (vgl. ebd.).[193] Die

---

191 Derman-Sparks stellt in ihrem Interview die weiterführende spannende Frage wie eigentlich in den Arbeitszusammenhängen der Anti-Bias-Arbeit, das heißt unter den Kolleg_innen selbst, über das Thema Ost/West gesprochen wird (vgl. LDS, 928-934).

192 Vgl. dazu die Ausführungen zum Anti-Bias-Ansatz in Kapitel 2.

193 Im Rahmen dieser Studie kann nicht auf die verschiedenen theoretischen Konzeptionen in den unterschiedlichen Wissenschaftsdisziplinen von Identität eingegangen werden. Bei weiterführendem Interesse sei auf die Ausführungen von Jens Schneider (2001) zur Konstruktion von Identität verwiesen, die meines Erachtens einige an den Anti-Bias-Ansatz anschlussfähige theoretischen Positionen enthalten (vgl. ebd., 33ff.).

Analyse der Expert_inneninterviews zeigte vor dem Hintergrund der Anpassung des Anti-Bias-Ansatzes an den hiesigen Kontext und der spezifischen Herausforderungen der deutschen Geschichte, dass die Gruppenidentität ‚deutsch' bzw. tiefergehend die Frage danach, was ‚deutsch sein' bedeutet, eine zentrale Rolle spielt. In den Interviews wird dies in unterschiedlicher Weise thematisiert.

Karin berichtet von der grundsätzlichen Schwierigkeit, in deutschen Gruppen über deutsche Identität zu sprechen, wobei interessanterweise nicht deutlich wird, wer hier genau zur ‚deutschen Gruppe' gehört. Diese Frage werde ich später noch einmal aufgreifen. Karin stellt zudem fest, dass sich dies mittlerweile etwas verändert und weist auf Unterschiede in der Thematisierung je nach Alter und Kontext hin:

> „Und das ist natürlich eine interessante Frage, (…) es wird weniger jetzt, glaube ich, aber trotzdem, wenn man redet von Zugehörigkeiten manchmal in der deutschen Gruppe, ist das ganz schwierig über die deutsche Identität zu sprechen, das ist ein Thema an sich und da könnte man auch darüber, ich glaube, das ändert sich auch, haben wir alle gesehen in gewisser Hinsicht, aber das heißt nicht grundsätzlich, es ist je nach der Altersgruppe, je nach dem Kontext usw. kann man sagen" (Karin, 561-568).

Wie sich diese Veränderung genau zeigt, wird leider nicht weiter ausgeführt. Wahrscheinlich bezieht sich der Satz „haben wir ja alle gesehen in gewisser Hinsicht" auf die Fußball-Weltmeisterschaft im Sommer 2006 in Deutschland, denn das Interview mit Karin wurde kurz nach dem Ende der WM geführt. Dieses gesellschaftliche Großereignis steht unter anderem für einen ‚ungezwungenen' Umgang mit der eigenen deutschen Nation und den dazugehörigen Symbolen (vgl. Projektgruppe Nationalismuskritik 2009, 7). Dabei ist die WM 2006 nicht als ein singuläres Ereignis zu sehen, sondern, so Edgar Wolfrum (2008), als „ein Symptom des Wandels" in Richtung eines „fröhlichen Patriotismus" (ebd., 6). Vor diesem Hintergrund könnte daher mit dem Begriff Veränderung gemeint sein, dass es heute für einige Menschen leichter ist über die Frage der deutschen Identität zu sprechen als früher. Die Wendung zu einem so genannten ungezwungenen oder unverkrampften Umgang mit der eigenen deutschen Nationalität ist dabei keinesfalls unproblematisch, denn die Folgen zeigen sich zum Beispiel „in dem nunmehr größtenteils unkritisierten Rekurrieren auf nationale Kategorien" (Keil 2009, 37).

Die besonderen Schwierigkeiten der Thematisierung der Kategorie ‚deutsch' bzw. der sozialen Identität (Gruppenzugehörigkeit) ‚deutsch' zeigen sich beispielsweise auch am Begriff und Konzept Stolz. Karin führt dies am Beispiel einer Übung zum Thema Identität aus ihrer Seminarpraxis aus:

> „[J]etzt denken sie [die Teilnehmenden] an ein Beispiel in ihrem Leben, wo sie eine besondere Freude hat an dieser Zugehörigkeit und an ein Beispiel, wo sie Probleme damit hat oder wo es lästig oder schmerzhaft gewesen ist. Auf Englisch heißt das, ‚denken Sie an eine Zeit, wo Sie stolz waren über diese Zugehörigkeit und an eine Zeit', ja das andere war fast das gleiche, aber dieses ‚Stolz-Sein' hat bei vielen Deutschen, übersetzt for your proud als Amerikanerin usw., und für Deutsche ist das ganz schwer stolz zu sein, aber es geht nicht um Stolz in der Übung, (…) das war nur so eine Art das auf amerikanisch zu sagen, das nicht soviel Bedeutung hat wie das im Deutschen hat und es geht eigentlich eher darum, dass diese Zugehörigkeiten mal eine Last sein können, mal eine Freude sein können" (Karin, 508-521).[194]

[194] Diese Interviewpassage ist übrigens auch ein Beispiel für die Notwendigkeit der Anpassung von Begriffen an den jeweiligen Kontext. Am Beispiel des oben angesprochenen Begriffs Stolz zeigt sich, dass eine unreflektierte

Eine Begründung für diese Skepsis findet sich in einer Interviewpassage von Sonja:

> „[W]o es in der deutschen Geschichte (...) so ganz heikle Punkte gibt, zum Beispiel gibt es ja so ein Ziel [in der Anti-Bias-Arbeit[195]] (...) dass Kinder sich in ihrer Identität gestärkt sehen müssen, sehen sollen, das sind ja dann die pädagogischen Imperative für das Handlungskonzept und dann war da[[196]] irgendwann dieser Satz ‚Sie sollten stolz auf sich sein', und unsere, wir alle, wir alle Deutschen fanden das unmöglich, spontan fanden wir das unmöglich, also da ging natürlich so rum ich bin stolz ein Deutscher zu sein, dass kann man schon mal gar nicht sagen und wir hatten so große Probleme mit diesem Konzept Stolz, was sie (Derman-Sparks] wiederum in ihrem Kontext [USA] nicht schwierig fand, also pride, gerade für black kids, pride, richtig dieses sei stolz, da ist eine Geschichte, die wird seit Jahrhunderten nicht richtig zur Kenntnis genommen, die wird abgewertet, da gibt es vieles was Errungenschaften sind, sei stolz darauf, und wir, ja, womit hat das zu tun, da bist du natürlich beim Faschismus und beim Neofaschismus und dann merkt man, dass das zum Beispiel unser Bild von einer starken Identität auch mitprägt, also, was heißt das dann, also, wir können alles mögliche irgendwie damit verbinden, (...) aber dieses mehr emotionale, ich bin stolz, mir geht das Herz auf, ich identifiziere mich mit meiner Sippe oder so uahhh, da wird's uns Angst und Bange" (Sonja, 306-328).

Sonja sagt hier, dass für die in dieser Situation anwesenden Deutschen – auch hier wird nicht expliziert, wer zu dieser Gruppe gehört – die Haltung ‚Stolz auf das eigene Land zu sein' bzw. ‚Stolz auf Deutschland zu sein', Angst macht und abgewehrt wird. ‚Stolz auf Deutschland' verbietet sich schon alleine deshalb, weil Deutschland Verursacher des Holocaust war. Aus diesem Grund wird das Konzept Stolz auch in Verbindung mit einer Identität als Deutsche gesehen, die der extremen Rechten, dem „Neofaschismus" zugeordnet wird. Die Interviewpassagen von Karin und Sonja weisen darauf hin, dass neben den oben beschriebenen ‚Normalisierungstendenzen' auch weiterhin Befangenheit im Umgang mit der eigenen deutschen Identität besteht.

Diese Befangenheit ist durchaus positiv zu bewerten, „da sie auf eine Verunsicherung im Umgang mit Nation und nationaler Geschichte hinweist, die in Bildungsprozessen produktiv aufgegriffen werden kann" (Leiprecht 2005, 100). Auch aus einer kritischen *theoretischen* Perspektive ist die in obigen Passagen anklingende Skepsis und Verunsicherung in Bezug auf das Konzept Stolz im Zusammenhang mit einer deutschen Identität zu begrüßen. Zur Verdeutlichung werde ich im Folgenden das Thema Zugehörigkeit und Nation aus der Perspektive der kritischen Nationalismusforschung aufgreifen. Dieser erweiterte Blick kann gleichfalls dazu dienen, kritische Bildungsprozesse in Bezug auf Fragen um eine nationale (deutsche) Identität anzustoßen. Dies ist gerade auch hinsichtlich der Perspektive des Anti-Bias-Ansatzes, der gerade auch die strukturell-institutionelle und ideologisch-diskursive Ebene von Diskriminierung[197] in seine Analyse mit einbezieht, von zentraler Bedeutung.

‚eins zu eins' Übersetzung von Begriffen in eine andere Sprache ohne Kenntnis der spezifischen Konnotationen und der spezifischen historischen Bedingungen des jeweiligen Kontextes Missverständnisse produziert, die bis hin zur Verweigerung von Übungen von Seiten der Teilnehmenden reichen können. Vgl. dazu auch Kapitel 5.1.

195 Derman-Sparks (2008) formuliert vier Ziele für die Anti-Bias-Arbeit, wobei das erste explizit auf die Stärkung des Selbstbewusstseins und des Zutrauens in die eigene Person sowie die positiven Identifikation mit den eigenen Bezugsgruppen, wie zum Beispiel die Familie, zielt (vgl. ebd., 241).

196 Der Begriff „da" (Sonja, 310) bezieht sich in diesem Zusammenhang auf ein Fachkräftetreffen des Projekts Kinderwelten in Deutschland, an dem auch Derman-Sparks teilnahm.

197 Vgl. dazu Kapitel 2.4.4 „Interpersonelle, institutionelle und diskursive Diskriminierungsebenen".

Zu den Begriffen Nation, Nationalismus und Patriotismus

Eine prominente und gleichzeitig prägnante Definition zum Begriff Nation lieferte Benedict Anderson (1996). Anderson definiert Nation als „vorgestellte Gemeinschaft" (ebd., 17) und meint damit die Vorstellung einer begrenzten und souveränen Gemeinschaft (vgl. Keil 2009, 22). Diese Kurzdefinition umfasst zwei zentrale Aspekte: Zum einen beinhaltet die Vorstellung von Nation als *Gemeinschaft* immer notwendigerweise eine Begrenzung, die Aus- und Einschluss mit sich bringt. Denn ein Teil der gesamten Menschheit kann sich nur als eine eigene Gemeinschaft definieren bzw. als Kollektiv zusammenschließen, wenn sie einige *bestimmte* Menschen in ihrer Gemeinschaft aufnimmt bzw. einschließt und dadurch *andere* Menschen ausschließt. Das bedeutet, dass auch Nationen – verstanden als vorgestellte Gemeinschaften – immer die folgenden Fragen beantworten müssen: Wer gehört warum dazu (und wer nicht)? Dabei sind die Prozesse von Ein- und Ausschluss bei Nationen sowohl nach innen gerichtet, zum Beispiel auf institutioneller Ebene über die Staatsbürgerschaft als auch nach außen, wie zum Beispiel über Grenzen zu anderen Nationen (vgl. Keil 2009, 24). Zum anderen verweist der Begriff „vorgestellt" in obiger Kurzdefinition auf den Konstruktionscharakter von Nationen. Sie sind also nichts ‚natürliches', sondern sie müssen konstruiert, das heißt erschaffen und erhalten werden (vgl. Leiprecht 2005, 98). Wenn Nationen nun Konstruktionen sind, stellt sich als nächstes die Frage, wie Nationen eigentlich entstehen? Daniel Keil (2009) beschreibt drei Phasen der idealtypischen Nationenentstehung. Zu Beginn befasst sich eine „kleine Gruppe ‚erweckter' Intellektueller" mit der Sprache, Geschichte und Kultur eines imaginierten Volkes, daraufhin folgt die Verbreitung diese Ideen „durch eine Gruppe von ‚Patrioten'", worauf als Höhepunkt der nationalen Bewegung die Massenunterstützung folgt (ebd., 26). Hinzuzufügen ist, dass sich Nationenentstehung im Rahmen nationaler Befreiungsbewegungen hiervon unterscheidet, wie zum Beispiel die Befreiung vom Kolonialismus. Interessant sind die beschriebenen Phasen hinsichtlich der oben beschriebenen ‚Normalisierungstendenzen' in Deutschland bzw. der Neuentdeckung der deutschen Nation, die, so Keil, Analogien zu den Phasen der beschriebenen Nationenentstehung aufweisen (vgl. ebd., 29). Ohne an dieser Stelle ausführlich Keils Analogiethese darstellen und diskutieren zu können, greife ich nachfolgend einige zentrale Aspekte heraus, die mir für den kritischen Blick auf den ‚ungezwungenen' Umgang mit der deutschen Nation bedeutend erscheinen. Als Analogie zur erste Phase der Nationenentstehung identifiziert Keil in Deutschland die „als Historikerstreit bekannt gewordene Debatte um die Vergleichbarkeit von Auschwitz" (ebd., 31), kulturindustrielle Ereignisse wie die Fernsehserie ‚Holocaust' und bedeutende Reden und symbolische Handlungen von Politikern wie etwa die Rede von Richard von Weizsäcker zum 8. Mai 1985, die nach Keil als Vorlage für die „Entwicklung eines guten Patriotismus durch die Entkoppelung Deutschlands vom Nationalsozialismus" angesehen werden kann (ebd.). Die zweite Phase findet vor dem Hintergrund der fortschreitenden Europäisierung ihren Ausdruck in der ‚Wende' und den Prozessen zur deutschen Einheit sowie der damit einhergehenden „endgültigen Ausarbeitung des normalisierten deutschen Nationalgefühls auf der Basis einer entsorgten Vergangenheit" (ebd., 34). Die dritte Phase zeigt sich nun in der Aufnahme der nationalen Idee durch die Massen, konkret in der Begeisterung zur WM als nationale Massenzeremonie. Keil dazu: „Gerade die als Feiern aufgetretenen Massenansammlungen (könnten) als Form der aktiven Zustimmung betrachtet werden, die in ihrer Beschaffenheit nach klassischen Nationalbewegungsritualen strukturiert waren“ (ebd., 37). Diese Entwicklung kann nach Keil als eine „Reartikulation nationaler Identität“ angesehen werden (ebd., 29).

Wie bereits oben im Zusammenhang mit der Fußball-WM von 2006 angedeutet ist diese als ‚Normalisierung‘ bezeichnete Veränderung hin zu einem so genannten fröhlichen Patriotismus, das heißt einem ‚ungezwungenen‘ Umgang mit Nation und ihren Symbolen, auch vor dem dargestellten Hintergrund der Nationenentstehung nicht unproblematisch. Dennoch wird diese Problematik übersehen, geleugnet oder verharmlost und die Kritik daran aus dem linken politischen Lager als überzogen bis überflüssig dargestellt. So schreibt beispielsweise Jürgen Krönig (2006), ein freier Mitarbeiter der Nachrichtenmagazins Zeit-Online in einem Kommentar: „Trotz manch schriller Töne in der neuesten deutschen Patriotismus-Debatte besteht Hoffnung. Die WM 2006 könnte tatsächlich dazu beitragen, Deutschland zu einem frischen, normaleren Image zu verhelfen“ (vgl. ebd.). Demgegenüber ist mit der Studie „Deutsche Zustände - Folge 7“ von 2008 anzuführen, dass zunehmender Nationalstolz mit Ablehnung derjenigen einhergeht, „die nicht bereits auf den ersten Blick dazugehören“ (Wagner, zitiert nach Gessler 2008, 2). Das bedeutet, so Ulrich Wagner weiter, dass „Nationalstolz zu mehr Fremdenfeindlichkeit“ führt (ebd.). Interessant ist weiterhin, dass „auch die Identifikation mit Ost- oder Westdeutschland Fremdenfeindlichkeit, Antisemitismus und Islamphobie erhöht“ (Becker/Christ/Wagner/Schmidt 2008, 13). Die Schlussfolgerung der Forscher_innen – „Vorsicht mit allen Formen von nationaler Identifikation, wenn Deutschland und die Deutschen weltoffen auftreten wollen“ – steht damit einem ungezwungenen Umgang mit der deutschen Nation und ihren Symbolen diametral entgegen (ebd.). Zudem ist die beschriebene Reartikulation nationaler Identität mit abnehmender Skepsis gegenüber der eigenen Nation verbunden. Genau diese Skepsis kann jedoch für kritische Bildungsprozesse hilfreich und produktiv sein. Vor diesem Hintergrund kann dieser ‚neue‘ Umgang mit deutscher Identität nur kritisch betrachtet werden.

Übrigens wird aus entwicklungspsychologischer Perspektive angeführt, dass der Abbau negativer Einstellungsmuster auch durch die Vermeidung nicht notwendiger Kategorisierungen gefördert werden kann. Damit sind nicht so genannte farbenblinde Ansätze gemeint, die, kurz gesagt, wirkmächtige Unterschiede ignorieren, sondern die Kritik richtet sich gegen eine noch immer anzutreffende Form interkultureller Veranstaltungen wie zum Beispiel Sportfeste, in deren Rahmen beispielsweise nach Ethnizität aufgeteilte Gruppen gegeneinander antreten (vgl. Raabe/Beelmann 2009, 131). Übertragen auf den Kontext Nation würde dies bedeuten, dass der Abbau negativer Einstellungsmuster gegenüber so genannter Fremdgruppen auch dadurch gefördert wird, dass nicht wiederholt auf die Kategorie Nation Bezug genommen wird. Dies wirft noch einmal einen kritischen Blick auf beispielsweise internationale Sportveranstaltungen wie Weltmeisterschaften, die eben gerade entlang der Kategorie Nation ausgetragen werden.

Abschließend möchte ich kurz auf den Begriff Patriotismus zu sprechen kommen. Dieser findet im Zuge der dargestellten Wandlung im Umgang mit deutscher Identität im Sinne eines guten oder positiven Patriotismus häufiger Verwendung. Vor dem Hintergrund des Holocaust kann in Deutschland die Figur des guten Patriotismus jedoch nur „durch die Entkoppelung vom Nationalsozialismus“ funktionieren (Keil 2009, 31). Genau darin besteht jedoch die Problematik, denn die Entkoppelung bricht mit dem Grundsatz ‚Wer das heute verstehen will, muss in die Vergangenheit blicken' und kann dadurch Gefahr laufen, bereits überwunden geglaubte Perspektiven von Höherwertigkeit der Eigengruppe und Abwertung der Fremdgruppe aus dem Blick zu verlieren. Dies ist gerade vor dem Hintergrund einer sich wandelnden deutschen Gesellschaft problematisch, in der längst nicht mehr nur explizit Ungleichheitsideologien propagiert werden, sondern sich diese gerade auch in subtilen Varianten zeigt, etwa in der Verwendung des Begriffs Kultur als Sprachversteck für ‚Rasse' (vgl. Leiprecht 2005, 104) oder eben des Begriffs Patriotismus für Nationalismus.

Auch in anderen Interviewabschnitten mit den Expert_innen der Anti-Bias-Arbeit wird über den Umgang mit deutscher Geschichte gesprochen. Dabei spielt die Frage des Umgangs mit dem Nationalsozialismus und Holocaust als Teil der ‚eigenen' deutschen Geschichte (der Teilnehmenden) eine zentrale Rolle. Karin sagt dazu:

> „[J]eder trägt mit sich seine Geschichte und die Deutschen, vor allem eine bestimmte Generation tragen das vielleicht mehr als andere, (…) die Geschichte lastet, Nazigeschichte, muss man einfach sagen" (Karin, 573-578).

Wie auch schon oben bereits erwähnt wird hier wiederum deutlich, dass die Frage der Generation in Bezug auf den Umgang mit Geschichte eine bedeutende Rolle spielt. Naheliegend ist die Interpretation, nach der mit „bestimmte Generation" in diesem Fall die Zeitzeugen der NS-Zeit gemeint sind. Die Geschichte lastet auf dieser Gruppe durch die eigenen direkten Erlebnisse wesentlich stärker im Vergleich mit der im Rahmen der Fußball WM erwähnten jüngeren Generation. Auch Albert äußert sich ähnlich in Bezug auf die besondere Bedeutung des Nationalsozialismus im deutschen Kontext:

> „Im deutschen Kontext fände ich spannend, wenn so eine Verknüpfung zum Nationalsozialismus erstmal hergestellt werden könnte, das heißt historische Arbeit in Bezug auf Verarbeitung oder Erarbeitung dieser historischen Belastung bei den Individuen. Also da weiß ich nicht wie, aber ich merke schon immer eine Tendenz innerhalb der Teilnehmer, was die Belastung dieser Geschichte anbetrifft, das heißt (…), in dem Moment, dass sie sich so einlassen auf systemischer Ebene, auf individueller Ebene dieser Verarbeitungsprozesse, taucht immer so dunkle Fragen bei denen im Kopf auf, was war meine Familie, was war denn da und die teilweise tabuisiert sind, (…) sie wollen eigentlich auch Bezug zu ihrer eigenen Geschichte nehmen, aber ihre eigene Geschichte (ist) auch mit Ausrufezeichen oder Fragezeichen belegt und wie könnte so ein Ansatz erstmal die Brücke dazu eröffnen?" (Albert 287-305).

Albert berichtet hier von seinen Erfahrungen als Seminarleitung. Von besonderer Bedeutung ist für ihn, sich mit den Er- und Verarbeitungsprozessen der belastenden historischen Prozesse des Nationalsozialismus bei Individuen auseinanderzusetzen. Dazu gehört auch die Frage, wie mit ungeklärten Familiengeschichten (im Sinne von möglichen Verstrickungen von Familienmitgliedern mit dem Nationalsozialismus) umgegangen wird. Albert fragt zudem danach, in welcher Weise Anti-Bias an dieser Stelle einen Zugang bzw. „die Brücke" schaffen könnte. Auf den Umgang mit Geschichte in Bezug auf die eigenen Zugehörigkeiten und Identitäten geht auch Karin ein:

> „[I]ch (finde) die Zugehörigkeiten ganz wichtig, dass man denkt ein bisschen mehr über die Sozialisation und über wo ich herkomme und was mich beeinflusst hat und mit wem ich zu tun habe usw. und daher würde ich sagen die Geschichte ist da, aber jeder hat seine individuelle und eigene Sozialisation und das ist in

einem geschichtlichen Kontext und dann die soziale Schicht usw. und die Familiengeschichte spielt ein Rolle, die man sich dann ausarbeiten muss dann mehr oder weniger" (Karin 585-591).

Sie fokussiert in ihrem Beitrag den je individuellen Umgang mit Geschichte, der auch beeinflusst ist von weiteren Kategorien, wie etwa der sozialen Schicht. Das knüpft an den erforderlichen Einbezug einer intersektionalen Perspektive im Anti-Bias Ansatz an, die auch eine besondere Bedeutung für den Umgang mit der historischen Vergangenheit hat – denn auch der Blick auf die eigene historische Vergangenheit ist nicht nur geprägt etwa von der eigenen Zugehörigkeit zu Deutschland, sondern auch von anderen Erfahrungshintergründen wie zum Beispiel der sozialen Schicht, des Geschlechts, der sexuellen Orientierung, der Religion, der Ethnie, Behinderung oder dem Aufwachsen in West- oder Ostdeutschland.

Die von Karin und Albert angesprochene Thematisierung von Familiengeschichten und der Frage der Zugehörigkeiten ist in der Anti-Bias-Arbeit ein zentraler Bestandteil.[198] Somit besteht eine gute Ausgangsbasis, auch die familiäre historische Vergangenheit und die jeweiligen subjektiven Umgangsweisen zu thematisieren, wobei dies in der jeweiligen Praxis konkret ausgestaltet werden muss. Albert weist zudem an anderer Stelle auf die bislang nicht bestehende Verknüpfung mit Ansätzen der Erinnerungspädagogik hin:

> „[W]enn ich mich diesem Ansatz so widme, kommt diese Frage und dann merke ich irgendwie, dass diese, nicht nur Anti-Bias, dass alle pädagogischen Ansätze die spezifisch irgendwie für Holocaust oder woanders irgendwie da oder das Anne-Frank-Institut, dass diese Ansätze auch nutzt, diese Ansätze anbieten, es gibt keine Verknüpfung zwischen diesen Ansätzen miteinander irgendwie, dass man sagt, da haben wir angesetzt auf individueller Ebene, auf struktureller Ebenen, auf kultureller Ebene, da können wir so zu Geschichte und Historie und Individuum irgendwie auch eine Brücke bauen, (...) da wäre es schön irgendwie da sich so Gedanken zu machen" (Albert 319-328).

Ansätze der Erinnerungspädagogik setzen sich mit kollektiven (historischen) Erinnerungen[199] sowie darauf bezogenen (subjektiven) Umgangsweisen aus einander und reflektieren aus pädagogischer Sicht „entsprechende Inhalte, Konzepte, Bildungsprozesse, Materialien usw." (Leiprecht 2005, 107). Hervorzuheben ist, dass es sich bei diesen Ansätzen und Konzepten nicht um eine eigenständige Fachdisziplin der Erziehungswissenschaften handelt – Erinnerungspädagogik ist eher als ein „interdisziplinärer Fachdiskurs" zu bezeichnen (ebd., 106). Leiprecht weist zudem auf den Aspekt Diversität hin, der auch in der Erinnerungspädagogik von zentraler Bedeutung ist. Diversität bezieht sich in diesem Zusammenhang auf die Erinnerungskultur des Landes, die „die unterschiedlichen geografischen Herkünfte und soziale Positionierungen" repräsentieren sollte (ebd., 100). Des Weiteren meint Diversität hier die unterschiedlichen Positionen wie Opfer, Zuschauer oder und deren Verhaltensweisen sowie die inhaltliche Ausrichtung von positiven und negativen Seiten der Geschichte (vgl. ebd.). Interessant ist bei Albert der Gedanke, die Be- und Verarbeitung von Geschichte mit den Diskriminierungsebenen des Anti-Bias-Ansatzes[200] zu ver-

---

198 Vgl. dazu die Darstellungen des Anti-Bias-Ansatzes in Kapitel 2 der vorliegenden Studie.

199 Mit dem Begriff kollektive Erinnerungen oder kollektives Gedächtnis meine ich „das Erinnern eines gemeinsamen Schicksals, einer gemeinsamen Geschichte" durch das ein Kollektiv entsteht (Lutz/Gawarecki 2005, 14). Wichtig ist zudem anzumerken, dass dieses konstruiert ist und nicht natürlich vorhanden, damit ist es auch nicht statisch sondern verändert sich, je nach Fokus bzw. Auswahl und Ausblendung bestimmter historischer Ereignisse (vgl. ebd.).

200 Zu den Diskriminierungsebenen vgl. Kapitel 2.4.4.

binden, beispielsweise zu fragen, wie sich die spezifische Geschichte jeweils auf der zwischenmenschlichen/interpersonellen, der gesellschaftlichen/ideologisch-diskursiven und strukturell-institutionellen Ebene widerspiegelt und welche unterschiedlichen Bedeutungen, Auswirkungen und Handlungsspielräume jeweils für die Individuen bestehen oder bestanden. Dies ist ein möglicher konkreter Ansatzpunkt, um historische Arbeit mit Anti-Bias Arbeit zu verbinden.

„Erziehung nach Auschwitz" – Matthias Heyl

Heyl (1997) hat in seiner Publikation „Erziehung nach Auschwitz" in Bezug auf die oben aufgeworfene Frage des Umgangs mit Geschichte Perspektiven entwickelt, die gerade auch für die Anti-Bias-Arbeit anschlussfähig erscheinen. Für die strukturierte Thematisierung des Holocaust schlägt Heyl vor, die „Gesellschaft des Holocaust" als Ganzes in den Blick zu nehmen (ebd., 224), so dass Täter_innen und deren Unterstützer_innen, Mitläufer_innen, Zuschauer_innen, Verfolgte und deren Helfer_innen sichtbar werden. Dabei ist das Schema nicht statisch gedacht, sondern „schließt die Möglichkeit von Veränderungen im Status einzelner ein" (ebd.). Die von Heyl vorgeschlagene Herangehensweise kann dazu beitragen, die unterschiedlichen subjektiven Entscheidungs- und Handlungsmöglichkeiten vor dem Hintergrund extremer Ausbeutung, Unterdrückung, Verfolgung und Vernichtung aufzuzeigen (vgl. Leiprecht 2005, 108). Der Grundgedanke ist dabei stets, anonymen Massen ein Gesicht zu geben, konkrete Bilder durch Geschichten entstehen zu lassen. In dieser Konkretisierung liegt die Chance Geschichte nachvollziehbar zu machen (vgl. Heyl 1997, 228). Dies kann auch dazu beitragen, eine Überforderung oder Abwehr im Umgang mit Geschichte zu überwinden. Mit Blick auf die oben angesprochenen Diskriminierungsebenen im Anti-Bias-Ansatz kann ein solches Vorgehen einen ersten konkreten Zugang auf der zwischenmenschlichen/interpersonellen Ebene ermöglichen. Dieses kann als Voraussetzung für das Verständnis der gesellschaftlichen/ideologisch-diskursiven und auch strukturell-institutionellen Ebene angesehen werden. Nach Heyl „bietet es sich an, biografische Materialien immer auch dazu zu benutzen, in ihnen Spuren gesellschaftlicher und damit historischer Strukturen, Zwänge und Möglichkeiten zu suchen und freizulegen. Individuelle Handlungsspielräume der Täter, Opfer und Zuschauer auszuloten, erscheint als geeignete Methode, um die gesellschaftlich vermittelten Strukturen konkreter zu fassen und durchschaubarer zu machen" (ebd., 230). In Bezug auf die Verknüpfung der Thematisierung der Gesellschaft des Holocaust mit den Diskriminierungsebenen des Anti-Bias-Ansatzes könnte also ausgehend von den jeweiligen biografischen Konkretisierungen immer gefragt werden, wie sich getroffene Entscheidungen jeweils auf den unterschiedlichen Ebenen auswirkten, welche Handlungsspielräume gegeben waren und welche Strukturen sich dadurch abzeichnen. Konkret könnte danach gefragt werden, wie sich beispielsweise die Entscheidung eines Familienangehörigen, während der NS-Zeit als ‚Zuschauer' nicht einzugreifen, auf den interpersonellen, gesellschaftlichen und institutionellen Ebenen ausgewirkt hat und welche Handlungsspielräume wiederum andere gesehen und für sich genutzt haben. Dies ermöglicht dann auch, die damaligen gesellschaftlichen Bedingungen im Konkreten in den Blick zu bekommen.

Wichtig ist, bei der Arbeit mit biografischem Material der Gesellschaft des Holocaust sich nicht nur auf die NS-Zeit der Biografien zu beschränken, sondern nach Möglichkeit auch die Zeit davor oder auch danach mit einzubeziehen. Denn dadurch werden zum Beispiel die nicht zwangsläufigen Prozesse, die zur Entwicklung von Täter_innen führen, deutlich und es können zudem Unterschiede in den Entwicklungsprozessen zwischen verschiedenen Täter_innen herausgearbeitet werden, was wiederum zu einem differenzierteren und genaueren Blick auf das historische Geschehen beiträgt (vgl. ebd., 239). Dieser Blick vor und hinter die Zeit des Holocaust ist auch in Bezug auf die Opferperspektive relevant, denn es besteht sonst die Gefahr des Eindrucks einer aus dem ‚Nichts' entstandenen Vernichtungsmaschinerie, die die jüdische Existenz im 20. Jahrhundert alleine bestimmt hat. Dies bedeutet dann, auch das Leben von Juden und Jüdinnen vor und nach Möglichkeit auch nach dem Holocaust mit seinen großen und kleinen Visionen, Hoffnungen und Enttäuschungen mit einzubeziehen und damit Juden und Jüdinnen als Subjekte der Geschichte wahrzunehmen (vgl. ebd., 243).

In Bezug auf die Identifikation mit den einzelnen Gruppen in der Gesellschaft des Holocaust ist zudem anzumerken, dass die Sorge vor einer möglichen Überidentifikation mit den Verfolgten, die durch die eigene starke Betroffenheit dazu führen kann, diese aus dem Blick zu verlieren, oder der Sorge um eine Identifikation mit den Täter_innen, die sich gegen die Verfolgten richten könnte, durchaus berechtigt ist. Daher führt der Weg zu einer eigenen Sicht, die auch eine Relativierung der eigenen bislang vorherrschenden Sichtweise beinhaltet, über eine Art *temporärer Identifikation* im Rahmen pädagogischer Prozesse, die es ermöglicht, „sich in einen anderen hineinzuversetzen, ihn aber zugleich als anderen stehen zu lassen und zu begreifen" (ebd., 231). Auch das Thema Schuld und Verantwortung lässt sich am ehesten über biografische Konkretisierungen bearbeiten, denn beides sind Konzepte die sich vor allem auf Individuen beziehen (vgl. ebd., 232) und sich daher auch „kaum anders als in der konkreten Auseinandersetzung mit konkreten Lebensgeschichten und Entscheidungssituationen genauer behandeln (lassen)" (ebd.). Ein Kritikpunkt an dieser Herangehensweise bezieht sich auf eine mögliche „Reduktion von Geschichte auf Histörchen" durch die Personalisierung von konkretem Geschehen (ebd., 233). Heyl ist demgegenüber der Ansicht, dass erst über die Konkretisierung die Strukturen des Geschehens deutlich werden können (vgl. ebd.). Auch in der Anti-Bias-Arbeit ist diese Herangehensweise zentral, denn ausgehend von der Reflexion der eigenen Erfahrungen mit Diskriminierung und der eigenen gesellschaftlichen Positionierung werden diskriminierende Strukturen aufgedeckt bzw. verdeutlicht. Aus diesem Grund bietet sich eine Verknüpfung beider Ansätze durchaus an.

Louise Derman-Sparks, die us-amerikanische Mitbegründerin des Anti-Bias-Ansatzes, macht im Zusammenhang mit der Schwierigkeit, über deutsche Identität zu sprechen, auf eine von ihr beobachtete interessante Parallele aufmerksam. Dabei geht es um die Parallele zwischen dem Gefühl sich als *weiße_r*[201] und den damit verbundenen Privilegien schuldig zu fühlen und dem Gefühl sich als Deutsche_r aufgrund der NS-Zeit schuldig zu fühlen.

[201] Der Begriff „weiß" meint in diesem Zusammenhang nicht eine ‚helle' Hautfarbe, sondern bezieht sich auf das Konstrukt Weißsein, welches „als eine historisch und kulturell geprägte symbolische und soziale Position, die mit Macht und Privilegien einhergeht" verstanden werden kann (Arndt 2009, 343). Um dies zu verdeutlichen und im Sinne einer grundsätzlichen Kritik „essentialistischer und biologistischer Interpretationen" von Begriffen, die Zugehörigkeiten beschreiben (etwa weiß und schwarz), werden diese Begriffe *kursiv* gesetzt (Schmidt 2009, 13).

„Where I see a very interesting link between Germany and United States is around the issue of white identity and German identity, one of the times I was there (…) Kinderwelten had organized sort of what they called the meeting of experts and stuff,[[202]] some people from different parts of the country came and I sort of raised the issue with them of what's the white German identity if you will and there was a sort of like the sense that we don't want to talk about that because that's the problem of the right, that's what created Nazism and so on and it struck me, that if only the right is defining what it means to be German, than what happens, what are you gonna do with all the people who think of themselves as German and it struck me, that there is a parallel with being white and feeling guilty about being white and we are white, those of us who are white are white and we kept white privileges, still, even if we don't want to and we have to figure out (…), that's why I sort of came up with, (….) what's the anti-racism white identity because otherwise we're doomed to remain a racist society and it sort of seemed to me that there was some interesting parallels there that the anti-racism work is within the anti-bias work is have to be thinking about, you all have to come to some understanding of what it means to be German that brings into it the positive side of being German, just as whites have to look at you know, the sort of the anti, here is were the racism becomes the key issue, wouldn't necessarily be the key issue in Germany, of the resistance to racism and so on, so I think there is an interesting parallel of there, guilt, feeling guilty doesn't do nothing, it doesn't do anything, there's a great Jewish word bubkis, because, so you feel guilty, it's a very individualistic act. And than what, it doesn't help anything“ (LDS, 736-764).

Deutlich erkennbar sind zu Beginn dieser Sequenz wiederum die zu überwindenden Hürden, wenn das Thema deutsche Identität zur Sprache kommen soll. Die Formulierung „there was a sort of like the sense that we don't want to talk about that because that's the problems of the right“ (LDS, 742-744) deutet auf eine Verweigerungshaltung hin, die mit der Angst erklärt werden kann als ‚rechts' angesehen zu werden. Zudem kann davon ausgegangen werden, dass auf einer tiefer liegenden Ebene noch immer Scham- und Schuldgefühle aufgrund der NS-Zeit existieren – auch wenn sich diese Gefühle in den heutigen Generationen sicherlich anders darstellen. Interessanterweise werden Schuld- und Schamgefühle in den Interviews in diesem Kontext nur bei Derman-Sparks direkt angesprochen (vgl. LDS, 747-748; 761-764; 892-895; 1148-1151). Dies ist wiederum ein Hinweis auf die Schwierigkeit hierzulande, über die NS-Zeit und die Frage deutscher Identität zu sprechen.

Schuld wird von Derman-Sparks ähnlich wie bei Heyl (1997, 232) als individualistisches Gefühl angesehen, welches oft zu einer Stagnation oder Erstarrung führt. Daher geht es darum, sich diesem Gefühl zu stellen und sich damit auseinanderzusetzen. Ähnlich wie es Sinn macht, sich mit den eigenen (*weißen*) Privilegien zu konfrontieren, um verantwortlich in einem antidiskriminierenden Sinne mit diesen umzugehen, sie möglicherweise gegen Diskriminierung einzusetzen oder auch Privilegien zu teilen, geht es auch beim Thema deutsche Identität darum, sich der Auseinandersetzung zu stellen und in diesem Zusammenhang auch die eigenen Ängste sowie Scham- und Schuldgefühle zu reflektieren. Eine besondere Herausforderung in der Auseinandersetzung besteht in Deutschland sicherlich darin, dass ein großer Teil der in Deutschland lebenden Menschen *weiß* und in Bezug auf diese Kategorie privilegiert sind und *zudem* die NS-Zeit und der Holocaust Teil ihrer kollektiven Geschichte sind, was bei dieser Gruppe quasi zu einem ‚doppelten' Schuldgefühl führen kann bzw. zu einer verstärkten Abwehr einer ausführlichen Thematisierung und Auseinandersetzung. Für die Praxis bedeutet dies eine achtsame und nicht überfordernde Herangehensweise, um nicht eher Hürden aufzubauen. Dazu gehört möglicher-

[202] Bei der angesprochenen Veranstaltung für Fachkräfte handelt es sich um die Gleiche, die auch von Sonja bereits oben angesprochen wurde (vgl. Sonja, 306-328).

weise auch die anfängliche Trennung dieser beiden Themenaspekte, beispielsweise zuerst eine Auseinandersetzung mit den Scham- und Schuldgefühlen in Bezug auf die NS-Zeit und dann mit den Scham- und Schuldgefühlen *weiß* und privilegiert zu sein (oder umgekehrt).

Derman-Sparks vertritt im oben zitierten Interviewabschnitt auch die Ansicht, dass es wichtig sei, zu einem Verständnis von ‚deutsch sein' zu gelangen, welches auch die positiven Seiten mit einschließt (vgl. LDS, 741-760). Für sie ist dies von zentraler Bedeutung, weil sich eine Vielzahl von Menschen in irgendeiner Weise ‚deutsch' fühlen und es darum gehen muss, diesen eine Perspektive deutscher Identität aufzuzeigen bzw. darzulegen, die die Ziele der Anti-Bias Arbeit unterstützt und die damit gleichzeitig eine Alternative zu rechtsorientierten und rechtsextremen Angeboten deutscher Identität darstellt. Zudem geht es darum, nicht in der ‚Schuldfalle' des Holocaust stecken zu bleiben und zwar ohne dabei die NS-Geschichte aus den Augen zu verlieren:

> „[W]hat else is there in our history, that, if we are looking at the anti-bias work what's in our traditions that support an anti-bias position? Not just what's in our traditions that violated it, because I have a hunch that as long as people are stuck, I mean stuck in the holocaust as, you know it's violation, and only that and I'm not saying that people shouldn't know that history and I know that's an issue in itself just to make to keep it open and not you know cache, we say under the rug. But I think you can't just stay there, it has to be, what in our traditions stops it, I think people need to know the resistance stories of what happened and they need to know what is continuing now, so people have to feel that they can feel good about who they are because they can hook into that history while they are also trying to create a more just situation now, that's what I think" (LDS, 856-869).

Derman-Sparks Blick, der von *außen* als us-amerikanische Jüdin auf den deutschen Kontext gerichtet ist, macht es möglich, eine solche Idee (positive Elemente deutscher Identität) zu entwickeln und zu benennen, ohne in Gefahr zu geraten, als potentiell ‚rechts' angesehen zu werden. Sie hat als Jüdin und somit von Antisemitismus Betroffene in diesem Kontext sozusagen ein besonderes ‚Rederecht'. Dabei ist ihre Argumentation nachvollziehbar und sinnvoll für den deutschen Kontext, denn es geht darum, nicht die große Gruppe der sich diffus ‚deutsch' fühlenden an rechtsgerichtete Ideologien zu ‚verlieren'. Darüber hinaus ermöglicht ihr ein weiterer biografischer Aspekt diese Sichtweise:

> „[O]ne thing that does relate to Germany, see, I grow up knowing that there were people in Germany who had resisted the Nazis. That was sort of part of my families understanding of the world, so even though, you know, it was very hard, even know I was, had, you know I was very uncomfortable about going, I also knew that that wasn't fair to everybody because that there were people and so even in the most recently worse scenario of what injustice and racism and so-on can do, I knew that there were people who did not accept it. So I think that, that's the sort of the belief" (LDS, 300-309).

Derman-Sparks berichtet in dieser Passage über die Weltsicht ihrer Familie in Bezug auf Deutschland. Demnach hat sie gelernt, dass es trotz der größten Ungerechtigkeiten in Deutschland – hier der systematischen Verfolgung und Vernichtung der Juden – Menschen gab, die sich dem widersetzten. Dieser Hintergrund bzw. diese familiäre Weltsicht ist eine Begründung für ihre Aufforderung, ein Verständnis von ‚deutsch sein' zu entwickeln, was auch die positiven Seiten berücksichtigt. Anders gesagt: Das im Rahmen der Familie gelernte Weltverständnis scheint für sie eine zentrale Voraussetzung dafür zu sein, auch angesichts der größten Ungerechtigkeiten (die Derman-Sparks in Bezug auf den Holocaust als Jüdin im besonderen betreffen) eine differenzierte Sicht aufrecht zu erhalten. Allerdings wird in obiger Passage an Formulierungen wie „it was very hard, even know I was, had, you know I was very uncomfortable about going [to Germany]" gleichzeitig deutlich, dass es Derman-Sparks nicht immer leicht fällt ihre gelernte Familien-Weltsicht (auch emotional) aufrechtzuerhalten und danach zu handeln (LDS, 303-305). Für den Umgang mit deutscher Geschichte im Rahmen pädagogischer Prozesse ist dies von besonderer Bedeutung. Denn zum einen legt die Schwierigkeit von Derman-Sparks ihrer gelernten Weltsicht auch in konfrontierenden Situationen zu folgen die Vermutung nahe, dass es für Menschen in Deutschland mit einer kritischen Gesellschaftsperspektive oder Menschen, die selbst oder deren Familien Opfer der NS-Herrschaft wurden und die *nicht* auf eine (durch die Eltern vermittelte) ähnliche Weltsicht wie Derman-Sparks zurückgreifen können, mitunter extrem schwierig sein kann, positive Elemente der (jeweils eigenen) Identität als Deutsche zu erkennen und zuzulassen. Zum anderen ist es gerade deswegen besonders wichtig, Momente des deutschen Widerstandes gegen die NS-Herrschaft aufzuspüren, in den Blick zu nehmen und damit die eigene Sicht zu erweitern, gerade weil diese wiederum dazu beitragen können, positive Elemente im ‚deutsch sein' zu erkennen, die Anti-Bias Positionen unterstützen.

Derman-Sparks stellt im obigen Interviewausschnitt auch die grundlegende Frage nach der Entwicklung einer „anti-racism white identity", also die Frage nach einer *weißen* anti-rassistischen Identität (ebd., 752-753). Damit knüpft sie an den Diskurs um Critical Whiteness an, eine Debatte, die darauf zielt sich kritisch mit dem Konstrukt *Weiß*sein – verstanden als verinnerlichte Herrschaftsform – auseinanderzusetzen und die oft unsichtbaren und jahrhundertealten Formen ihrer Strategien, ihrer Privilegien und ihrer Auswirkungen aufzudecken und letztlich abzubauen. Die Auseinandersetzung mit Critical Whiteness ist in den USA wesentlich weiter fort geschritten als in Deutschland und erst seit einigen Jahren findet auch hierzulande eine intensivere Auseinandersetzung mit dem Thema auf theoretischer und praktischer Ebene statt (vgl. Eggers/Kilomba/Piesche/Arndt 2009, 11). Neben dem Interview mit Derman-Sparks wird übrigens auch in weiteren Expert_inneninterviews auf die Möglichkeit einer Kombination von Critical Whiteness und Anti-Bias-Arbeit hingewiesen (vgl. Anja 686; Paula 487-506).

Hinweisen möchte ich in diesem Zusammenhang noch auf folgende Beobachtung. Wie bereits oben dargestellt hat Derman-Sparks als (us-amerikanische) Jüdin in Bezug auf das Thema Holocaust quasi ein besonderes ‚Rederecht'. Sie kann aus dieser Perspektive sich für positive Elemente deutscher Identität wie etwa deutsche Widerstandsbewegungen gegen Hitlerdeutschland einsetzen und sich dafür stark machen, dass Deutsche diese Seite auch in den Blick bekommen. Derman-Sparks weist an dieser Stelle also einen sehr differenzierten Blick auf. Hingegen scheint sie in Bezug auf das Thema *Weiß*-Sein anders zu argumentieren und es zeigen sich meines Erachtens Spuren von Essentialisierungen. So sagt sie: „[W]e are white, those of us who are white are white and we kept white privileges, still, even if we don't want to and we have to figure out" (LDS, 749-751). Inhaltlich stimme ich mit diesem Satz uneingeschränkt überein, interessant ist jedoch im Vergleich mit ihrer Art der Thematisierung von Antisemitismus die wesentlich ‚härtere' Sprache in Bezug auf Whiteness („we have to") sowie der in diesem Zusammenhang nicht vorhandene Hinweis darauf, dass es, wenngleich auch wenige, *weiße* Menschen gab (und gibt), die sich gegen Kolonialismus und Rassismus eingesetzt haben. Vermutlich hat dies mit ihrer Perspektive als *weiße* US-Amerikanerin zu tun, die ihr die differenzierte kritische Thematisierung der eigenen gesellschaftlichen Positionierung als Mehrheitsangehöriger schwieriger macht. Wahrscheinlich ist die kritische Reflexion der eigenen gesellschaftlichen Position (als Mehrheitsangehörige) immer auch widersprüchlich und es ist eine verbreitete Denkfigur, die (eigene) Mehrheitsgruppe zu verallgemeinern und diese weniger differenziert zu denken bzw. zu betrachten. Dies scheint mir insbesondere auch in der Debatte um die Thematisierung von *Weiß*-Sein der Fall zu sein, in der, ähnlich wie bei Derman-Sparks, mitunter Spuren von (unvermeidlichen) Essentialisierung anzutreffen sind. Für die Anti-Bias-Arbeit ist es wichtig, diese Denkfiguren mit im Blick zu behalten und auch zu thematisieren, um mögliche Essentialisierungen aufzudecken und letztlich zu vermeiden.

Die Frage nach den Möglichkeiten der Entwicklung einer *weißen* anti-rassistischen Identität ist in Bezug auf den deutschen Kontext eng verbunden mit der zu Beginn des Kapitels aufgeworfenen Frage was ‚deutsch sein' bedeutet bzw. was unter deutscher Identität verstanden werden kann. Um zu einer weiteren Annäherung an die Konstruktionsweise der Identität als Deutsche_r zu gelangen, möchte ich – neben den bereits diskutierten Aspekten – einige weitere ausgewählte Aspekte bzw. Ergebnisse der Studie „Deutsch sein" von Jens Schneider (2001) aufgreifen.[203] Nachfolgend zeige ich anhand eines Phasenmodells exemplarisch auf, vor welchen Herausforderungen die Entwicklung einer *weißen* anti-rassistischen Identität steht und diskutiere abschließend die Möglichkeiten für den deutschen Kontext.

Zum Konstrukt ‚Deutsch sein'

Jens Schneider (2001) setzt sich im Rahmen seiner Studie mit dem Titel „Deutsch sein. Das Eigene, das Fremde und die Vergangenheit im Selbstbild des vereinten Deutschland" ausführlich mit verschiedenen Aspekten des Konstrukts ‚Deutsch sein' auseinander. Nach Schneider kann die Frage danach, was deutsch ist, nicht ontologisch beantwortet werden: „Wie ‚die Deutschen' *tatsächlich sind,* wird sich empirisch auch mit dem größten Aufwand nicht feststellen lassen, weil es ein spezifisches und ausschließlich *deutsches* Sein nicht geben kann." Vielmehr wird deutlich, „dass es weniger die kulturellen Alltagspraxen sind, die die ‚großen Unterscheidungen' und Grenzziehungen nationaler und anderer kultureller Identitäten vornehmen, als das *Reden* darüber (also der Diskurs) und die *symbolischen* Handlungen mit denen sie wirkungsvoll inszeniert werden (…). Deutschsein ist demnach als der *Prozeß* oder Akt der ‚Vergemeinschaftung' von Individuen im Rahmen des Nationalstaates Bundesrepublik Deutschland zu verstehen" (ebd., 55).[204] Vor dem Hintergrund dieser theoretischer Vorüberlegungen kommt Schneider zu dem Schluss, die Antwort auf die Frage ‚was ist deutsch?' in der Untersuchung der Grundbestandteile der Konstruktion der Identität als Deutsche zu suchen (vgl. ebd., 89). Ziel der Studie ist es den „übergeordneten Referenzrahmen" herauszuarbeiten, „das heißt die Beschreibung des spezifischen Mo-

---

203 Leser_innen, die an einer tiefer gehenden Auseinandersetzung mit der Konstruktionsweise der „vorgestellten Gemeinschaft" (Andersen 1996, 17) der Deutschen interessiert sind, empfehle ich die ausführlichen Darstellungen und Ergebnisse der Studie von Schneider (2001).

204 Die Hervorhebungen im Zitat stammen aus dem Original.

ments der Konstruktion bzw. Imagination der ‚Gemeinschaft der Deutschen'" (ebd., 90).[205] Die Konstruktionsweisen der Identität als Deutsche untersuchte Schneider entlang der Kriterien Generation, Identitäten (wer ist deutsch?), Deutsch sein (was ist deutsch?), die ‚Anderen' (wer ist nicht Deutsch?) sowie entlang der Bedeutung historischer Bezüge.

In Bezug auf das Kriterium „Generation" möchte ich zwei Aspekte aufgreifen. Zum einen stellt sich in der Untersuchungsgruppe das Verhältnis von Ost- und Westdeutschen zur Eltern und Großelterngeneration als weitgehend gleich dar. Dadurch, dass die Eltern mehrheitlich nicht der Täter_innengeneration im Dritten Reich angehören, blieb eine direkte Konfrontation und Auseinandersetzung weitgehend aus. Das Verhältnis ist insgesamt wenig von politischer Konfrontation gekennzeichnet. Allerdings werfen Ostdeutsche ihren Eltern ihre Systemkonformität vor, bei gleichzeitigem Verständnis für die damalige Situation des Aufbaus eines sozialistischen Staates. Der größte Unterschied zwischen Ost- und Westdeutschen besteht in der so genannten Wendeerfahrung, die für viele Ostdeutsche einen Biografiebruch darstellte. Dieser zeigt sich bei Westdeutschen in dieser Form nicht (vgl. ebd., 263).[206]

Hinsichtlich der Kategorie „Identitäten" kommt Schneider in seiner Studie zu dem Schluss, dass die Zugehörigkeitskategorie ‚deutsch' von allen Befragten akzeptiert wird, diese jedoch von Widersprüchlichkeiten und Ambivalenzen geprägt ist. So soll diese Kategorie nur eine unter vielen anderen darstellen, aber „bekommt doch fortlaufend eine besondere Rolle zugewiesen" (ebd., 265). Daran zeigt sich einmal mehr die Wirkmächtigkeit und Bedeutung nationaler Kategorien, die es zum einen zu problematisieren gilt – ich verweise an dieser Stelle auf die bereits dargestellten problematischen Zusammenhänge in der Nationenentstehung – und die zum anderen – wie von Raabe und Beelmann (2009) gefordert – als Identifizierungsangebot wenn möglich vermieden werden sollten, um eben dieser Wirkmächtigkeit entgegen zu arbeiten (vgl. ebd., 131).

Die Analyse des Kriteriums „die Anderen" bzw. die Frage danach „wer ist nicht deutsch?" führt bei Schneider (2001) zu der Unterscheidung der Konstruktion von Anderen *innerhalb* der deutschen Gesellschaft und *außerhalb* Deutschlands (vgl. ebd., 271). Die Interviewanalyse machte deutlich, dass der vorherrschende bzw. dominante gesellschaftliche Diskurs „die Zugehörigkeit oder Nichtzugehörigkeit zum Deutschsein vor allem als Herkunfts- und Abstammungsdiskurs konstruiert" (ebd., 341). Es werden dabei indirekte Kriterien aufgestellt, die festlegen, wer nicht als deutsch gelten kann, die im Übrigen nicht an staatsbürgerrechtliche Konstruktionen wie den Besitz eines deutschen Passes anknüpfen. Dabei wird das implizite Bild von ‚deutsch' über körperliche Merkmale (wie „blond und blauäugig"), kulturelle Merkmale („akzentfreies Deutsch") sowie ethnische Kriterien (wie „seit Generationen deutsch") hergestellt

[205] In der Studie hat Schneider (2001) 35 Personen der Jahrgänge 1957 bis 1970 interviewt, wobei die Gruppe das Spektrum der damaligen Parteienlandschaft abbildete, sich paritätisch aus Frauen und Männern zusammensetzte (17 zu 18) sowie Ost- und Westdeutsche beinhaltete (11 zu 18). Zudem wurden Fremdheitserfahrungen berücksichtigt, definiert als Auslandserfahrungen von mehr als 2 Monaten (kein Urlaub), als Gefühl und Erleben von Fremdsein in Deutschland und als Kontakte zu ‚Fremden' (vgl. ebd., 106). Da in der Studie der Diskurs im Mittelpunkt der Analyse steht sind die Interviewpartner_innen so ausgewählt worden, dass alle auf der einen oder anderen Weise an der „Produktion öffentlicher Diskurse beteiligt sind" (ebd., 100). Gleichzeitig äußern sich diese nicht nur in ihrer öffentlichen Funktion sondern auch als Individuen (vgl. ebd., 101).

[206] Vgl. dazu Kapitel 5.2.2 „Herausforderungen eines Dialoges zwischen Ostdeutschland und Westdeutschland".

(ebd.). Damit kommt Schneider zu denselben Ergebnissen wie Hugues Blaise Feret Muanza Pokos (2009), der in seiner Studie die noch immer dominante Konstruktion einer deutschen Monovolkvorstellung deutlich herausarbeitet (vgl. ebd.).[207] In den Expert_inneninterviews der vorliegenden Forschungsarbeit wird an verschiedenen Stellen von „der deutschen Gruppe" (Karin, 563), „wir alle Deutschen" (Sonja, 311), „die Deutschen" (Karin, 574) oder „deutschem Kontext" (Albert, 287) gesprochen. Interessanterweise wird allerdings nirgends ausgeführt, wer jeweils mit diesen Begriffen gemeint ist, das heißt, wer dazu zählt und wer nicht. Letztere Formulierung („deutscher Kontext") scheint dabei noch die offenste zu sein, in dem Sinne, dass damit alle Menschen gemeint sein könnten, die entweder im Rahmen des Staatgebietes Deutschland oder, weiter gefasst, im deutschsprachigen Raum leben. Insgesamt scheint eine Art von Selbstverständlichkeit vorzuliegen, nach der bereits klar ist, wer gemeint ist und wer nicht. Vielleicht besteht die Annahme, dass Anti-Bias-Aktive ein ähnliches Verständnis davon haben, wer zur Gruppe der Deutschen gehört *und* dass dieses Verständnis vom oben genannten vorherrschenden Diskurses abweicht. Auch wenn ‚abweichende Ähnlichkeiten' in den Vorstellungen vorliegen sollten, wäre es hinsichtlich der Konstruktion deutscher Identität dennoch interessant, welche Interviewpartner_innen welche Grenzziehungen mit welchen Begründungen vornehmen. Da an dieser Stelle nicht weiter nachgefragt wurde, können hier jedoch keine weiteren Aussagen getroffen werden.

In Bezug auf das Konstruktionskriterium „Was ist deutsch?" ordnet Schneider die Aussagen der Befragten zwei übergeordneten Themen zu: der romantischen deutschen Tiefe sowie der preußisch-bürgerlichen Sekundärtugenden. Dabei werden beiden zwar sowohl positive als auch negative ‚deutsche Eigenschaften' angeführt, das dominante Bild ist jedoch negativ geprägt, weswegen der Bezug der Befragten auf diese schwierig ist (vgl. ebd., 267f.). Interessant ist dabei, dass das beschriebene Eigengefühl zum Deutschsein als positiv beschrieben wird, jedoch „(das Bild) vorherrschend negativ wird, wenn es auf die ‚Deutschen' als Kollektiv verweist" (ebd., 268). Zudem ist trotz des differenzierteren Selbstbildes, dass sich aus ‚typischen' (beispielsweise Zuverlässigkeit) und ‚untypischen' Eigenschaften (beispielsweise Offenheit) zusammensetzt, festzuhalten, „dass auf der Diskursebene dieses differenzierte Eigenbild aber nicht dazu verwendet (wird), die dominante Vorstellung von ‚typisch deutsch' in Frage zu stellen" (ebd., 342).

Hinsichtlich des Konstruktionskriteriums „Bedeutung der Geschichte" zeigt sich bei Schneider, wie auch in den Expert_inneninterviews und den Theorieeinschüben dieses Kapitels, dass der Schlüssel zum positiven Bezug zu Deutschland im Umgang mit der NS-Zeit liegt (vgl. ebd., 269). Interessant ist an den Ergebnissen von Schneider zudem, dass selbst Konservative einräumen, „dass das Verhältnis ‚der Deutschen' zum Nationalsozialismus noch immer eine Art Meßlatte darstellt – und sei es, weil ‚das Ausland' sie immer wieder anlegt" (ebd., 270). Ähnlich wie in den Interviews dieser Studie zeichnen sich auch bei den von Schneider Befragten Schwierigkeiten im Umgang mit der jeweiligen Familiengeschichte in Bezug auf die NS-Zeit ab. Hervorzuheben ist hier vor allem, die „Verdrängung der konkreten Täterschaft aus den Geschichten der eigenen Familien" (ebd., 269). Des Weiteren ist interessant, dass wenig andere historische

[207] Vgl. dazu auch Kapitel 1.1 „Kolonialgeschichte(n) sowie Kapitel 5.2.1 „Kontinuitäten in der Geschichte aufzeigen: Das Beispiel deutscher Kolonialismus".

Bezüge „in der Konstruktion des deutschen geschichtlichen Gewordenseins“ genutzt wurden (ebd., 270). Dies zeigte sich auch in den Expert_inneninterviews der vorliegenden Forschungsarbeit, in denen in Bezug auf die Schwierigkeiten mit deutscher Identität fast ausschließlich die NS-Zeit thematisiert wurde.

Wege zu einer ‚weißen‘ antirassistischen Identität

Die Reflexion von *Weiß*sein ist auch bei Derman-Sparks – in Bezug auf den us-amerikanischen Kontext – in den letzten Jahren verstärkt Thema. In einer gemeinsamen Publikation mit Patricia G. Ramsey aus dem Jahr 2006 mit dem Titel „What if all the kids are white?“ werden die für die Entwicklung einer anti-rassistischen *weißen* Identität notwendigen Themenfelder der Selbstreflexion und die Phasen der Entwicklung einer solchen Identität beschrieben (vgl. ebd., 20ff.). Derman-Sparks und Ramsey greifen auf Helms zurück und beschreiben sechs Phasen der Auseinandersetzung mit der eigenen *weißen* Identität im Sinne der Entwicklung einer *weißen* antirassistischen Identität. Dazu ist anmerken, dass die Phasen nicht als Leiter, sondern eher als Spirale und fortdauernder Prozess angesehen werden und immer auch vom jeweiligen sozialen Kontext beeinflusst sind (vgl. ebd., 21f.). Die so genannte *Precontact Phase* zeigt sich in der Gleichgültigkeit oder Unwissenheit gegenüber dem Thema Rassismus. Es besteht die Idee, dass Rassismus früher bestand und das die Verantwortung dafür nicht bei denen liegt, die danach geboren sind. Auch die Vermeidung, Unterschiede sehen zu wollen, wie zum Beispiel durch so genannte farbenblinde Ansätze, wird in dieser Phase verortet. Derman-Sparks und Ramsey geben einige Vorschläge, um an dieser Stelle anzusetzen, etwa die Sichtweise von Menschen durch Forschungsergebnisse herausfordern, die zeigen wie kleine Kinder ihre Ideen von Unterschieden zwischen Menschen konstruieren oder Statistiken präsentieren, die die unterschiedliche Behandlung von Gruppen verdeutlichen und zeigen, dass beispielsweise Rassismus noch immer existiert (vgl. ebd., 22). In der *Disequilibrium Phase*, die mit Verunsicherungsphase übersetzt werden kann, befinden sich Menschen, die erkannt haben, dass Rassismus existiert und Auswirkungen auf ihr und andere Leben hat. Diese Phase geht oft einher mit Schuldgefühlen. Derman-Sparks und Ramsey berichten, dass es Menschen an dieser Stelle hilft, diesen Gefühlen Ausdruck zu verleihen sowie erste kleine Schritte der Veränderung in geschütztem Rahmen anzugehen (ebd., 23). Die beiden Autorinnen weisen insbesondere auf Folgendes hin: „It is essential to help people understand how they were socialized into racism from a very early age and without their personal consent and to assure them that, as adults, they do have the power to change their attitudes and behaviours“ (ebd., 23). Diese Möglichkeit der Veränderung zu betonen ist meines Erachtens von zentraler Bedeutung, um nicht in Schuldgefühlen stecken zu bleiben. Die folgende Phase nennt sich *Reintegration Phase*. Sie beschreibt das Verhalten einiger *weißer* Menschen, nach einer Verunsicherungsphase in alte Muster und Haltungen zurück zu gehen und weitere Diskussionen über Rassismus zu verweigern bzw. diesen aus dem Weg zu gehen. Sie gehen möglicherweise davon aus, nun genügend über das Thema zu wissen oder rationalisieren und verschieben die Gründe der Probleme in Richtung der Anderen nach dem Motto „Yeah, yeah, I used to believe all that bleeding-heart stuff – but now I realize that some people are just lazy“ (ebd., 23). An dieser Stelle empfehlen Derman-Sparks und Ramsey u.a. die individuellen Ängste und Frustrationen anzuhören und mit Themen zu beginnen, die für die Individuen in diesem Zusammenhang eine besondere Bedeutung aufweisen. Dies kann die Möglichkeit eröffnen auch zu reflektieren, warum diese Gefühle ausgelöst werden und damit auch eine Chance bieten, die Auslöser der Gefühle und deren Begründungen in einen größeren Kontext zu stellen (vgl. ebd., 23). Eine weitere Phase im Prozess der Entwicklung einer *weißen* anti-rassistischen Identität ist die *Pseudoindependent Phase*. In dieser Phase bemerken *weiße* Menschen die Annahmen und Auswirkungen der *weißen* Überlegenheit und fordern diese heraus: „Individuals (…) develop an intellectual commitment to anti-racist work" (ebd., 24). Dies kann dazu führen, dass einige ihr eigenes *Weiß*sein ablehnen oder nicht annehmen und Kontakte zu People of Colour suchen, um sich als „gute *weiße*" zu inszenieren (vgl. Arndt, 349ff.). An diesem Punkt wird empfohlen, sich ausführlicher mit institutionellen Formen von Rassismus auseinander zu setzen sowie internalisierte Formen der eigenen Überlegenheit näher in den Blick zu nehmen. Die *Emersion Phase* beschreibt das (fortgeschrittene) Verständnis für die Funktionsweise von Rassismus, in dem sowohl notwendige Veränderungen auf der gesellschaftlichen und institutionellen Ebene als auch auf der persönlichen Ebene gesehen werden. Zudem geht es darum, im Sinne eines intersektionalen Blicks auch andere Diskriminierungsformen und ihre gegenseitigen Verschränkungen sowie deren spezifische Formen von Internalisierungen (Dominanz und Unterdrückung) herzustellen. Dazu kann es helfen, auch *weiße* Menschen an Hand von Literatur vorzustellen, die selbst mit ihrem eigenen Rassismus ins Schwanken geraten sind und sich in der Folge in der Anti-Rassismus Arbeit engagiert haben. Dies kann dazu beitragen, die durchaus vorhandenen Geschichten des *weißen* Widerstandes gegen Ungerechtigkeit und die eigene Vorherrschaft in den Blick zu bekommen, „that has often been omitted or glossed over in history books and integrate this history into their construction of a ‚new white identity'" (ebd., 24). Die *Autonomy Phase* zeigt sich in einem Individuum mit einer klaren und positiven Selbstwahrnehmung als *weiße* Person in einem sozio-politischen Kontext, die sich in anti-rassistischen und soziale Gerechtigkeits-Bewegungen engagiert. In dieser Phase fühlen Menschen oftmals, dass dieses Engagement nicht eine Wahlmöglichkeit ist, sondern eine Folge der Reflexion der eigenen Identität. *Weiße* sehen sich in dieser Phase auch nicht weiterhin als „seperate individuals" (ebd., 25), vielmehr erkennen sie, dass ihre Zukunft mit der Zukunft der anderen Menschen zusammenhängt.

Mit dieser Darstellung wird deutlich, dass die Entwicklung einer solchen Identität nicht in kurzer Zeit vollzogen werden kann, sondern vielmehr von langjährigen Prozessen auszugehen ist, die dabei immer auch Phasen der Stagnation und Umwege beinhalten. Meines Erachtens lohnt es sich, die beschriebenen Phasen auch hinsichtlich der Auseinandersetzung mit anderen Diskriminierungsformen wie etwa Homophobie (Diskriminierung von Lesben, Schwulen und Bisexuellen), Ageism (Diskriminierung von alten Menschen) oder Fähizismus/Ablism (Diskriminierung von Menschen mit Einschränkungen oder Behinderungen) zu nutzen. In Bezug auf den deutschen Kontext und in Seminarsituationen wäre es denkbar, die Auseinandersetzung mit dem Holocaust und den eigenen familiären Verstrickungen aus dieser Perspektive zu betrachten. Damit wäre es möglich, vorhandene Konflikte im Rahmen der Auseinandersetzung mit dem Holocaust und der eigenen Geschichte vor dem Hintergrund der verschiedenen Entwicklungsphasen (der Seminarteilnehmenden oder auch des Teams) zu sehen. Zum Beispiel könnten Abwehr- und Verweigerungshaltungen einer bestimmten Phase zugeordnet werden. Oder es könnte deutlich werden, dass die Inszenierung, in Analogie als ‚gute_r *weiße_r*' hier als ‚gute_r Deutsche_r'[208], als Part der *Pseudoindependent Phase* nur als ein weiterer Schritt in Richtung einer unabhängigen kritische Sichtweise angesehen werden kann. Ein solcher Blick auf die Entwicklungsphasen in der konkreten Auseinandersetzung kann dazu beitragen, Konflikte besser verstehen und einordnen zu können sowie mit diesem Wissen zielgerichteter an die weitere folgende Auseinandersetzung herangehen zu können und somit nicht in bestimmten Phasen stecken zu bleiben.

Zusammenfassung und Schlussfolgerungen

Deutlich wurde die Bedeutung des Themas ‚deutsch sein'. Dieses im Seminarkontext zu bearbeiten erscheint notwendig und sinnvoll, weil in der Anti-Bias-Arbeit die Auseinandersetzung mit der eigenen (Gruppen)Identität ein zentraler Bestandteil ist und damit im deutschen Kontext auch die Frage danach, was ‚deutsch sein' bedeutet und was darin auch historisch eingeflochten ist, von zentraler Bedeutung ist. Aus den herausgearbeiteten Aspekten des vorliegenden Kapitels ergeben sich dabei einige konkrete Schlussfolgerungen für das Thema ‚deutsch sein' in der Seminararbeit. Daneben zeigen sich aber ebenfalls verschiedene Spannungsfelder, die die Formulierung eines Fazits zu keinem leichten Unterfangen machen. Mit diesen Spannungsfeldern möchte ich beginnen. Ein Spannungsfeld liegt im Aushalten der Ambivalenz zwischen zwei scheinbar widersprüchlichen Blickwinkeln: Dem kritischen Blick auf das Konstrukt Nation mitsamt seiner Ausschlussmechanismen auf der eine Seite und der Förderung positiver, die Anti-Bias-Arbeit unterstützender Elemente im ‚deutsch sein' auf der anderen Seite. Darin enthalten ist auch das Spannungsfeld zwischen verschiedenen Ebenen. Einerseits ist es notwendig, Strukturen kritisch zu betrachten – das heißt die Idee und das Konzept Nation und die damit verbundene Identität(sbildung) aus der Perspektive der ideologisch-diskursiven sowie der institutionellen Ebene von Diskriminierung kritisch in den Blick zu nehmen und dabei gegebenenfalls auch Ideen zuzulassen, die über das Konstrukt Nation hinausgehen. Andererseits ist es ebenfalls notwendig, Menschen individuell auf einer interpersonellen Ebene in ihrer Identität zu stärken – das heißt auch positive Elemente deutscher Identität zu erarbeiten, die auf einer antidiskriminierenden Haltung basieren (beispielsweise Widerstandsbewegungen, die es im eigenen Land gab und gibt, in den Blick zu nehmen), um nicht in der ‚Schuldfalle' stecken zu bleiben. Dies geschieht auch, um nicht der Rechten die Definition über ‚deutsch sein' zu überlassen und damit die große Anzahl derjenigen, die sich in einer Weise ‚diffus deutsch fühlen' an rechte Ideologien, die durchaus in der Mitte der Gesellschaft angekommen sind, zu verlieren (vgl. Decker/Brähler/Geißler 2006, 157f.). Zudem besteht ein Spannungsfeld zwischen einem Ideal, dass auf die Entwicklung vieler Identitäten und Zugehörigkeiten eines Menschen setzt, die letztlich auch die Kategorie nationaler Identifikation überflüssig werden lassen kann und der Realität vieler Menschen hierzulande, deren Anliegen es *nicht* ist, diese Identifikation letztlich abzulegen bzw. zu überwinden. Diese Spannungsfelder sind meines Erachtens nicht aufzulösen. Sie führen aber meines Erachtens auch

[208] Mit der Formulierung „Inszenierung als ‚gute_r Deutsche_r'" sind in diesem Zusammenhang selbstverständlich *nicht* Menschen mit rechter Ideologie gemeint, sondern Menschen, die Rahmen einer kritischen Auseinandersetzung mit dem Konstrukt ‚deutsch sein' in der Pseudoindependent Phase beispielsweise verstärkt Kontakt zu jüdischen Menschen suchen, um sich so als ‚bessere_r Deutsche_r' zu inszenieren.

nicht dazu, dass Anti-Bias-Arbeit kontraproduktiv oder widersprüchlich ist. Denn sowohl die Arbeit an Strukturen als auch die Arbeit mit Einzelnen ist notwendig. Meines Erachtens steht Anti-Bias-Arbeit immer vor der Herausforderung, die gesellschaftlichen und institutionellen Strukturen mit ihren Prozessen kritisch im Blick zu behalten *und gleichzeitig* entlang der aktuell möglichen Reflexions- und Veränderungspotentiale von Menschen anti-diskriminierende Perspektiven und Handlungen anzustoßen. Dabei ist die möglicherweise (emotional) schwer aushaltbare Idee positive, das heißt die Anti-Bias-Arbeit unterstützende Elemente im ‚deutsch sein' zu entdecken und für sich anzunehmen, als ein Schritt in der kritischen Auseinandersetzung mit deutscher Geschichte und (eigener) Identität zu sehen. Die Utopie einer vorurteilsbewussten und diskriminierungsfreien Gesellschaft, die letztlich auch eine herrschaftskritische Überwindung des bisherigen Nationenkonzeptes mit einschließt, muss dabei nicht zwangsläufig verloren gehen. Der Zeitrahmen einer solchen Utopie ist jedoch vermutlich eher im Bereich Jahrhunderte andauernde Entwicklungen zu verorten. Daher bleibt es in jedem Fall die Aufgabe, heute zielgruppen- bzw. berufsspezifisch und subjektorientiert anzusetzen. Welche konkreten Punkte aus den voran gegangenen Ausarbeitungen sind nun für die Anti-Bias-Seminararbeit zu bedenken? Welche Aspekte können eine Rolle spielen, wenn ‚deutsch sein' thematisiert wird?

- Festzustellen ist sowohl in den Expert_inneninterviews dieser Forschungsarbeit als auch in der Studie von Schneider (2001), dass große Schwierigkeiten bzw. Unsicherheiten in der Thematisierung deutscher Identität im deutschen Kontext bestehen, die vor allem mit dem Holocaust und den damit verbundenen Schuldgefühlen in Verbindung stehen.
- Die Verknüpfung des Anti-Bias-Ansatzes mit Elementen und Ansätzen der Erinnerungspädagogik wird in den Expert_inneninterviews als sinnvoll erachtet. Zentral ist auch in diesem Zusammenhang ein diversitätsbewusster Blick. Dieser bedeutet den Einbezug verschiedener Perspektive wie Mehrheiten, Minderheiten oder Generationen in die jeweilige Erinnerungskultur, den Einbezug von Opfern, Tätern, Zuschauern etc. und deren Verhaltensweisen sowie von unterschiedlichen inhaltlichen Perspektiven von Geschichte (vgl. Leiprecht 2005, 100).
- Es erscheint daher sinnvoll, den Vorschlag von Heyl (1997) aus der Erinnerungspädagogik aufzugreifen und die „Gesellschaft des Holocaust" zu thematisieren und über biografischen Konkretisierungen der verschiedenen Mitglieder dieser Gesellschaft und deren subjektiven Möglichkeitsräume, auch die damaligen Strukturen in den Blick zu bekommen (ebd., 224). Über biografische Materialien ist es zudem möglich, sich konstruktiv mit dem Thema Schuld als ein individuelles Gefühl auseinander zu setzen. Dabei ist darauf zu achten, nicht in einer ‚Schuldfalle' stecken zu bleiben, da diese letztlich die Reflexion verhindert.
- Neben den Schwierigkeiten in der Thematisierung des ‚Deutsch-Seins' sind gleichzeitig Entwicklungen eines ‚fröhlichen Patriotismus' oder eines ‚ungezwungenen' Umgangs mit nationalen Symbolen in Deutschland festzustellen (Fußball WM 2006). Dies ist kritisch zu betrachten, da Forschungsergebnisse darauf hinweisen, dass mit steigender nationaler Identifikation auch Fremdenfeindlichkeit, Antisemitismus und Islamphobie zunehmen (vgl. Becker/Christ/Wagner/Schmidt 2008, 13).

- Die Schwierigkeiten der Thematisierung des Holocausts und die gleichzeitig vorhandene ‚ungezwungene' Neuentdeckung des Deutschen weisen darauf hin, dass in Deutschland generationelle und kontextuelle Unterschiede im Umgang mit dem Dritten Reich bestehen, die jeweils nochmals Unterschiede nach dem Grad der Verstricktheit der eigenen Familie, des eigenen Umgangs mit Geschichte und der politischen Weltanschauung aufweisen. Diese möglichen generationellen Unterschiede im Umgang mit deutscher Geschichte gilt es im Blick zu behalten und auftretende Widerstände auch vor diesem Hintergrund zu betrachten.
- Darüber hinaus gilt es, das Konstrukt Nation selbst kritisch in den Blick zu nehmen und dessen inhärenten Ausschlussmechanismen aufzudecken und zu problematisieren (vgl. Keil 2009, 24ff.).
- Begriffe wie Patriotismus und Kultur sollten vor allem im Kontext des Themas ‚deutsch sein' kritisch aufgegriffen werden und hinsichtlich ihrer möglichen Verwendung als Sprachverstecke für Nationalismus oder rassistische Argumentationsmuster untersucht werden (vgl. Leiprecht 2005, 104).
- Zentral für das Thema ‚deutsch sein' ist auch die Feststellung des Konstruktionscharakters der Identität als Deutsche_r, die sich über den Diskurs sowie symbolische Handlungen herstellt und reproduziert (vgl. Schneider 2001, 55). Diese Erkenntnis ist daher bedeutend, weil (nicht nur) in Alltagsbegegnungen oftmals die gegenteilige Position vertreten wird, nach der es gerade die kulturellen Alltagspraxen seien, die ‚deutsch sein' ausmachen.
- In den Interviews wird auf die Bedeutung von Critical Whiteness für die Anti-Bias-Arbeit in Deutschland hingewiesen, da ein großer Teil der Bevölkerung *weiß* und privilegiert ist, was wiederum Auswirkungen auf die Identität als Deutsche_r hat. Dies bedeutet für die Anti-Bias-Arbeit sich auch mit dem verinnerlichten dominanten *weißen* Blick auseinanderzusetzen. Die Entwicklung einer *weißen* anti-rassistischen Identität ist dabei ein notwendiger Weg zum Abbau von Diskriminierung auch auf struktureller Ebene. Bei der notwendigen kritischen Reflexion der eigenen gesellschaftlichen Position (als Mehrheitsangehörige) gilt es darauf zu achten, auch die (eigene) Mehrheitsgruppe nicht zu verallgemeinern und diese wenig differenziert zu denken bzw. zu betrachten, das heißt Essentialisierungen sollten vermeiden werden.

5.3 Überschneidungen und Abgrenzungen zu ausgewählten Ansätzen und Verfahren

In diesem Kapitel steht die Frage nach den Grenzen und Überschneidungen des Anti-Bias-Ansatzes zu anderen Konzeptionen und vergleichbaren Verfahren im Mittelpunkt der Auseinandersetzung. Dies ist besonders vor dem Hintergrund der bereits dargestellten vielfältigen theoretischen Bezüge des Anti-Bias-Ansatzes[209] sowie den daraus erwachsenen vielfältigen Verknüpfungsmöglichkeiten (auch mit anderen Ansätzen) von Bedeutung. Des Weiteren nehmen mittlerweile auch andere Ansätze und Konzepte mehrere Formen von Diskriminierung in den Blick und

[209] Vgl. dazu ausführlich Kapitel 4.2 „Theorie Hintergründe im Anti-Bias-Ansatz".

gehen von ähnlichen Grundannahmen aus (vgl. Anne Frank Zentrum 2008, 6). Unter diesem Gesichtspunkt ist vor allem die Social Justice Education zu nennen (vgl. Adams/Bell/Griffin 1997), die in den vergangenen Jahren auch in Deutschland Eingang in die politische Bildungsarbeit gefunden hat (vgl. Weinbach 2006; Weinbach/Czollek 2007). Vor diesem Hintergrund geraten folgende zentrale Themenfelder in den Blick:

- die Abgrenzung und Überschneidungen des Anti-Bias-Ansatzes zu interkulturellen und antirassistischen Ansätzen,
- die Abgrenzung und Überschneidungen zur Menschenrechtsarbeit,
- die Abgrenzung und Überschneidungen zu Social Justice-Trainings sowie
- die Abgrenzung und Überschneidungen zu therapeutischen Verfahren.

5.3.1 Anti-Bias-Arbeit im Feld interkultureller und antirassistischer Ansätze und Konzepte

Die Frage der *inhaltlichen* Abgrenzung zu interkulturellen und antirassistischen Ansätzen tritt (in der Praxis) offenbar häufig auf. Dafür sprechen sowohl meine eigenen Erfahrungen als Teamer von Anti-Bias-Workshops, Seminaren und Weiterbildungen als auch verschiedene Aussagen in den Expert_inneninterviews zur Anti-Bias-Arbeit in Deutschland. Paula berichtet im Rahmen ihres Interviews über ihre Erfahrungen als Teamerin von Anti-Bias-Seminaren Folgendes:

> „Aber das merke ich, also dass da so ein Bedürfnis da ist (…), um eben auch über eine theoretische Fundierung, die meiner Meinung nach fehlt, auch eine stärkere Abgrenzung machen zu können, die auch immer eingefordert wird, zum Beispiel zu anderen antirassistischen und interkulturellen Ansätzen“ (Paula, 231-238).

An anderer Stelle spricht Paula von einer nötigen „Verortung“ des Ansatzes (ebd., 322), der Frage nach dem „Besonderen“ des Ansatzes (ebd., 292) oder davon, dass

> „bestimmte Sachen nicht so richtig klar wurden, [und] was das Besondere jetzt an Anti-Bias ist in dem ganzen Kontext interkulturell-antirassistisch“ (Paula, 292-293).

Der Wunsch nach Einordnung und Verortung des Ansatzes ist überraschend und verständlich zu gleich. Überraschend, weil in der spezifischen Literatur zum Anti-Bias-Ansatz (mit Erscheinungsdatum vor den Expert_inneninterviews dieser Studie) die Grenzen vor allem zu so genannten „farbenblinden“ oder „touristischen“ inter- und multikulturellen Ansätzen bereits deutlich aufgezeigt wurden (vgl. Derman-Sparks 1989, 6f.; Wagner 2003, 43ff.). Verständlich, weil der Begriff rassismuskritisch mittlerweile sehr weit gefasst wird, so dass auch die Anti-Bias-Arbeit darunter fällt (vgl. Schäuble 2008, 49; Scharathow/Leiprecht 2009, 4). Dies kann die irrtümliche Annahme zur Folge haben Anti-Bias-Arbeit fokussiere in erster Linie Rassismus – korrekt ist jedoch, dass der Ansatz *auch* Rassismus thematisiert.[210] Diese beiden Aspekte, die Abgrenzung zu bestimmten interkulturellen Ansätzen und der Einbezug aller Diskriminierungsformen, thematisiert auch Paula in ihrem Interview:

> „[Z]um Beispiel bei interkulturell, zumindest meine Meinung, ist das so ein bisschen der exotische Blick auf das Ganze, was Anti-Bias ja nicht möchte, und da finde ich, da ist eine ganz klare Abgrenzung da. Zu Anti-

[210] Vgl. dazu auch die Entwicklungsgeschichte des Anti-Bias-Ansatzes in Kapitel 2.2.

rassismus zum Beispiel auch noch mal klar zu machen, es geht auch um Rassismus bei Anti-Bias aber eben nicht nur, es geht um Diskriminierung in den verschiedensten Ausprägungen" (Paula, 337-342).

Der Wunsch nach Einordnung und Verortung des Anti-Bias-Ansatzes ist darüber hinaus auch verständlich, weil der Diskurs zur Frage, was (heute) eigentlich interkulturell bedeutet, sehr unübersichtlich ist (vgl. Nohl 2010; Hamburger 2009; Attia 2000; Lutz 1999; Auernheimer 1997) und zentrale Anti-Bias-Publikationen aus den USA und Südafrika ein nicht unproblematisches Verständnis von Kultur transportieren. Beispielsweise wird im südafrikanischen Handbuch „Shifting Paradigms" auf das eher statische und Kultur festschreibende Eisbergmodell zurückgegriffen oder vereinfachend und kategorisierend von europäischen und afrikanischen Weltanschauungen gesprochen (vgl. Koppman/Robb 1997, 34ff.). Der Kulturbegriff wird übrigens auch bei der us-amerikanischen Begründerin des Ansatzes Derman-Sparks in Verbindung mit Weltanschauung (und Sprache) gebracht. Nach Schmidt (2009) neigt sie dazu, „im Rahmen ihrer Verortung der Anti-Bias-Arbeit in der Nordamerikanischen Geschichte (...) Kultur auf Kollektive zu reduzieren, die sich aus nationalstaatlichen Grenzziehungen ergeben und die Individuen – insbesondere die je Anderen – determinieren" (ebd., 29). Eine Positionierung des Anti-Bias-Ansatzes für den deutschen Kontext ist aus diesen Gründen von besonderer Bedeutung. Entlang verschiedener Interviewpassagen werde ich nachfolgend in kurzer Form auf die zentralen Abgrenzungen zu antirassistischen und interkulturellen Ansätzen eingehen. Karin grenzt den Anti-Bias-Ansatz deutlich ab von interkulturellen Ansätzen, denen ein starrer Kulturbegriff zugrunde liegt und die auf ein Lernen über „die Anderen" abzielen:

> „Das Problem mit interkulturellem Lernen ist oder interkulturelle Kommunikation ist, dass Menschen denken die müssen etwas lernen über die anderen Kulturen und produzieren Stereotypen zum Teil, vor allem wenn da kurze Workshops sind, wo man einfach die Eigenschaften von bestimmten Nationalitäten oder Kulturen lernt und da grenzen wir uns sehr stark ab" (Karin, 191-196).

Anja verweist darüber hinaus auf das Thema Machtverhältnisse:

> „So wenn es um interkulturelles Lernen oder sonst irgendwelche Ansätze geht, die ich sonst kenne, ist das meistens der Bereich [das Thema Machtverhältnisse], der am Rande, wenn überhaupt zum Thema gemacht wird" (Anja, 41-44).

Albert macht anknüpfend an seine Erfahrungen mit dem Anti-Bias-Ansatz in Südafrika auf den Zusammenhang von Individuum und gesellschaftlicher Struktur aufmerksam. Er erkennt in der expliziten Thematisierung von Individuen *und* Strukturen in der Anti-Bias-Arbeit einen zentralen Unterschied zu Ansätzen interkultureller Kompetenz:

> „[W]eil in dieser Gesellschaft diese Strukturen und Individuen sehr nach der Befreiungsbewegung, nach dem Apartheidssystem sehr sichtbar waren und diese Sichtbarkeit sieht man auch im Anti-Bias-Trainings-Ansatz und diese Analogie sehe ich und es ist für mich viel klarer als das in anderen Ansätzen wie bei interkultureller Kompetenz oder Vermittlung von interkultureller Kompetenz der Fall ist" (Albert, 119-125).

Darüber hinaus sind weitere zentrale Abgrenzungen zu nennen, die zwar in den Interviews nicht direkt im Zusammenhang mit interkulturellen Ansätzen angesprochen werden, jedoch mit Blick auf die Fachliteratur von besonderer Bedeutung sind. Nach Schmidt (2009) liegt ein bedeutender Unterschied zu inter- oder multikulturellen Ansätzen darin, dass sich Anti-Bias-Arbeit an alle

Menschen richtet. Dem liegt die Annahme zugrunde, „dass sich alle Menschen in globalen und gesellschaftlichen Verhältnissen bewegen, in denen sich Differenzierungen, Machtungleichverteilungen sowie Diskriminierungen und Unterdrückung abspielen" (ebd., 64). Daraus folgt in der Anti-Bias-Arbeit der Einbezug beider Seiten von Diskriminierung: die Erfahrung diskriminiert worden zu sein und die Erfahrung selbst diskriminiert zu haben. Paula sagt dazu:

> „[W]as mir auch bei Anti-Bias gefällt (...), also, jemand der auf Grund bestimmter Sachen diskriminiert wird, heißt nicht, dass er dann per se nicht auch andere diskriminieren kann auf Grund anderer Sachen und das finde ich halt gut, dieses aufzeigen der beiden Seiten, die alle in sich tragen, eigentlich auch kennen, wenn sie in sich reinhorchen und das zulassen, das gefällt mir" (Paula 180-189).

In Ansätzen interkultureller Arbeit hingegen ist oft zu beobachten, dass nur die Gruppe der defizitären, bemitleidenden, exotischen oder bereichernden Anderen in den Blick genommen wird (vgl. Elverich/Reindlmeier 2006, 41f.; Wagner/Hahn/Enßlin 2006, 83). Eine deutliche Grenze zeigt sich auch entlang der Herangehensweise. So wird in einigen Ansätzen interkultureller und antirassistischer Arbeit auf *besonders* konfrontierender Weise vorgegangen. Zum Beispiel wird im Blue Eyed/Brown Eyed Training nach Jane Elliott in einem zentralen Übungsteil bewusst mit manipulativen und entmündigenden Methoden gearbeitet (vgl. Heinzelmann 2002, 5). Dabei besteht die Gefahr, „dass die antirassistischen Ziel verfehlt werden und die autoritären Mittel anfangen sich zu verselbständigen" (Leiprecht 2003, 31). Demgegenüber ist Anti-Bias-Arbeit in seiner Gesamtkonzeption dialogischer und wertschätzender. Karin führt dazu aus:

> „Daher ist für mich wichtig dass dieser Ansatz erlaubt engagiert zu sein, ich meine wirklich bewusst zu sein was verändert werden muss und trotzdem und das ist (...) ganz wichtig, ist, das es ist politisch aber wir müssen die Menschen abholen wo sie sind und das heißt in einem Workshop polarisieren wir nicht, die können sich selber polarisieren wenn sie wollen, das heißt wir haben Übungen, wo man das macht, um Diskussionen zu machen usw. aber das ist was anderes, aber wir vor allem geben keine Schuld und das die Schuldzuweisung ist für uns ganz problematisch sogar, weil Menschen [so] nicht lernen können" (Karin, 688-698; vgl. dazu auch Paula 148-172).

Mit diesen Interviewaussagen sind die wesentlichen Abgrenzungen zu interkulturellen und antirassistischen Ansätzen benannt.[211]

Zusammenfassung

- Anti-Bias-Arbeit fokussiert alle Differenzlinien und Diskriminierungsformen und grenzt sich damit von Ansätzen ab, die jeweils (nur) eine Diskriminierungsform in den Blick nehmen (vgl. Schmidt/Dietrich/Herdel 2009, 158).
- Anti-Bias-Arbeit hierzulande ist geprägt von einem dynamischen und offenen Kulturbegriff. Damit grenzt sie sich gegenüber anderen Ansätzen sowie Ausprägungen des Anti-Bias-Ansatzes ab, deren Grundlage ein statischer Kulturbegriff ist (vgl. Schmidt 2009, 25ff.). Der Anti-Bias-Ansatz grenzt sich zudem ausdrücklich gegen den vor allem im Kontext des Begriffs ‚Multikulti' einseitig geführten Bereicherungsdiskurs und so genann-

211 Mit dieser Formulierung ist jedoch nicht gemeint, dass alle interkulturellen oder antirassistischen Ansätze die oben genannten Gesichtspunkte nicht berücksichtigen. Sehr wohl existieren Konzepte und Blickrichtungen, die in ähnlicher Weise wie der Anti-Bias-Ansatz Diskriminierung kritisch thematisieren (vgl. dazu beispielsweise Leiprecht 2003).

te touristisch-exotisierende sowie farbenblinde multikulturelle Ansätze und Konzepte ab (vgl. Wagner 2002, 62f.; Wagner/Hahn/Enßlin 2006, 83).

- Anti-Bias-Arbeit bezieht auch die verschiedenen gesellschaftlichen Machtverhältnisse und damit verschiedenen Diskriminierungsebenen mit ein und grenzt sich gegenüber Ansätzen ab, die individual-psychologisch vorgehen und gesellschaftliche Machtverhältnisse gar nicht oder marginal behandeln (vgl. Schmidt/Dietrich/Herdel 2009, 162).
- Anti-Bias-Arbeit thematisiert Diskriminierung auf Grundlage der Verstrickung des Individuums in gesellschaftliche Strukturen (vgl. Gramelt 2010, 164ff.).
- Anti-Bias-Arbeit richtet sich entgegen etlicher inter- oder multikultureller Ansätze an alle Menschen und bezieht beide Diskriminierungerfahrungen – als Diskriminierte_r und als Diskriminierende_r – mit ein (vgl. Schmidt, 64f.).
- Anti-Bias-Arbeit ist im Vergleich mit einigen Ansätzen interkultureller und antirassistischer Arbeit deutlich weniger konfrontativ in seiner Herangehensweise – im Sinne einer entschiedenen Position Menschen in Seminaren *nicht* zu kompromittieren bloßzustellen oder vorzuführen sondern dialogisch, wertschätzend vorzugehen.

5.3.2 Anti-Bias- und Menschenrechtsarbeit

Auf die Überschneidungen und Zusammenhänge des Anti-Bias-Ansatzes mit den Menschenrechten (und der Menschenrechtsbildung) wird verschiedentlich Bezug genommen. So findet sich das Thema in *Publikationen,* etwa bei Lohrenscheit (2004) im Rahmen ihrer Studie zur Menschenrechtsbildung (vgl. ebd., 250ff.), bei Schmidt und Trisch (2009) im Kontext Anti-Bias-Arbeit und Kinderrechte (vgl. ebd., 1) oder in der Studie von Gramelt (2010) zum Anti-Bias-Ansatz (vgl. ebd., 186). Auch in den *Expert_inneninterviews* wird auf Verknüpfungen hingewiesen (vgl. Anja, 685-686, 712-716; Meike, 591-600). Weiterhin finden sich in der *Praxis* verschiedene Projekte und Veranstaltungen, die Anti-Bias-Arbeit und Menschenrechte bzw. Menschenrechtsbildung verbinden. So arbeitete beispielsweise das Projekt „Starke Kinder machen Schule“ mit einer Kombination aus dem Anti-Bias-Ansatz, den Kinderrechten und Betzavta[212] (vgl. Hahn/Bitis/Wullenkord 2010, 6ff.), das Projekt „inklusive menschenrechte“ nutzte ein Modul ihrer Weiterbildungsreihe für pädagogische Fachkräfte im Jahr 2009 und 2011 jeweils für Anti-Bias-Arbeit (vgl. Anti-Bias-Werkstatt 2009, 2; inklusive menschenrechte 2011) und im Rahmen der Herbstakademie des Deutschen Instituts für Menschenrechte wurde in den Jahren 2005 und 2006 jeweils ein Workshop zum Anti-Bias-Ansatz durchgeführt (vgl. Anti-Bias-Werkstatt 2005, 1; Anti-Bias-Werkstatt 2006, 2). Worin bestehen nun die Überschneidungen zwischen dem Anti-Bias-Ansatz auf der einen Seite und den Menschenrechten (und der Menschenrechtsbildung) auf der anderen Seite, und wo sind Grenzen zu erkennen? Nachfolgend werde ich diese anhand sieben zentraler Punkte erläutern.

[212] „Betzavta (hebräisch: Miteinander) ist ein Übungsprogramm zur Demokratie-, Menschenrechts- und Toleranzentwicklung aus Israel. Es wurde dort Mitte der 80er Jahre (…) entwickelt und Mitte der 90er Jahre (…) für die Bildungsarbeit in Deutschland adaptiert. Ziel ist es, Selbstreflexion, Empathie sowie demokratische Einstellungen und Verhaltensweise zu fördern“ (Hahn/Bitis/Wullenkord 2010, 9).

I. Unrechts- bzw. Diskriminierungserfahrungen

Nach Heiner Bielefeldt (2006) können Menschenrechte als unabgeschlossener Lernprozess in Antwort auf Unrechtserfahrungen verstanden werden (ebd., 137f.). Bielefeldt führt als Beispiele für Unrechtserfahrungen „die Unterdrückung von Dissidenten, die Diskriminierung und Vertreibung religiöser und ethnischer Minderheiten, das Machtungleichgewicht zwischen Frauen und Männern, Verhältnisse einseitiger ökonomischer Abhängigkeiten, die Erstickung geistigen Lebens durch polizeistaatliche Kontrollpolitik" an (ebd., 138). Damit umfasst der Begriff Unrechterfahrungen ausdrücklich auch Diskriminierungserfahrungen, die wiederum Ausgangspunkt der Anti-Bias-Arbeit sind (vgl. Schmidt 2009, 66; Winkelmann 2010, 42). Das gemeinsame Motiv zur Entwicklung der Menschenrechte und des Anti-Bias-Ansatzes sind demnach (individuelle und kollektive) Unrechtserfahrungen (vgl. Schmidt/Trisch 2009, 1). Wichtig ist in diesem Zusammenhang, dass sich Bielefeldt (2006) gegen einschlägige und verkürzende historische Interpretationen der Menschenrechte im Sinne ihrer westlich-kulturellen Wurzeln wendet, die quasi die Frucht der westlichen Kultur darstellen und dadurch letztlich zu einem „imperialistischen Verständnis" der Menschenrechte führen (ebd., 137). Vielmehr rückt er die „menschenrechtlichen Lernprozesse und Lernergebnisse" in den Mittelpunkt der Auseinandersetzung (ebd.). Diese Sichtweise ermöglicht meines Erachtens eine Anschlussfähigkeit für die Anti-Bias-Arbeit, da sie Kritik an der herkömmlichen Interpretation des Entwicklungsschemas der Menschenrechte und deren praktischen Anwendung zulässt sowie darüber hinaus ihren Prozesscharakter betont.

II. Inklusion und Menschenwürde

Der Anti-Bias-Ansatz versteht sich als „inclusive" (Koopman/Robb 1997, 10) und richtet sich dadurch an alle Menschen (vgl. Schmidt 2009, 64f.). Der Begriff Inklusion findet mittlerweile auch verstärkt Eingang in die Anti-Bias-Arbeit in Deutschland. So lautet der Titel einer Tagung im Juni 2010 des Projekts Kinderwelten „Bildung konsequent inklusiv" (vgl. Wagner 2010, 1). Dem Anspruch der Inklusion liegt die in der Allgemeinen Erklärung der Menschenrechte (A-EMR) festgeschriebene Menschenwürde zu Grunde. In Art. 1 der AEMR heißt es: „Alle Menschen sind frei und gleich an Würde und Rechten geboren" (Bundeszentrale für politische Bildung 2004, 55). Die in den Menschenrechten festgeschriebene gleiche Anerkennung aller Menschen ist somit die Grundlage für ein Leben aller in Würde. Der Begriff Inklusion findet sich mittlerweile auch direkt in menschenrechtlichen Konventionen. So ist in der UN-Konvention über die Rechte von Menschen mit Behinderungen von 2008 von Inklusion im Sinne einer vollständigen gleichberechtigten gesellschaftlichen Teilhabe die Rede, explizit wird hier auch von inklusiver Bildung gesprochen (vgl. Bielefeldt 2009, 10). Aus diesen Gründen können die Menschenrechte als eine Basis für die Anti-Bias-Arbeit herangezogen werden.

III. Abbau von und Schutz vor Diskriminierung

Der Anti-Bias-Ansatz zielt letztlich auf den Abbau von Diskriminierung auf interpersonell/interaktioneller, ideologisch/diskursiver und strukturell/institutioneller Ebene durch die Entwicklung alternativer Handlungsformen (vgl. Schmidt/Dietrich/Herdel 2009, 162). Der Schutz vor Diskriminierung kann somit als zentraler Inhalt des Anti-Bias-Ansatzes angesehen werden. Wenn jedoch im Allgemeinen von Menschenrechten die Rede ist, scheint der Blick auf Diskriminierung nicht an erster Stelle zu stehen. Gleichwohl ist der Diskriminierungsschutz in den Menschenrechten grundsätzlich enthalten und ist als zentrales Element zu bezeichnen – denn Menschenrechte sind Rechte gleicher Freiheit: „(Der) Begriff der Menschenrechte bezeichnet (...) jene grundlegenden Freiheitsrechte, die jedem Menschen schon aufgrund seines Menschseins – und folglich jedem Menschen in gleichem Maße – zustehen“ (Bielefeldt/Follmar-Otto 2005, 5). Durch diesen sogenannten Gleichheitsgrundsatz ist der Schutz vor Diskriminierung in den Menschenrechten schon von Anfang an enthalten. Der Gleichheitsgrundsatz der Menschenrechte ist damit mehr als ein Artikel, er ist grundlegend für alle weiteren Rechte wie Meinungsfreiheit, Religionsfreiheit, Recht auf Bildung etc. Denn alle Menschenrechte sollen jedem Menschen nach Maßgabe der Gleichberechtigung, also diskriminierungsfrei zukommen: „Das Diskriminierungsverbot ist insofern ein Strukturprinzip der Menschenrechte“ (ebd.). Als gemeinsames Themenfeld der Anti-Bias-Arbeit und den Menschenrechten kann somit der Abbau von bzw. der Schutz vor Diskriminierung bezeichnet werden.

IV. Diskriminierungsmerkmale bzw. -formen

Eine jüngere Tendenz der Menschenrechte ist der Einbezug weiterer Diskriminierungsmerkmale. Die in den Menschenrechtsdokumenten gelisteten Diskriminierungsmerkmale sind meist offene Zusammenstellungen mit exemplarischem Charakter. Dadurch ist es möglich weitere Diskriminierungsformen, die bislang nicht explizit genannt wurden, in Zukunft politisch zu adressieren (vgl. Bielefeldt/Follmar-Otto 2005, 6). Die historische Entwicklung der Menschenrechte macht deutlich, wie die Liste von Aspekten, entlang derer Ungleichbehandlungen erkannt und bearbeitet werden, nach und nach in dem Maße erweitert wurde, wie Unrechts- und Diskriminierungserfahrungen artikuliert und in der Öffentlichkeit zum Thema wurden. Aktuelles Beispiel dafür ist die UN-Konvention über die Rechte von Menschen mit Behinderungen von 2008 (vgl. Bielefeldt 2009, 6). Einer der Grundzüge der Anti-Bias-Arbeit ist der Einbezug aller Diskriminierungsformen (vgl. Trisch/Winkelmann 2008, 61).[213] Ähnlich wie die Menschenrechte befindet sich auch der Anti-Bias-Ansatz in einem ständigen Prozess der Weiterentwicklung. Indem immer wieder aktuelle Themen und Erfahrungen aufgegriffen und im Zusammenhang mit dem nationalen und lokalen Kontext diskutiert, verortet und theoretisch fundiert werden, ‚wächst‘ der Ansatz kontinuierlich mit den Menschen, ihren Erfahrungen, Perspektiven und Strukturen. So wird etwa in den USA seit kurzer Zeit intensiv an dem Thema *Weiß*sein als Schwerpunkt der Anti-Bias-Arbeit geforscht und gearbeitet (vgl. Derman-Sparks/Ramsey 2006; Derman-Sparks 2008) – ein Thema, das vor zehn Jahren sicherlich noch keine große Bedeutung zugesprochen bekam. Sowohl die Menschenrechte als auch der Anti-Bias-Ansatz zeichnen sich, gestützt durch einen ständigen Prozess der Weiterentwicklung, durch den Anspruch aus, alle Diskriminierungsformen in den Blick zu nehmen.

V. Indirekte und strukturelle Diskriminierung

Eine weitere jüngere Tendenz im Diskurs um die Menschenrechte seit der Verabschiedung der AEMR ist das zunehmende Bewusstsein für indirekte und strukturelle Formen von Diskriminie-

[213] Vgl. dazu auch Kapitel 2.4.3 „Einbezug aller Formen von Diskriminierung“.

rung (vgl. Bielefeldt/Follmar-Otto 2009, 7). Ein Beispiel dafür ist die bereits erwähnte UN-Konvention über die Rechte von Menschen mit Behinderungen von 2008. Nach dieser besteht „die Verpflichtung der Staaten zu Erhebung aussagekräftiger statistischer Daten, auf deren Grundlage gesellschaftliche Diskriminierung – insbesondere auch indirekte Formen der Diskriminierung – besser erkannt und bearbeitet werden können" (Bielefeldt 2009, 15). Ein anderes Beispiel ist das Menschenrecht auf Bildung. Mona Motakef (2006) weist in diesem Zusammenhang unter anderem auf die mangelhafte Verfügbarkeit von frühkindlichen Bildungsangeboten hin, die sich besonders gravierend auf Kinder auswirken, die in relativer Armut leben, denn „herkunftsbedingte Benachteiligungen (können) so nicht ausgeglichen werden" (ebd., 41). Auch im Anti-Bias-Ansatz kommt der Arbeit an der indirekten und strukturellen Ebene von Diskriminierung eine besonders große Bedeutung zu (vgl. Schmidt 2009, 87). Wenngleich die Anti-Bias-Arbeit zunächst auf einer individuellen Ebene ansetzt, ist die Aufmerksamkeit für institutionalisierte Formen von Diskriminierung und die Initiierung von Veränderungsprozessen auf einer strukturellen-institutionellen Ebene eine weitere zentrale Zielperspektive der Arbeit (vgl. ebd., 244ff.; Reddy 2002, 37).

VI. Didaktik

Deutliche Überschneidungen finden sich auch zwischen der Menschenrechtsbildung als pädagogischer Disziplin der Menschenrechte und dem Anti-Bias-Ansatz. Menschenrechtsbildung zielt auf das Lernen über, durch und für Menschenrechte (MR) ab (vgl. Lohrenscheit 2004, 58ff.).

(A) **Lernen über Menschenrechte (Wissen):** Dabei geht es um Schlüsselbegriffe wie Freiheit, Gleichheit, Menschenwürde, Gerechtigkeit und Nicht-Diskriminierung, um die Kenntnis int. Verträge, Dokumente und Deklarationen, um die Auseinandersetzung mit MR als Bezugsrahmen für Verhaltensregeln in der Gesellschaft, um die Bedeutung der MR in der historischen Betrachtung sowie der Gegenwart und Zukunft sowie um unterschiedliche Zugänge und Legitimationen von MR in verschiedenen gesellschaftlichen Kontexten.

(B) **Lernen durch Menschenrechte (Werte und Einstellungen):** In diesem Kontext steht die Sensibilisierung und das Empowerment der eigenen Person sowie die Entwicklung von Empathie und Solidarität durch die Menschenrechte im Vordergrund. Themen sind verschiedene Formen von Menschenrechtsverletzungen und die Möglichkeit ihrer Überwindung.

(C) **Lernen für die Menschenrechte (Handlungskompetenzen):** Ziele sind hier die Erweiterung der eigenen Handlungskompetenz, der Erwerb von Kommunikationskompetenzen, die Schulung kritischen Denkens, das Erlernen von Kooperation und sowie (konstruktive) Konfliktbewältigungsstrategien in Gruppen bzw. in der Leitung von Gruppen.

Tab. 7: Ziele der Menschenrechtsbildung (vgl. Bundeszentrale für politische Bildung/Deutsches Institut für Menschenrechte/Europarat 2005, 18f.)

Die Nähe von Menschenrechtsbildung und Anti-Bias-Arbeit zeigt sich unter anderem in den oben erwähnten verschiedenen Praxisprojekten, die mit einer Kombination beider Ansätze arbeiten. Weiterhin ist der Anti-Bias-Ansatz geeignet, „um nicht nur dem Lernfeld der Menschenrechtsbildung ‚Lernen über die Menschenrechte' im Rahmen von Unterrichtseinheiten gerecht zu werden, sondern auch die Umsetzung der Lernfelder ‚Lernen für' und ‚Lernen durch die Menschenrechte' zu stärken: Denn zum Einen zielt die Anti-Bias-Arbeit auf ‚Empowerment', die Befähigung sich für die Menschenrechte einzusetzen; zum Anderen besteht der Anspruch einer Übereinstimmung von Inhalt und Form, indem die Inhalte der Kinder- und Menschenrechte auch strukturell umgesetzt werden und damit ein Lernen durch die Menschenrechte möglich wird“ (Schmidt/Trisch 2009, 2). Aus dieser Perspektive stellt der Anti-Bias-Ansatz eine Möglichkeit für die gelungene Umsetzung der verschiedenen Lernfelder der Menschenrechtsbildung dar.

VII. Lebenshaltung
Der Anti-Bias-Ansatz hat das Ziel (eigene) diskriminierende Verhaltensweisen, Denkmuster und strukturelle Formen von Diskriminierung aufzudecken, bewusst zu machen und zu verstehen sowie eine veränderte Grundhaltung im Alltag zu erlernen und weit reichend zu etablieren. Es geht im Gesamten (auch) um eine Lebenshaltung, nicht um einen ‚Methodenkoffer', durch den Diskriminierung verhindert werden kann.[214] Auch die Menschenrechte sind nicht als ‚Katalog' in dem Sinne zu verstehen, einzelne Rechte herauszugreifen und diese für die eigenen (aktuellen) Belange zu instrumentalisieren. Neben ihrer Rechtsverbindlichkeit können die Menschenrechte, wie die oben ausgeführten Ziele der Menschenrechtsbildung zeigen, in ihrem normativen Charakter ebenfalls als Lebenshaltung verstanden werden.

Deutlich wurden verschiedene Verknüpfungsmöglichkeiten und Verbindungen zwischen den Menschenrechten und der Menschenrechtsbildung einerseits und dem Anti-Bias-Ansatz andererseits. Inwieweit der Bezug auf die Menschenrechte den Anti-Bias-Ansatz jedoch grundsätzlich unterstützt bzw. stärkt (und umgekehrt der Bezug auf den Anti-Bias-Ansatz die Menschenrechte) soll abschließend kritisch diskutiert werden.

Ein grundlegender Unterschied zwischen den Menschenrechten und dem Anti-Bias-Ansatz besteht darin, dass Menschenrechte auf juristischen Grundlagen basieren und auf einklagbare Rechte abzielen, wohingegen Anti-Bias-Arbeit zum Ziel hat, für das komplexe Phänomen Diskriminierung zu sensibilisieren und diese langfristig auf allen Ebenen abzubauen. Dieser Unterschied kann der Anti-Bias-Arbeit zuträglich sein, denn ein Anti-Bias-Ansatz, der sich auf die Menschenrechte stützt, gewinnt durch die Rechtsverbindlichkeit an Stärke im Sinne einer rechtlichen Legitimation (und normativen Grundlage). Sich seiner Rechte bewusst zu werden, juristische Interessensvertretung sowie Möglichkeiten der Einklagbarkeit zu kennen, sind ein Teil von Empowerment. Dies gilt in Bezug auf den nationalen Kontext auch für grundlegende Kenntnisse über das Allgemeine Gleichbehandlungsgesetz (AGG). Andererseits liegt im Bezug auf Rechte auch ein Nachteil, denn Rechte zielen zumeist auf Bestrafung der Täter_innen sowie den Schutz von (potentiellen) Opfern durch Einhaltung dieser Rechte und streben oftmals keine annähernde Verständigung bis hin zur Versöhnung zwischen den Parteien an. Gerade die gegenseitige Verständigung und die gegenseitige Entwicklung von Empathie – für die Seite der Diskriminierten

214 Der Begriff „auch“ wurde hier eingefügt, um zu verdeutlichen, dass die Etablierung einer vorurteilsbewussten, diversitätsbewussten und nach Möglichkeit diskriminierungsfreien persönlichen Lebenshaltung *ein* Ziel der Anti-Bias-Arbeit ist. Entgegen der gelegentlichen Kritik am ‚Gutmenschentum' einiger Anti-Bias-Aktiver, das sich im (ausschließlichen) Ziel einer veränderten Lebenshaltung ausdrückt, sehe ich jene als unabdingbare Grundlage für eine professionelle Arbeit mit dem Anti-Bias-Ansatz an – im Sinne einer Einheit von Form und Inhalt. Problematisch scheint mir lediglich die einseitige Fokussierung auf dieses Ziel zu sein.

und die Seite der Diskriminierenden – ist jedoch ein Ziel der Anti-Bias-Arbeit.[215] Anzumerken ist zudem, dass Recht nicht automatisch Schutz bedeutet. Anti-Bias-Arbeit geht über die rechtliche Ebene hinaus und „setzt dort an, wo das Gesetz keine Wirkung zu zeigen vermag" (Chmielewes-ka-Pape 2010, 27). Eine Verknüpfung von Anti-Bias-Arbeit und Menschenrechten kann aus diesem Blickwinkel als gelungene und notwendige gegenseitige Ergänzung angesehen werden.

Ein weiterer Diskussionspunkt ist die Frage der normativ-philosophischen Begründung der Anti-Bias-Arbeit durch die Menschenrechte. Sicherlich ist die im Art. 1 der AEMR festgeschriebene gleich anzuerkennende Würde eines jeden Menschen Ausgangspunkt der Anti-Bias-Arbeit. Ein Problem besteht jedoch darin, dass Menschenrechte oftmals als „westlich dominiert" wahrgenommen und zudem von verschiedenen Gruppen für ihre Zwecke instrumentalisiert werden. Dies kann dazu führen, dass eine Auseinandersetzung mit dem Phänomen Diskriminierung aus Gründen einer Skepsis gegenüber Menschenrechten verweigert wird. In Anschluss an Bielefeldt (2006), der Menschenrechte „als das Ergebnis von konflikthaft verlaufenen gesellschaftlichen Lernprozessen" versteht (ebd., 137), ist es jedoch meines Erachtens möglich, eine theoretische Grundlage für einen menschenrechtlichen Bezug der Anti-Bias-Arbeit zu schaffen, der die herkömmliche Entwicklungsgeschichte der Menschenrechte kritisch in den Blick nimmt und gleichzeitig eine normativ-philosophische Begründung der Anti-Bias-Arbeit liefert.

Weiterhin gilt es zu bedenken, dass sich Gesetzestexte durch eindeutige Definitionen auszeichnen. Was als Diskriminierung gilt, ist klar definiert. Dies ist notwendig für ein Rechtssystem und kann auch ein Vorteil sein, um auf unrechtmäßige eigene Benachteiligung hinzuweisen.[216] Jedoch kann es auch lähmend wirken, wenn das Merkmal entlang dessen eine Person diskriminiert wird (bislang) nicht im Gesetz erfasst wird. Auch bedeuten *vorhandene* Rechte nicht in jedem Fall Schutz, denn diese müssen in der Regel erst eingeklagt werden.[217] Zudem können die meist als statisch wahrgenommen Rechte dazu führen, eine freie Auseinandersetzung mit Diskriminierung zu verhindern, das heißt der offene Charakter des Anti-Bias-Ansatzes kann möglicherweise verloren gehen. Für einen Seminarkontext bedeutet dies sensibel auf die Zielgruppe bezogen zu agieren, um nicht unnötig Widerstände und Enttäuschung zu produzieren. Es könnte beispielsweise darum gehen, den Prozesscharakter auch von Rechten zu betonen und zu verdeutlichen, dass Rechte nicht nur von Menschen gemacht werden, sondern diese ausgehend von Unrechtserfahrungen erkämpft wurden und auch weiterhin verteidigt und erkämpft werden müssen. Ein weiterer Aspekt ist die ohnehin schon in der Anti-Bias-Arbeit oftmals stark ausgeprägte kognitive Herangehensweise, die durch den Rückgriff auf Menschenrechte nochmals betont wird. Dies spricht nicht grundsätzlich gegen eine Verknüpfung, jedoch ist es wichtig unter Berücksich-

---

215 Allerdings findet auch in der Rechtsprechung eine langsame Umorientierung in Richtung Verständigung statt, wie beispielsweise die zunehmende Anzahl von Mediationsverfahren und Maßnahmen wie dem so genannten Täter-Opfer Ausgleich zeigt.

216 Die Formulierung „unrechtmäßige Benachteiligung" wurde gewählt, um zu verhindern, dass affirmative action auch als unrechtmäßige Benachteiligung bezeichnet wird. Affirmative Action ist hingegen eine Maßnahme, die rechtlich legitimiert darauf abzielt, bestimmte Gruppen für einen begrenzten Zeitraum zu bevorzugen, um tatsächliche Ungleichheiten auszugleichen (vgl. Trisch 2009, 18).

217 Eine Ausnahme stellt beispielsweise das Gewaltschutzgesetz dar, nach dem ein Verweis aus der gemeinsamen Wohnung per richterlicher Eilanordnung durch die Polizei zeitnah durchgeführt werden kann und zwar ohne eine vorausgehende erfolgreiche Klage (vgl. Bundesgesetzblatt 2001, 3513).

tigung der jeweiligen Gruppe auch Herangehensweisen zu integrieren die beispielsweise auch Körpererfahrungen zulassen.

Zusammenfassung

Die Bezugnahme auf die Menschenrechte kann grundsätzlich für die Anti-Bias-Arbeit stärkend wirken und eine sinnvolle Ergänzung darstellen, vor allem im Sinne einer Werteorientierung sowie eines gesetzlichen Schutzes vor Diskriminierung. Es ist jedoch darauf zu achten, dass dieser Bezug die offene Auseinandersetzung mit dem Phänomen Diskriminierung nicht ungewollt einschränkt und darüber hinaus eine kritische Auseinandersetzung mit den Menschenrechten erfolgt.

Aus der Perspektive der Menschenrechte bietet die Verknüpfung in erster Linie Vorteile. So kann Anti-Bias-Arbeit beispielsweise durch die Erfahrungsorientierung dazu beitragen, Menschenrechte für das Individuum (be)greifbar zu machen. Anti-Bias-Arbeit kann weiterhin dazu führen, bislang in den menschenrechtlichen Dokumenten und Deklarationen nicht geschützten Gruppen wie etwa Transgendern eine Stimme zu geben und damit den menschenrechtlichen Schutz vor Diskriminierung zu erweitern.

Auch in Bezug auf das AGG kann der Anti-Bias-Ansatz dazu beitragen, die juristischen Verfahren zu verbessern. Beispielsweise wird im AGG in §22 die Beweislast geregelt: „Wenn im Streitfall die eine Partei Indizien beweist, die eine Benachteiligung wegen in §1 genannten Grundes vermuten lassen, trägt die andere Partei die Beweislast dafür, dass kein Verstoß gegen die Bestimmung zum Schutz von Benachteiligung vorgelegen hat“ (Hieronymus 2007, 88). Allerdings muss die Schwelle zur so genannten Beweislastumkehr erst erreicht werden, hier könnte Anti-Bias-Arbeit zu einer erhöhten Sensibilität der entscheidenden Richter_innen beitragen (vgl. Trisch 2007a, 2).[218]

5.3.3 Anti-Bias-Arbeit und Social Justice Education

Bevor ich anhand einzelner Aspekte ausführlich auf die Unterschiede zwischen und Gemeinsamkeiten von Anti-Bias-Arbeit und Social Justice Education eingehe, möchte ich eingangs kurz auf die jeweilige Entwicklungsgeschichte eingehen. Beide Ansätze etablierten sich in den USA gegen Ende der 1980er Jahre (vgl. Schmidt 2009, 32ff; Weinbach 2006, 71). Ebenfalls sind Louise Derman-Sparks, die meist als Begründerin des Anti-Bias-Ansatzes genannt wird, sowie Iris Marion Young, als inhaltliche Impulsgeberin bzw. theoretische Bezugsgröße der Social Justice Education (SJE), jeweils stark in sozialen Bewegungen verwurzelt und engagiert (vgl. LDS, 22-37; Czollek/Weinbach 2007, 12). Jedoch erscheint SJE wesentlich stärker an soziale Bewegungen rückgebunden bzw. aus diesen hervorgegangen zu sein (vgl. Weinbach 2006, 40ff.). Darüber hinaus kann vor allem in Bezug auf die USA von einer stärkeren Institutionalisierung des SJE gesprochen werden. So existiert SJE beispielsweise seit 1987 als ein „interdisziplinärer Master- und Promotionsstudiengang an der University of Massachusetts“ (ebd., 71). Dies trägt, im Vergleich zum Anti-Bias-Ansatz, auch zu einer stärker ausgeprägten theoretischen Untermauerung von SJE

218 Wie viele Klagen bisher tatsächlich abgewiesen wurden, weil die Seite der Kläger_innen den ‚Indizienbeweis‘ nicht erfüllt hat, ist laut der Antidiskriminierungsstelle des Bundes nicht dokumentiert. Als Grund wurde genannt, dass Gerichtsverfahren mit AGG Bezug selten als solche dokumentiert werden und es sich hier darüber hinaus um eine Sonderregel im AGG handelt (vgl. Braunroth 2011).

bei. Social Justice ist jedoch mehr als ein Ansatz. Heike Weinbach (2006) spricht in Bezug auf die USA und Großbritannien von Social Justice als ein „gemeinsames Projekt von unterschiedlichen und in sich unterschiedlichen Antidiskriminierungs-, Anerkennungs- und Partizipationsbewegungen“ (ebd., 41). Demnach wäre dann der Begriff Social Justice der Oberbegriff, quasi das ‚Dach‘, unter dem sich die verschiedene Ansätze mit vergleichbaren Themen und Zielsetzungen zusammenfinden. Im deutschen Kontext lässt sich eine solche Klammer verschiedener Antidiskriminierungsbewegungen allerdings nicht ausmachen.[219]

In Deutschland geht die Rezeption der aus den USA stammenden SJE in erster Linie auf Heike Weinbach und Leah Carola Czollek (2007) zurück (vgl. ebd.). Czollek und Weinbach entwickelten in Anlehnung an Maurianne Adams, Lee Anne Bell und Pat Griffin (1997) ein an den deutschen Kontext angepasstes Social Justice Training, das sie seit 2001 durchführen. Neben verschiedenen Publikationen zum Thema (vgl. Weinbach 2006; Czollek/Weinbach 2007) haben sie gemeinsam mit Gudrun Perko das Institut Social Justice gegründet (vgl. www.social-justice.eu). Anzumerken ist, dass sich die Weiterentwicklung der SJE für den deutschen Kontext durch Weinbach und Czollek in einigen Punkten von der ursprünglichen us-amerikanischen Konzeption unterscheidet. Auf diese werde ich in der folgenden Darstellung jeweils hinweisen.

Wie in der Einleitung dieses Kapitels bereits angedeutet, weisen Anti-Bias-Arbeit und SJE einige Gemeinsamkeiten in den theoretischen Grundannahmen auf. Einige zentrale Aspekte sollen dies verdeutlichen: SJE bezieht sich inhaltlich wie auch der Anti-Bias-Ansatz auf alle Diskriminierungsformen (vgl. Czollek/Weinbach 2007, 7) und -ebenen (vgl. ebd., 21) versteht sich als intersektionaler Ansatz (ebd., 12) und nimmt ebenfalls keine Hierarchisierung der Diskriminierungs- und Unterdrückungsformen vor (ebd., 8). Methodisch setzt SJE ebenfalls wie der Anti-Bias-Ansatz an den eigene Erfahrungen an (ebd., 13) und bezieht auch verinnerlichte bzw. internalisierte Formen von Machtverhältnissen in die Auseinandersetzung mit ein (ebd., 22). Weinbach und Czollek (2007) verstehen SJE darüber hinaus gleichfalls als „Open-Source-Projekt“ (ebd., 6) und gehen auch davon aus, dass Teilnehmende individuelle Lernprozesse mit unterschiedlichen Ergebnissen durchlaufen (vgl. ebd., 25). SJE geht ebenfalls über eine Gesellschaftskritik hinaus und beinhaltet die Erarbeitung von Handlungsoptionen (ebd., 24f.), die in ‚geschützten‘ Räumen, ebenso wie in Anti-Bias-Seminaren, (zum Teil) erprobt werden können (ebd., 14). SJE zielt dabei langfristig auf eine Verteilungs- und Anerkennungsgerechtigkeit (ebd., 9; Weinbach 2006, 40), die vergleichbar ist mit der in der Anti-Bias-Arbeit formulierten Utopie einer diskriminierungsfreien Gesellschaft, die „gleichberechtigte Teilhabe an gesellschaftlichen Ressourcen“ anstrebt (Trisch/Winkelmann 2007, 110).

Unterschiede zwischen den beiden Ansätzen zeigen sich zum einen in der pädagogischen Umsetzung einiger Grundannahmen. Zum anderen lassen sich auch einige zentrale inhaltliche und begriffliche Unterschiede identifizieren. SJE unterscheidet sich vom Anti-Bias-Ansatz in erster Linie darin, dass nach einem mehrtägigen Basismodul einzelne Diskriminierungsformen im

---

[219] Es stellt sich die Frage, ob nicht auch hierzulande eine (möglicherweise bereits implizit existierende) Klammer durch ihre Betonung dazu beitragen könnte, den antidiskriminierenden Ansätzen und Konzepten durch die Wahrnehmung als *eine* Bewegung mehr Resonanz und Gehör zu verschaffen. Vgl. zur aktuellen ‚Landschaft‘ der Ansätze in der politischen Bildung in Deutschland auch Kapitel 1.4 dieser Studie.

Rahmen von separaten Themenmodulen näher in den Blick genommen werden. Nach Czollek und Weinbach (2007) werden in Deutschland Antisemitismus, Rassismus, Antiziganismus, Sexismus/Heterosexismus, Klassismus, Ableism/Behindertenfeindlichkeit und Alterdiskriminierung thematisiert und insbesondere die je spezifische Geschichte der Diskriminierungsformen und damit deren Unterschiede betont (vgl. ebd., 22f.). Anzumerken ist, dass „das Training (prinzipiell) als erweiterbar gedacht werden muss" (ebd., 15) und im Laufe der Zeit auch weitere (‚neue') Diskriminierungsformen bzw. Themen aufgegriffen werden bzw. worden sind (vgl. ebd.). Interessant ist, dass seit kurzem auch in der Anti-Bias-Arbeit vereinzelt Seminare zu Schwerpunktthemen angeboten werden, so zum Beispiel ein Anti-Bias-Seminar zum Thema Sprache und Geschlecht (vgl. Technische Universität Wien 2011). Jedoch stellen diese Angebote keine einzelnen Themenmodule im Rahmen einer Weiterbildung im Sinne der SJE dar. Sie sind meines Erachtens vielmehr der Ausdruck des Unterfangens, den Wünschen und Realitäten der Auftraggeber_innen oder Teilnehmer_innen entgegen zu kommen. Insofern kann hier auch nicht von einer Annährung des Anti-Bias-Ansatzes an die SJE gesprochen werden. In Bezug auf die in der SJE übliche separate Thematisierung von Diskriminierungsformen im Rahmen einzelner Themenmodule stellt sich die Frage, wie die Überschneidungen und das Ineinandergreifen verschiedener Diskriminierungsformen sowie deren Auswirkungen konkret thematisiert werden können. In der Darstellung der SJE greifen Czollek und Weinbach (2007) das Thema Intersektionalität verschiedentlich auf (vgl. ebd., 12f.) und formulieren, dass in einem Seminarkontext „immer wieder gefragt wird: Ist eine Person in einer bestimmte Situation nur von einer Diskriminierung betroffen oder spielen noch andere Diskriminierungsstrukturen eine Rolle?" (ebd., 21). Dennoch bleibt offen, ob die Konzeption der SJE mit einzelnen Themenmodulen nicht gerade doch dazu beträgt, den notwendigen und ohnehin herausfordernden intersektionalen Blick eher zu vernachlässigen. Oder anders formuliert: Unter welchen Voraussetzungen ist es möglich, in der bestehenden Konzeption der SJE die ‚intersektionale Brille' zu wahren?

Insgesamt betrachtet wirkt SJE im Gegensatz zur Anti-Bias-Arbeit stärker strukturiert und inhaltlich anders gewichtet. Dies trifft sowohl auf die us-amerikanische Konzeption von Adams, Bell und Griffin (1997) als auch auf die Rezeption durch Weinbach und Czollek (2008) zu. Konkret zeigt sich dies an inhaltlich-methodischen Elementen, die zum Teil Ähnlichkeiten mit der Anti-Bias-Arbeit aufweisen und die an manchen Stellen interessante Ansatzpunkte für die Weiterentwicklung des Anti-Bias-Ansatzes bieten. Beispielsweise findet in beiden Ansätzen eine Reflexion darüber statt, was Lernen verhindert bzw. erschwert (vgl. Weinbach 2006, 74). Dabei erinnert die Auseinandersetzung mit so genannten Triggern im SJE an die in der Anti-Bias-Arbeit gemeinsam erarbeiteten Umgangs- bzw. Kommunikationsregeln (vgl. Kübler/Reddy 2002, 94ff.; Anti-Bias-Werkstatt 2007f). Der Begriff Trigger ist in der SJE „die Bezeichnung für Sätze, die Verletzungen und das Gefühl des Diskriminiert- und Herabgesetzt-Werdens auslösen" (ebd.).[220] Zudem findet sich in Seminaren zur SJE eine Auseinandersetzung mit verschiedenen Formen des

[220] In der Psychologie steht der Begriff Trigger (engl. Auslöser) für das Phänomen, an etwas in der Vergangenheit erinnert zu werden. Trigger können zum Beispiel Situationen, Geräusche, Gerüche sowie gesprochene oder geschriebene Texte sein. Das was erinnert wird, kann unter Umständen seit Jahren verdrängt gewesen sein und durch den oder die Trigger wieder an die Oberfläche des Bewusstseins treten, wobei die Erinnerungen auch bruchstückhaft oder kurzfristig sein können (vgl. Huber 2006, 208).

Lernens (vgl. Czollek/Weinbach 2007, 23), womit insgesamt der Eindruck entsteht, dass anders als in der Anti-Bias-Arbeit mehr Raum für den Themenkomplex Lernen zur Verfügung gestellt wird. Vor allem die in der SJE vorgenommene Differenzierung zwischen so genanntem *Komfortablem Lernen* (Lernen in bekannten Bereichen mit vielen Informationen) und *Lernen an Wendepunkten* (herausfordernde Lernerfahrungen) ist meines Erachtens interessant für die Fundierung des Anti-Bias-Ansatzes (vgl. Czollek/Weinbach 2007, 23).[221] Mit Lernen an Wendepunkten ist das Lernen von Neuem und Unvertrauten gemeint, dass zu Wendepunkten führen kann. Czollek und Weinbach beschreiben dies folgendermaßen: „Das Bewusstsein verändert sich, die Perspektiven wechseln, das Verständnis wird erweitert" (ebd.). Verschiedene Gefühle und Handlungen können darauf aufmerksam machen, dass gerade Lernen an einem Wendepunkt stattfindet. Hinweise darauf können etwa Langeweile, Ärger, Angst oder auch Ablenkung sein (vgl. ebd.). Das Wissen um Lernen an Wendepunkten ist hilfreich. So besteht beim Auftreten obiger Gefühle oder Handlungen die Möglichkeit kurz innezuhalten und sich darüber klar zu werden, ob die momentane Unsicherheit oder Angst mit einer grundlegenden Verunsicherung der eigenen inneren Struktur zu tun hat. Dies kann dazu beitragen, Verunsicherung oder Angst als verständliche Reaktion auf Lernen an Wendepunkten zuzulassen.

Die stärkere Strukturierung des SJE zeigt sich meines Erachtens auch in dem grundlegenden Dialogverfahren, das in den Seminaren zur Anwendung kommt. Czollek und Weinbach setzen in ihren Trainings auf ein Dialogverfahren, dass sie aufbauend auf der jüdischen Tradition des Mahloquet weiterentwickelt haben (ebd., 15ff.). Das strukturierte Dialogprinzip zielt darauf, verschiedene Perspektiven nebeneinander zu stellen, und zwar ohne in eine Diskussion darüber zu verfallen, welche letztlich die ‚richtige' Perspektive ist. Diese Form des Dialogs soll zudem das dialogische Denken der Teilnehmenden fördern, welches es ermöglicht, „die Themenbereiche (…) des Social-Justice-Trainings jeweils aus mehreren Perspektiven betrachten zu können" (ebd., 16). Eine vergleichbar strukturierte, aber auch vorgegebene Kommunikationsstruktur findet sich im Anti-Bias-Ansatz nicht. Insgesamt lässt sich sagen, dass sich SJE durch einen überwiegend kognitiven Zugang zum Thema auszeichnet, wobei Emotionen aber nicht vollständig außer Acht gelassen werden (vgl. Weinbach 2006, 75). In der Anti-Bias-Arbeit hat die Entdeckung, Benennung und Auseinandersetzung mit Emotionen eine deutlich stärkere Bedeutung.[222]

Ein weiteres Element der SJE ist das so genannte Verbündetenkonzept (vgl. Czollek/Weinbach 2007, 13). Es zielt darauf, vorhandene Privilegien in einer Weise zu nutzen, die dazu beiträgt, Diskriminierung abzubauen. Denkbar ist, dass „Menschen mit Privilegien (…) ihre Privilegien abgeben, sie verwenden, um gemeinsam mit anderen Menschen Diskriminierung aufzuheben, Gesellschaft zu verändern" (ebd.). Die Auseinandersetzung mit den eigenen Privilegien, die sowohl in der Anti-Bias-Arbeit als auch in der SJE Bestandteil ist, ist eine Voraussetzung für Verbündete. Die Idee des Verbündetenkonzepts stellt eine sinnvolle Ergänzung für die Anti-Bias-Arbeit dar. Leider erscheint es in der SJE nicht weiter als Konzept ausgearbeitet zu sein, denn es

---

221 Mit dem Konzept *Lernen an Wendepunkten* und *Komfortablem Lernen* wurde bereits auch vereinzelt in Anti-Bias-Weiterbildungen gearbeitet (vgl. Schmidt/Dietrich 2009). Dies ist jedoch als eine jüngere Entwicklung zu bezeichnen, die bislang keinen breiten Eingang in die Anti-Bias-Arbeit gefunden hat.

222 Vgl. dazu auch Kapitel 5.3.4 „Zwischen Pädagogik und Therapie: der selbstreflexive Anteil in der Anti-Bias-Arbeit".

liegen dazu keine (weiteren) ausführlichen Literaturstellen oder Übungen vor. So ist davon auszugehen, dass das Konzept der Verbündeten eher als ein grundlegender Blick und stete Frage an die Teilnehmenden in allen Modulen ‚mitläuft'.

Ein zentraler Unterschied zur Anti-Bias-Arbeit liegt in der kategorischen Ausklammerung von Körperarbeit in der Rezeption der SJE durch Czollek und Weinbach (2007), die übrigens auf den us-amerikanischen Kontext so nicht zutrifft. Die Autorinnen begründen dies folgendermaßen: „Körperarbeit kann gerade bei Fragen nach (struktureller) Diskriminierung eine bis in die Intimsphäre übergriffige Methodik sein, die Teilnehmende nicht nur ängstigt, sondern schmerzhafte Erfahrungen anrührt, was bis zu einer sekundären Traumatisierung führen kann" (ebd., 17).[223] Sicherlich kann Körperarbeit schmerzhafte Erfahrungen (und auch Traumata) reaktivieren, jedoch trifft dies nicht nur auf Körperarbeit zu. Gleiches kann auch bei dem Versuch auftreten, sich kognitiv (und emotional) mit den eigenen Diskriminierungserfahrungen auseinanderzusetzen. Eine *absolute* Sicherheit gibt es in einem derart sensiblen Arbeitskontext nicht. Schutz vor zu weit gehenden (ungewollten) Erinnerungen und Traumatisierungen kann in einem Seminarkontext zwar durch die Auswahl der Methoden und Übungen sowie die Anleitung und die Seminarausschreibung mitbestimmt werden, ist jedoch meines Erachtens im Wesentlichen nur durch die Stärkung und das Bewusstsein der Teilnehmenden in Bezug auf ihre Eigenverantwortung (im Sinne der Wahrung eigener Grenzen) herzustellen.[224] Wichtig scheint mir aus der Perspektive des Anti-Bias-Ansatzes, generell vor der Anwendung von (insbesondere körperorientierten) Methoden, mögliche körperliche Beeinträchtigungen der Teilnehmenden zu bedenken und die Übungen dementsprechend zu modifizieren. Im Kontext der Anti-Bias-Arbeit wird seit längerem eine Verknüpfung mit theaterpädagogischen und körperorientierten Methoden angestrebt bzw. als sinnvoll angesehen, die mittlerweile auch Eingang in die konkrete Seminararbeit gefunden hat (vgl. Trisch 2010, 8).[225] Im Vergleich zu SJE kann Anti-Bias-Arbeit durch den Versuch auf kognitiver, emotionaler und körperlicher Ebene Reflexionen anzustoßen, daher als ‚ganzheitlicher' bezeichnet werden.

Unterschiede bestehen des Weiteren in den verwendeten Begrifflichkeiten und den daran anknüpfenden Theorien. Beispiele sind der bereits erwähnte Begriff Trigger oder die Begriffe *social action* und *social change* (vgl. Weinbach 2006, 57ff.), die in der Anti-Bias Arbeit (bislang)

---

223 Die Definition Sekundärer Traumatisierung (ST) ist bislang uneinheitlich. Von ST betroffen können Menschen in so genannten helfenden Berufsgruppen sein (zum Beispiel Katastrophenschutz) und andere nicht direkte Betroffene wie Traumatherapeut_innen (vgl. Daniels 2006, 2). Aus diesem Grund ist der Begriff ST im obigen Zitat dann falsch gewählt, wenn dort mit ST die erneute Traumatisierung einer Person gemeint ist. Eine intensive Reaktion auf ein bereits erlebtes Trauma durch einen Auslöser wie Körperarbeit ist keine ST sondern möglicherweise eine Traumafolgestörung. Vgl. dazu auch die Ausführungen zum Thema Trauma und Anti-Bias-Arbeit in Kapitel 5.3.4 „Zwischen Pädagogik und Therapie: der selbstreflexive Anteil in der Anti-Bias-Arbeit".

224 Vgl. dazu auch die Ausführungen in Kapitel 5.3.4 „Zwischen Pädagogik und Therapie: der selbstreflexive Anteil in der Anti-Bias-Arbeit".

225 Im Jahr 2005 fand in Berlin ein Seminar statt, das sich unter anderem mit Verknüpfungsmöglichkeiten von Anti-Bias-Arbeit mit dem Theater der Unterdrückten nach Augusto Boal (1979) beschäftigte. Auch in den Expert_inneninterviews dieser Studie wird auf Verknüpfungsmöglichkeiten hingewiesen, zum Beispiel mit der Erlebnis-, aber vor allem mit der Theaterpädagogik (vgl. Meike, 482f.; Anja, 803-805; LDS, 1159-1168). Mit einer Kombination von Anti-Bias und Theaterpädagogik arbeitet zum Beispiel das Projekt „Heimliche Begleiter" zum Thema Soziale Herkunft und Bildung (vgl. Hahn/Trisch 2012).

nicht explizit verwendet werden. Besonders deutlich zeigen sich Unterschiede im Vergleich der zentralen Begrifflichkeiten beider Ansätze. Zentral in der SJE ist der Begriff (Un)Gerechtigkeit, wohingegen in der Anti-Bias-Arbeit in Bezug auf die Erwachsenenbildung der Begriff Diskriminierung im Zentrum steht. Analog zur Verwendung unterschiedlicher zentraler Begriffe sind auch die zugrunde liegenden bzw. hinzugezogenen Theorien unterschiedlich (abgesehen von wenigen Ausnahmen). So steht hinter der im Vergleich zum Anti-Bias-Ansatz stärker theoretisch untermauerten SJE ein langjähriger philosophisch-politisch geprägter Diskurs über Gerechtigkeit, der gerade in den USA auch einen direkten Einfluss auf soziale Bewegungen hat (vgl. Weinbach 2006, 42; Czollek/Weinbach 2007, 7). Soziale Bewegungen scheinen in den USA generell eine engere Verbindung von Theorie und Praxis zu wahren (vgl. Czollek/Weinbach 2007, 9). So werden nach Weinbach (2006) in den USA „[p]hilosophische Ideen (...) als unmittelbare Optionen für das pädagogische Handeln betrachtet" und haben als solche auch einen direkten Einfluss auf die dortige Bildungspolitik (ebd., 71).

Selbstverständlich finden sich bei Ansätzen, die in einem sich überlagernden Themenfeld agieren, auch eine Reihe gleicher Begriffe. Diese weisen in den theoretischen Bezugnahmen sowohl Unterschiede als auch Gemeinsamkeiten auf. Auch haben einige beidseitig verwendetet Begriffe, wie zum Beispiel Macht, in der jeweiligen Praxis einen anderen Stellenwert. Schmidt (2009) identifiziert neben dem Begriff Diskriminierung auch Macht und Differenzierung als zentral für den Anti-Bias-Ansatz (vgl. ebd., 97ff.; 123ff.). Differenzierung ist kein Begriff in der SJE, Macht hingegen schon. In Kontext mit dem Begriff Macht finden sich dort Bezüge zu Theorien von Antonio Gramsci, wiederum zu Iris Marion Young und auch zu Michel Foucault (vgl. Bell 1997, 11). Schmidt (2009) bezieht sich in ihren Auseinandersetzungen mit den verschiedenen Machtebenen in der Anti-Bias-Arbeit neben Niklas Luhmann, Pierre Bourdieu und Klaus Holzkamp ebenfalls auf Foucault (vgl. ebd., 126ff.). In der SJE ist der Thema Macht zwar ebenfalls Bestandteil der Auseinandersetzung, es ist jedoch in der Rezeption von Czollek und Weinbach (2007) ein Analysebegriff neben anderen zum Teil zentraleren wie Herrschaft, Unterdrückung und Gerechtigkeit (vgl. Weinbach 2006). Am Beispiel des Themas „Lernen in der Gruppe" lässt sich der unterschiedliche Stellenwert deutlich aufzeigen. SJE thematisiert Lernen anhand verschiedener Formen des Lernens und bezieht über den Begriff Trigger die gesellschaftliche Dimension eher indirekt mit ein. Anti-Bias-Arbeit hingegen geht explizit vom Thema Machtverhältnisse aus und thematisiert Lernen ausgehend von ‚Machtverhältnissen in der Gruppe' (vgl. Kübler/Reddy 2002, 94ff.; Anti-Bias-Werkstatt 2007f). Somit erscheinen der Begriff und das Thema Macht in der Seminargruppe in der Anti-Bias-Arbeit zentraler zu sein als in Seminaren zur SJE in der Rezeption von Czollek und Weinbach.[226]

Als bedeutende Autor_innen gelten im Zusammenhang mit Social Justice John Stuart Mill, die bereits oben erwähnte Iris Marion Young sowie Martha Nussbaum und Nancy Fraser. Diese sind alle, jeweils mit verschiedenen Schwerpunkten, einem philosophischen Gerechtigkeitsdiskurs zuzurechnen (vgl. Czollek/Weinbach 2007, 8). Der Anti-Bias-Ansatz zeichnet sich eher durch viele verschiedene Theoriehintergründe aus, die teilweise erst ‚nachträglich' zur theo-

[226] Dies geht auch aus einem mündlichen Erfahrungsbericht von Teilnehmenden einer Social Justice Weiterbildung hervor, die von Heike Weinbach und Leah Carola Czollek geleitet wurde.

retischen Fundierung des Ansatzes herangezogen wurden bzw. deren implizites Vorhandensein erst aufgespürt und aufgedeckt werden musste.[227] Wie oben angedeutet, existieren auch einige Überschneidungen hinsichtlich der jeweils zu Grunde gelegten Theorien. Dies zeigt sich beispielsweise bei Schmidt (2009), die im Rahmen ihrer Studie zum Anti-Bias-Ansatz, ähnlich wie die SJE auf die von Young aufgestellten Unterdrückungskategorien Bezug nimmt und in die theoretische Fundierung des Anti-Bias-Ansatzes mit einfließen lässt (191ff.). Eine weitere Überschneidung liegt im Bezug auf John Dewey und der Philosophie des Pragmatismus. Dieser wird in der vorliegenden Arbeit als eine Möglichkeit für eine theoretische Fundierung des Anti-Bias-Ansatzes herangezogen.[228] Bezüglich Social Justice fällt die Bezugnahme auf Dewey und den Pragmatismus allgemeiner aus, Weinbach (2006) beschreibt sie als „allgemeines Gedankengut" bzw. „politischer Habitus gesellschaftlichen Engagements" (ebd., 49).

Zusammenfassung

Social Justice Education und Anti-Bias-Arbeit weisen eine Reihe grundlegender Gemeinsamkeiten auf:

- Der Bezug auf alle Diskriminierungsformen und -ebenen, der intersektionale Blick, der Einbezug verinnerlichter Machtverhältnisse, der Ansatz an den eigenen Erfahrungen, die Handlungsorientierung und der ‚open-source' Charakter.

Unterschiede beziehen sich auf die Entwicklungsgeschichte, begriffliche Bestimmungen sowie die pädagogische Umsetzung der Grundannahmen:

- Beide Ansätze sind in den USA entstanden, wobei SJE ein- und rückgebunden ist in Theorien und Praxen sozialer Bewegungen. Der Anti-Bias-Ansatz ist hingegen aus der Kritik an antirassistischen und multikulturellen Ansätzen der 1980er Jahre hervorgegangen.
- Der zentrale Begriff in der SJE ist (Un)Gerechtigkeit, wohingegen in der Anti-Bias-Arbeit der Begriff Diskriminierung im Vordergrund steht.
- SJE erscheint durch ein ausdifferenziertes Dialogverfahren und Modelle strukturierter in Bezug auf das Thema Lernen und Kommunizieren in der Gruppe.
- SJE weist eine wesentlich tiefer gehende Auseinandersetzung mit (einigen) Diskriminierungsformen auf, denen jeweils ein eigenes Themenmodul gewidmet ist. Allerdings ist fraglich, ob die Thematisierung einzelner Diskriminierungsformen nicht dazu führen kann, den ohnehin herausfordernden intersektionalen Blick zu vernachlässigen.
- Der Begriff und das Thema Macht scheinen in der Rezeption der SJE durch Czollek und Weinbach im direkten Vergleich mit der Anti-Bias-Arbeit eine geringere Rolle zu spielen.
- SJE weist ein vorgegebenes Curricula mit Grund- und Themenmodulen auf.
- SJE lehnt in der Rezeption von Czollek und Weinbach körperorientierte Methoden ab. Anti-Bias-Arbeit bezieht demgegenüber neben der kognitiven, sowohl die emotionale als auch die körperliche Reflexionsebene mit ein und kann daher als ‚ganzheitlicher' bezeichnet werden.

[227] Vgl. dazu ausführlich Kapitel 4.2 „Theoriehintergründe im Anti-Bias-Ansatz".

[228] Vgl. dazu Kapitel 4.1.2 „Begriffliche und wissenschaftstheoretische Bestimmungen von Theorie und Praxis".

Möglichkeiten der Fundierung und Erweiterung für den Anti-Bias-Ansatz liegen meines Erachtens vor allem im Aufgreifen von Elementen zum Thema Lernen (Lernen an Wendepunkten) und dem so genannten Verbündetenkonzept, das darauf zielt vorhandene Privilegien in einer Weise einzusetzen, die Diskriminierungen entgegen wirkt.

5.3.4 Zwischen Pädagogik und Therapie: der selbstreflexive Anteil in der Anti-Bias-Arbeit

„[N]icht alles, was eine Veränderung psychischer Zustände hervorruft, kann sinnvollerweise als ‚Therapie' verstanden werden" (Gildemeister/Robert 2000, 1901). Diese Aussage trifft auch auf den Anti-Bias-Ansatz zu. Daher möchte ich mich nachfolgend einem Aspekt widmen, der zwar in der praktischen Anti-Bias-Arbeit (nicht nur) im Rahmen der politischen Erwachsenenbildung beständig ‚mitschwingt' und auch ‚gelöst' wird, jedoch bislang keine theoretische Betrachtung und Auseinandersetzung erfahren hat: die Frage nach den Grenzen und Übergängen zwischen notwendiger intensiver *Selbstreflexion*[229] als Voraussetzung verantwortungsvollen und professionellen Handelns in der Anti-Bias-Arbeit einerseits und als ein Aspekt (psycho-) therapeutischer Verfahren (Gruppen- und Einzeltherapie) andererseits. Warum ist diese Frage im Besonderen für die Anti-Bias-Arbeit relevant? Ausgangspunkt der Anti-Bias-Arbeit sind die *eigenen* Erfahrungen mit Diskriminierung. Dabei werden sowohl Erfahrungen reflektiert, in denen ich selbst diskriminiert wurde, als auch Erfahrungen, in denen ich andere Menschen diskriminiert habe. Die Reflexionen und der anschließende gegenseitige Austausch in (Klein-) Gruppen über Diskriminierungserfahrungen auf beiden Seiten gehen verständlicherweise meist einher mit starken Emotionen (vgl. Koopman/Roob 1997, 127; Anti-Bias-Werkstatt 2007, 4). Auch können Erinnerungen, Selbstzweifel oder Trauma reaktiviert werden. Darüber hinaus werden in der Anti-Bias-Arbeit explizit verinnerlichte (internalisierte) Diskriminierungserfahrungen reflektiert. Besonders die bislang unbewussten eigenen Erfahrungen und Handlungen aufzudecken, ist oftmals der Wunsch bzw. die Erwartung von Teilnehmenden an Anti-Bias-Seminaren und Weiterbildungen. Durch die Arbeit an bzw. mit eigenen (unbewussten, verdrängten) Erfahrungen, mit Emotionen wie Schmerz, Angst oder Wut sowie der Frage nach „Heilungsprozessen" (Trisch 2010, 6) beziehungsweise Entlastung und Bewusstseinsförderung rückt der notwendige selbstreflexive Anteil der Anti-Bias-Arbeit in die Nähe therapeutischer Verfahren. Auch Louise Derman-Sparks (2009) geht im Rahmen der Expert_inneninterviews auf diese Nähe ein und bezeichnet den Anti-Bias-Ansatz (scherzhaft) als „social therapy"[230]:

> „[I]n a way some of the theoretical foundation comes from a therapy approach rather than just an educational approach and I've kind of joked sometimes if we are talk about social therapy" (LDS, 1121-1126).

---

[229] Oftmals wird im Kontext verschiedener psychologischer oder pädagogischer geprägter Formen von Gruppenarbeit anstelle des Begriffs Selbstreflexion der Begriff Selbsterfahrung verwendet. Ich bevorzuge jedoch den Begriff Selbstreflexion, weil dieser meines Erachtens den professionellen Anspruch der Anti-Bias-Arbeit unterstreicht. Selbstreflexion ist darüber hinaus der umfassendere Begriff, denn er bezieht Selbsterfahrung mit ein und geht über diese hinaus. Der Begriff Selbsterfahrung wird zudem häufig in esoterisch anmutenden Seminaren verwendet, von denen der Anti-Bias-Ansatz sich deutlich abgrenzt.

[230] Auf eine Auseinandersetzung mit dem Begriff social therapy bzw. dem Ansatz Soziale Therapie wird verzichtet, weil diese eher die Gemeinsamkeiten zwischen therapeutischen Verfahren und Pädagogik bzw. Selbstreflexion in der Anti-Bias-Arbeit herausstellen würde. Dieses Kapitel zielt hingegen darauf, die zentralen Unterschiede zu verdeutlichen.

Indem Derman-Sparks nahelegt, gerade wegen der Nähe zu therapeutischen Verfahren auch Erkenntnisse dieses Bereiches zur theoretischen Fundierung heranzuziehen, verdeutlicht sie auch wiederum die Interdisziplinarität des Anti-Bias-Ansatzes.[231] Im Anschluss weist Derman-Sparks in Bezug auf die konkrete Anti-Bias-Arbeit auf die zentrale Bedeutung einer klaren Grenze zwischen einer pädagogischen und therapeutischen Rolle hin:

> „I also want to say something about that's why I think of it as social therapy, I think it's dangerous, we have to be careful about the boundary between an educational role and a therapeutic role. I think the work is therapeutic for people because it begins to heal some of the wounds of it, because we are asking them to explore stuff at the emotional level, but I think we have to be very careful about not getting into a kind of psycho analysing of individuals" (LDS, 1289-1295).

Derman-Sparks warnt also vor einer Analyse der Psyche und Persönlichkeit von Teilnehmenden und sieht darin eine Grenze zu therapeutischen Verfahren. Diese Grenze zieht übrigens auch Augusto Boal während eines Interviews mit Bernd Ruping (1993) in Bezug auf das von ihm entwickelte Theater der Unterdrückten. Nach Boal ist es „die Ausdeutung eines Individuums, die (...) auf eine Therapie hinausläuft" (Boal in Ruping 1993, 335). Anti-Bias-Arbeit ist jedoch nicht auf Einzelarbeit ausgerichtet. Mit Blick auf die zentralen Veranstaltungsformen wie Seminare, Workshops und Weiterbildungen, an denen jeweils Gruppen teilnehmen, bestehen auch einige Parallelen zu *gruppen*therapeutischen Verfahren: zum Beispiel im Ermöglichen von Lernprozessen der Teilnehmenden untereinander, in der Begrenzung der Teilnehmendenzahl, in der Leitung der Gruppe durch (in der Regel) *zwei* Therapeut_innen oder in der Bereitstellung einer Rückzugsmöglichkeit (vgl. Schmidt 2007, 3). Um die Grenzen und Übergänge zwischen (selbstreflexiven) therapeutischen Verfahren und selbstreflexiven Anteilen in der Anti-Bias-Arbeit möglichst umfassend zu markieren, werde ich nachfolgend Aspekte aus der Einzel- und Gruppentherapie in Bezug zur Anti-Bias-Arbeit setzen sowie auch einige grundlegende Unterschiede, Überschneidungen und Tendenzen zwischen Therapie und (Sozial-)Pädagogik erörtern.

Regine Gildemeister und Günther Robert (2000) sprechen in Bezug auf die jüngere Vergangenheit von einer allgemeinen Tendenz einer Therapeutisierung der hiesigen Gesellschaft, die soziale und persönliche Probleme „als im Rückgriff auf therapeutisierende Verfahren bearbeitbar an(sah)" demzufolge „immer mehr, potentiell ‚alles', ‚irgendwie' zur ‚Therapie' (geriet)" (ebd., 1901). Der (Neu)Bestimmung des Verhältnis' von therapeutischer und pädagogischer Rolle kommt auch vor diesem Hintergrund eine besondere Bedeutung zu. Ich folge dem Ansatz von Gildemeister und Robert, die das Verhältnis von Therapie und Sozialpädagogik professionstheoretisch bestimmen (ebd., 1902). Dabei geht es jedoch nicht um immer eindeutig bestimmbare und trennscharfe Abgrenzungen, denn „[v]ielmehr sind es die jeweilige *professionelle Blickrichtung* sowie entsprechende *Akzentuierungen der Handlungsansätze*, die die Besonderheiten von Therapie und Sozialpädagogik ausmachen" (ebd., 1902).[232] In der Sozialpädagogik sind in der Regel soziale Probleme der Ausgangspunkt und die soziale Integration steht im Vordergrund – es kann von einem tendenziell stärkeren Bezug nach Außen gesprochen werden. Ziel ist es, Lernprozesse

---

231 Vgl. dazu Kapitel 4.1.1 „Über die Notwendigkeit von theoretischen Fundierungen im Anti-Bias-Ansatz" sowie Kapitel 4.2 „Theoriehintergründe im Anti-Bias-Ansatz".

232 Hervorhebungen im Zitat stammen aus dem Original.

zur Modifikation der äußeren Zustände anzustoßen und die dementsprechenden inneren Veränderungen zu begleiten. Rudolf Leiprecht (2009) weist zu Recht darauf hin, dass „sich die Perspektive von Sozialpädagogik nicht auf solche sozialen Lagen und Gruppen beschränken (lässt)“, da kritische Lebensereignisse wie etwa eine Scheidung oder der Tod der Eltern „im Lebenslauf sehr vieler Menschen auftreten“ (ebd., 212). Trotz der sich hier andeutenden „Überlappungen von Therapie und Sozialpädagogik“ (Gildemeister/Robert 2000, 1904) lässt sich sagen, dass Therapie eher auf die biographische Anamnese, personale (innere) Integration und auf Heilung[233] bzw. Entlastung abzielt, wobei psychische Probleme den Ausgangspunkt darstellen – es kann von einem tendenziell stärkeren Bezug auf das Innen (und mögliche innerpsychische Konflikte oder innerpsychisches Erleben) ausgegangen werden, welches aus seiner Geschichte heraus verstanden werden soll (vgl. ebd., 1903f.). Gildemeister und Robert (2000) verstehen Person und Soziales dabei als „zwei aufeinander verweisende Elemente eines Zusammenhanges“ und verdeutlichen damit die unterschiedlichen professionellen Blickrichtungen von Therapie und Sozialpädagogik (ebd., 1904).[234] Sie machen auf weitere grundlegende Unterscheidungen zwischen Pädagogik und Therapie aufmerksam: „Die (…) personalen Besonderheiten des Individuums können auch im pädagogischen Handeln zum Gegenstand werden oder den Hintergrund pädagogischen Handelns darstellen. Sie werden dort allerdings i.d.R. nicht zentriert und vertiefend bearbeitet. Vor allem gewinnen sie in der Pädagogik nie systematisch den Charakter des Krankheitswertigen und seiner Behandlung“ (ebd., 1904). Kriterien zur Bestimmung des Verhältnisses zwischen Therapie und Pädagogik sind demnach die Tiefe der Bearbeitung des persönlichen Hintergrundes, der Grad der Zentrierung auf die Person in ihrem Umfeld und der Grad der Fokussierung auf die psychischen Phänomene. Diese Kriterien lassen sich auch für die Abgrenzung des selbstreflexiven Anteils in der Anti-Bias-Arbeit gegenüber (selbstreflexiver) Anteile therapeutischer Verfahren heranziehen. Allerdings möchte ich an dieser Stelle darauf hinweisen, dass die im obigen Zitat getroffene Aussage, nach der in der Pädagogik keinesfalls Besonderheiten von Menschen als ‚krankheitswertig‘ und ‚behandlungswürdig‘ eingestuft würden, so nicht stimmig erscheint. Denn wofür steht beispielsweise ein Begriff wie Verhaltensauffälligkeit (oder aus der Soziologie der Begriff Devianz) sonst, als für eine solche Einstufung. Sicherlich ist eine solche Kategorisierung nicht in jedem Fall gleichzusetzen mit einer psychologisch fundierten Diagnose. Jedoch zeigt sich an Begriffen wie Verhaltensauffälligkeit deutlich der eher fließende Übergang zwischen Therapie und Pädagogik. Möglicherweise steht die Akzentuierung des Übergangs zwischen Therapie und Pädagogik auch mit dem Alter der Zielgruppe und der dafür notwendigen Ausbildung in Verbindung. So verdeutlichen die verschiedenen Weiterbildungsmöglichkeiten die größere Nähe zwischen Pädagogik und Therapie im Kontext der Kinder- und Jugendarbeit. In diesem Bereich ist es möglich, im Anschluss an eine sozialpädagogische Ausbildung eine Weiterbildung zum_r Kinder- und

233 Gildemeister und Robert (2000) verstehen unter Heilen bzw. Heilung „die Wiederherstellung beschädigter leiblicher und (…) seelisch- psychischer Integrität der Person“ (ebd., 1901).

234 Ausgehend von diesem unauflöslichen Zusammenhang stellen Gildemeister und Robert (2000) in der Pädagogik eine Zunahme von Konzepten fest, die „oftmals Selbsterfahrungselemente und Handlungsmuster (beinhalten), die eine starke Affinität zur Psychotherapie haben bzw. einen Übertritt und eine Weiterarbeit in deren Dimension nahe legen“ (ebd., 1904). Diese Tendenz zeigt sich meines Erachtens auch im selbstreflexiven Anteil in der Anti-Arbeit.

Jugendtherapeut_in zu machen (vgl. Berliner Akademie für Psychotherapie 2009, 6). Eine psychotherapeutische Ausbildung zur Behandlung Erwachsener war dagegen bis zum Jahr 2010 nur auf der Grundlage eines Psychologiestudiums möglich.[235] Aber auch im Rahmen der Erwachsenenbildung kann in einem Anti-Bias-Seminar von einem eher fließenden Übergang gesprochen werden, beispielsweise wenn sehr intensive (verdrängte) Erlebnisse in der Erinnerungsphase von Diskriminierungserfahrungen es erforderlich machen, in einem *Einzelgespräch* auf diese Erlebnisse einzugehen. Dies stellt ein verantwortungsbewusstes und achtsames Verhalten von Seiten der Seminarleitung dar.[236] Es ist jedoch trotz der erkennbaren Nähe zu therapeutischen Verfahren *keine* Therapie, sondern eher als situationsgebundene Unterstützung und Begleitung einer einzelnen Person zu betrachten. Eine solche Gesprächssituation kann dann möglicherweise dazu führen, dass eine Therapie tatsächlich angezeigt erscheint und evtl. auch begonnen wird.

Anfügen möchte ich an dieser Stelle, dass auch die Ausbildung von Therapierenden einerseits und Teamenden in der Anti-Bias-Arbeit andererseits unterschiedlich sind. Therapierende haben nach ihrem vorgeschriebenen Studium eine meist mehrjährige Zusatzausbildung zum_zur Therapeut_in absolviert (vgl. Berliner Akademie für Psychotherapie 2010, 14; vgl. ebd., 2009, 9). Anti-Bias-Multiplikator_in hingegen haben nicht zwangsläufig ein Studium absolviert, vor allem aber enthalten Anti-Bias-Weiterbildungen keine umfassende praktisch-theoretische Ausbildung in (psycho-) therapeutischen Verfahren (vgl. Anti-Bias-Werkstatt/Haus der Begegnung 2010; Kinderwelten 2009, 2f.).

Exkurs zu den Begriffen Krankheit und Behandlung

Bevor ich auf weitere Aspekte zu sprechen komme, die dazu beitragen das Verhältnis von Therapie und Anti-Bias-Arbeit zu bestimmen, möchte ich kurz auf die im obigen Zitat verwendeten Begriffe Krankheit und Behandlung eingehen. Diese verweisen auf das im (psycho-) therapeutischen Kontext vorherrschende Therapieverständnis nach dem „krankheitswertige psychische Phänomene“ einer Person den Ausgangspunkt darstellen und das Ziel die „Heilung“ bzw. Entlastung ist und die Herangehensweise die „Behandlung“ ist (Gildemeister und Robert 2000, 1902f.). Die Begriffe Krankheit und Behandlung (sowie auch Gesundheit und Heilung) weisen auf eine enge Verbindung zur medizinischen Profession hin. Diese Verbindung zeigt sich unter anderem im 1998 eingeführten (umstrittenen) Psychotherapiegesetz, welches für den Bereich der Psychotherapie eine „der medizinischen Profession in weitem Sinne analoge Form der Institutionalisierung“ zur Folge hatte (ebd., 1905).[237] Für den Kontext der Anti-Bias-Arbeit ist es von besonderer Bedeutung, dass der Begriff Krankheit meist als Gegenbegriff zu Gesundheit verstanden wird – sie also scheinbar zwei statische Pole bilden – und beide Begriffe zudem mit wirkungsmächtigen Konnotationen verbunden sind, die auch Diskriminierung nach sich ziehen können. Es kann durchaus sinnvoll sein, bestimmte psychische Phänomene als „Krankheit“ zu bezeichnen, etwa

[235] Seit dem Beschluss zur Reformierung der Psychotherapieausbildung im Jahr 2010 ist es auch (Sozial-) Pädagog_innen unter der Bedingung eines Studienschwerpunktes auf Psychologie möglich eine Psychotherapieausbildung zu absolvieren (vgl. Berliner Akademie für Psychotherapie 2010, 5).

[236] Zu Fragen von Professionalität in der Anti-Bias-Arbeit vgl. Kapitel 6.

[237] Auf die historischen Zusammenhänge und Traditionen zwischen Medizin und Therapie kann an dieser Stelle nicht weiter eingegangen werden.

um auf die Auswirkungen gesellschaftlicher Prozesse hinzuweisen oder um die das Leben einer Person einschränkenden psychischen Phänomene in einer Weise ernst zu nehmen, die sonst medizinischen Phänomenen widerfährt. Beispiele wären Soziale Ängste (zum Beispiel Versagensängste) oder das als „Burn-Out" bezeichnete Phänomen[238], welches durch gesellschaftlich vermittelte hohe Anforderungen an das Individuum in Kombination mit hohen persönlichen Ansprüchen ausgelöst wird. Allerdings besteht in der Benennung psychischer Krankheiten eine nicht geringe Gefahr der Stigmatisierung und Pathologisierung, die eine Entwicklung im Sinne einer Bewältigung von (teilweise notwendigen) Lebenskrisen erschwert oder sogar verhindert. Zudem wird Krankheit und Gesundheit bisher meist nicht als ein Kontinuum angesehen, auf dem sich alle Menschen in unterschiedlichen Bereichen (zum Beispiel Arbeit und Beziehungen) und zu unterschiedlichen Zeiten (zum Beispiel Lebensabschnitten) immer mal mehr auf der einen oder der anderen Seite bewegen (vgl. Antonovsky 1979). Vielmehr haftet das Stigma einer psychischen Erkrankung oftmals jahrelang an der betreffenden Person, wohingegen die Mehrzahl der als ‚rein' körperlich definierten Erkrankungen meist keine vergleichbaren Stigmatisierungen zur Folge haben.[239] Wie bereits oben angeführt, liegt ein grundlegendes Problem in der Annahme der herkömmlichen Medizin, nach der Krankheit und Gesundheit statische Zustände darstellen. Ein weitaus moderneres und möglicherweise auch für die Anti-Bias-Arbeit anschlussfähiges Konzept ist das der Salutogenese von Aaron Antonovsky (1997). Das Konzept versteht Krankheit und Gesundheit als ein Kontinuum, auf dem sich jeder Mensch fortwährend bewegt. Im Mittelpunkt steht dabei nicht die Frage warum ein Mensch krank wird, sondern was ihn gesund hält, das heißt welche gesundheitsförderlichen (salutogenen) Ressourcen vorhanden sind (vgl. ebd.). Eine ausführliche Auseinandersetzung mit den Begriffen Krankheit und Gesundheit im Hinblick auf den Kontext Diskriminierung ist aus genannten Gründen angezeigt, sie führt jedoch über den Rahmen dieser Studie hinaus.

Anknüpfend an das bereits dargestellte Therapieverständnis entlang der Kategorie Krankheit/Gesundheit möchte ich auf einen grundlegenden Unterschied zwischen Therapie und Anti-Bias-Arbeit hinweisen: Ausgangspunkt einer Therapie sind in Anlehnung an die Medizin eine ausführliche Anamnese der Patient_innen bzw. Klient_innen sowie eine Diagnose (vgl. Weintz 2003, 301) – beides ist kein Bestandteil in der Anti-Bias-Arbeit. Weiterhin stellen die institutionellen Gestalten von Psychotherapie und Anti-Bias-Arbeit einen weiteren Unterschied dar. Psychotherapie findet in der „freien Praxis" des_der Therapeut_in statt, die vergleichbar ist mit der Praxis eines Arztes bzw. einer Ärztin. Dabei wird davon ausgegangen, dass die Klient_innen aufgrund ihrer eigenen Motivation die Praxis aufsuchen (sogenannte „Komm-Struktur"), in der im

[238] „Burn-Out" ist in der für Deutschland verbindlichen ICD-10 (10. Auflage der „Internationalen Klassifikation der Erkrankungen") nicht als eigenständige Diagnose aufgeführt (vgl. DIMDI 2012). In den USA hingegen ist Burn-Out jedoch im dortigen DSM-IV (Diagnostic and Statistical Manual of Mental Disorders) als solche klassifiziert (vgl. American Psychiatric Association 1998).

[239] Damit meine ich nicht, dass es keine Stigmatisierungen entlang von als körperlich definierten Erkrankungen gibt. Zum Beispiel zeigt sich im oftmals äußert problematischen Umgang mit von HIV/AIDS betroffenen Menschen, dass auch körperliche Erkrankungen mit Stigmatisierungen einhergehen können (vgl. Stürmer/Salewski 2009, 263ff.). Dennoch ist die gesellschaftliche Tendenz der Stigmatisierung psychischer Krankheiten meines Erachtens höher einzuschätzen.

Rahmen der Therapie eine Situation der Nicht-Alltäglichkeit geschaffen wird. Die Kosten einer Therapie werden häufig von den Krankenkassen übernommen (vgl. Gildemeister und Robert 2000, 1905). Wenngleich nicht alle diese Unterscheidungspunkte auch für die Anti-Bias-Arbeit zutreffen – so findet sich etwa die der Therapie zugeordneten „Komm-Struktur" gerade auch in der politischen Bildung in den offenen, frei wählbaren und in der Regel nicht unentgeltlichen Seminarangeboten wieder – ist der Hinweis auf die jeweils unterschiedliche institutionelle Rückbindung von Bedeutung. Denn Anti-Bias-Arbeit weist keine an die Medizin angelehnte institutionelle Gestalten im Sinne ‚freier Praxen' auf und wird daher auch nicht durch das deutsche Gesundheitssystem (mit-)finanziert. Da sich die Auswirkungen von Diskriminierungen in psychischen und durchaus auch in körperlichen Symptomen niederschlagen (vgl. Ziegler/Beelmann 2009, 357ff.), ist es eine interessante Frage, ob die Prävention von Diskriminierung durch Anti-Bias-Arbeit nicht auch im Sinne einer Gesundheitsvorsorge verstanden werden kann und damit auch von den Krankenkassen zumindest teilfinanziert werden sollte.

Des Weiteren möchte ich auf die Beziehung zwischen Therapeut_in und Patient_in bzw. Klient_innen einerseits sowie Teamer_in und Teilnehmende im Anti-Bias Kontext andererseits zu sprechen kommen. Allein die Begriffswahl weist bereits auf Unterschiede in den Beziehungen hin. Gildemeister und Robert (2000) beschreiben die Rolle der Therapierenden als „eine außeralltägliche, von gesellschaftlichen Normalformen her gesehen gleichsam exterritoriale Position dem Patienten gegenüber (…). Die Therapeutin enthält sich dort verankerter, umgangsweltlicher Interpretationen und Wertungen des vom Patienten Eingebrachten. Im Prinzip wird dabei kein Thema ausgeschlossen, das diesem bedeutungsvoll erscheint. Die Therapeutin konzentriert seine Wahrnehmungen und Äußerungen statt dessen auf dessen leidvoll und konflikthaft mit sich selbst verstrickte Personalität und deren jeweiligen problemkonstitutiven Besonderheiten, wie sie sich im Rahmen des therapeutischen Settings direkt oder symptomatisch zum Ausdruck bringen" (ebd., 1906f.). Therapeutische Beziehungen schließen häufig eine Form von Hierarchie mit ein, nach der eine Person ausschließlich therapiert und die andere ausschließlich Hilfe, Entlastung bzw. Behandlung möchte bzw. benötigt. Die Ausprägung dieses hierarchischen Verhältnisses unterscheidet sich je nach der dem Therapiekonzept zu Grunde liegenden ‚Therapieschule'. Moderne Therapieformen haben es sich zur Aufgabe gemacht, die Dimension der therapeutischen Beziehung in ihrer Rolle, Funktion und Macht zu reflektieren und zu modifizieren, zum Beispiel durch die graduelle Verantwortungsabgabe an die_den Therapierende_n (vgl. Grawe 1992).[240] In der Anti-Bias-Arbeit steht demgegenüber dialogisches Lernen im Sinne Freires im Vordergrund, nach der die Teamenden gleichzeitig auch immer Lernende im Anti-Bias-Prozess sind (vgl.

240 Es gibt auch therapeutische Verfahren, die völlig andere Beziehungsstrukturen aufweisen. So gibt es beispielsweise in der Radikalen Therapie (RT), eine Form der Gruppentherapie, keine Personen die ausschließlich die Rolle der Therapierenden innehaben und andere die ausschließlich Patient_innen sind. Vielmehr ist jede_r wechselnd auch in der Rolle des_der Unterstützer_in (vgl. u.a. Gräser et al 1997/2005, 10ff.). Ein auch in der RT angewandtes Konzept ist das Co-Counselling, eine wechselseitige therapeutische Beratungsform, die auf Harvey Jackson (1994/2002) zurückgeht und „zu einer Therapie ohne Therapeuten entwickelt worden (ist)" (Kemper/Weinbach 2009, 96; vgl. Gräser et al 1997/2005, 34ff.).

Schmidt/Dietrich/Herdel 2009, 165f.).[241] Selbstverständlich lernen auch Therapierende ‚etwas' von ihren Klient_innen und es finden sich auch dialogische Verfahren in verschiedenen Therapieformen, etwa in der Gestalttherapie (vgl. Perls 2007). Auch in der Verhaltenstherapie wird darauf geachtet, dass dem Patienten Selbstbestimmung und Selbstverantwortung zugestanden werden. Der Unterschied besteht jedoch meines Erachtens darin, dass therapeutische Beziehungen im Vergleich zur Anti-Bias-Arbeit stärker von Beziehungshierarchie geprägt sind. Verschiedene Faktoren spielen hier zusammen: die explizite Hilfesuche von Klient_innen, der (nicht aufholbare) Wissensvorsprung auf Seiten der Therapierenden, durch den diese in der Experten_innenrolle bleiben sowie die außeralltäglich gestaltete Beziehung in therapeutischen Verfahren in Praxen, die andere zusätzliche Formen persönlicher Kontakte in der Regel vermeidet.

Darüber hinaus sind das Ziel und Thema sowie die Dauer der jeweiligen Maßnahme zentrale Unterscheidungsmerkmale. Das Ziel in therapeutischen Verfahren ist die (Unterstützung zur) Lösung eines bestimmten personenzentrierten Problems in einem befristeten und vertraglich geregelten Zeitraum. Dabei können erstmal alle Themen relevant sein, die zum Verständnis und zur Lösung des Problems beitragen (vgl. Gildemeister und Robert 2000, 1903). Anti-Bias-Arbeit hingegen zielt (neben anderen Zielsetzungen) auf eine Selbstreflexion von Diskriminierungserfahrungen als Voraussetzung für verantwortungsvolles Handeln in der Antidiskriminierungsarbeit (sowie im Alltag) und ist nicht auf die Lösung personenzentrierter Probleme fokussiert. Der selbstreflexive Anteil in der Anti-Bias-Arbeit kann daher als Professionalisierungsmaßnahme in der bzw. für die Antidiskriminierungsarbeit verstanden werden. Das Thema Diskriminierung ist in der Anti-Bias-Arbeit somit vorgegeben. Letztlich unterscheidet sich Anti-Bias-Arbeit auch durch die Annnahme eines lebenslangen und nicht abschließbarem Anti-Bias-Prozesses gegenüber einer zeitlich begrenzten Therapie (vgl. Ludewig 1987, 95).

In der Anti-Bias-Arbeit werden (unbewusste bzw. verdrängte) Diskriminierungserfahrungen (aus einer Doppelperspektive) thematisiert, was häufig mit starken emotionalen Reaktionen einhergeht. Das führt zu der Frage, in welchem Maß und in welcher Weise in der Anti-Bias-Arbeit die Aufarbeitung ‚alter' bzw. reaktivierter Gefühle und Erlebnisse erfolgt. Ein grundsätzliches Unterscheidungsmerkmal zu Therapieverfahren liegt im Aspekt der Eigenverantwortung in Bezug auf die Selbstreflexion. In der Anti-Bias-Arbeit überwiegt die (vorausgesetzte) Eigenverantwortung der Teilnehmenden – im Vergleich zur Therapiesituation. So werden die Teilnehmenden *vor* Erinnerungsübungen in der Anti-Bias-Arbeit darauf aufmerksam gemacht, „ihre eigenen Grenzen wahrzunehmen und zu beachten" (vgl. Anti-Bias-Werkstatt 2007, 1). Gleichwohl sind von Seiten der Seminarleitung ausreichende „Erfahrungen (…) im Begleiten und Auffangen von Gefühlen" notwendig (Anti-Bias-Werkstatt 2007, 4). Für den Seminarkontext bedeutet dies, dass „[d]ie ‚freigesetzten' Gefühle im gesamten Verlauf achtsam und einfühlend begleitet werden (müssen)" (ebd.). Mit der Betonung der Eigenverantwortung in der Anti-Bias-Arbeit wird gleichzeitig vorausgesetzt, dass Teilnehmende ihre Grenzen (in der Regel) wahrnehmen können. Anders formuliert: Die Seminarleitung geht davon aus, dass sich Teilnehmende in einer Weise selber kennen, wahrnehmen und handeln können, die Eigenverantwortung möglich macht. Genau

[241] Vgl. zum Lernverständnis in der Anti-Bias-Arbeit Kapitel 2.4.7 und die Ausführungen zu Freire in Kapitel 4.1.2.

darin besteht ein Unterschied zu therapeutischen Settings, denn in Therapien wird dies gerade nicht vorausgesetzt. Darüber hinaus kann die Entwicklung von (größerer) Eigenverantwortung ein Therapieziel darstellen. Ein wichtiger Aspekt in diesem Zusammenhang ist die Ausschreibung eines Angebots in der Antidiskriminierungsarbeit. Deutlich sollte bereits im Ankündigungstext werden, dass im Seminar bzw. der Weiterbildung aus pädagogischer Sicht an das Thema herangegangen wird, Selbstreflexion einen Teil der Zeit einnehmen wird und das (Er-)Kennen und Einhalten der eigenen Grenzen eine Voraussetzung der Teilnahme ist (bzw. keine Therapie stattfindet).

Die Erinnerung und das Teilen von Diskriminierungserfahrungen und den damit einhergehenden Emotionen im Rahmen einer (Klein-)Gruppe führen manchmal bei einigen Teilnehmenden zu einem Gefühl der Befreiung. Dies erinnert an den Begriff Katharsis, von dem, im Sinne eine Form der inneren Reinigung, Entlastung oder Heilung, unter anderem im Rahmen des von Jakob Levy Moreno entwickelten Psychodramas gesprochen wird (vgl. Koch/Streisand 2003, 234). Leutz (1974) beschreibt Katharsis in diesem Zusammenhang als „Erschütterung, ein Aufbrechen erstarrter Gefühle“, die „auch die Erschütterung und das Aufbrechen verfestigter Strukturen (bedeutet)“ (ebd., 142). Das Psychodrama wird übrigens als therapeutisches Theater verstanden – ein Grund dafür liegt in der „Betonung der heilsamen Wirkung kathartischen Erlebens“ (Koch/Streisand 2003, 234). Anti-Bias-Arbeit zielt jedoch nicht auf Katharsis und Heilung, vielmehr geht es um eine Selbstreflexion als Anforderung an und Voraussetzung für verantwortungsvolles Handeln, die zur Erweiterung des bewussten empathischen Denkens, Fühlens und Handelns beitragen kann. Katharsis und Heilung kann daher nur ein möglicher Nebeneffekt sein.

Die Erinnerungen können jedoch auch zu problematischen (krisenhaften) Situationen führen, wenn bislang Unverarbeitetes in unvorhergesehener Weise aufbricht. Dieses potentielle Risiko gilt es als Seminarleitung immer mit zu bedenken und es ist auch angezeigt, vor einer Übung auf diese Gefahr hinzuweisen. Hier bedarf es großer Sensibilität von Seiten der Leitung, um den Teilnehmenden einerseits die Möglichkeit zu geben, Risiken der Übung einschätzen zu können und die Erinnerungstiefe aktiv selbst zu bestimmen, andererseits aber auch notwendige Lern- und Erinnerungsprozesse der Teilnehmenden zu fördern bzw. diese durch den Hinweis auf Gefahren und Risiken nicht zu unterbinden. Hinweisen möchte ich zudem darauf, dass Diskriminierungserfahrungen auch traumatisierende Erfahrungen sein können. Mit Blick auf die Abgrenzung gegenüber therapeutischen Verfahren und der mittlerweile häufig anzutreffenden Kombination von Pädagogik und Therapie (vgl. Fischer/Mrocczek 2004)[242] möchte ich daher in Bezug auf die Anti-Bias-Arbeit kurz auf das Thema Trauma zu sprechen kommen.[243] Ulrike Reddemann (2010) definiert ein traumatisches Erlebnis wie folgt: „Die Person erlebte, beobachtete, oder war mit einem oder mehreren Ereignissen konfrontiert, die tatsächlichen oder drohenden Tod oder ernsthafte Verletzung oder eine Gefahr der körperlichen Unversehrtheit der eigenen Person oder anderer Personen beinhalteten. Die Reaktion der Person umfasste intensive Furcht, Hilflosigkeit oder Entsetzen“ (ebd., 1). Dabei handelt es sich bei traumatischen Erfahrungen nicht nur um extreme

242 Siehe dazu die Traumapädagogik (vgl. Bausum et al. 2011) oder die Soziale Therapie (vgl. Schwendter 2001).

243 Weiterführende Informationen zum Thema Trauma finden sich bei Michaela Huber (2009) sowie auf der Website der Bundesarbeitsgemeinschaft Traumapädagogik (2012).

physische Bedrohungen, sondern es können auch frappierende psychische Bedrohungen sein, die ein traumatisches Erlebnis darstellen. Michaela Huber (2007) spricht in diesem Zusammenhang von „seelischer Todesnähe“ (ebd., 2). Reddemann betont, dass nicht alle bedrohlichen Erlebnisse ein Trauma darstellen und warnt zudem vor einem inflationären Verwendung des Begriffs (vgl. ebd.). Sie gibt auch zu bedenken, dass nicht alle von Trauma Betroffenen auch Traumafolgestörungen wie etwa PTSD (Post Traumatic Stress Disorder) oder Dissoziationen (Abspaltung von Erlebnissen) entwickeln, sondern ca. 25-30 Prozent der Betroffenen Personen (ebd., 2).[244]

Es ist nicht die Aufgabe der Seminarleitung eines Anti-Bias-Seminars (und es übersteigt zudem ihre Kompetenzen) ein mögliches Trauma auf Seiten eines_r Teilnehmenden zu diagnostizieren. Bei Auftreten heftiger und für die_den Teilnehmde_n selbst unvorhergesehen Reaktionen ist die Begleitung dieser Person angezeigt und erste Priorität. Dies hat gegebenenfalls auch die Unterbrechung der Gruppenarbeit zur Folge. Die Möglichkeit eines solchen Ereignisses verdeutlicht die hohe Bedeutung einer Seminarleitung, die aus zwei Personen besteht. Denn nur dann kann gleichzeitig die Gruppe *und* die betroffene Person begleitet werden.[245] Eine weitere vertiefende personenzentrierte Arbeit an den zu Tage getretenen Erlebnissen und Emotionen kann in der Anti-Bias-Arbeit nicht geleistet werden. In einem solchen Fall sollte, in aller Regel nach Beruhigung der Situation, auf die Möglichkeiten einer Therapie hingewiesen und eventuell auch Unterstützung für die ersten Schritte in Richtung einer Therapie angeboten werden.

Zusammenfassung und Schlussfolgerung

Eine Abgrenzung der Anti-Bias-Arbeit gegenüber psycho-therapeutischen Verfahren, auf die auch Louise Derman-Sparks (2009) in ihrem Interview aufmerksam macht (vgl. LDS, 1289-1295), ist aus mehreren Gründen von Bedeutung. Erstens kann allgemein kann von der Tendenz einer Therapeutisierung der Gesellschaft gesprochen werden. Zweitens existieren mittlerweile Kombinationen aus Pädagogik und Therapie. Drittens weist die Anti-Bias-Arbeit in ihrem selbstreflexiven Anteil Ähnlichkeiten und Überschneidungen mit therapeutischen Verfahren auf. So geht es beispielsweise auch in der Anti-Bias-Arbeit darum Heilungs- und Entlastungsprozesse anzustoßen, wenn gleich dies nicht im Vordergrund steht. Auch erinnert das Setting von Anti-Bias-Seminaren, etwa durch das (in der Regel) doppelt besetzte Team und das Lernen der Teilnehmenden untereinander entlang persönlicher (verdrängter) Erfahrungen, an gruppentherapeutische Verfahren. Der selbstreflexive Anteil in der Anti-Bias-Arbeit kann jedoch aus verschiedenen Gründen nicht als (gruppen-) therapeutisches Verfahren bezeichnet werden:

a. Therapie und Anti-Bias-Arbeit weisen unterschiedliche Blickrichtungen und Handlungsziele auf: Therapie zielt in erster Linie auf die Heilung psychischer personenzentrierter Probleme; Anti-Bias-Arbeit zielt letztlich auf den Abbau von (sozialen Problemen wie) Diskriminierung und Unterdrückung durch die Initiierung von aktiven und bewussten Lernprozessen sowie auf eine Sensibilisierung für die (professionelle) Praxis.
b. Therapeutische Verfahren fokussieren im Vergleich mit der Anti-Bias-Arbeit stärker die Einzelperson und setzen sich tiefgehender mit ihren psychischen Symptomen auseinan-

244 Vgl. zu Traumafolgestörungen Anke Ehlers (1999) und Ulrike Reddemann (2010).

245 Vgl. dazu die Ausführungen in Kapitel 6.2.2 „Zum Seminarleitungsteam in der Anti-Bias-Arbeit“.

der. Dabei sind die Themen nicht begrenzt. Anti-Bias-Arbeit hingegen zielt auf den Themenkomplex Diskriminierung.

c. Therapeutischen Verfahren liegen eine ausführliche Anamnese und Diagnose zugrunde, die in der Anti-Bias-Arbeit keine Bedeutung haben.

d. Die institutionellen Ausformungen hinter therapeutischen Verfahren bzw. der Anti-Bias-Arbeit sind unterschiedlich: Therapien werden meist von den Krankenkassen finanziert und arbeiten mit dem an der Medizin angelehnten Modell der ‚freien Praxen'. Anti-Bias-Arbeit ist hingegen überwiegend an staatliche oder regierungsunabhängige Träger der sozialen Arbeit und der politischen Bildung rückgebunden.

e. Im Gegensatz zur Ausbildung von Therapeut_innen umfassen Anti-Bias-Weiterbildungen keine praktisch-theoretische Ausbildung in psycho-therapeutischen Verfahren.

f. Die Beziehung von Patient_innen zu Therapierenden und Teilnehmenden zur Anti-Bias-Seminarleitung sind unterschiedlich: In der Anti-Bias-Arbeit befinden sich beide Seiten eher in einem dialogischen Lernprozess im Sinne Freires.[246] Dagegen sind Hierarchien in therapeutischen Beziehungen in der Regel stärker ausgeprägt, so lässt sich etwa in der Anti-Bias-Arbeit mit Multiplikator_innen der Unterschied in Bezug auf Fach- und Expert_innenwissen auflösen, in Therapien bleibt er bestehen.

g. Der Schutz der Teilnehmenden in Bezug auf unvorhergesehene emotionale Reaktionen in Verbindung mit verdrängten Erfahrungen wird in der Anti-Bias-Arbeit in erster Linie über die (vorausgesetzte) Eigenverantwortung der Teilnehmenden hergestellt.[247] Bereits in der Seminarausschreibung sollte dies deutlich werden. In Therapien übernimmt der Therapierende eine größere Verantwortung in Bezug auf die angestoßenen Prozesse.

h. Anti-Bias-Arbeit wird getragen von der Idee eines andauernden lebenslangen persönlichen und gesellschaftlichen Transformationsprozesses im Gegensatz zur zeitlichen Begrenzung von Therapien.

Vor dem Hintergrund dieser Ausführungen komme ich zu dem Schluss, dass der selbstreflexive Anteil im Anti-Bias-Ansatz als *Professionalisierungsmaßnahme der Antidiskriminierungsarbeit* verstanden werden kann, der für einzelne Teilnehmende unter Umständen auch einen vortherapeutischen Charakter annehmen kann. Die Formen der Selbstreflexion können dabei durchaus einzelne therapeutische Effekte erzielen, wie etwa Entlastung durch Erzählen der eigenen Geschichte, sie sind aber im Gegensatz zu Therapien nicht primär intendiert.

[246] Vgl. zum Lernverständnis Kapitel 2.4.7 sowie die Ausführungen zu Freire in Kapitel 4.1.2.

[247] Gleichwohl trägt die Seminarleitung eine Verantwortung für die angemessene Aufklärung der Teilnehmenden hinsichtlich ihrer Eigenverantwortung sowie die Begleitung bei möglicherweise auftretenden Krisensituationen. Auch legen mögliche auftretende Krisen ein 2er Team nahe (vgl. Kapitel 6.2.2 „Zum Seminarleitungsteam in der Anti-Bias-Arbeit").

6. Professionalisierung und Qualität in der Anti-Bias-Arbeit

Die Auswertung der *Expert_inneninterviews* hat gezeigt, dass viele der angesprochenen Themen unter einer weit gefassten (und gleichwohl kritisch in den Blick zu nehmenden) Rubrik Professionalisierung subsumiert werden können. Darunter fallen beispielsweise Aussagen zum Selbstverständnis als Professionelle_r in den verschiedenen Arbeitskontexten, zur Teamzusammensetzung und zu Einseitigkeiten im Team, zur Reflexionszeit für in der Anti-Bias-Arbeit Tätige, zum Thema ‚was müssen Teamende wissen' oder der Umgang mit herausfordernden Rahmenbedingungen. Das vorliegende Kapitel beschäftigt sich nun mit drei zentralen Themenfeldern bzw. Fragestellungen, die sich im Rahmen der vertiefenden Auswertung der Interviewpassagen in der Rubrik Professionalisierung herauskristallisierten und die hinsichtlich der Professionalisierungsdebatte sowie der Frage nach Qualität in der Anti-Bias-Arbeit von besonderer Bedeutung erscheinen:

- *Themenfeld Kompetenz:* Was wird darunter verstanden, welche Bedeutung hat der Begriff für die Anti-Bias-Arbeit und wie konkretisiert sich Kompetenz?
- *Themenfeld Team:* Nach welchen Kriterien wird in der Anti-Bias-Arbeit ein Team besetzt, welche Spannungsfelder tun sich auf, wie kann damit umgegangen werden?
- *Themenfeld prozessbegleitende Beratung von Teamenden:* Warum und in welcher Form ist diese nötig, welche Formen von Begleitung in der konkreten Arbeit existieren bislang, welche weiteren Modelle und Konzepte bieten sich an?

Die Konkretisierung dieser Themen nehme ich am Beispiel der Erwachsenenbildung vor. Dieses Praxisfeld ziehe ich aus mehreren Gründen heran: Zum einen finden sich immer häufiger Weiterbildungen zum_zur Anti-Bias-Multiplikator_in bzw. zur Anti-Bias-Arbeit (vgl. HVHS Frille/Anti-Bias-Werkstatt 2008; Anti-Bias-Werkstatt/Haus der Begegnung 2010; ZWST 2010; EJBW 2011). Zum anderen werden diese von verschiedenen Trägern, Veranstaltern und Personen angeboten und es ist davon auszugehen, dass sich sowohl die Inhalte und Schwerpunkte der Weiterbildungen als auch die Expertise der verschiedenen Seminarleitungen in diesem Praxisfeld durchaus unterscheiden.[248] Zudem liegen im Praxisfeld Erwachsenenbildung im Vergleich mit der frühen Bildung nur wenige Publikationen vor. Die folgenden Ausarbeitungen sind daher auch als ein theoretischer Beitrag zum Nachdenken über Qualität in der Anti-Bias-Arbeit in diesem Feld gedacht, in der Hoffnung, die im Prozess befindliche Diskussion weiter anzuregen (vgl. AG des Anti-Bias-Jour Fixe Berlin 2010). Zu Beginn möchte ich mich jedoch mit dem Begriff und Thema Professionalisierung auseinandersetzen. Dies geschieht aus folgenden Gründen: Erstens bildet der Begriff quasi das Dach, unter dem die drei zentralen Themenfelder Kompetenz, Teamzusammensetzung und prozessbegleitende Beratung von Teamenden diskutiert werden sollen. Zweitens, wie bereits zu Beginn angedeutet, erscheint es mir wichtig das Thema bzw. den Begriff

[248] Unterschiede zwischen den Seminarreihen zeigen sich zum Teil schon auf den ersten Blick, etwa in der Begriffswahl von Ausschreibungstexten wie „Training" einerseits (EJBW 2011) und „Seminarreihe" andererseits (Anti-Bias-Werkstatt/Haus der Begegnung 2010). Meistens stehen hinter den Begriffen auch unterschiedliche theoretische Konzepte, die wiederum Auswirkungen auf die Seminarkonzeption haben (vgl. kritisch zum Begriff Training auch Castro Varela 2001, 30).

Professionalisierung selbst kritisch in den Blick zu nehmen und vor dem Hintergrund der aktuellen Debatte um Bildung zu problematisieren, die zunehmend auf (wirtschaftliche) Effizienz und (quantitative) Messbarkeit abzielt (vgl. Krautz 2009, 87ff.).

6.1 Zum Begriff Professionalisierung und zur angrenzenden Fachdebatte

In aktuellen Publikationen zum Thema Professionalisierung in der Bildungsarbeit finden sich eine Reihe von wiederkehrenden Begriffen, die entweder in sehr enger Verbindung mit dem Wortstamm stehen, wie etwa Profession, Professionalität oder professionelles Handeln, sowie solche Begriffe, deren enge (inhaltliche) Verbindung zum Thema Professionalisierung erst durch die häufige Verwendung im Kontext hergestellt wird, wie etwa Kompetenz, Schlüsselqualifikation, Qualitätssicherung oder Qualitätsentwicklung (vgl. Lehmann/Nieke 2001; Kraft 2006; Krautz 2009).[249] Da Begriffe immer auch in gesellschaftliche Konjunkturen eingebunden sind, werden sie daher weder zufällig noch ‚natürlicherweise' verwendet. Vor allem die in einem Kontext wiederkehrend zur Anwendung kommenden Begrifflichkeiten spiegeln meist gesellschaftlich dominante Diskurse wieder. So verweist die im Zusammenhang mit Professionalisierung häufige Verwendung der Begriffe Qualität und Kompetenz auf die aktuelle Bildungsdebatte, die vor allem durch die starke Ausrichtung auf (wirtschaftliche) Effizienz und (quantitative) Messbarkeit gekennzeichnet ist. Jochen Krautz (2009) spricht in diesem Zusammenhang auch von einer „ökonomisierten Bildung" (ebd., 87). Die Frage nach der Wirtschaftlichkeit von Bildungsmaßnahmen ist dabei durchaus legitim, denn diese sollen ja ‚wirken' und dies gilt es im Sinne der Qualitätssicherung auch zu analysieren. Jedoch ist es bedeutend hier zu differenzieren: Es ist ein Unterschied danach zu fragen, ob mit Hilfe einer Maßnahme ihre Ziele umgesetzt werden konnten oder aber, ob Maßnahmen prinzipiell nur unter dem Paradigma einer quantitativ messbaren Wirtschaftlichkeit betrachtet werden. Auch Maßnahmen ohne direkt messbare Änderung der Situation können sinnvoll sein, beispielsweise im Hinblick auf eine Unterstützung eines gesellschaftlichen Antidiskriminierungsklimas.

Die (zunehmende) Bedeutung des (weit gefassten) Themas Professionalisierung zeigt sich ebenfalls in Publikationen zum Anti-Bias-Ansatz. So entwirft Katja Gramelt (2010) zur Diskussion des Anti-Bias-Ansatzes einen theoretischen Bezugsrahmen und befasst sich darin in einem Unterkapitel ausführlich mit Kompetenzaspekten pädagogischer Professionalität (vgl. ebd., 33ff.). Ausgangspunkt ist dabei die Frage nach Qualitätssicherung der in verschiedenen Praxisfeldern Anwendung findenden Anti-Bias-Arbeit (vgl. ebd., 15f.). Bedauerlicherweise fehlt bei Gramelt – trotz der Breite der sonstigen Darstellungen – eine kritische Einordnung des Themas Professionalisierung in die aktuelle Bildungsdebatte (vgl. ebd., 34ff.; 199ff.; 209ff.). Dies ist insofern verwunderlich, da Anti-Bias-Arbeit darauf zielt gerade auch gesellschaftliche Schieflagen wie die zunehmende Vermarktung von Bildungsprozessen und ihre Auswirkungen in den Blick nehmen, zu kritisieren und erste Handlungsansätze im Rahmen der jeweiligen Handlungsspielräume auszuloten.

[249] Etliche dieser Begriffe wurden aus anderen Kontexten übernommen, übrigens sehr häufig aus der Wirtschaft, wie zum Beispiel der Begriff Schlüsselqualifikation (vgl. Lehmann/Nieke 2001, 1).

Festzustellen ist zudem, dass das Thema Professionalisierung in den verschiedenen Anti-Bias Arbeitskontexten und -zusammenhängen aus sehr unterschiedlichen Perspektiven und mit unterschiedlichen Begriffen verhandelt wird: So findet sich im Handbuch Kinderwelten eine explizite Auseinandersetzung mit der Frage nach den Kompetenzen für Fachkräfte in der *frühen Bildung* (vgl. Wagner 2008, 203ff.). Gleiches zeigt sich auch in den Expert_inneninterviews: Die Vertreterin des Projektes Kinderwelten wendet sich als Einzige ausdrücklich dem Thema Professionalisierung *und* Kompetenz zu. So sagt Sonja:

> „[A]lso nicht so einfach die Fachkräfte müssen dann die toleranten Vorbilder sein, die keine Vorurteile hätten, sondern was ist es wirklich, was soll die Kompetenz ausmachen von den Fachkräften" (Sonja, 357-359).

Dies könnte damit zusammenhängen, dass im Vergleich mit den anderen Praxisfeldern bzw. Arbeitszusammenhängen in der Anti-Bias-Arbeit im Projekt Kinderwelten durch seine mittlerweile sehr lange Existenz und dadurch kontinuierliche Möglichkeit der Weiterarbeit gezielt und situationsbezogen an Fragen zur Professionalisierung weitergearbeitet werden konnte und zudem die Zielgruppe (Kinder bis sechs Jahre) und damit auch die Fachkräfte sehr genau einzugrenzen sind.[250] Möglicherweise zeigt sich hier auch die Debatte um die Professionalisierung bei Erzieher_innen und der Kampf um die Anerkennung dieses Berufes als bedeutender gesellschaftlicher Beitrag.

Sonja verwendet in der Beschreibung ihres Selbstverständnis' als Professionelle zudem den Begriff professionelles Handeln:

> „Also es ist für mich wirklich etwas zur schrittweisen Weiterentwicklung von professionellem Handeln, in dem ich (…) mit besseren Begriffen oder mit mehr und neueren Begriffen reflektiere" (Sonja, 734-736).

Das Thema Professionalisierung wird im Rahmen des Projektes Kinderwelten dabei durchaus kritisch in den Blick genommen. Beispielsweise problematisiert Petra Wagner (2008) hinsichtlich der Debatte um endlose Kompetenzlisten diese „beeindruckenden Auflistungen persönlicher Fähigkeiten und Einstellungen", da diese „vielleicht eher Hilflosigkeit und Schuldgefühle aus(lösen), weil man den Katalog nicht erfüllt" (ebd., 2008, 204).

In einem Artikel von Mitgliedern der Anti-Bias-Werkstatt, die in erster Linie mit *Erwachsenen* arbeiten, werden statt einer Auflistung von Kompetenzen die in der Anti-Bias-Arbeit zu Tage tretenden Spannungsverhältnisse (zum Beispiel Gruppendifferenzierungen benennen, ohne festzuschreiben) und die Möglichkeit eines produktiven Umgangs mit diesen von Seiten der Seminarleitung thematisiert (vgl. Schmidt/Dietrich/Herdel 2009, 158). Vereinzelt findet sich in anderen Publikationen in der Erwachsenenbildung mit dem Anti-Bias-Ansatz ein direkter Bezug zu Gramelts theoriebezogener Auseinandersetzung mit Kompetenzaspekten pädagogischer Professionalität (vgl. Chernivsky 2010, 22).

Eine Arbeitsgemeinschaft des Anti-Bias-Jour Fixe in Berlin (2010), deren Mitglieder mit verschiedenen Zielgruppen arbeiten (jedoch weniger mit Kindern bis zum Alter von sechs Jahren), stellt sich wiederum die Frage, was Qualität in der Anti-Bias-Arbeit ausmacht und listet in

---

[250] Vgl. dazu Kapitel 2.2.3 zur Entwicklungsgeschichte des Anti-Bias-Ansatzes in Deutschland.

einem Diskussionspapier verschiedene Qualitätsaspekte auf, wobei unter anderem die Rolle und das Selbstverständnis der Teamenden thematisiert werden (vgl. ebd.). Die AG, die sich seit 2006 dem Thema Qualitätsaspekte in der Anti-Bias-Arbeit gewidmet hat, verwendet in ihrem Diskussionspapier die Begriffe Kompetenz und Professionalisierung nicht, sondern verwendet die Begriffe Qualitätsaspekte und -sicherung (vgl. ebd.). Daraus ließe sich schließen, dass hier möglicherweise die Verwendung des Professionalisierungsbegriffes bewusst vermieden wurde, weil dieser in seinem aktuellen Verständnis und seiner Konnotation zu sehr vor dem Hintergrund der bereits mehrfach erwähnten und kritisierten Bildungsökonomisierung verstanden werden würde. Gleichzeitig fällt aber gerade auch der Begriff Qualität besonders häufig im Zusammenhang mit Effizienz und Messbarkeit. Dennoch zielt das Nachdenken über Qualitätsaspekte aus meiner Perspektive, die ich auch vor dem Hintergrund meiner anfänglichen Mitarbeit in dieser AG formuliere, allerdings nicht auf eine wirtschaftliche Ausrichtung von Bildung, sondern auf die Sicherstellung bzw. Erhaltung von Qualität *angesichts* der voranschreitenden wirtschaftlichen Durchdringung von Bildungs- und Lernprozessen.[251] Zudem ist das Nachdenken über Qualität einer weiteren Herausforderung geschuldet, nämlich der Qualitätssicherung der Anti-Bias-Arbeit in den sehr unübersichtlichen Praxisfeldern der Erwachsenen- und außerschulischen - sowie schulischen Jugendbildung, die vor allem von Freiberuflichkeit und einer bislang als unausgeprägt zu bezeichnenden Netzwerkstruktur[252] gekennzeichnet ist. Nach Susanne Kraft (2006) stehen freiberuflich pädagogische Mitarbeiter_innen übrigens bislang wenig im Fokus von Professionalisierung (vgl. ebd., 26). Ein Grund dafür kann in eben dieser unausgeprägten Netzwerkstruktur liegen. Dies hat zur Folge, nicht mit einer gemeinsamen Stimme zu sprechen und daher entweder gar nicht oder zu wenig (von außen) wahrgenommen zu werden sowie auch (nach innen) nur unzureichend die zentralen Herausforderungen der Arbeit benennen, fokussieren und angehen zu können. Das Diskussionspapier zu Qualitätsaspekten in der Anti-Bias-Arbeit ist eine solide Basis, um in genau diese Lücke zu stoßen und ein gemeinsames Selbstverständnis zu erarbeiten.

In den Expert_inneninterviews dieser Forschungsarbeit finden sich vereinzelt auch in weiteren Passagen Begriffe wie professionell und Professionalisierung. Paula, die ebenfalls häufig freiberuflich in verschiedenen Arbeitskontexten und Praxisfeldern mit dem Anti-Bias-Ansatz arbeitet, bezieht den Begriff Professionalisierung auf Netzwerkstrukturen:

> „Ich finde das toll, dass (…) wir uns unterstützen, wenn Leute Trainings haben, sie [diese] ankündigen, dass durch den Verteiler geht, der irgendwo, auch wenn er nicht, ja, er funktioniert irgendwie, ja. Ich weiß nicht ob es einer Professionalisierung bedarf, aber ich fände es einfach schöner, dass wirklich Leute mit ihren bestimmten Schwerpunkten, mit ihren bestimmten Interessen, die man halt hat bei Anti-Bias, stärker ins Gespräch, in den Austausch und wirklich produktive Arbeit kämen“ (Paula, 687-694).

251 Insofern ist Gramelts (2010) Thematisierung von Qualitätssicherung besonders problematisch, da sie ohne eine kritische Perspektive auf die Bildungsdebatte geschieht und daher eine zentrale Facette von Qualitätssicherung in der Anti-Bias-Arbeit außer Acht lässt (vgl. ebd., 15f.; 34ff.; 199ff.; 209ff.).

252 Mit ‚unausgeprägter Netzwerkstruktur‘ meine ich den bisherigen Charakter der (institutions)übergreifenden Zusammenschlüsse der Anti-Bias-Arbeit aus der schulischen -, außerschulischen - und erwachsenenbildnerischen bzw. politischen Bildung. Dieser Charakter ist meines Erachtens vor allem gekennzeichnet durch die bislang offene Frage nach dem Selbstverständnis und den Zielen eines solchen Netzwerkes (vgl. Kontzi/Flechtkorb 2012, 7ff.).

Sie denkt in dieser Passage darüber nach, inwieweit Verteiler wie Emaillisten und Internetplattformen professionalisiert werden sollten und hebt im zweiten Teil vor allem darauf ab, dass ein stärkerer Austausch zwischen den verschiedenen Anti-Bias-Aktiven sinnvoll wäre, um „wirklich produktive Arbeit“ zu gewährleisten. In Bezug auf diesen gewünschten Austausch stellt sich die weiterführende Frage, warum dieser bislang so nicht möglich war. Sicherlich liegt einer der Gründe auch in den fehlenden räumlichen Nähe, zeitlichen und finanziellen Ressourcen, wobei letztere wiederum auch zu Konkurrenzgefühlen aufgrund von eigenen Zukunftsängsten führen können. Dennoch sind, wenngleich auch lose und unausgeprägt, Netzwerke und Arbeitsgruppen auch in der Erwachsenen- und außerschulischen- sowie schulischen Jugendbildung vorhanden. Die Schwierigkeiten und Entwicklungspotentiale dieser bestehenden Strukturen auszuloten, könnte Thema einer weiteren interessanten Untersuchung sein.

Pavel, der auch häufig mit verschiedenen Zielgruppen und mit verschiedenen Trägern gearbeitet hat, zielt mit dem Begriff professionell vor allem auf die Etablierung einer Organisation, die mit ausreichend finanziellen Mitteln gestützt Trainings bzw. Seminare anbieten kann. Er sagt:

> „[I]ch denke, es fehlen einfach Gelder, es fehlen strukturelle Förderungen, es fehlen finanzielle Unterstützung für Bildungsarbeit, die sehr, sehr wichtig ist in Deutschland“ (Pavel, 17-20).

Der Begriff Professionalisierung birgt aus dieser Perspektive also auch eine finanzielle Komponente im Sinne einer nicht zu vernachlässigenden Absicherung der Arbeit, denn oftmals sind es leider gerade fehlende finanzielle Mittel, die eine Qualitätssicherung und -entwicklung und damit auch Professionalisierung (stark) einschränken.

Zusammenfassend lässt sich folgendes feststellen: In der Anti-Bias-Arbeit finden sich sowohl in der Literatur als auch in den Expert_inneninterviews zum Thema Professionalisierung eine Reihe verschiedener Begriffe wie professionell, professionelles Handeln, Kompetenz oder Qualitätsaspekte. Unterschiede zeigen sich vor allem entlang der eher ‚weiten‘ oder ‚engen‘ Praxisfelder. Im ‚weiten‘ Praxisfeld der Erwachsenenbildung wird eher die Frage nach Qualitätsaspekten gestellt, wohingegen ‚enge‘ Praxisfelder wie die frühe Bildung, eher gezielt spezifische Kompetenzen der Fachkräfte (Erzieher_innen) anhand konkreter Fragestellungen thematisieren. Im Zusammenhang mit Professionalisierung steht auch die Frage nach dem jeweiligen Selbstverständnis sowie Fragen nach unterstützenden Netzwerken und finanziellen Ressourcen. Insgesamt wird ‚Professionalisierung‘ kritisch thematisiert, vereinzelt fehlt jedoch ein kritischer Blick.

Vor diesem Hintergrund möchte ich nun einige abschließende Begriffsklärungen vornehmen und mein Verständnis des Begriffs Professionalisierung darlegen. Den Begriff *Profession* verstehe ich in Anlehnung an Kraft (2006) im Sinne der Berufssoziologie als Berufe, die sich über bestimmten Merkmale wie „hauptamtliche Erwerbstätigkeit, Mandat, Lizenz, Existenz eines eindeutigen Berufsbildes, eindeutige Regelung des Zugangs und der Qualifikationsanforderungen, soziales Prestige als Experte, Berufsverband als Interessenvertretung, planmäßige wissenschaftliche Berufsausbildung [und] Berufsethos“ definieren (ebd., 5). Weiterhin kann der Begriff *Professionalisierung* nach Kraft entweder als *Professionsentwicklung* verstanden werden, also die historische Erforschung und Weiterentwicklung eines spezifischen Berufes oder aber im Sinne einer *Professionalisierung der pädagogischen Professionalität*: „Professionalisierung in diesem Verständnis zielt auf eine Verbesserung des Handelns (...) und damit auf Qualitätsentwicklung" (ebd., 6).[253] *Professionalität* ist demnach die spezifische Qualität beruflichen Handelns von professionell Tätigen (vgl. Peters 1999, 99). Damit wird eine eindeutige Verbindung zwischen Professionalisierung und Qualität(sentwicklung) hergestellt. Insbesondere mit Blick auf das oben dargestellte unstrukturierte Praxisfeld der Jugend- und Erwachsenenbildung mit dem Anti-Bias-Ansatz mitsamt seiner ‚losen' Netzwerkstrukturen und dem Charakter der Freiberuflichkeit knüpfe ich an das Verständnis von (Profession und) Professionalisierung als pädagogische Professionalität im Sinne einer Qualitätsentwicklung an. Zudem ist es angesichts der Debatte um die Ökonomisierung von Bildung wichtig, den Begriff Professionalisierung selber kritisch zu hinterfragen, und es geht eben gerade vor diesem Hintergrund nicht nur um Qualitätsentwicklung, sondern auch um Qualitätssicherung bzw. -erhaltung (vgl. Anti-Bias-Jour Fixe 2010, 2). Ich schlage also vor, einen selbstreflexiven Professionalisierungsbegriff zu verwenden, der darauf zielt, spezifisches berufliches Handeln zu verbessern sowie Qualität (auch) angesichts einer zunehmenden Bildungsökonomisierung zu sichern und weiter zu entwickeln.[254]

6.2 Zentrale Themenfelder pädagogischer Professionalisierung der Anti-Bias-Arbeit

6.2.1 Kompetenz – grundlegende Aspekte am Beispiel der historischen Dimension

In den Interviews wurde nicht direkt nach Kompetenzen gefragt, jedoch führten Fragen zu Schwierigkeiten und Herausforderungen in der konkreten Anti-Bias-Arbeit wiederholt auch zum Themenfeld Kompetenz – auch wenn dieser Begriff meist nicht ausdrücklich verwendet wurde.[255] So finden sich in den Interviewpassagen beispielsweise Aussagen zu den Themen ‚Notwendigkeit von Theoriewissen' (vgl. Karin 620-628; Meike 668-696), ‚emotionale Begleitung der Teilnehmenden als Herausforderung' (Pavel, 24-29), ‚eigene Weiterbildung' (Pavel 322-326), ‚Dilemma der Arbeit identifizieren' (vgl. LDS, 567-570), ‚Gesprächsführung' (vgl. LDS, 1345-1353) oder ‚Vor- und Nachbereitung' (LDS, 502-510; Anja, 325-330; Sonja 728-731). Einige Themen werden dabei hinsichtlich der Teilnehmenden von Weiter- oder Fortbildungen angesprochen, andere im Hinblick auf die Seminarleitung einer solchen Maßnahme. Interessant ist in diesem Kontext auch der Blick auf die Ausschreibungstexte von Weiterbildungen, denn in diesen ist zum Teil

---

253 Auf den Begriff professionelles Handeln gehe ich im folgenden Kapitel (6.2.1) näher ein, weil dieser meist im Zusammenhang mit Kompetenz thematisiert wird.

254 Damit grenze ich mich auch gegen eine vorrangige Verwendung des Begriffs Qualität ab, weil diese meines Erachtens nicht in ausreichendem Maße auch die Aspekte des Professionsbegriffs zu fassen vermag. Diese sind jedoch gerade auch für die freiberuflich Tätigen in der Anti-Bias-Arbeit eine Aufwertung in dem Sinne, als das Aspekte wie ‚hauptamtliche Erwerbstätigkeit' und ‚Interessensvertretung' immer mitgedacht werden, weil diese Teil des Professionsbegriff sind (vgl. Kraft 2006, 5).

255 Einzig im Praxisfeld der frühen Bildung wird der Begriff explizit verwendet. Dies deutet, ähnlich wie in der Auseinandersetzung mit dem Begriff Professionalisierung, auf die Debatte um Professionalisierung im Berufsfeld von Erzieher_innen hin. Im Praxisfeld Jugend- und Erwachsenenbildung könnte die *Nicht-Verwendung* des Begriffs Kompetenz auf eine Unsicherheit hinsichtlich seiner Konnotationen hinweisen, ähnlich der vermuteten Ablehnung des Begriffs Professionalisierung, der häufig im Zusammenhang mit einer zunehmenden Bildungsökonomisierung steht (vgl. Kapitel 6.1).

ausdrücklich von „Kompetenzen für die Praxis" die Rede (HVHS Frille/Anti-Bias-Werkstatt 2008; Anti-Bias-Werkstatt/Haus der Begegnung 2010).[256] Der Begriff ist also, ob explizit oder implizit in der Anti-Bias-Arbeit von besonderer Bedeutung. Möglicherweise stellt sich dennoch die Frage, warum ich den Begriff Kompetenz wähle und nicht eine Formulierung wie ‚eigene Ansprüche'.

Mir ist es aus mehreren Gründen ein Anliegen, den Begriff Kompetenz aus der Perspektive des Anti-Bias-Ansatzes zu beleuchten: Zum einen wird dieser mittlerweile häufig im Bildungskontext verwendet und es ist zudem ein Tendenz festzustellen, nach der der Begriff Kompetenzentwicklung als modernen Begriff für Bildung eingesetzt wird (vgl. Gruber 2004, 220). Es geht mir daher darum, zu einer fundierten Begründung für eine (Nicht-)Verwendung zu gelangen. Zum anderen möchte ich aufzuzeigen, dass die Thematisierung von Kompetenz nicht zwangsläufig zu Konkurrenzen oder Ausschlüssen führen muss, sondern durchaus die relevante Frage nach den notwendigen spezifische Fähigkeiten und Perspektiven von Teamenden und damit das Thema Qualitätssicherung im Vordergrund stehen kann. Eine Formulierung wie eigene Ansprüche greift hier meines Erachtens zu kurz, da es weniger um eigene (persönliche) Ansprüche geht, sondern mehr um geteilte, übergeordnete ‚Ansprüche', um zentrale Kompetenzen.

Im *Alltagverständnis* zielt die Verwendung des Begriffs Kompetenz meist auf (spezifische) Fähigkeiten eines Menschen. Demnach ist eine Person dann kompetent, wenn sie im Vergleich mit Anderen etwas besonders gut kann. ‚Können' beschreibt dann in der Regel sowohl (Fach-)Wissen als auch die Fähigkeit, etwas tun bzw. handeln zu können. Findet die Begriffsannäherung *etymologisch* statt, also durch einen Blick auf die sprachlichen Wurzeln, zeigen sich drei Bedeutungen:

- die *Formalkompetenz*, verstanden als „genau definierte Kompetenzen, die im juristischen Sinne gleichzusetzen sind mit der Befugnis, etwas tun zu dürfen" (Lehmann/Nieke 2001, 2),
- die *Fähigkeitenkompetenz*, verstanden als erworbene Fähigkeiten, im Sinne einer Person mit einer spezifischen Expertise,
- die *Wettbewerbskompetenz*, verstanden als spezifische (aber durch ihre Kontextabhängigkeit relative) Kompetenz, die einer Person im Vergleich mit anderen einen Vorteil eröffnet (vgl. ebd., 3).

Die folgenden Ausarbeitungen beziehen sich auf die oben genannte Fähigkeitenkompetenz. Diese werde ich am Beispiel ‚historischer Kompetenzen' konkretisieren, da die vorliegende Studie in einem Schwerpunkt auch auf die geschichtlichen Hintergründe des deutschen Kontextes abhebt. Ich greife dazu auf zentrale Aussagen der Interviews sowie auf bereits erarbeitete Erkenntnisse im Kapitel „Herausforderungen im Umgang mit der deutschen Geschichte" zurück[257] und ergänze diese durch eine theoretische Annäherung an den Kompetenzbegriff. Im Fokus stehen die spezifischen ‚historischen Kompetenzen', die für die Seminarleitung von Anti-Bias-Weiterbildungen

[256] Die Verwendung bestimmter Begriffe wie Kompetenzen (oder Training) ist jedoch nicht immer an die inhaltliche Seminarkonzeption gebunden, sondern weist unter Umständen auf Bedingungen von Kooperationspartner_innen hin, die nur auf Grundlage der Nutzung bestimmter Begriffe in Ausschreibungen Gelder zur Verfügung stellen können.

[257] Vgl. Kapitel 5.2.

für pädagogische Fachkräfte und Multiplikator_innen im deutschen Kontext als zentral und hilfreich erscheinen.

Die Kenntnis historischer Wissensbestände ist, wie in Kapitel 5.2 ausführlich gezeigt wurde, auch für die Anti-Bias-Arbeit notwendig und muss daher erarbeitet werden. So geht es beispielsweise um Kenntnisse in Bezug auf die Schwierigkeit ‚deutsch sein' zu thematisieren oder um Kenntnisse der jüngeren Geschichte, etwa des tabuisierten Themas Ost-/Westdeutschland. Besondere Herausforderungen in Bezug auf die deutsche Geschichte zeigen sich auch am Beispiel der deutschen Kolonialgeschichte und den bis heute wirkmächtigen Auswirkungen der Kolonialzeit. Von besonderer Bedeutung für die Anti-Bias-Arbeit ist es daher, diese *historischen Kontinuitäten* und *Zusammenhänge* zu *kennen.*[258] Darüber hinaus gibt es jedoch noch eine Reihe weiterer grundlegender Aspekte ‚historischer Fähigkeitenkompetenz'. So wurde im Zuge der Auseinandersetzung mit den Herausforderungen im Umgang mit der deutschen Geschichte in der Anti-Bias-Arbeit auch darauf hingewiesen, dass den jeweiligen Perspektiven, aus denen Geschichtsschreibung erfolgt, eine hohe Bedeutung zukommt.[259] Für die Anti-Bias-Arbeit bedeutet dies bei der Auswahl von Texten, Bildern und Filmen die Geschichte thematisieren, konkret danach zu fragen, *aus welcher Perspektive und mit welchem Erfahrungshintergrund Geschichte geschrieben wurde?*[260] In diesem Zusammenhang möchte ich auch kurz auf den Begriff Fakten zu sprechen kommen. Im Themenfeld Diskriminierung geht es nicht um Fakten wie physikalische Gesetze (die übrigens auch nur in einem bestimmten Kontext – nämlich dieser Erde – ihre Gültigkeit haben). Im Mittelpunkt der Fakten, um die es in diesem Zusammenhang geht, stehen Menschen und ihre Handlungen in historischen Prozessen. Auch wenn gemeinhin oft das Gegenteil angenommen wird und es der Wortbedeutung des Begriffes Faktum, meist übersetzt aus dem Lateinischen mit nachweisbare, unumgängliche Tatsache, entgegensteht (vgl. Bibliographisches Institut 2012) – Fakten sind nicht per se ‚rein' bzw. ‚objektiv'. Der Kampf um die Definitionsmacht von Geschichtsbildern zeigt dies sehr deutlich.[261] Darauf weist auch das dazugehörige lateinische Verb „facere" hin, das unter anderem mit „machen, herstellen" übersetzt wird (Bibliographisches Institut 2012). Geeigneter erscheint mir daher die Verwendung des Begriffes *historische Wissensbestände*, da dieser eher auf verschiedene Perspektiven und deren Konstruktionscharakter hinweist.

Weiterhin stellt sich die Frage *in welchem Umfang und in welcher Tiefe historische Themen respektive Wissensbestände bearbeitet werden sollen?* Paula fordert in ihrem Interview

258 Auf die Frage wie über diese Themen gesprochen werden kann, wird später in diesem Kapitel eingegangen.

259 Vgl. Kapitel 5.2.

260 Selbstverständlich ist die Frage der Perspektive und des Erfahrungshintergrundes auch für alle sonst verwendete Literatur relevant. In Kapitel 4.2 „Theoriehintergründe im Anti-Bias-Ansatz" wurde dieser Aspekt im Zusammenhang mit theoretischer Hintergrundliteratur zum Ansatz thematisiert. Albert weist dort darauf hin, dass es ihm wichtig sei „eine Auswahl an Literatur erstmal reinzuholen, die authentisch ist, (...) die nicht diesen Hauch von Eurozentrismus irgendwie mit sich trägt" (Albert, 426-428). Er zielt damit auf eine kritische Nutzung von Fachbüchern hinsichtlich ihrer Entstehungshintergründe sowie der Erfahrungshintergründe der jeweiligen Autor_innen.

261 Vgl. dazu Kapitel 5.2.1 „Kontinuitäten in der Geschichte aufzeigen: Das Beispiel deutscher Kolonialismus" sowie Kapitel 5.2.2 „Herausforderungen eines Dialog zwischen Ostdeutschland und Westdeutschland".

grundsätzlich eine größere Tiefe in Bezug auf verschiedene Diskriminierungsformen im deutschen Kontext ein. Sie sagt:

> „[U]nsere deutsche Gesellschaft (...) einfach mal kritischer zu analysieren (...), was macht unseren Rassismus hier aus, welche Gruppe und wie sind davon betroffen, aber auch nicht nur Rassismus, sondern auch wie steht es wirklich auch mit Homophobie usw., also dieses, ja, so ein bisschen mehr in die Tiefe gehen bei den ganzen Sachen" (Paula, 547-553).

Paula spricht hier zwar die theoretische Fundierung des Ansatzes an, mit Blick auf die Weiterbildung von Multiplikator_innen wirft dies jedoch die Frage auf, inwieweit eine Vertiefung auch hier Eingang finden kann. Damit komme ich zu einem grundsätzlichen Spannungsfeld in der Anti-Bias-Arbeit, denn die Tiefe der Auseinandersetzung mit einzelnen Diskriminierungsformen wird gewissermaßen durch den intersektionalen und mehrdimensionalen Blick in der Anti-Bias-Arbeit beschränkt.[262] Know-How findet sich möglicherweise in der Social Justice Education, die sich gerade dadurch auszeichnet im Rahmen einzelner Themenmodule immer auch einen Anteil an historischen Wissensbeständen einzuflechten (vgl. Czollek/Weinbach 2007, 24; 26ff).[263] Ein Austausch zwischen Praktiker_innen beider Ansätze könnte hier weiterhelfen.
Einen sehr grundlegenden Aspekt spricht Karin an:

> „[N]ur wichtig für mich ist, ist dass man die Zusammenhänge sieht, das man begreift, dass das [Diskriminierung] nicht ein individuelles Problem ist" (Karin, 620-628).

Diese für die Anti-Bias-Arbeit zentrale Sicht auf Diskriminierung, also die Thematisierung der verschiedenen Diskriminierungsebenen, der interpersonellen, der ideologisch-diskursiven sowie der strukturellen Ebene, ist gerade auch im Kontext historischen Wissens von Bedeutung. Denn das Bewusstsein und *Verständnis von gesellschaftlichen Ebenen von Diskriminierung* stellt sich gerade auch *durch die Auseinandersetzung mit historischen Prozessen* ein, die die jeweiligen Bedingungen und Auswirkungen aus einer Metaperspektive in einem größeren Zusammenhang aufzeigen.

In diesem Kontext führt Meike einen weiteren zentralen Aspekt in Bezug auf die Entwicklung historischer Kompetenz an:

> „Ich finde das gut, wenn man sich wenigstens darüber informiert hat, dass es so viele verschiedene Stränge gibt, weil ich kann auch nicht alles wissen und ich finde das auch mal legitim auch mal als Seminarleiterin sagen zu dürfen klar, es gibt hier die Möglichkeit, hier ist die Literaturliste, da liegen dreitausend Bücher, guckt euch das an, es gibt die und die Begriffe dazu und am besten ist sowieso, man erarbeitet das mit ihnen selbst, aber das man das nicht so ergänzen kann und da so ‚weiß ich auch nicht steht' ist natürlich blöd" (Meike 688-696).

Die Erkenntnis ‚nicht alles wissen zu können' erscheint fast nicht erwähnenswert. Sie ist aber wichtig, um erstens dauerhafte Überforderung entgegen zu wirken und zweitens auch die Haltung des Ansatzes zu stützen, nach der Teamende gleichzeitig auch immer Lernende sind.[264] Das be-

---

262 Vgl. dazu Kapitel 2.4 zu Grundannahmen und zentrale Inhalten im Anti-Bias-Ansatz.

263 Ausführlich zu Überschneidungen und Abgrenzungen zwischen Social Justice Education und Anti-Bias-Arbeit siehe Kapitel 5.3.3.

264 Vgl. zum Lernverständnis in der Anti-Bias-Arbeit Kapitel 2.4.7 sowie die Ausführungen zu Freire in Kapitel 4.1.2 „Begriffliche und wissenschaftstheoretische Bestimmungen von Theorie und Praxis".

rechtigt jedoch nicht dazu, erkannte eigene Lücken wie etwa fehlende Kenntnisse historischer Kontinuitäten nicht zu schließen. Pavel sagt zum Thema eigene Weiterbildung:

> „[I]ch habe selber teilgenommen Phoenix-Trainings und Social-Justice-Trainings (…) damit ich selber mit meinen Vorurteilen was mache und natürlich zu beobachten und lernen, aber es war auch für mich wichtig einfach Teilnehmer zu sein“ (Pavel 322-326).

Eine beständige Weiterbildung bzw. das Auffüllen erkannter zentraler Lücken ist von besonderer Bedeutung, gerade auch hinsichtlich historischer Wissensbestände, da gerade diese in einem engen Zusammenhang mit dem Verständnis von gesellschaftlichen (ideologisch-diskursiv und strukturell-institutionell) Ebenen von Diskriminierung stehen. Paula weist auf genau diese Lücken hin, die sie auch bei Menschen wahrnimmt, die im Themenfeld Diskriminierung arbeiten:

> „Aber da ist so diese Sicht nicht da, das meine ich dann auch wieder, dieses Offensichtliche wird aber auch nicht so richtig wahrgenommen, also das ist hier sehr wohl dass wir eine rassistische Gesellschaft sind, dass wir auch strukturell diskriminieren und das finde ich, das ist auch teilweise so bei Leuten, die in so einen Kontexten arbeiten, manchmal nicht so richtig da, so offensichtlich“ (Paula 541-547).

Des Weiteren stellt sich die Frage *wie Geschichte thematisiert wird?* Sonja führt dazu aus:

> „[E]s geht um Wissensbestände, ich muss die zur Kenntnis nehmen, und ich muss dann, und das ist noch mal was ganz anderes, ich muss eine Kultur des Umgangs entwickeln, um darüber zu sprechen“ (Sonja, 707-709).

Dazu sagt Pavel:

> „[N]atürlich habe ich sehr stark die ganze Geschichte, nein nicht ganze Geschichte (lacht), die Unterdrückung von Migranten oder anders denkenden Menschen wie Homosexuelle, und natürlich die Nazigeschichte habe ich immer im Blick, aber es ist banal immer wieder diese Dinge zu wiederholen. Ich denke, wichtig ist zu konzentrieren mit dem Hinblick auf dieses Bewusstsein im Hintergrund, solche Themen zu thematisieren, ohne die direkt zu nennen, und ich glaube darum geht's wenn du ein Training machst, wenn wir über reine Trainings reden, ich rede nie über ein bestimmtes Problem, ich rede über die Bedürfnisse der Gruppen und ich leite nur diesen Prozess und gucke, was für Fragen da entstehen, aber dieses Bewusstsein, ich denke Facilitatoren müssen fit sein, sie sollen wissen, was der Hintergrund ist“ (Pavel, 244-256).

Aus seiner Perspektive ist es also von besonderer Bedeutung, dass Teamende historisches Hintergrundwissen haben und sie dieses Wissen in Bezug setzen können zur Thematik der jeweiligen Gruppe ohne eine unbedingte direkte Thematisierung. Dennoch ist es in Seminaren manchmal notwendig, *nicht anwesende oder thematisierte Zusammenhänge und Perspektiven explizit aufzugreifen.* Meike führt aus:

> „Also wenn man tatsächlich sozusagen nur die Mehrheitsdeutschen, auch wenn das natürlich trotzdem eine heterogene Gruppe ist, weil sich da auch andere Unterschiede auftun und ich meine, das ist dann einfach der Punkt, wo man dann wirklich auch einhaken muss, wo sind denn hier die Unterschiede oder die Diskriminierungserfahrungen, um dann immer den Bogen zu schlagen für diejenigen, die nicht dabei sind, die Menschen mit Migrationshintergrund zum Beispiel“ (Meike 709-716).

In Bezug auf die von Sonja oben angesprochene Frage wie ein Sprechen über historische Wissensbestände möglich wird sagt Albert:

> „[I]ch merke schon immer eine Tendenz innerhalb der Teilnehmer, was die Belastung dieser Geschichte anbetrifft, das heißt dass die Teilnehmer irgendwie im Geist, in dem Moment, dass sie sich so einlassen auf

systemischer Ebene, auf individueller Ebene dieser Verarbeitungsprozesse, taucht immer so dunkle Fragen bei denen im Kopf auf, was war meine Familie, was war denn da und die teilweise tabuisiert sind; teilweise kommen im Ausdruck, immer eher nach den Prozessen in Pausen oder wenn die Prozesse etwa mehrere Tage dauern, insbesondere wenn es geschlossene Tagungsstätten sind, in der Unterhaltung merke ich irgendwie, aha, es sind so verschiedene Assoziationen bei den Teilnehmern, die immer so auftauchen und sie wollen eigentlich auch Bezug zu ihrer eigenen Geschichte nehmen, aber ihre eigene Geschichte auch mit Ausrufezeichen oder Fragezeichen belegt ist“ (Albert, 291-304).

Diese Beobachtung weist auf zweierlei hin: *Die Thematisierung von Geschichte benötigt Zeit und ‚Zwischenzeiten‘* wie Pausen oder Abendgespräche. Seminare an Orten mit einer gemeinsamen Unterbringung gewinnen damit an Bedeutung. In Bezug auf die von Albert angesprochene Belastung der Teilnehmenden durch die eigene Verstricktheit mit Geschichte – zum Beispiel der Frage danach was die eigenen Familie in Deutschland während der Nazizeit (nicht) getan hat – und den damit in Verbindung stehenden Emotionen, merkt Lousie Derman-Sparks an:

> „I think we also have to think about how to help people use what they learn about their feelings as a source of reflection, for how, what is this meaning in terms of their work (...) that the idea is not just to be exploring these things but to use that exploration to think about what is this meaning for me as a teacher and forming relationships with people because teaching is ultimately about a relationship” (LDS, 1295-1302).

Es geht also darum, *Emotionen als Reflexionsquelle systematisch zu nutzen.* Hinsichtlich der Thematisierung von Geschichte könnte dies bedeuten, das Teamende von Weiterbildungen sich zuerst in ihrem eigenen Prozess der Auseinandersetzung mit Geschichte mit Emotionen wie Schuld, Scham und Trauer beschäftigen. Daraus könnten Ansatzpunkte entwickelt werden, die Seminarteilnehmende darin unterstützen (auch in Pausen oder Abendgesprächen), sich diesen Gefühlen zu stellen und dadurch tiefergehend mit historischen Ereignissen auseinanderzusetzen.

Insgesamt wird deutlich, dass ‚historische Kompetenz‘ weit über Fachwissen hinausgeht und eine Vielzahl weiterer grundlegender Kompetenzaspekte aufweist. So zeigte sich in den Interviewpassagen auch die besondere Bedeutung der Frage *wie über Geschichte gesprochen wird.* Dieser Aspekt führt zu einem für die Anti-Bias-Seminararbeit zentralen Gesichtspunkt – der Art und Weise der Moderation bzw. der Prozessbegleitung (vgl. Schmidt 2007). Ein Teil ‚historischer Kompetenz‘ liegt demnach darin, *wie* ein_e Teamer_in mit der Kenntnis historischer Wissensbestände im Sinne eines Hintergrundwissens umgeht. Beispielsweise könnte es konkret darum gehen aufzuspüren, welche (historischen) Themen hinter Äußerungen von Teilnehmenden stecken könnten oder wie ein bestimmtes Thema, ohne zu pauschalisieren, angesprochen werden könnte. Dabei ist eine wertschätzende Haltung den Teilnehmenden und ihren Erfahrungen gegenüber von besonderer Bedeutung (vgl. Schmidt/Dietrich/Herdel 2009, 157).

Kompetenzmodell nach Lehmann und Nieke

Ein weites Verständnis des Kompetenzbegriffes findet sich auch in der einschlägigen Fachliteratur. Gabriele Lehmann und Wolfgang Nieke (2001) verstehen Kompetenz als Handlungskompetenz, die sich wiederum aus der Fach-, Methoden-, Sozial- und Selbstkompetenz zusammensetzt.[265]

[265] Die Autor_innen greifen im Sinne einer wissenschaftstheoretischen Herleitung der Begrifflichkeiten auf Heinrich Roth zurück. Roth unterscheidet drei grundlegende Kompetenzen, die jeder Mensch im Laufe von Lern-,

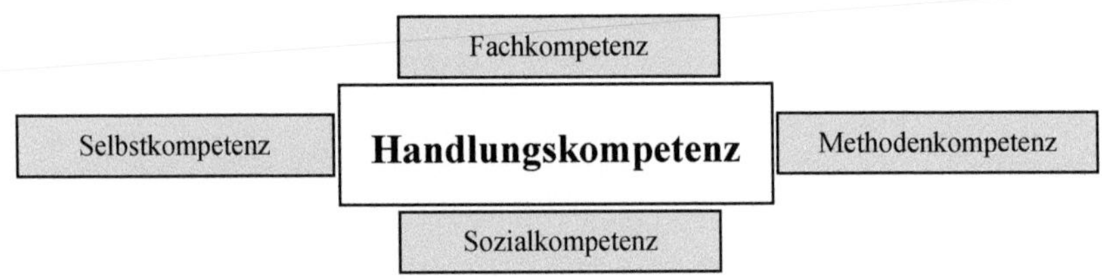

Abb. 11: Kompetenzmodell (Lehmann/Nieke 2001, 2)

Das Modell wurde zuerst entwickelt als „Konzept zur Qualitätsentwicklung und -sicherung an allgemeinbildenden Schulen Mecklenburg-Vorpommerns“ und „ist Basis für das (...) Landesprogramm“ (ebd., 1). Auch wenn ein Modell für die Schule selbstverständlich nicht ohne weiteres auf andere Kontexte übertragen werden kann, so liefert es bei doch einige interessante und durchaus anschlussfähige Perspektiven für Anti-Bias-Arbeit. Eine grundlegende Ähnlichkeit in Bezug auf die Anti-Bias-Arbeit besteht in der Handlungsorientierung.[266] Des Weiteren verwenden Lehmann und Nieke in Bezug auf ihr Modell der Handlungskompetenz einen erweiterten Lernbegriff und ordnen den jeweiligen Kompetenzen jeweils ein Lernfeld zu, wobei sich die Darstellung auf Absolvent_innen von allgemeinbildenden Schulen bezieht:

- fachlich-inhaltliches Lernen wie Wissen, Verstehen, Erkennen, Urteilen etc. führt zu → Fachkompetenz,
- methodisch-strategisches Lernen wie Exzerpieren, Nachschlagen, Strukturieren, Organisieren etc. führt zu → Methodenkompetenz,
- sozialkommunikatives Lernen wie Zuhören, Begründen, Argumentieren, Fragen etc. führt zu → Sozialkompetenz und
- affektives Lernen wie Selbstvertrauen entwickeln, Identifikation, Werthaltungen aufbauen etc. führt zu → Selbstkompetenz (vgl. ebd., 5).

Der „erweiterte Lernbegriff“ von Lehmann und Nieke (2001) führt dabei zu folgender Erkenntnis (ebd., 5): „Lernprozesse sind konstruktive Prozesse des Individuums. Dies impliziert: Wissen kann nicht ‚weitergegeben‘ werden, sondern ist etwas subjektiv Angeeignetes, vom Lernenden Konstruiertes“ (ebd., 6). Dies korrespondiert eng mit den Grundannahmen in der Anti-Bias-Arbeit: „Es wird nicht davon ausgegangen, dass von Anti-Bias-Multiplikatorinnen Lehrinhalte ausgewählt und geplant werden können, die dann eins zu eins von den jeweiligen Rezipientinnen angenommen werden“ (Schmidt 2009, 68). Vielmehr geht es um expansives Lernen – Lernen aus einer eigenen Motivation heraus mit dem Ziel zur Erweiterung der eigenen Weltverfügung – im Sinne der subjektwissenschaftlichen Grundlegung nach Klaus Holzkamp (1995).[267]

Kritisch in den Blick zu nehmen sind meines Erachtens zwei Punkte des Modells von Lehmann und Nieke (2001). Zum einen suggeriert die Beschreibung des Zusammenhangs zwischen Lernfeldern und Kompetenzen durch einen Pfeil (bestimmtes Lernfeld: verschiedene As-

Bildungs- und Erziehungsprozessen ausbildet: die Sach-, Sozial- und Selbstkompetenz (vgl. Roth nach Lehmann/Nieke 2001, 3).

266 Vgl. dazu die Ausführungen in Kapitel 2.4.7 sowie 4.1.2.

267 Vgl. Kapitel 2.4.7.

pekte →[268] jeweilige Kompetenz), dass sich die jeweilige Kompetenz durch das Erlernen der Teilaspekte einstellt, quasi das lineare Ergebnis dieser seien (vgl. ebd., 5). Es ist durchaus hilfreich, durch die Differenzierung von Handlungskompetenz und der anschließenden Zuordnung zu Lernfeldern die einzelnen Aspekte genauer in den Blick zu bekommen. Die Autor_innen weisen auch darauf hin, dass sie *keine* Hierarchisierung der einzelnen Kompetenzen, etwa die Priorisierung von Fachkompetenz, vornehmen (vgl. ebd., 6). Jedoch ist kritisch anzumerken, dass beispielsweise die Fachkompetenz, die unter anderem durch Verstehen und Urteilen gekennzeichnet ist, nicht für sich selbst alleine realisiert werden kann, sondern nur in Verbindung mit weiteren Teilkompetenzen, zum Beispiel in Kombination mit Selbstkompetenz. Denn ohne Selbstvertrauen wird beispielsweise eine Schülerin nicht fähig sein, ihrem eigenen Urteil ‚Glauben zu schenken', das heißt diesem selbst zu vertrauen. Übertragen auf den Kontext der Seminarleitung von Anti-Bias-Seminaren bedeutet dies zum Beispiel, dass die Kenntnis historischer Wissensbestände alleine nicht ausreicht, sondern diese nur in Kombination mit Selbstkompetenz im Sinne von Selbstvertrauen und Sozialkompetenz im Sinne von sensiblem und achtsamen Nachfragen, Begründen und Argumentieren sinnvoll genutzt werden kann. Die Aufschlüsselung von Kompetenzen und Lernfeldern macht also vor allem dann Sinn, wenn im Anschluss auch die Interdependenzen, das heißt die gegenseitigen Abhängigkeiten und Bedingungen, in den Blick genommen werden. Kritisch anmerken möchte ich zum anderen, dass der im Modell zentrale Begriff der Handlungskompetenz irreführend sein kann, denn die eine oder andere Fähigkeit führt nicht automatisch zu einem angemessenen Handeln. Vielmehr ist davon auszugehen, das Personen mit bestimmten Fähigkeiten diese unter bestimmen (Rahmen-) Bedingungen einsetzen, daher ist es meines Erachtens besser hier in Anlehnung an Paul Mecheril (2010) von spezifischen „Handlungsdispositionen" oder „Handlungsbereitschaften" zu sprechen (vgl. ebd., 25).

Grundstruktur pädagogische Kompetenz nach Lehmann und Nieke

Lehmann und Nieke (2001) gehen weiterhin davon aus, dass „es eine allgemeine Basis für die pädagogischen Professionen gibt – eine basale Struktur pädagogischer Kompetenz" (ebd., 8). Diese setzt sich aus den vier Komponenten Gesellschaftsanalyse, Situationsdiagnose, Selbstreflexion und Professionellem Handeln zusammen.

[268] Auch Lehmann und Nieke (2001) nutzen im Original zur Darstellung nur das Pfeilsymbol (vgl. ebd., 5).

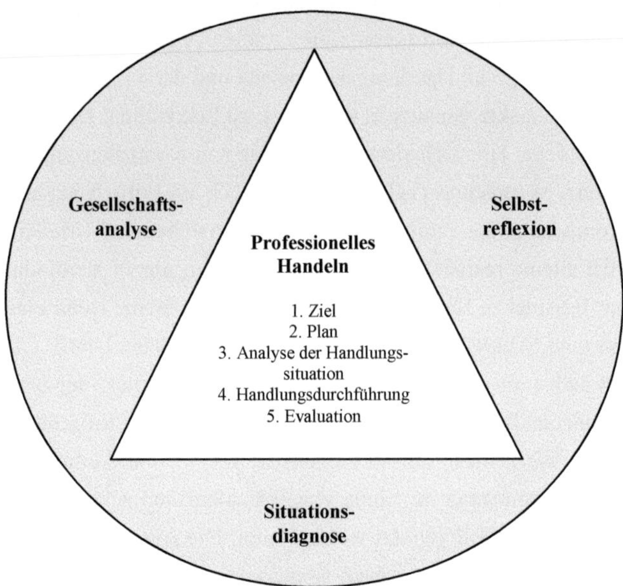

Abb. 12: Pädagogische Kompetenz (Lehmann und Nieke 2001, 14)

Auf diese Basisstruktur bezieht sich auch Gramelt (2010) in ihrer Publikation zum Anti-Bias-Ansatz und stellt diese dort ausführlich dar (vgl. ebd., 40ff.). Im Kontext der vorliegenden Forschungsarbeit gehe ich nur kurz darauf ein, hake aber dort ein, wo Verbindungen zu den obigen Interviewabschnitten hergestellt und weiterführende Anknüpfungspunkte für die Anti-Bias-Arbeit ausgemacht werden können.

- *Gesellschaftsanalyse* wird bei Lehmann und Nieke (2001) verstanden als Einbettung pädagogischer Handlungen in einen gesellschaftlichen und politischen Kontext. Daraus ergibt sich letztlich auch die Notwendigkeit auf gesellschaftlicher Ebene Veränderungen anzustoßen (vgl. ebd., 9). Sowohl die Verortung in einen gesamtgesellschaftlichen Kontext als auch die Notwendigkeit an diesen Ebenen anzusetzen findet sich auch in der Anti-Bias-Arbeit.[269] So weist auch Paula oben auf die Notwendigkeit einer (verstärkten) Gesellschaftsanalyse hin (vgl. Paula, 547-553).
- Unter *Situationsdiagnose* verstehen Lehmann und Nieke (2001) intentionales Handeln auf Grundlage wissenschaftlicher Erkenntnisse. Dazu bedarf es einer Analyse von vier Dimensionen in Bezug auf die pädagogische Situation und ihre daran beteiligten Personen:

[269] An dieser Stelle sei auf das Spannungsfeld verwiesen in dem sich Anti-Bias-Arbeit stets befindet: Einerseits ist es nötig sowohl auf interaktioneller als auch auf gesellschaftlicher und institutioneller Ebene anzusetzen, gleichwohl darf dies nicht dazu führen, Anti-Bias-Arbeit mit originär politischen Aufgaben zu überfrachten bzw. zu überfordern oder aber Anti-Bias-Arbeit als Ersatz für notwendige politische Arbeit und Auseinandersetzung anzusehen.

Körper, psychischer Apparat, Raum und Interaktion (vgl. ebd., 10f.).[270] Weiterführend für die Anti-Bias-Arbeit erscheint mir die Dimension Körper, also der Einfluss der Körperlichkeit der Beteiligten auf Lernprozesse. Jene Dimension ist von besonderer Bedeutung, da internalisierte bzw. langfristige Diskriminierungs- und Unterdrückungsformen in den Körper eingeschrieben sind und zudem körperliche Ausdrucksformen im Gegensatz zu verbalen nur schwer zu verbergen sind.

- Die dritte Komponente pädagogischer Kompetenz, die *Selbstreflexion,* weist zwei Dimensionen auf: das berufliche Selbstkonzept und die Selbstbetroffenheit. Unter dem Stichpunkt berufliches Selbstkonzept geht es um die Reflexion von Fragen zur eigenen Rolle als Pädagoge_in. Vor allem durch die Frage „warum habe ich gerade diesen Beruf gewählt?“ stellt sich die Anschlussfähigkeit an den Anti-Bias-Ansatz her, denn entlang dieser Frage kann der Einfluss der eigenen Gewordenheit auf die Berufswahl und vor allem das eigene pädagogische Handeln reflektiert werden (ebd.). Letztere Reflexion ist vor allem für Antidiskriminierungsarbeit unabdingbar (vgl. Wagner 2008, 209). Die zweite Dimension, die Selbstbetroffenheit, bezieht sich auf die Reflexion der eigenen Eingebundenheit als Pädagoge_in in die jeweilige Interaktion (vgl. Lehmann/Nieke 2001, 11). Zum Beispiel kann das Einbringen eigener (Diskriminierungs- und Privilegierungs-) Erfahrungen von Seiten des Teams den Gruppenlernprozess positiv beeinflussen, auch kann die eigene Person als Teil des Teams hinsichtlich (un)sichtbarer Differenzmerkmale von besonderer Bedeutung für die Identifizierungsmöglichkeit der Teilnehmenden sein.[271] Zudem weist Derman-Sparks, wie bereits oben ausgeführt, auf die Bedeutung von „feelings as a source of reflection“ (LDS, 1297). Dies bedeutet im Sinne der Selbstbetroffenheit, sich auch als Seminarleitung mit den eigenen Gefühlen entlang eigener familiärer und gesellschaftlicher Verstrickungen auseinanderzusetzen.
- *Professionelles Handeln* bezeichnen Lehmann und Nieke (2001) als „das eigentliche Zentrum der pädagogischen Kompetenz“ (ebd., 12). Dabei unterscheidet sich professionelles Handeln von Alltagshandeln „durch seine wissenschaftliche, d. h. intersubjektiv überprüfbare Fundierung und methodische Kontrolle“ (ebd.). Professionelles Handeln gliedert sich in fünf Phasen: (1) Zielbestimmung, (2) Diagnose der Handlungssituation, (3) Erstellung eines Handlungsplans, (4) Handlungsdurchführung und (5) Evaluation bzw. Handlungserfolgsüberprüfung (vgl. ebd.). Das Modell erscheint damit klar und strukturiert, andererseits wirkt es jedoch recht statisch. Diese Kritik ist nicht unbedeutend, denn in der Praxis werden die Phasen meist weder vollständig durchlaufen noch direkt nacheinander abgearbeitet. Ein Rück- und Vorspringen kann durchaus sinnvoll sein, etwa um Veränderungen der Situation zu berücksichtigen. Professionelles Handeln in obiger Definition bietet daher meines Erachtens für die Anti-Bias Seminararbeit die Möglichkeit, einen theoretischen Orientierungsrahmen für die Erarbeitung von Handlungsansätzen be-

[270] Die Situationsdiagnose nach Lehmann und Nieke (2001) weist übrigens Ähnlichkeiten mit dem im Projekt Kinderwelten neben dem Anti-Bias-Ansatz verwendeten Situationsansatz auf, etwa entlang der Lebensweltorientierung (vgl. Pressing/Wagner 2003, 41f.; Lehmann/Nieke 2001, 11).

[271] Vgl. dazu ausführlich Kapitel 6.2.2 „Zum Seminarleitungsteam in der Anti-Bias-Arbeit“.

reitzustellen.[272] Wie oben bereits dargestellt spricht Sonja in einem Interviewabschnitt ebenfalls von professionellem Handeln. Sie bezieht sich auf die Weiterentwicklung professionellen Handelns als einen stetigen Lernprozess, der zu angemesseneren Begrifflichkeiten zur Reflexion der eigenen Praxis führt (vgl. Sonja, 734-736). Mit Blick auf obiges Modell professionellen Handelns können diese Begrifflichkeiten dann als ein immer weiter zu entwickelndes Zwischenergebnis eines fortlaufenden (verschiedene Phasen umfassenden) Prozesses professionellen Handelns betrachtet werden. Professionelles Handeln entwickelt sich so immer weiter und kann aus dieser Perspektive als eine sich wiederholende und sich weiterentwickelnde Lernspirale beschrieben werden.

Zusammenfassung und Schlussfolgerungen

Sowohl die Befunde aus der Empirie als auch zentrale theoretische Modelle zur pädagogischen Kompetenz zeigen, dass der Begriff Kompetenz weitaus mehr als bestimmtes Fachwissen bedeutet. Die Modelle von Lehmann und Nieke (2001) können meines Erachtens einen sinnvollen *Theorierahmen* für einen Kompetenzbegriff in der Anti-Bias-Arbeit bieten. Dies begründet sich in Ähnlichkeiten mit den Grundannahmen im Anti-Bias-Ansatz entlang der Handlungsorientierung, einem Verständnis von Lernen als subjektive Konstruktionsprozesse von Individuen sowie der Eingebundenheit von Gesellschaftsanalyse und Selbstreflexion in das Konzept pädagogischer Kompetenz. Für die Fundierung der Praxis erscheinen mir weiterhin folgende theoretische Gesichtspunkte besonders interessant:

- Pädagogische Handlungskompetenz setzt sich nach Lehmann und Nieke (2001) aus verschiedenen Teilkomponenten zusammen, die jedoch nicht isoliert angewendet und erlernt werden können, sondern die sich gegenseitig bedingen bzw. beeinflussen (vgl. ebd., 2).
- Da die Verfügung über verschiedene spezifische Kompetenzen nicht automatisch Handlungskompetenz nach sich zieht, verstanden als angemessenes pädagogisches Handeln, ist es besser, anstelle von Handlungskompetenzen von Handlungsdispositionen oder -bereitschaften zu sprechen (vgl. Mecheril 2010, 25).
- Der Einbezug des Einflusses der Körperlichkeit auf Lernprozesse, verstanden als Element grundlegender pädagogischer Kompetenz im Rahmen der Situationsdiagnose, ergänzt die stark kognitiv-emotional orientierte Anti-Bias-Arbeit um einen zentralen Aspekt.
- Die fünf Phasen Professionellen Handelns (vgl. Lehman/Nieke 2001, 12) bieten sich als theoretischer Rahmen für die konkrete Handlungsorientierung in der Seminarpraxis der Anti-Bias-Arbeit an.

Die *Interviewauswertung* führt in Bezug auf das Beispiel ‚historische Kompetenzen‘ zu einer Reihe von Ergebnissen, die ich als *grundlegende Qualitätsaspekte ‚historischer Kompetenz‘ in*

[272] Ähnliche Vorgehensweisen finden sich bereits in der Anti-Bias-Arbeit. So werden beispielsweise in der Übung „Handlungsschritte“ folgende Phasen vorgeschlagen: Situationsbeschreibung (Was ist schwierig/problematisch? Wo brennt es?), Situationsverortung (Auf welchen Ebenen spielt sich die Situation ab bzw. welche Ebenen spielen in die Situation hinein?), eigener Einflussbereich (Wo liegt mein Einflussbereich? Welche Handlungsspielräume habe ich?), Aktionsplanung (Welche Schritte nehme ich mir vor? Wann finden sie statt und wie sollen sie konkret aussehen?) (vgl. Anti-Bias-Werkstatt 2007d, 3).

der Anti-Bias-Arbeit bezeichnen möchte. Diese verstehe ich gleichsam als ein Beitrag für die Erweiterung der spezifischen Handlungsdispositionen von Seminarleitungen in Anti-Bias-Weiterbildungen. In Rückgriff auf Lehmann und Nieke (2001) ordne ich diese Qualitätsaspekte exemplarisch den vier Komponenten des Kompetenzmodells zu (vgl. ebd., 2):[273]

(A) Fachkompetenz:

- Zentral für die Anti-Bias-Arbeit ist die Kenntnis historischer Kontinuitäten und Zusammenhänge.[274]
- Die Auseinandersetzung mit historischen Prozessen unterstützt das Verständnis der gesellschaftlichen Ebenen von Diskriminierung. Darin zeigt sich die besondere Bedeutung der Auseinandersetzung mit historischen Wissensbeständen in der Anti-Bias-Arbeit.
- Im Rahmen der Auseinandersetzung mit Geschichte muss gefragt werden, aus welcher Perspektive und mit welchem Erfahrungshintergrund Geschichte geschrieben wurde.
- Um auf den Konstruktionscharakter von Geschichte und deren verschiedene Perspektiven hinzuweisen, erscheint die Verwendung des Begriffs historische Wissensbestände geeigneter als der Begriff Faktenwissen.

(B) Methodenkompetenz:

- Die Frage, in welchem Umfang und in welcher Tiefe historische Themen bearbeitet werden sollen, ist praxisfeldbezogen zu klären. Grundsätzlich ist Anti-Bias-Arbeit hier durch den intersektionalen und mehrdimensionalen Blick ‚beschränkt'.[275] Möglicherweise kann der Einsatz von einzelnen Vertiefungsmodulen dazu beitragen, dieses Dilemma zu beheben.[276]
- Nicht anwesende oder thematisierte zentrale Zusammenhänge und Perspektiven sollten Teamende explizit einbringen. Dies ist gerade hinsichtlich solcher Gruppen relevant, die mehrheitlich gesellschaftlich privilegierte Positionen einnehmen.
- Die Thematisierung von Geschichte benötigt Zeit und ‚Zwischenzeiten' wie Abendgespräche im Rahmen mehrtägiger Seminare.

(C) Sozialkompetenz:

- Teamende sollten historisches Hintergrundwissen in Bezug setzen können zur Thematik der jeweiligen Gruppe.
- Sich als Teamende_r als eigene Person im Sinne der Selbstbetroffenheit (vgl. Lehmann/Nieke 2001, 11) einzubringen, unterstützt den emotionalen Öffnungsprozess der Teilnehmenden gerade auch bei historischen Themen.

---

273 Die folgende Darstellung ist dabei *nicht* als eine abzuarbeitende ‚vollständige' Kompetenzliste für die Anti-Bias-Praxis zu verstehen. Vielmehr ist sie eine Zusammenfassung zentraler Ergebnisse dieser Studie zu den ‚historischen Herausforderungen' entlang eines differenzierten Kompetenzbegriffes. Die Darstellung ist gleichfalls eine Einladung zur Diskussion von Qualitätsaspekten in der Anti-Bias-Arbeit.

274 Vgl. Kapitel 5.2 „Herausforderungen im Umgang mit der deutschen Geschichte".

275 Vgl. Kapitel 2.4 „Grundannahmen und zentrale Inhalte" im Anti-Bias-Ansatz.

276 Vgl. Kapitel 5.3.3 „Anti-Bias-Arbeit und Social Justice Education".

- Eine achtsame, sensible Prozessbegleitung bzw. Moderation im Sinne des Anti-Bias-Ansatzes[277] ist auch in Bezug auf historische Wissensbestände bedeutend. Sie drückt sich beispielsweise darin aus, die (historischen) Themen, die hinter Äußerungen von Teilnehmenden stecken könnten, aufzuspüren und sensibel anzusprechen.

(D) Selbstkompetenz:
- Um ein Überforderungsgefühl zu vermeiden, ist es wichtig anzuerkennen, dass es nicht möglich ist alles zu wissen.
- Gleichzeitig ist die eigene Weiterbildung in Bezug auf historische Wissensbestände von hoher Bedeutung, insbesondere weil auch in der Diskriminierungsarbeit Tätige manchmal strukturelle Formen von Diskriminierung nicht erkennen.
- Emotionen können als Reflexionsquelle auch für die Bearbeitung von Geschichte systematisch genutzt werden. Dazu gehört auch für Teamende die Auseinandersetzung mit der eigenen Gewordenheit, zum Beispiel in Bezug auf die eigene Familiengeschichte im jeweiligen historischen Kontext.[278]

6.2.2 Zum Seminarleitungsteam in der Anti-Bias-Arbeit

In fast allen Interviews wurden auf die Frage nach den Schwierigkeiten, Herausforderungen und Dilemmata in der Anti-Bias-Arbeit (berufsfeldübergreifend) verschiedene Aspekte rund um das Seminarleitungsteam thematisiert. Zur Sprache kamen dabei vor allem Kriterien der Teamzusammenstellung in der Anti-Bias-Arbeit vor dem Hintergrund einer gleichzeitig festgestellten Diskrepanz zwischen Anspruch und Realität. In Bezug auf die Kriterien zur Besetzung von Teams[279] bietet sich mit Blick auf alle diesbezüglichen Interviewpassagen Heterogenität als übergeordnetes Stichwort an. Was Heterogenität im Konkreten bedeutet und welche Begründungen dahinter stehen, stellt sich bei den Interviewpartner_innen durchaus unterschiedlich dar. So sagt Anja:

> „Ja, die Diskussion [um Teamzusammensetzung] gibt es auch (…) ganz extrem, weil wir sind so eine glorreich zusammengesetzte Gruppe von vier Frauen und einem Mann, die wir alle in Deutschland geboren und alle in Deutschland aufgewachsen sind und auch keine Migrationshintergründe in unseren Familien nachweisbar sind" (Anja, 452-456).

In dieser Passage werden als Kriterien für Heterogenität Geschlecht, Geburtsort, Ort des Aufwachsens sowie Migrationshintergrund angegeben. Auch Meike bezieht sich vor allem auf diese Differenzlinien. Sie sagt:

> „Also in Kaiserslautern ist die Zusammensetzung der Teams schwierig, es gibt einen Arbeitskreis, da sind aber nur Aicha und ich dabei, die im Moment auch teamen. Das ist natürlich erstmal eine gute Zusammen-

---

277 Vgl. Kapitel 2.4.7 „Handlungsorientierung, Didaktik und Lernverständnis".

278 Vgl. Kapitel 5.2.3 „Über die Herausforderungen ‚deutsch sein' zu thematisieren".

279 Ich bevorzuge die Begriffe Teamer_innen, Team und Seminarleitung. Damit möchte ich die besondere Rolle in der Leitung von Anti-Bias-Seminaren verdeutlichen, die zwar auch Organisation und Gruppenverantwortung umfasst aber *nicht* von einem herkömmlichen starr hierarchischen Lehr-Lernverhältnis ausgeht. Vielmehr können Teamende selbst ebenfalls als Lernende verstanden werden (vgl. dazu auch den Exkurs zum Trainingsbegriff in Kapitel 4.1.3 sowie zum Lernverständnis in der Anti-Bias-Arbeit in Kapitel 2.4.7).

setzung, weil Aicha sozusagen den interkulturellen Hintergrund mitbringt, obwohl wir das dann gleichgeschlechtlich machen, das ist dann wieder das Andere, also die möglichste Heterogenität haben wir dann schon von den Leuten die das überhaupt machen (…). Und jetzt haben wir die Schülertrainings so eingeteilt, da ist es auf jeden Fall notwendig zweigeschlechtlich Trainings zu machen in der Schule und eins macht Aicha in der zweiten Woche mit einem Mann der sonst auch sehr viel Trainingsarbeit macht und die anderen beiden mache ich" (Meike, 316-327).

Meike spricht hier mehrere interessante Punkte an. Gleich zu Beginn weist sie auf die Schwierigkeit eines zu kleinen Pools an Teamenden hin, wodurch die Bandbreite an Heterogenität stark eingeschränkt sein kann. Wie zuvor an Anjas Aussage deutlich wurde, sind jedoch auch mehrere Personen in einem Arbeitszusammenhang keine Garantie für Heterogenität im Team, so dass sich wiederum die Frage stellt, wie diese hergestellt werden kann. Auf diesen Punkt werde ich später noch einmal zurückkommen. Darüber hinaus zeigt die Passage von Meike, dass sie von einem Team ausgeht, welches aus zwei Personen besteht. Dies wird auch von anderen Interviewpartner_innen als beste Voraussetzung für eine heterogene Seminarleitung angesehen. Allerdings sind solche Teams aus finanziellen Gründen nicht immer möglich:

„Ich denke idealerweise eine Mischung ist wichtig, idealerweise zwei Trainer, wie ich gesagt habe, es gibt einen finanziellen Rahmen und wenn Träger genug Geld haben glücklicherweise, (…) ist es möglich zwei [zu] bringen" (Pavel, 156-158).

In meiner eigenen Praxis zeigte sich zudem, dass in Bezug auf die Finanzierung von Zweier-Teams ein weiterer Aspekt eine Rolle spielt, die an Meikes Aussage eines zu kleinen Pools an Teamenden anknüpft. So ist insgesamt die Zahl der Teamenden bezogen auf die verschiedenen Regionen in Deutschland noch zu klein. Es gibt zum Beispiel Schwerpunkte der Arbeit in den Regionen Berlin, Hamburg und Oldenburg, jedoch keine in München, Saarbrücken oder Freiburg. Dies hat zur Folge, dass vor Ort öfters nicht immer zwei Teamende zur Verfügung stehen. Zudem sind die Fahrt- bzw. Sachkosten für zwei Personen plus Unterbringung für kleine Träger oft zu hoch. Interessant ist bei Meikes obiger Aussage zudem, dass sie die Frage nach der Heterogenität im Team nicht im Allgemeinen beantwortet, sondern diese auf die Zusammensetzung der Teilnehmenden und ihrer Hintergründe bezieht. In diesem Fall geht sie davon aus, dass es in der Schule – neben dem durch ihre Kollegin Aicha erfüllten Kriterium des Migrationshintergrundes – besonders wichtig ist „zweigeschlechtlich Trainings zu machen", da in den Klassen beide Geschlechter vertreten sind und das Thema Geschlechterverhältnisse (und Migrationshintergrund) eine zentrale Rolle zu spielen scheinen. Die Frage nach der Heterogenität im Team steht demnach in einem Verhältnis zu der Zusammensetzung der Teilnehmenden und ihren Themen. Inwieweit die im Team ‚abgebildeten' Unterschiedlichkeiten (in obiger Passage Geschlecht und Migrationshintergrund) für die Teilnehmenden unter welchen Voraussetzungen tatsächlich hilfreich sein können, werde ich später noch einmal aufgreifen.

Deutlich wird, dass es trotz des Anspruches an Heterogenität nicht immer möglich ist, diese im Team umzusetzen. Dieser Widerspruch zwischen Anspruch und Wirklichkeit in der Anti-Bias-Arbeit wird auch in anderen Interviews formuliert. Sonja sagt dazu:

„[W]ir haben einen einseitigen Blick, wir sind da biased und das ist was, was ich auch zunehmend wahrnehme (…) jetzt in unserem Team, (…) wir alle sind Westlerinnen, wir haben keinen Mann im Team, wir haben uns bemüht um eine Komposition des Teams die möglichst vielfältig ist was (…) Migrationserfahrungen (...) angeht, aber andere haben wir einfach nicht berücksichtigt, (...) und es ist auch so was von Komplexitätsreduktion vielleicht, dass du dann nur das erstmal denken kannst und dann prägt das auch ein Stück die ganze Aufmerksamkeitsrichtung in einem Projekt, wo wir dann so merken, wir vertreten ja alle vorurteilsbewusste Erziehung und Bildung bezieht sich auf Vielfaltsaspekte aller Art und genau da, wo sie relevant werden für Diskriminierungsprozesse, aber wir selbst sind eigentlich vor allem sensibel für solche entlang Herkunft, Sprache, vielleicht Gender noch, (...), uns fehlt manchmal auch die Courage soziale Unterscheide richtig gut zu bedenken, wir haben es mit gleichgeschlechtlichen Lebensweisen nicht so einfach (...), wir haben eine Kollegin, die Erfahrung hat in der Arbeit mit behinderten Kindern, das ist total wichtig, aber zu wenig systematisch drin" (Sonja 451-472).

Sonja formuliert wie Anja und Meike die Kriterien Herkunft/Migrationshintergrund, Sprache sowie Gender als Merkmale für Heterogenität im Team. Demgegenüber findet sich kein Mann im Team, das Thema Ost/West wird wenig beachtet[280] und auch die Thematisierung von Klassismus, Behinderung und gleichgeschlechtlichen Lebensweisen scheint schwer zu fallen – trotz des eindeutig formulierten Anspruches „Vielfaltsaspekte aller Art" in den Blick zu nehmen. Sonja denkt zudem darüber nach, ob Komplexitätsreduzierung einer der Gründe für die Diskrepanz zwischen Anspruch und Realität sein könnte. In einer anderen Passage benennt Sonja eine andere mögliche Ursache:

> „[I]ch bin nicht religiös, da haben wir dann im Team auch Abstufungen, aber keine von uns hat eben so richtig die Identifikation mit einem kirchlichen Träger oder so eine ganz starke religiöse Bindung, (...) eine kirchliche Bindung hat keine und da ist auch so was, wo wir merken, das dort halt so gerade, also nicht so sehr das Vielfaltsthema" (Sonja, 527-532).

Mit dieser Aussage weist Sonja darauf hin, dass nicht vorhandene Bindungen oder Identifikationen zu bestimmten Gruppen – hier religiösen – dazu führen können, diese auch weniger oder gar nicht zu berücksichtigen. Anders formuliert: Die eigenen Gruppenzugehörigkeiten (des Teams) beeinflussen die Blickrichtungen auf Vielfaltsaspekte bzw. geben diese vor und lassen andere gleichzeitig außen vor. Diesen Aspekt gilt es immer wieder neu zu bedenken und das Team kritisch daraufhin zu befragen, welche Vielfaltsaspekte sich tatsächlich (nicht) wieder finden. Um ‚blinden' Flecken entgegen wirken zu können, bedürfen Teams in der Anti-Bias-Arbeit also einer beständigen Selbstreflexion – in diesem Fall zum Thema (eigene) Gruppenzugehörigkeiten und den daraus (nicht) entstehenden Blickwinkeln. Sinnvoll könnte sich in diesem Kontext eine externe Teambegleitung oder angeleitete Reflexion erweisen, zum Beispiel mit Hilfe von Konzepten wie Supervision oder kollegiale Beratung. Dieser Punkt wird im folgenden Kapitel noch einmal ausführlich aufgegriffen.

In den vorangegangenen Interviewpassagen wurden nun eine Reihe von Vielfaltskriterien wie etwa Geschlecht, Migrationshintergrund, Ost/West, gleichgeschlechtliche Lebensweise, Religion, Behinderung oder soziale Klasse genannt, die zu einem heterogen zusammengesetzten Team beitragen können. Zudem wurde darauf hingewiesen, dass die Teamzusammensetzung mit Blick auf die Gruppe der Teilnehmenden geschehen sollte und es wurde die Frage gestellt, inwieweit die Unterschiedlichkeiten im Team für (welche) Teilnehmende(n) hilfreich sein können. Karin sagt dazu:

---

280 Vgl. zum Thema Ost/Westdeutschland die Ausführungen in Kapitel 5.2.2 „Herausforderungen eines Dialoges zwischen Ostdeutschland und Westdeutschland".

„[D]a war die Zielsetzung eine sehr heterogene Gruppe, eine sehr diverse Gruppe zu bekommen, (...) und sich für die Teilnehmer auch zu identifizieren, die verschiedenen Perspektiven dadurch, dass man mindestens zwei verschiedene Trainer hat und die komplimentieren, der Gedanke ist, die komplimentieren einander" (Karin 415-420).

Karin spricht hier zum einen den Aspekt der Identifikation der Teilnehmenden mit dem Team an und benennt zudem den zentralen Aspekt der verschiedenen Perspektiven, die durch ein heterogenes Team gegeben sein können. Ihr Grundgedanke ist der eines komplementären Teams, das heißt die Teamer_innen sollten sich gegenseitig ergänzen. Nun stellt sich die Frage, in welcher Weise sollten diese komplementär sein? Wenn es um die Frage der Identifikation mit dem Team geht, wird es schwierig bei Differenzlinien, die nicht sichtbar bzw. erst später erkennbar sind, wie etwa sexuelle Orientierung, soziale Herkunft, Ost/West usw. Darüber hinaus ist ein (sichtbares oder auch unsichtbares) Merkmal eines Teamenden, welches zur Identifikation dienen soll, alleine nicht ausreichend, um dies zu gewährleisten. Es kommt auf die jeweiligen Erfahrungen in Kombination mit der eigenen Reflektion an, die es ermöglichen, als Identifikationsperson auch nach dem *ersten* Eindruck weiterhin angenommen zu werden.[281] Zudem stellt sich die Frage, welche Differenzen im Team nun abgebildet werden sollten, angesichts der großen Anzahl von Vielfaltsaspekten, die sich letztlich in allen Gruppen findet.[282] Geht es darum – entgegen der Herangehensweise in Anti-Bias-Seminaren, die die subjektiven Diskriminierungserfahrungen der Teilnehmenden *nicht* entlang von wichtigeren und weniger wichtigeren Diskriminierungsformen hierarchisiert – einige Differenzlinien doch als bedeutender anzusehen als andere? Karin spricht in diesem Zusammenhang oben von einer „sehr heterogene[n] Gruppe, einer sehr diverse[n] Gruppe" (ebd., 416). Versteht sie da-runter den Einbezug einer großen Anzahl von Vielfaltsaspekten? Karin geht darauf nicht direkt ein, jedoch zeigt folgende Passage, dass sie in Bezug auf Heterogenität in der Gruppe ebenfalls ‚unsichtbare' Unterschiede wie Ost/West und sexuelle Orientierung mit einbezieht:

„[I]ch habe die Erfahrung gemacht, dass fast jede Gruppe, auch wenn es so homogen aussieht, hat sehr unterschiedliche Zusammensetzungen. Man entdeckt dass nur durch die Übungen, die man macht und (...) wir versuchen diesen Prozess, diesen Lernprozess in den Übungen zu machen, zum Beispiel Ossi-Wessi (...) ist ein ganz wichtiges Thema, aber es ist nicht das Einzige. Es gibt viele andere so auch, ob das sexuelle Orientierung ist oder ob das Alter ist, das sind Themen, die auch wichtig sind in diesen Intergruppenprozessen" (Karin, 444-451).[283]

Meike sagt zum Thema heterogene Gruppe und Seminarleitung:

„[A]ber was ich schon schwieriger finde [im Vergleich der Anti-Bias-Arbeit in Südafrika und Deutschland], ist, dass es sowohl bei den Seminarteilnehmenden als natürlich auch die Leitung oder Moderation weniger Leute sind, die für diese interkulturelle Heterogenität sorgen, was ja eigentlich der Sinn auch ist, dass man

281 Vgl. zur Bedeutung der Selbstreflexion in der Anti-Bias-Arbeit Winkelmann (2010) sowie Chernivsky/Fügner/Chmielewska-Pape (2010,18f.).

282 Vgl. zur Heterogenität in der Jugendarbeit in Brandenburg Ulrich (2010) sowie zu Anti-Bias-Arbeit in ‚homogenen' Regionen Trisch (2008).

283 Die folgende Sequenz aus obigem Interviewabschnitt, „zum Beispiel Ossi-Wessi (...) ist ein ganz wichtiges Thema, aber es ist nicht das Einzige" (Karin, 448-449), wurde bereits an einer anderen Stelle dieser Studie genutzt – um auf Intersektionalität hinzuweisen (vgl. Kapitel 5.2.2). Hier wurde die Sequenz im Rahmen eines größeren Interviewabschnittes als ein Beispiel für ‚unsichtbare' Diskriminierungsformen verwendet.

> Menschen mit ganz unterschiedlichen Hintergründen zusammenbringt, um genau diese verschiedenen Ebenen auch mal miteinander auszudiskutieren" (Meike, 369-375).

Für sie geht es vor allem um „interkulturelle Heterogenität", wobei ihre Perspektive in dieser Passage vor allem von ihren eigenen Erfahrungen mit der Anti-Bias-Arbeit in Südafrika geprägt ist.[284] Etwas später präzisiert sie in einer anderen Passage die angesprochene Heterogenität:

> „[D]as müssen (…) Leute sein mit genau den strukturellen Unterschieden, weil es um dieses Thema geht" (Meike, 395-397).

Dieser Punkt ist meines Erachtens zentral, wenn es um die Teamzusammensetzung in Anti-Bias-Seminaren geht. Zwar ist davon auszugehen, dass jeder Mensch Erfahrungen mit Diskriminierung auf beiden Seiten gemacht hat,[285] jedoch sind die *Auswirkungen* von Diskriminierung auf interaktioneller oder struktureller Ebene – trotz nicht vergleichbarer subjektiver Diskriminierungserfahrungen – sehr unterschiedlich. In der Frage der heterogenen Teamzusammensetzung geht es also nicht darum, ob bestimmte Diskriminierungsformen vorrangig ‚zu besetzen' sind, sondern darum, Erfahrungen mit struktureller Diskriminierung als Perspektive und Identifikationsfläche im Team zu haben. Dabei ist es vor allem wichtig strukturelle Erfahrungen in der Rolle als Diskriminierte_r zu berücksichtigen, denn meist sind es jene, die durch den Mehrheitsdiskurs ausgeschlossen bzw. übersehen werden. Zudem sollten diese Erfahrungen bereits reflektiert worden sein. Auf die Frage eines sinnvollen Einbringens (auf den ersten Blick) unsichtbarer struktureller Diskriminierungserfahrungen im Team komme ich später noch einmal zurück.

Des Weiteren wurde oben bereits kurz angesprochen, dass die Teamzusammensetzung sich nach der Zusammensetzung der Gruppe der Teilnehmenden richten sollte. Meike führte an, dass in ihrer Anti-Bias-Arbeit an Schulen das Team die Kriterien bzw. Perspektiven Geschlecht und Migrationshintergrundes aufweisen sollte, da beides zentrale Vielfaltsaspekte und Themen der dortigen Klassen sind (vgl. ebd., 316-327). Auch Pavel argumentiert ähnlich:

> „[E]s fehlt auch manchmal (…) dieses Bewusstsein, dass ein Training muss zum Beispiel, wenn es sind sehr viele Migranten da, einen Migrantentrainer dabei (…) haben" (Pavel, 159-161).

An die Frage ‚welches Team passt zu welcher Gruppe?' schließt sich eine weitere grundlegende Frage an: Wie kann eine Seminarleitung im Vorfeld an die Informationen über die möglichen Vielfaltsaspekte einer Gruppe bzw. der einzelnen Teilnehmenden gelangen? Bietet sich hier beispielsweise ein Fragebogen an und wenn ja, welche Aspekte sollten in welcher Form abgefragt werden? Vor dem Hintergrund der vorangegangenen Argumentation erscheint es sinnvoll mindestens solche Differenzlinien abzufragen, die strukturelle Erfahrungen als diskriminierte Person mit sich bringen, um diese Erfahrungen und Perspektiven im Team mit berücksichtigen zu können und damit auch eine Identifikationsmöglichkeit zu bieten. In der Praxis ist ein solcher Frage-

---

284 Vgl. dazu auch die Ausführungen zur Entwicklungsgeschichte des Anti-Bias-Ansatzes in Kapitel 2.2.

285 So wird in der Anti-Bias-Arbeit davon ausgegangen, dass jeder Mensch zumindest auf interaktioneller Ebene Diskriminierungserfahrungen auf beiden Seiten gemacht hat (vgl. Schmidt 2009, 65; Kapitel 2.4 zu Grundannahmen im Anti-Bias-Ansatz). Zwei Beispiele sollen dies verdeutlichen: Jeder kennt die jeweils mehr oder minder ausgeprägte Erfahrung, als Kind bevormundet und übergangen worden zu sein, weil Erwachsene es ‚besser wussten' sowie die Erfahrung andere durch Sprüche oder Begriffe abzuwerten.

bogen ein nicht unproblematisches Vorgehen. Eine solche Herangehensweise bedeutet für die Teilnehmenden sich im Vorhinein mit ihren Zugehörigkeiten (eventuell im Rahmen eines Schemas) positionieren zu müssen und aus Teamperspektive sich möglicherweise doch entscheiden zu müssen, welche Perspektive bzw. Zugehörigkeit anstelle einer anderen einbezogen werden sollte. *Pragmatisch* gedacht sollte mindestens eine_r der beiden Teamenden einen Erfahrungshintergrund mit struktureller Diskriminierung als Diskriminierte aufweisen, auch wenn dieser Hintergrund nicht mit den strukturellen Diskriminierungserfahrungen der Teilnehmenden übereinstimmt. So wäre zumindest sichergestellt, dass die Perspektive struktureller Diskriminierungserfahrung überhaupt vorhanden ist.

Dieser Vorschlag ist jedoch aus verschiedenen Gründen für die Möglichkeit der Identifikation der Teilnehmenden (mit einem Teil des Teams) oft nicht zufrieden stellend. So ist mit Blick auf die bisherige Anzahl an Teamenden und ihre Hintergründe in Deutschland – soweit ich davon Kenntnis besitze – eine Situation wie folgende denkbar: ein Team besteht aus einem Mann und einer Frau, eine der beiden Teamenden stammt aus materiell sehr armen Verhältnissen, die andere Person ist lesbisch, beide haben eine ‚weiße' Hautfarbe und sind in Deutschland geboren; die Gruppe der Teilnehmenden besteht in der größeren Anzahl aus weißen deutschen Mehrheitsangehörigen (einige von diesen sind lesbisch, einige haben keinen akademischen Bildungshintergrund) sowie drei Teilnehmenden, die sich selbst als People of Color bezeichnen (eine ist Promotionsstipendiatin) sowie einer Rollstuhlfahrerin (die an der Universität arbeitet). Viele Fragen schließen sich an: Reichen die strukturellen Diskriminierungserfahrungen dieses Teams aus, wie sollte mit der (zumindest zu Beginn vorhandenen) ‚Unsichtbarkeit' dieser Erfahrungen umgegangen werden, als wie *weiß* wird dieses Team von Seiten welcher Teilnehmenden wahrgenommen, fühlt sich die Rollstuhlfahrerin mit ihrer Perspektive durch das Team vertreten, usw.?

Deutlich wird, dass ebenfalls das Thema der Überschneidung und Überlappung von Differenzen (Intersektionalität) eine nicht unwichtige Rolle spielt. Darüber hinaus kann es um Fragen der mehrdimensionalen Diskriminierung gehen – hier verstanden im Sinne von Diskriminierungserfahrungen einer Person entlang verschiedener Differenzlinien. Es scheint aussichtslos zu sein, alle Perspektiven zufriedenstellend im Team berücksichtigen zu können und auch gleichzeitig schon auf den ersten Blick Identifikationsfigur zu sein. In Bezug auf die ‚(Un)Sichtbarkeit' struktureller Diskriminierungserfahrungen bietet sich an, solche, auf den ersten Blick unsichtbare Erfahrungen des Teams, zu Beginn des Seminars anzusprechen bzw. offen zu legen und diese eventuell auch in den jeweiligen Ausschreibungstext aufzunehmen. Louise Derman-Sparks weist aus ihrer Perspektive der Anti-Bias-Arbeit in den USA auf ähnliche Herausforderungen und Dilemmata hin. Zur Besetzung von Teams merkt sie an:

> „I think some of the dilemmas in training are, I mean it brings some contradictions (…), we take the position the training should happen in a multi, you know in a cross racial, cross cultural team, so what is that team? Who is solid to people and if you are working with a Latino group (…), does it have to be a Latino and a white person, can it be a African American and a Latino person, we ask, we don't know the answers to these questions" (LDS, 516-523).[286]

[286] Zur teilweise problematischen Verwendung des Kulturbegriffes bei Derman-Sparks vgl. Kapitel 2.2 dieser Studie. Den Begriff ‚Rasse' versteht Derman-Sparks als „gesellschaftspolitisches Konstrukt, anhand dessen die

Dabei ist die Frage „wer spricht zu wem über was?“ noch weitaus komplexer. Derman-Sparks schlägt vor die jeweiligen Rollen zu untersuchen, die die eine Gruppe für eine andere spielt:

> „[T]he way I deal with it is to understand the roles that people play, it's not an absolute principle but here is the dilemma: if a white person is working with whites, are they better listen to because they are white? A lot of people of color say, yes they are. On the other hand a lot of whites will say, well you are white what do you know about it, I don't have to listen to you. If it's a person of color with whites they can listen, they may listen but they also can just sort of see as interesting exotic experience (...) also people of color feel that you know it's just too hard to work with whites because if it gets too difficult than whites just begin to say, well, we don't have to listen to you. When you are working with people of color and of course usually you are working with both, so you have this dilemma in the group, for whites, what's a white person's role for teaching a person of color? Particular if you are teaching talking about racism, because who are you to tell them to deal with this stuff?“ (LDS, 524-539).

An diesen beiden Passagen wird deutlich, dass sie die Klärung der jeweiligen Rollen entlang der (vermuteten) Vorerfahrungen mit Rassismus vornimmt. Die jeweiligen Erfahrungen mit Rassismus auf Seiten der Dominanz und Unterdrückung können so in einem Seminar mit einem Teammitglied, welches jeweils ähnliche Erfahrung aufweist, aufgearbeitet werden. Damit können die (verständlichen) Widerstände vermieden werden, die möglicherweise entstehen würden, wenn ein Teammitglied aus einer dominanten *weißen* Position heraus mit Teilnehmenden in einer marginalisierten *schwarzen* Position Rassismus thematisiert. Das Rassismus als Diskriminierungsform bei Derman-Sparks im Vordergrund steht kann verschiedene Begründungen haben. Aus einer kritischen gesellschaftspolitischen Perspektive, die Derman-Sparks einnimmt, verwundert dieser Fokus nicht, denn Rassismus ist nach wie vor eines der zentralen Themen in den USA (vgl. ebd., 784-788; 790-802).[287]

Darüber hinaus weist Derman-Sparks auf einen weiteren zentralen Aspekt in Bezug auf eine heterogene Teamzusammensetzung hin:

> „For instance, how does a white person deal with internalized oppression, and you tell somebody, you know, you got some work you got to do to understanding who you are as a white person and even if you dealing with the other isms, it's like you are the white person and you are the oppressor and who are you to tell that I'm prejudiced about anything? (...) so you need usually a person of color there, I always, my position had been that, it's the person of color has to deal with the internalized oppression, than I think it's a very important focus that it's a sort of understanding white, that the white role, whether it's with whites, with whites it's saying we are white people we have to look at this stuff and learn to look at and with each other. With people of color it's saying I can't, I don't have your experience but I understand the white experience and you need to understand the white experience, so I think there is role for whites with both groups and I think there is a role for people of color with both groups“ (LDS, 539-554).

Demnach sollten in einem Seminar, welches mit „white people“ und „people of color“ besetzt ist, „people of color“ Teammitglieder internalisierte (verinnerlichte) Unterdrückung ansprechen. In Bezug auf „white people“ macht Derman-Sparks deutlich, dass es bedeutsam ist, sich mit der

---

Verteilung von Privilegien und Macht festgemacht wird“ (Schmidt 2009, 25f.). Sie nutzt diesen, um auf diese Problematik aufmerksam zu machen.

287 Das Einbringen vieler Beispiele entlang von Rassismus hat bei Derman-Sparks auch persönliche Gründe. Eine große Rolle spielen die Erfahrungen mit ihren beiden Kindern: „[M]y kids are adopted and both have black/white birth parentage“ (LDS, 43-44; vgl. dazu auch 41-79).

Rolle als „opressor“ auseinander zu setzen.[288] Diese Sichtweise ist für die Anti-Bias-Arbeit als Leitlinie nachvollziehbar und sinnvoll. Jedoch ist nicht jede *weiße* Person, die rassistische Strukturen mit reproduziert in Bezug auf jede andere Diskriminierungsform (von Derman-Sparks „isms“ genannt) ebenfalls in einer privilegierten Position, die dann Diskriminierung nach sich ziehen kann.[289] Möglicherweise verbirgt sich hinter Derman-Sparks Aussage „even if you dealing with the other isms, it's like you are the white person and you are the oppressor" (LDS, 542-543) eine Denkfigur ähnlich dem Konzept hegemonialer Männlichkeit von Raewyn (ehemals Robert) Connell (2006). Damit ist gemeint, dass ein Mann, auch wenn er beispielsweise schwul ist, dennoch vom patriarchalen System profitiert (vgl. ebd., 98). Die Komplexität des Themas verdeutlicht Derman-Sparks noch einmal in Bezug auf marginalisierte Gruppen in den USA:

> „[B]ut it's get very complicated and if it's, because in this country, (...) you have with-in people of color groups prejudice (...), you have African Americans who don't like Latinos and Latinos you know don't like African Americans, people each group learn the prejudices about the other groups. So these dilemmas are created by the realities of racism and I mean even within, say in African American or Latino communities, are you Latino or African American enough or are you, if you are a Mexican American and you are talking with people who are from El Salvador or Nicaragua are you really, there can be tensions there“ (LDS, 554-565).

Neben der Problematik von Vorurteilen, die marginalisierte Gruppen in den USA untereinander haben, stellt sich also die Frage, ab wann ein Mensch *schwarz* genug ist, um mit anderen *schwarzen* Menschen über seine Diskriminierungserfahrungen sprechen zu dürfen. Allgemeiner formuliert: Wer ist aufgrund seines Erfahrungshintergrundes *und* mit welchem Ausmaß dieser Erfahrungen legitimiert über Diskriminierungserfahrungen zu sprechen? Es ist durchaus wichtig, im Team diese Frage zu diskutieren, jedoch gilt es dabei der Versuchung zu widerstehen, Einzelnen die Legitimation von Anti-Bias-Arbeit abzusprechen oder Diskriminierungserfahrungen doch hierarchisch zu bewerten. Vielmehr sollte in Rückgriff auf Derman-Sparks die Frage beantwortet werden, welche Diskriminierungserfahrungen, die ich als Mensch gemacht habe, in meiner Rolle als Teamende welche Bedeutung für die Teilnehmenden jeweils haben könnten.

Ich schließe mich an dieser Stelle Derman-Sparks insoweit an, dass in Anwesenheit von Menschen die *internalisierte Diskriminierungserfahrungen* von Unterdrückung zum Beispiel mit Rassismus haben, nur das Teammitglied diese thematisieren sollte, welches selber auf solche Erfahrungen zurückgreifen kann *und* darüber hinaus diese Erfahrungen (bis zu einem gewissen Punkt)[290] reflektiert hat. Jedoch können auch *weiße* Menschen, internalisierte (und strukturelle) Unterdrückungserfahrungen aufweisen, so etwa entlang der eigenen sexuellen Orientierung, die vom Mainstream der heterosexuellen Orientierung abweicht (oder wie oben beschrieben Klas-

---

[288] Vgl. dazu auch die Ausführungen zur Entwicklung einer *,weißen'* antirassistischen Identität in Kapitel 5.2.3 „Über die Herausforderungen ‚deutsch sein' zu thematisieren“.

[289] Dies ist auch relevant für die Frage welche Diskriminierungsthemen in einem Seminar mit welchen Teilnehmenden angesprochen werden. Derman-Sparks weist in diesem Zusammenhang zu Recht darauf hin, dass beispielsweise in einer *weißen* Seminargruppe wenig Sinn macht (zuerst) über *weiße* Privilegien zu sprechen, wenn diese Gruppe stark von Armut und Klassismus betroffen ist (vgl. LDS, 657-677).

[290] Mit der Formulierung „gewisser Punkt“ ist hier gemeint, dass die_der Teamer_in fähig sein sollte (1) mit einem emotionalen Abstand zu den eigenen, in diesem Beispiel rassistischen Erfahrungen, das Phänomen Rassismus mitsamt seiner Auswirkungen zu diskutieren und (2) gleichzeitig weiterhin eine Offenheit für die Emotionen und Geschichten der Gruppe entlang des jeweiligen Themas aufzubringen.

sismuserfahrungen). Daher sollte es möglich sein, dass zum Beispiel ein *weißer* schwuler Mann im Rahmen eines hierzulande durchgeführten Seminars mit einer Gruppe aus „white people" und „people of color" internalisierte Unterdrückung am Beispiel seiner eigenen Erfahrung als Homosexueller aufgreift und so den *Mechanismus von Internalisierung* deutlich macht. Inwieweit es möglich ist, dass zum Beispiel jener Teamer im Hinblick auf die oben angesprochene Connellsche Denkfigur Fragen mehrdimensionaler bzw. mehrfacher Diskriminierung sinnvoll mit Teilnehmenden diskutiert, kann meines Erachtens nur im Einzelfall, das heißt im Hinblick auf die jeweilige Gruppe beantwortet werden. Ob diese Überlegungen im us-amerikanischen Kontext umsetzbar sind, wage ich hier aus mangelnder Kenntnis der dortigen Diskriminierungs- (und Rassismus)problematik nicht abschließend zu diskutieren, für den deutschen Kontext ist dieser Vorschlag meines Erachtens sinnvoll.

Im Zusammenhang mit der Frage nach heterogenen Teams möchte ich zudem auf die besondere Bedeutung von Empathiefähigkeit auf Seiten der Teamenden hinweisen. Die Fähigkeit sich in die Lage anderer hineinzuversetzen, ist eine grundlegende Voraussetzung in der Anti-Bias-Arbeit (selbstverständlich auch für Teilnehmende). Ohne diese wird es nicht möglich sein, ein Verständnis sowie ein Mitgefühl für andere aufzubringen und Anti-Bias-Arbeit wäre gewissermaßen sinnlos. Empathiefähigkeit ist darüber hinaus besonders wichtig, da die Anzahl der Diskriminierungserfahrungen, die ein Team zur Identifikation und als Perspektive mit einbringen kann aus verschiedenen Gründen begrenzt ist. So können in einem Pool an Teamenden nicht immer alle Diskriminierungserfahrungen vorhanden sein und letztlich muss eine Entscheidung getroffen werden, welche Diskriminierungsformen in einem Zweier-Team (nicht) vertreten sind. Daher ist es notwendig, neben den anderen dargestellten Kriterien für eine heterogene Teamzusammensetzung der (Weiter)Entwicklung von Empathiefähigkeit im Rahmen der Weiterbildung von Anti-Bias-Multiplikator_innen eine besondere Aufmerksamkeit zukommen zu lassen. Dabei gilt es immer im Blick zu behalten, *inwieweit* Empathiefähigkeit dazu beitragen kann blinde Flecken zu vermeiden und wo die jeweiligen Grenzen liegen. Anders formuliert: Die Betonung der Bedeutung von Empathiefähigkeit darf im Zusammenhang mit einer heterogene Teamzusammensetzung nicht dazu verwendet werden, die anderen dargestellten Aspekte zu vernachlässigen.

Zum Abschluss möchte ich die Frage danach, wie (bislang nicht vorhandene) Heterogenität im Team hergestellt werden kann noch einmal aufgreifen. Paula weist darauf hin, dass es nötig ist, in anderen Kreisen als den bislang üblichen zu werben:

> „Was ich auch wichtig finde ist (...), auch als Trainer/Trainerin selbst darauf zu achten, dass das was eben Anti-Bias will, Vielfalt (...), auch in unseren Teams sich widerspiegelt (...) und auch berücksichtigt wird, zum Beispiel wenn wir als Trainer auch möchten, dass auch Multiplikatoren gefunden werden, auch nicht nur bestimmte Kreise zu versuchen anzusprechen, sondern wirklich auch verschiedene Leute auch als Trainer mit ins Boot zu holen, das ist mir wichtig" (Paula, 136-144).

Auch Pavel argumentiert im Zusammenhang mit der Besetzung von Teams in ähnlicher Weise:

> „[M]anchmal für strategische Gründe Leute sagen, ja, wir kennen keine Migranten, ich denke, man sollte sich mehr Mühe geben und nicht schnell aufgeben" (Pavel, 161-163).

Zur Herstellung von Heterogenität im Team gehört demnach sich darum zu bemühen, neue Wege zur Akquise von Multiplikator_innen zu beschreiten. Vor dem Hintergrund obiger Ausführungen bedeutet dies, gezielt nach Personen zu suchen, die solche Erfahrungshintergründe mit struktureller Diskriminierung und internalisierter Unterdrückung mitbringen, die das jeweilige Teamer_innenpool komplimentieren. Ein möglicher Weg in Bezug auf Multiplikator_innen-Weiterbildungen wäre es, über einen Fragebogen im Vorfeld zum Beispiel strukturelle Diskriminierungserfahrungen abzufragen.[291] Bei der Auswahl der Teilnehmenden für die Weiterbildung könnten dann jene Personen bevorzugt aufgenommen werden. Dadurch ständen mehr Menschen mit (reflektierten) strukturellen und internalisierten Diskriminierungserfahrungen zur Leitung von Anti-Bias-Seminaren zur Verfügung. Für die Bewerbung von Anti-Bias-Weiterbildungen bedeutet dies, sich mit der Frage auseinanderzusetzen, welche Wege bisher beschritten worden sind und welche Wege darüber hinaus offen stehen. Hier ist eine grundlegende Recherche notwendig. Weitere Fragen drängen sich in diesem Zusammenhang auf: Welche Sprache kann ich in welchem Kontext verwenden, um Menschen gezielt anzusprechen, reichen Flyer und Bewerbung im Internet aus oder müssen nicht gleichzeitig auch breitere oder gezielte Kampagnen gestartet werden, um den Anti-Bias-Ansatz in verschiedene neue Kreise zu tragen.[292] So macht es unter Umständen Sinn, neben der Auslage von Flyern in bislang nicht frequentierten Einrichtungen und der Berücksichtigung einer zielgruppengerechten Sprache, auch Informationsveranstaltungen durchzuführen. Wichtig erscheint mir darüber hinaus, neben dem gezielten Werben für neue Teamer_innen in angrenzenden Fachdisziplinen wie etwa der Psychologie, Soziologie und Philosophie ebenfalls verstärkt abseits eines akademischen Milieus zu suchen.[293] In der Fachliteratur wird darüber hinaus selbstkritisch auf Folgendes Phänomen hingewiesen: „Die Erfahrungen im Rahmen der Anti-Bias-Werkstatt zeigen vielmehr, dass die Seminarteilnehmenden in vielen Differenzlinien eben die Übereinstimmungen aufweisen, die sich auch innerhalb der Anti-Bias-Werkstatt selbst finden: Wir sind in der Anti-Bias-Werkstatt eine Gruppe junger überwiegend Weißer deutscher Akademiker und Akademikerinnen ohne gravierende körperliche Beeinträchtigungen und ohne Migrationshintergrund" (Schmidt/Herdel/Dietrich 2009, 157).[294] Die Außenwirkung der wahrgenommenen Heterogenität der Mitarbeitenden eines Arbeitszusammenhanges scheint eine nicht unerhebliche Rolle für die (Nicht)Teilnahme an Seminaren zu spielen. Nach dieser Logik müsste ein Team, welches mehr sichtbare Heterogenität aufweist bzw. auf die unsichtbaren deutlich hinweist, zu einer ähnlich heterogenen Gruppe von Teilnehmenden führen.

---

[291] Wie ein solcher Fragebogen gestaltet sein sollte, um erneute Diskriminierungen zu vermeiden, muss sorgfältig geprüft werden. Möglicherweise sind einige begriffliche Essentialisierungen dennoch unvermeidlich. Weiterhin gilt es, mit den erhobenen Daten sensibel umzugehen.

[292] Vgl. dazu auch Kapitel 5.1.3 „Über Regionale und berufsfeldbezogene Kontextualisierungen".

[293] Das Suchen an neuen Orten nach potentiellen Teamer_innen wirft wiederum die Frage von Kompetenzen auf. So beinhaltet die Kenntnis der eigenen zurückgelegten ‚Bildungswege' auch Erfahrungswerte sowie Ideen darüber, welche Kompetenzen neue Personen bzw. Multiplikator_innen mit ähnlichen ‚Bildungswegen' aufweisen könnten. Die Akquise in anderen, einem selbst unbekannten Feldern, kann daher auch zu einer Verunsicherung führen. Daher ist es umso wichtiger, sich der Frage notwendiger Kompetenzen für eine Arbeit als Anti-Bias-Multiplikator_in zu stellen. Vgl. dazu Kapitel 6.1 zu Professionalisierung und 6.2.1 zu Kompetenz.

[294] Die Anti-Bias-Werkstatt hat übrigens in den letzten Jahren immer wieder neue Mitarbeitende mit verschiedenen Erfahrungshintergründen aufgenommen (vgl. Anti-Bias-Werkstatt 2011a).

Dies ist wiederum ein Argument für die gezielte Einflussnahme bzw. Suche nach möglichen Teamer_innen mit verschiedensten Diskriminierungshintergründen. Neben der Außenwirkung kann das oben beschriebene Phänomen auch eine Folge der verwendeten Sprache sein, mit der auf diese Seminare hingewiesen wird und ebenfalls mit den Orten in Verbindung stehen, an denen (nicht) geworben wird.

Zusammenfassung und Schlussfolgerungen

Die Auswertung der Interviews zur Frage der Teamzusammensetzung in Anti-Bias-Seminaren veranschaulicht die Komplexität des Phänomens Diskriminierung aus einer praxisorientierten Perspektive. Neben einer Reihe von Kriterien zur Herstellung heterogener Teams und daran anknüpfenden Überlegungen und Lösungsvorschlägen, zeigt sich berufsfeldübergreifend sehr deutlich ein Spannungsfeld zwischen formulierten Ansprüchen und Umsetzungen in der Realität.

- Gründe für den Widerspruch zwischen Anspruch und Wirklichkeit hinsichtlich des *eigenen* Blicks auf Vielfaltskriterien werden in mangelnder eigener Sensibilität (trotz guten Willens), Komplexitätsreduzierung sowie im Zusammenhang von eigenen Gruppenzugehörigkeiten, die den Blick auf bestimmte Andere (nicht) nahe legen, gesehen. Daraus folgt, dass eine beständige Selbstreflexion der Teamenden in der Anti-Bias-Arbeit von zentraler Bedeutung ist.
- Einigkeit besteht in den Interviews darin, Seminarleitungen doppelt zu besetzen. Teams sollten sich hinsichtlich ihrer Erfahrungshintergründe mit Diskriminierung komplimentieren bzw. ergänzen, um verschiedene Perspektiven einbringen zu können sowie Identifikationsmöglichkeiten zu bieten.
- Eine doppelte Besetzung ist (auch) aus finanziellen Gründen oft nicht möglich. Dies wird verstärkt durch einen bislang zu kleinen Pool an Teamenden in der Anti-Bias-Arbeit in Deutschland sowie durch die zu geringe Bandbreite an verschiedenen Erfahrungshintergründen mit Diskriminierung innerhalb dieses Pools.
- Bei der Teamzusammensetzung gilt es, die Zielgruppe im Blick zu haben und sich die Frage zu stellen, welche Erfahrungen und Hintergründe des Teams welche Rolle bei den Teilnehmenden spielen könnten?
- In einem Team sollten strukturelle und internalisierte Diskriminierungserfahrungen als Diskriminierte_r vorhanden sein, vor allem um den Teilnehmenden, die Erfahrungen auf dieser Ebene aufweisen, eine Öffnung hinsichtlich ihrer Themen zu erleichtern.
- Auch bei größten Bemühungen wird es nicht immer möglich sein, dass ein Team genau jene internalisierte und strukturelle Diskriminierungsformen aufweist, die in der Gruppe vorhanden sind. Wichtig ist, dass *grundsätzlich* strukturelle und internalisierte Diskriminierungserfahrungen im Team vorhanden sind, um zumindest die *Mechanismen* vor dem Hintergrund *eigener Erfahrungen* erläutern und begleiten zu können.
- Von zentraler Bedeutung ist, dass die eigenen Erfahrungen der Teamenden bereits selbst reflektiert worden sind, um mit einem (emotionalen) Abstand die Erlebnisse und Gefühle der Gruppe und der Einzelnen begleiten zu können.

- Es scheint eine Tendenz zu geben, nach der sich die Hintergründe der Gruppe der Teilnehmenden den *wahrgenommenen* Hintergründen des jeweiligen Teams zu einem großen Anteil gleichen. Eine Offenlegung der eigenen (auf den ersten Blick) *unsichtbaren* strukturellen und internalisierten Diskriminierungshintergründe (etwa Klassismus, Ost/West, sexuelle Orientierung) des Teams im Vorfeld (Ausschreibung), kann möglicherweise die Heterogenität auch in der Gruppe der Teilnehmenden erhöhen.
- Schwierig ist die Berücksichtigung von Erfahrungen mehrdimensionaler Diskriminierung in der Seminarleitung, da der Pool an heterogenen Teamenden bislang zu klein ist.
- Fragebögen im Vorfeld eines Seminars zu den Diskriminierungserfahrungen der Teilnehmenden können dazu beitragen, das Team entlang den Hintergründen der Gruppe auszuwählen. Kritisch zu diskutieren ist, welche Erfahrungen in welcher Weise im Fragebogen abgefragt und welche letztlich im Team berücksichtigt werden.
- Da nie alle Perspektiven und Erfahrungshintergründe im Team vorhanden sein können, ist die (Weiter)Einwicklung der eigenen Empathiefähigkeit als Teamende von besonderer Bedeutung. Dies gilt es vor allem bei Weiterbildungen für Anti-Bias Multiplikator_innen zu berücksichtigen.
- Um den zur Verfügung stehenden Pool an Multiplikator_innen in der Anti-Bias-Arbeit zu vergrößern und heterogener zu gestalten, kann ein Fragebogen im Vorfeld von *Weiterbildungen* dazu beitragen, im Sinne eines affirmative-action-Ansatzes die Menschen mit bislang weniger vertretenen strukturellen und internalisierten jeweiligen Diskriminierungshintergründen zu erkennen und gezielt in Weiterbildungen aufzunehmen. Fragebögen dieser Gestalt müssen in jedem Fall kritisch in den Blick genommen werden, um Diskriminierungen zu vermeiden.
- Zudem sollte das Bemühen neue Kreise zu erschließen verstärkt werden. Es gilt neue Wege zu beschreiten und bisherige Orte der Werbung sowie die Sprache der Ausschreibungen kritisch in den Blick zu nehmen (wer fühlte sich bzw. wurde (nicht) angesprochen?). Es bieten sich Informationsveranstaltungen zur Anti-Bias-Arbeit an und es sollte gezielt auch abseits akademischer Kreise nach potentiellen Teamenden gesucht werden.

6.2.3 Prozessbegleitende Beratung von Teamenden

Neben den im vorherigen Kapitel diskutierten Kriterien der Teamzusammenstellung finden sich in den Interviews eine Reihe von Aussagen zu Schwierigkeiten und Herausforderungen, die die Vor- und Nachbereitung von Seminaren bzw. Maßnahmen betreffen. Anja sagt dazu:

> „Also, ich hab das große Glück dass ich immer zu zweit mit einer anderen Teamerin oder einem anderen Teamer (…) teame, deswegen habe ich die Möglichkeit, mir viel Zeit auch für die Auseinandersetzung immer wieder vor dem Seminar zu nehmen, um zu schauen, also alles noch mal durchzugehen, auch selber noch mal zu diskutieren“ (Anja, 325-330).

Sie spricht in dieser Passage zwei wichtige Aspekte an. So ermöglicht ihr die Zusammensetzung des Teams aus zwei Personen grundsätzlich einen Austausch während der Vorbereitung. Weiterhin wird von ihr der Aspekt Zeit thematisiert. Derman-Sparks greift diesen Gesichtspunkt für ihren Arbeitskontext in den USA ebenfalls auf:

„One of the dilemmas in training is just time, you know, say for in-service, training for people who are already teaching, I see that as another boundary actually, which is that at least here most early childhood programs, childcare particularly which are in the all days programs, have no time for teachers to get together to talk about their work and I think good anti-bias work, I think good teaching period requires reflection time. And then planning based on the reflection and most early childhood teachers don't have a chance to do that" (LDS, 502-510).

Deutlich wird in diesem Abschnitt die zentrale Bedeutung des Zeitaspektes. Ohne ausreichend Zeit leidet die Qualität der Anti-Bias-Arbeit, da es so nicht möglich ist, auf Grundlage von Reflexionen die nächsten Schritte zu planen. Anja argumentiert in einer weiteren Passage ähnlich wie Derman-Sparks. Sie sagt:

„Und deswegen habe ich das auch noch mal so betont, dass ich das Glück habe, dass ich die Zeit mir nehmen kann mit Leuten, die auch in dem Feld arbeiten, eben in einem ständigen Diskussionsprozess auch drüber zu stehen und nach einem Seminar wieder zurückzugucken und zu schauen, was hat sich da jetzt wieder ergeben" (Anja, 358-362).

Eine gemeinsame Vor- und Nachbereitung im Team oder mit anderen im gleichen Praxisfeld Tätigen kann somit als Qualitätsaspekt von Anti-Bias-Arbeit angesehen werden. Anja erwähnt weiterhin die Bedeutung des Austauschs mit anderen „Leuten, die auch in dem Feld arbeiten", den Fachkolleg_innen (Anja, 360). Möglicherweise bietet sich in diesem Kontext die Kollegiale Beratung als eine Methode an (vgl. Spangler 2012). Diesen Punkt werde ich später noch einmal aufgreifen. Interessant ist die Frage, warum Anja Zeit für die Vor- und Nachbereitung zu haben scheint, während Derman-Sparks in obiger Passage davon spricht, dass keine Zeit für Reflexion besteht. Konkrete Hinweise auf das jeweilige Zeitbudget und Zeitmanagement finden sich in den Interviews nicht, sodass hier keine Schlussfolgerungen möglich sind. Jedoch ist zu vermuten, dass die unterschiedliche Verfügung über Zeit bei Derman-Sparks und Anja in einem Zusammenhang mit den verschiedenen Praxisfeldern sowie Arbeitsverhältnissen wie Freiberuflichkeit bzw. Angestelltenverhältnis steht: Anja ist freiberuflich in der außerschulischen Jugend- und Erwachsenenbildung tätig, während Derman-Sparks an einem College zur frühkindlichen Bildung gearbeitet hat (vgl. LDS, 12-14). Meist geben Regelkontexte der frühkindlichen Bildung wie Kindertagesstätten oder sozialpädagogische Fach(hoch)schulen ein engeres Zeitkorsett vor als eine Freiberuflichkeit, die nicht institutionell gebunden ist. In Regelkontexten scheint es also darum zu gehen, die Reflexionszeiten als selbstverständlichen Bestandteil der Arbeit zu implementieren. Für den freiberuflichen Bereich ist eher der finanzielle Aspekt zu bedenken. So werden in der Regel die Vor- und vor allem auch die Nachbereitungszeit nicht finanziert, da Auftraggeber_innen einzelner Seminare davon keinen direkten Nutzen haben. Zudem haben, unabhängig vom jeweiligen Praxisfeld, der individuelle Umgang mit Zeit sowie die jeweils persönliche Lebenssituation einen Einfluss auf die zur Verfügung stehende Vor- und Nachbereitungszeit. Des Weiteren wurde im vorangegangenen Kapitel deutlich, dass auch aus finanziellen Gründen oft kein(e) zweite_r Teamer_in möglich ist.[295] Eine Reflexion wird dadurch erschwert und muss selbst organisiert werden. Insgesamt zeichnet sich sowohl für Regelkontexte als auch für freiberufliche Arbeitszusammenhänge ab, dass die Bedeutung der Reflexionszeiten im Sinne der Quali-

[295] Vgl. dazu Kapitel 6.2.2 „Zum Seminarleitungsteam in der Anti-Bias-Arbeit".

tätssteigerung stärker hervorgehoben und diese Zeiten systematisch als selbstverständlicher Teil der Arbeit integriert werden sollten.

Die Vor- und Nachbereitungs- bzw. Reflexionszeiten können dabei verschiedene inhaltliche Aspekte beinhalten, so auch eine Eigenreflexion. Derman-Sparks führt dazu aus:

> „And in order to do good anti-bias-work you have to be able to reflect on who you are and you know issues that have come up and did you know how to handle them and do you feel you handle them right, that's how I think people learn how to use the approach and to apply it" (LDS, 512-516).

Zu einer solchen Eigenreflexion gehört die Reflexion der eigenen Gewordenheit in Bezug auf Diskriminierung sowie des Umganges mit den aufkommenden Themen, zum Beispiel in einem Seminarkontext. So können Diskriminierungserfahrungen der Teilnehmenden, die an eigene Erfahrungen erinnern, eine Reflexion im Team notwendig machen. Eine gegenseitige Unterstützung und Reflexion ist darüber hinaus auch von Bedeutung, um die eigenen Fähigkeiten realistisch einzuschätzen und die eigene psychosoziale Gesundheit in einem sehr herausfordernden Arbeitskontext zu bewahren. Auf die Anstrengungen und Herausforderungen in der Begleitung von Anti-Bias-Seminarprozessen weist auch Pavel hin:

> „Und die Grenzen sind (…) wenn ich ein Training durchführe, die Grenzen sind wirklich glaube ich, eine Herausforderung als Facilitator emotional stark zu bleiben, dass du jede einzelne Teilnehmer betreust, jeden einzelnen Prozess, im Gruppenprozess und da ist schon, ich würde nicht das Wort schwierig benutzen, das ist schon eine Anstrengung die einfach notwendig ist" (Pavel, 24-29).

Derman-Sparks merkt dazu an:

> „[I]t also helped to have a support with other people who did the work to start talking about it and you know because we're humans ourselves and we get hurt or angry or you know feel like we mishandle something and I think, it's just acknowledging that we're not super human people here (…) and not to be self-righteous that's another issue, I think we have to be careful about that we are not judging other people" (LDS, 1333-1340).

An dieser Stelle stellt sich die Frage, in welcher Form und inwieweit eine solche Reflexion alleine bzw. im Team oder auch im Kreis der Kolleg_innen funktionieren kann. Wie kann dieser Austausch angeleitet werden? Welche Werkzeuge werden bislang verwendet und welche weiteren Ansätze und Konzepte bieten sich hier an? In den Interviews machte zuvor bereits Anja darauf aufmerksam, dass neben dem Austausch im Seminarleitungsteam auch eine Reflexion mit Fachkolleg_innen des gleichen Praxisfeldes hilfreich sein kann (vgl. Anja, 360). Sonja sagt zu diesem Thema:

> „[D]u musst wissen wie du reflektierst, du brauchst gute Materialien, du brauchst vielleicht Unterstützung von außen, jemand der sagt, eh, bleib dabei auch wenn es schwierig wird, ja, darum geht's" (Sonja 731-734).

Sonja spricht hier mehrere wichtige Gesichtspunkte an. Zum einen geht es um das ‚Know-how' der Reflexion. Kenntnisse über systematische Methoden von Reflexion sind gerade für den Anti-Bias-Arbeitskontext sinnvoll, da auch eigene und möglicherweise stark emotionalisierte Themen durch die Seminararbeit ‚angetickt' werden. Hilfreich können dann „gute Materialien" sein (Sonja 731-732). Zum anderen kann gegebenenfalls eine externe Begleitung unterstützend und motivierend wirken. Derman-Sparks spricht ebenfalls von den hohen Anforderungen an Teamende der Anti-Bias-Arbeit:

> „I think we don't do enough talking about the toll it takes, because it takes tremendous self-discipline to be hearing all these things and not to get emotionally involved in ourselves in what's happening, because our job is to facilitate the process for other people and also the same time we can't help having stuff triggered in ourselves, you know sort of having to pay attention what's getting triggered in you but staying focused on the students, so it's exhausting and you know a psycho-therapist has to have supervision and they have to talk about their experiences with their clients and their feelings and what personal issues are raised for them and I think those of us who do this sort of work need to do some of this with each other" (LDS, 1305-1316).

Im Vergleich mit ähnlich herausfordernden Arbeitsfeldern führt Derman-Sparks die Supervision an, die Psychotherapeut_innen durchführen müssen. Neben den internen, kollegialen Formen der Unterstützung und des Austauschs erscheint es für die Anti-Bias-Arbeit sinnvoll, gegebenenfalls auch externe Formen wie zum Beispiel die Supervision in Betracht zu ziehen. In der *Anti-Bias-Fachliteratur* findet sich zu Ansätzen und Konzepten interner oder externe Unterstützung, Begleitung und Reflexion insgesamt sehr wenig Material. Im Bereich der frühen Bildung wird in einem Handbuch kurz auf fachliche Unterstützungssysteme eingegangen (vgl. Wagner 2008, 217ff.). Im Praxisfeld der Erwachsenenbildung wurde im Rahmen einer Arbeitsgemeinschaft die Kollegiale Beratung als Modell zur systematischen Eigenreflexion erprobt (vgl. Urev 2012, 3). In dieser Arbeitsgemeinschaft wurden zudem Supervision, Intervision und Introvision als mögliche Methoden zur Unterstützung der Arbeit genannt (vgl. ebd.). Im Protokoll eines übergreifenden Netzwerkes der Anti-Bias-Arbeit werden als Ziele des Zusammenschlusses unter anderen gegenseitige Beratung sowie Praxisreflexion und Intervision aufgeführt (vgl. Kontzi/Flechtkorb 2012, 9f.).

Nachfolgend werde ich von den oben genannten Methoden zwei zentrale Konzepte herausgreifen, kurz skizzieren und wesentliche Unterschiede herausarbeiten. In den Blick gekommen werden dabei die Kollegiale Beratung sowie die Supervision. Im Zuge dieser Darstellung werde ich zudem eine Abgrenzung zu den weiteren angesprochenen und ‚benachbarten' Beratungsformen vornehmen. Eine trennscharfe Unterscheidung zwischen den verschiedenen Formen ist jedoch nicht immer möglich, die Übergänge sind zum Teil fließend (vgl. Migge 2007, 25).

Kollegiale (Fall)Beratung oder Intervision

Die Begriffe Intervision bzw. Kollegiale (Fall)Beratung werden synonym verwandt (vgl. Schneider 2000, 29; 196; Hendriksen 2000). Nachfolgend spreche ich bevorzugt von Kollegialer Fallberatung, da sich in dieser Begrifflichkeit bereits zentrale Grundzüge des Ansatzes widerspiegeln. So findet diese Form der Beratung wechselseitig unter beruflich Gleichgestellten (Kolleg_innen) *ohne* externe Moderation statt, wobei jeweils ein bestimmter Fall im Mittelpunkt steht. Kollegiale Fallberatung zielt darauf ab, die Sicht- und Handlungsweisen zu erweitern und konkrete Problemlösungsansätze aufzuzeigen. Sie kann methodisch als strukturiertes Gespräch in einem geschützten Raum (verstanden als Vertraulichkeit in Bezug auf die Inhalte und Abläufe) bezeichnet werden. Für die Anti-Bias-Arbeit bietet sich die Methode der Kollegialen Fallberatung aus drei Gründen besonders an: Erstens knüpft sie an die zentrale Grundannahme des Anti-Bias-Ansatzes an, nach der alle – Teilnehmende und Fachkolleg_innen – immer auch Lernende im Anti-Bias-

Prozess sind. Zweitens liegt eine explizite Handlungsorientierung vor.[296] Drittens bietet die Kollegiale Fallberatung für die oft nicht ausreichend finanzierte Anti-Bias-Arbeit einen nicht zu unterschätzenden Kostenvorteil, da sie gemeinsam von Fachkolleg_innen *ohne* externe Anleitung durchgeführt werden kann.[297]

Die Beratung erfolgt entlang eines festgelegten Ablaufes, die zwischen sechs bis zehn aufeinander folgende Schritte umfasst. Die Unterschiede in der Anzahl der Schritte bestehen meist darin, dass einzelne Schritte in der Darstellung zusammengefasst werden (vgl. Tietze 2012). Abschließend stelle ich in einer kurzen Übersicht eine Zehn-Schritte-Version vor, die sich am Heilsbronner Modell orientiert (vgl. Spangler 2012).[298]

1. Eröffnung (kurze Runde zu Befindlichkeiten der Teilnehmenden)
2. Moderation und Fall wird von der Gruppe gemeinsam ausgewählt
3. Problem/Situation wird von der fallgebenden bzw. ratsuchenden Person dargestellt
4. Nachfragen der Gruppe (Informations- und Verständnisfragen, keine Diskussion)
5. Klärung des Anliegens (Was wünscht sich die fallgebende Person?)
6. Gruppe sammelt Assoziationen, Wahrnehmungen, Emotionen
7. Rückmeldung der fallgebenden Person
8. Sammlung von Lösungsvorschlägen durch die Gruppe
9. Rückmeldung der fallgebenden Person auf die Vorschläge
10. Feedback (fallgebende Person, Gruppe, Moderation)

Tab. 8: Zehn Schritte der Kollegialen Fallberatung (vgl. Spangler 2012)

Der hier überblicksartig vorgestellte Ablauf wurde bereits an einigen Stellen für die Kollegiale Fallberatung im Rahmen der Anti-Bias-Arbeit angepasst.[299] So wurde zusätzlich zum Modell von Spangler (2012) eine Eröffnungsrunde aufgenommen, die der Fallsuche vorgeschaltet ist. Dies geschieht in Anlehnung an die in der Anti-Bias-Arbeit übliche Einstiegs- bzw. Eröffnungsrunde (vgl. Kübler/Reddy 2002, 92ff.). Zudem findet sich entgegen des Heilsbronner Modells eine kürzere Schlussphase des allgemeinen Austausches, um eine stärkere Fokussierung auf den jeweiligen Fall zu ermöglichen (vgl. Institut für kollegiale Beratung e.V. 2011).[300]

Supervision und Coaching

Der Begriff Supervision stammt aus dem Lateinischen und bedeutet „darüber schauen, beobachten“ (Schneider 2000, 16). Die Methode der Supervision, die auch als Praxisberatung oder praxisbegleitende Beratung bezeichnet wird (vgl. ebd., 11), zielt auf „die Vermittlung von Wissen und Können über Strukturen, Inhalte und Prozesse“ (ebd., 16). Die deutsche Gesellschaft für Supervision beschreibt Supervision als „ein wissenschaftlich fundiertes, praxisorientiertes und

[296] Vgl. zum Lernverständnis sowie zur Handlungsorientierung in der Anti-Bias-Arbeit Kapitel 2.4.7.

[297] Meiner Erfahrung nach lässt sich die Kollegiale Fallberatung gut im Kreis von Kolleg_innen erlernen.

[298] Gerhard Spangler ist Vorsitzender des Instituts für kollegiale Beratung e.V. Das Institut bietet auch die Möglichkeit einer virtuellen Kollegialen Beratung nach der Heilsbronner Methode an, siehe dazu: www.kollegiale-beratung.net.

[299] Diese Version basiert unter anderem auf Seminarmaterialien, die ich gemeinsam mit Danijela Cenan für ein Anti-Bias-Seminar im Frühjahr 2010 erstellt habe (vgl. Cenan/Trisch 2010).

[300] An dieser Stelle möchte ich anmerken, dass diese Darstellung einer ersten Einführung in die Methodik dient. Für die konkrete Anwendung in der Praxis ist es notwendig, sich eingehender mit der Kollegialen Fallberatung zu befassen.

ethisch gebundenes Konzept für personen- und organisationsbezogene Beratung in der Arbeitswelt. Sie ist eine wirksame Beratungsform in Situationen hoher Komplexität, Differenziertheit und dynamischer Veränderungen“ (vgl. ebd., 1). Nach Johann Schneider kann Supervision kurz als „eine praxisbezogene Weiterbildungsform“ bezeichnet werden (ebd., 18). Es existieren verschiedene Formen der Supervision mit unterschiedlichen Zielen: die *Fall/Projektsupervision* zielt auf die Arbeit an einem bestimmten Fall bzw. Projekt, die *Teamsupervision* nimmt die Zusammenarbeit des Teams in den Blick und die *Organisationssupervision* zielt auf das Zusammenwirken der einzelnen Organisationsbausteine (vgl. ebd., 44). Der_die Supervisor_in hat im Supervisionsprozess eine beratende Funktion und „bietet Hilfe zur Selbsthilfe an“ (Schneider 2000, 16). Der_die Supervisand_in bleibt im gesamten Prozess für die Fragestellungen sowie Lösungen selbst verantwortlich (vgl. ebd., 17). Ein entscheidender Unterschied zur Intervision bzw. Kollegiale Beratung ist der Aspekt der Beziehung zwischen den Akteur_innen. So ist Supervision geprägt von einer professionellen Beziehungsgestaltung, das heißt die Reflexion der Beziehung zwischen Supervisor_in und Supervisand_in kann selbst Teil des Beratungsthemas werden. Hingegen wird in der Kollegialen Beratung bzw. Intervision dies nicht erwartet (vgl. Schneider 2000, 28f.). Ein weiterer Unterschied liegt in der Ausbildung. Das Erlernen von Supervision, mit dem Ziel selbst als Supervisor_in tätig zu werden, setzt in der Regel ein abgeschlossenes Hochschulstudium sowie Berufs- und Supervisionserfahrungen voraus. Für die zertifizierte mehrjährige Supervisionsausbildung der Deutschen Gesellschaft für Supervision e.V. (DGSv) existieren Qualitätsstandards (vgl. Deutschen Gesellschaft für Supervision 2012). Kollegiale Beratung oder Intervision ist hingegen weniger voraussetzungsvoll und zeichnet sich dadurch aus, dass die Methode grundsätzlich jede_r in seinem Arbeitskontext anwenden kann. Selbstverständlich ist auch hier Übung erforderlich.

Im Zusammenhang mit Supervision findet sich des Öfteren auch der Begriff Coaching. Coaching zielt auf praktische Unterstützung und konkrete Lösungen und „versteht sich im Wesentlichen als Unterstützung im beruflichen Kontext“ (European Association for Supervision and Coaching 2012). Schneider (2000) beschreibt Coaching ähnlich als eine „Beratungsform, die eine Persönlichkeitsentwicklung (…) im Kontext einer Organisation zum Ziel hat“ (ebd., 195). Coachingausbildungen sind weniger voraussetzungsvoll und kürzer als Supervisionsausbildungen. Beide Begriffe, Supervision und Coaching, sind als Berufsbezeichnungen nicht geschützt, so dass sich bislang jede_r mit diesem Titel benennen darf. Zu beachten ist dabei, dass die Bezeichnung ‚Supervisor DGSv‘ nur diejenigen führen dürfen, die eine entsprechende Ausbildung des DGSv absolviert haben.

Supervision und Coaching setzt darauf, dass die Klient_innen selbst zu Lösungen gelangen. Von Seiten der_des Supervisor_in oder des Coachs werden allenfalls Vorschläge eingebracht. Dabei geht es nicht um fertige Lösungsvorschläge, sondern um die Bereitstellung zusätzlicher Entscheidungshilfen (vgl. Schneider 2000, 16f.). Die *Fach- oder Expert_innenberatung* übernimmt eine andere Funktion. Sie zielt auf die Erarbeitung einer Lösung eines vorher bestimmten Problems in einem spezifischen Kontext. Der Hauptteil dieser Arbeit liegt bei der Fachperson, sie wird gewissermaßen zu einem Teil des spezifischen Kontextes. Supervision oder Coaching ist hingegen eine Prozessberatung, die zur Selbsthilfe anregen möchte. Die Beratende

Person verbleibt dabei außerhalb des jeweiligen Kontextes (vgl. Migge 2007, 359; Schneider 2000, 17). Die Methode der *Introversion* zielt auf die Auseinandersetzung mit und die Auflösung von eigenen inneren Konflikten wie zum Beispiel Flug- oder Prüfungsangst, Kontrollverlust oder Angst vor tiefem Wasser (vgl. Wagner 2009). Introversion weist dadurch eine Nähe zu psychotherapeutischen Beratungsformen auf, sie wird allerdings (auch) in der Erwachsenenbildung und im Rahmen der Qualifizierung von Pädagog_innen erfolgreich eingesetzt (vgl. Iwers-Stelljes 2008). Entwickelt wurde die Methodik maßgeblich unter der Leitung von Angelika C. Wagner an der Universität Hamburg (vgl. ebd. 2007), wo auch Weiterbildungen zur Introversionsberatung angeboten werden.

Zusammenfassung und Schlussfolgerungen

- Deutlich wurde in den Interviews, dass Vor-, Nachbereitungs- bzw. Reflexionszeiten in der Anti-Bias-Arbeit von hoher Bedeutung für die Qualitätssicherung sind. Auftraggeber_innen von Anti-Bias-Seminaren und -Weiterbildungen sollten auf diesen Punkt hingewiesen werden.
- Wichtig sind Vor-, Nachbereitungs- bzw. Reflexionszeiten, um reflektiert und zielgerichtet die Inhalte auf den vorangegangenen Seminarerfahrungen aufzubauen.
- In Regelkontexten scheint die hohe Dichte der Inhalte eine systematische Einbindung zu verhindern, in freiberuflichen Arbeitskontexten sind es oft fehlende finanzielle Mittel und die ‚Einmaligkeit' von Seminaren, die eine Einbindung erschweren.
- Die Arbeit im Themenfeld Diskriminierung ist emotional sehr herausfordernd und kann auch die eigenen Diskriminierungserfahrungen der Teamenden berühren. Um die psychosoziale Gesundheit der Teamenden zu erhalten, ist daher eine prozessbegleitende Beratung sinnvoll.
- In den Interviews und in der Fachliteratur zeigt sich, dass die systematische Einbindung von Methoden zur Eigen- und Praxisreflexion in der Anti-Bias-Arbeit insgesamt betrachtet noch in den ‚Kinderschuhen' steckt.
- Ein hilfreiches Modell für die prozessbegleitende Beratung der Anti-Bias-Arbeit ist vor allem die Kollegiale Fallberatung. Sie knüpft an das Lernverständnis und die Handlungsorientierung in der Anti-Bias-Arbeit an, ist kostengünstig, da sie ohne externe Moderation auskommt und kann gut im Kolleg_innenkreis erlernt werden.
- Methoden wie die Supervision bieten sich an wenn ein externer Blick gewünscht ist, der bei Bedarf auch die Beziehung zwischen Berater_in und Klient_in in den Blick nehmen kann.
- Aus Gründen der hohen inhaltlich-persönlichen Belastung von Teamenden in der Anti-Bias-Arbeit sollten prozessbegleitende Beratungen wie etwa die Kollegiale Fallberatung systematisch in die Arbeit integriert werden.

C. Zusammenfassung, Fazit, Ausblick

7. Abschließende Zusammenfassung

In der vorliegenden Studie beschäftigte ich mich mit der theoretischen Fundierung des Anti-Bias-Ansatzes für Deutschland. Die Umsetzung des Ansatzes – eines modernen Konzeptes in der Antidiskriminierungsarbeit – kann nach Schmidt (2009) als Seminarkonzept politischer Bildungsarbeit, als Organisationsprofil sowie als Haltungsarbeit verstanden werden (vgl. ebd., 53ff.). Diese Studie setzt sich mit grundlegenden Fragestellungen auseinander, die für alle Umsetzungen von Bedeutung sein können. In den Beispielen beziehe ich mich auf den Anti-Bias-Ansatz als Seminarkonzept in der politischen Bildung mit Fokus auf der Erwachsenenbildung. Besonderes Augenmerk liegt auf der Frage, welche Bedeutung die spezifische Geschichte Deutschlands in der Anti-Bias-Arbeit hat. Die vorliegende Forschungsarbeit, eine qualitativ-empirische Studie (vgl. Mayring 2002, 50ff.), basiert auf der Analyse von insgesamt acht Interviews mit Expert_innen der Anti-Bias-Arbeit.

7.1 Zu den grundlegenden theoretischen Bestimmungen

Die Vorannahme einer zu geringen Anzahl an Theoriearbeiten zum Anti-Bias-Ansatz hat sich bestätigt. Dies trifft vor allem auf den Bereich der Jugend- und Erwachsenenbildung zu. Das Praxisfeld der frühen Bildung steht im direkten Vergleich sehr gut da, dennoch besteht auch in diesem Bereich an verschiedenen Stellen weiterer Forschungsbedarf, zum Beispiel zur frühkindlichen Identitätsentwicklung in Deutschland oder zu Elternperspektive(n).[301]

Theoriehintergründe in der Anti-Bias-Arbeit

Die Analyse der theoretischen Hintergründe in der Anti-Bias-Arbeit beförderte eine Vielzahl verschiedener und auf den ersten Blick unverbunden wirkender Theorien zu Tage. In den Interviews wird darauf hingewiesen, dass die Herausarbeitung der dem Anti-Bias-Ansatz inhärenten Theorien wichtig sei, um *grundsätzlich* einer Beliebigkeit in der Arbeit entgegenzuwirken. Zudem ist sie relevant, da sich der Ansatz im *Speziellen* durch seine Offenheit gegenüber neuen Theorien und Herangehensweisen auszeichnet und auch keiner formellen Ausbildungsordnung oder einem ‚copyright' unterliegt. Eine Zusammenführung der verschiedenen im Anti-Bias-Ansatz vorhandenen Theorien erschien den Expert_innen bedeutsam. Aus diesem Grund wurde ein Schaubild erarbeitet, welches die verschiedenen Theorien im Zusammenhang mit den jeweils genannten Theoretiker_innen vor dem Hintergrund der jeweiligen Wissenschaftsdisziplinen darstellt und so die verschiedenen Einflüsse und Zusammenhänge verdeutlicht.[302] Der Anti-Bias-Ansatz lässt sich damit als *interdisziplinär* (Einbezug verschiedener Wissenschaftsdisziplinen), *multiperspektivisch* (verschiedene Blickwinkel innerhalb der Disziplinen) und *multidimensional* (Theoriebezüge, die eher das Individuum, und solche, die eher die institutionell/strukturelle Ebene fokussieren) be-

[301] Vgl. Kapitel 4.1.1 „Über die Notwendigkeit von theoretischen Fundierungen im Anti-Bias-Ansatz".

[302] Vgl. dazu Kapitel 4.2.2 „Theoriezugänge im Anti-Bias-Ansatz".

schreiben. Er erinnert damit in seiner Konzeption an interdisziplinäre Wissenschaftsdiziplinen wie etwa Cultural- oder Diversity Studies. Eine weitergehende, über die vorliegende Studie hinausgehende, theoretische Fundierung des Anti-Bias-Ansatzes, könnte hier möglicherweise Anregungen für den Umgang mit und die Integration von verschiedenen Theorien finden. In meiner Forschung zeigte sich in Bezug auf die verschiedenen Theorien in der Anti-Bias-Arbeit, dass es ein gemeinsames geteiltes Fundament nicht zu geben scheint. Jedoch lässt sich eine übergeordnete Theorieperspektive ausmachen, die als *kritischer Analyseblick auf die Konstruktion von Welt, Gesellschaft und Identität sowie ihrer Interaktionen* bezeichnet werden kann.

Von Theorie und Praxis

In Bezug auf die Frage nach Theorie und theoretischer Fundierung deutete die Interviewanalyse zudem auf ein gewisses ‚Unwohlsein' bzw. ‚Unbehagen' der Expert_innen hin. Interpretiert werden kann dies als eine Angst vor der Vereinnahmung eines guten Praxiskonzeptes durch vorschreibende Theorien. Möglicherweise bezieht sich das ‚Unbehagen' auch auf meine Rolle als Verfasser einer theoretischen Fundierung des Ansatzes – im Sinne einer Angst vor der einen ‚richtigen' theoretischen Fundierung durch eine wissenschaftliche Arbeit, die alle anderen Sichtweisen als unwichtig oder gar ‚falsch' darstellt und somit als Konkurrenz auftritt. Diese Interpretationen führten zu einer intensiven theoretischen Auseinandersetzung mit den Begriffen *Theorie* und *Praxis* vor dem Hintergrund der Prämissen und zentralen Inhalte des Anti-Bias-Ansatzes. Der Blick auf die erziehungswissenschaftliche Debatte zeigte zum Teil einander stark widersprechende Positionen, so dass von einem grundlegenden ‚Theorie-Praxis-Problem' gesprochen werden kann (vgl. Gudjons 1999, 49f.). Darüber hinaus treten sowohl selbsterklärte Vertreter_innen der Praxis als auch der Theorie teilweise in bornierter Weise auf und stellen gegenseitig ihre Berechtigung in Frage. Die Auseinandersetzung mit den Begriffen und Konzepten Theorie und Praxis führte (auch) zu einer Beschäftigung mit den theoretischen Beiträgen von John Dewey (1991), Jörg Ruhloff (1993) und Paulo Freire (1973). Freire zeigt sich in diesem Zusammenhang als bedeutender Denker. Sein Prinzip des dialogischen Lernens – die Aufhebung der Idee des ‚Wisseneinfüllens' (engl. banking education) zugunsten eines Dialogs zwischen Lernenden und Lehrenden als Welt erforschende Subjekte – kann als eine Vorraussetzung für einen gelungenen Theorie-Praxis-Transfer angesehen werden. Die Arbeiten von Dewey und Ruhloff bieten sich in besonderer Weise an, um (1) entlang der Grundannahmen und Inhalte des Anti-Bias-Ansatzes eine theoretische Fundierung vorzunehmen sowie um (2) der Angst vor einer theoretischen Vereinnahmung (siehe oben) entgegen zu wirken. Mit Dewey kann der Praxisfokus der Anti-Bias-Arbeit und die Erfahrungsorientierung begründet werden sowie darüber hinaus der Zusammenhang und die Wechselwirkung zwischen Erziehung und Demokratie. Ruhloffs Sichtweise wiederum bietet sich an, um das Anliegen einer theoretischen Fundierung des Anti-Bias-Ansatzes zu begründen. So kann Theorie als Angebot für die Praxis verstanden werden, auf die zurückgegriffen werden kann. Darüber hinaus lässt sich mit Ruhloff zeigen, dass von einer klaren Trennung zwischen Theorie und Praxis nicht ausgegangen werden kann, denn in jeder Praxis sind immer bereits Theoriesegmente enthalten. Damit wäre das Verhältnis von Theorie und Praxis für die

Anti-Bias-Arbeit abgesteckt. Vor dem Hintergrund dieser Ausführungen ist eine theoretische Fundierung des praxisbezogenen Anti-Bias-Ansatzes sinnvoll durchführbar.[303]

Forschungspraxis zum Theorie-Praxis-Transfer

Interessante Impulse für die Anti-Bias-Arbeit liefert der Blick in die Forschungspraxis zum Theorie-Praxis-Transfer. Sowohl in der unternehmerisch geprägten Trainingstransferforschung als auch in der pädagogisch-psychologischen Wirksamkeitsforschung finden sich zahlreiche Modelle, die sich mit den Gelingensbedingungen eines solchen Transfers beschäftigen.[304] In Bezug auf die Anti-Bias-Arbeit liegt eine Studie vor, die sich mit dem Theorie-Praxis-Transfer einer Weiterbildungsreihe beschäftigt (vgl. Ipsen 2008). Die im Rahmen dieser Untersuchung identifizierten Faktoren für einen gelungenen Transfer sind aus zweierlei Gründen hilfreich. Zum einen können diese für die systematische Evaluation von Anti-Bias-Weiterbildungen herangezogen werden. Zum anderen weisen die Faktoren auf einige konkrete praxisbezogene Ansatzpunkte zur Verbesserung solcher Weiterbildungen hin. Von zentraler Bedeutung für einen gelungenen Transfer sind beispielsweise die Interaktionen der Akteure untereinander (in jener Weiterbildung die Förderung der regionalen Gruppen der Teilnehmenden sowie die jeweilige Interaktion dieser mit ihrem Arbeitsfeld) und die Eigeninitiative (Bereitschaft zur Selbstreflexion, eigenes Engagement) (vgl. ebd., 71). Insgesamt zeigt sich, dass sich der finanzielle und zeitliche Aufwand solcher Evaluationen für die Anti-Bias-Arbeit wegen der zu erwartenden Qualitätssteigerung im Sinne der Verbesserung des Transfers bzw. der Praxis zu lohnen scheint.

Das Phänomen Diskriminierung

Der zentrale Begriff in der Anti-Bias-Arbeit ist Diskriminierung. Die Analyse der Interviews zeigte, dass vor allem in der Erwachsenen- und Jugendbildung die „erfahrungsorientierte Definition von Diskriminierung“ (Anja, 398-399) oft schwer annehmbar ist, es werden von den Teilnehmenden zum Teil (wissenschaftliche) Definitionen eingefordert und so bleibt dieser Schlüsselbegriff manchmal „zu schwammig, zu unkonkret“ (Paula, 229). Allerdings scheint die Forderung nach theoretischen Definitionen in einigen Arbeitsfeldern, so zum Beispiel an Universitäten, auch einer Wissenschaftssozialisation geschuldet zu sein, in deren Folge die Beschäftigung mit *eigenen* Diskriminierungserfahrungen mehr als ungewohnt erscheint. Zur Annäherung an den Diskriminierungsbegriff wurde aus diesen Gründen in der vorliegenden Studie eine Herangehensweise gewählt, die sowohl die Breite des Phänomens anhand verschiedener Aspekte darzustellen vermag, als auch (überarbeitete) Modelle, Arbeitsdefinitionen sowie eine zusammenfassende Abbildung zur Verfügung stellt, die auch didaktische Anschlüsse ermöglicht. Die theoretische Aufarbeitung des Diskriminierungsbegriffes bezieht soziologische, erziehungswissenschaftliche und juristische Perspektiven mit ein und setzt an den im Fachdiskurs gängigen Begriffen an. Zur Sprache kommen die Aspekte Unterscheidung, Handlung, Vergleich, Rechtmäßigkeit, positive Maßnahmen (affirmative action), Mehr- und Minderheiten, Merkmale sowie Dimensionen von Diskriminierung wie direkt (mittelbar) oder indirekt (unmittelbar). Die (ausführlichere) Arbeits-

303 Vgl. Kapitel 4.1.2 „Begriffliche und wissenschaftstheoretische Bestimmungen von Theorie und Praxis“.

304 Zu den verschiedenen Modellen des Trainingstransfers sowie den kritischen Aspekten des Begriffes Training und einer unternehmerisch geprägten Forschung vgl. Kapitel 4.1.3.

definition zu Diskriminierung versucht die zentralen Inhalte zu berücksichtigen und definiert Diskriminierung als *die ungerechtfertigte Ungleichbehandlung von Großgruppen oder Einzelnen (als Angehörige dieser Gruppen) entlang der Bewertung konstruierter Merkmale durch dominante Gruppen oder Einzelne.* Zudem werden die Unterschiede und Gemeinsamkeiten der Begriffe Unterdrückung und Diskriminierung in den Blick genommen. Für den deutschen Kontext liegt es nahe, beide Begriffe synonym zu verwenden, da beide sowohl individuelle als auch strukturelle und ideologische Benachteiligungen beschreiben können (vgl. Schmidt 2009, 179). Für die Thematisierung internalisierter (verinnerlichter) Machtverhältnisse bietet es sich jedoch an von Unterdrückung zu sprechen, da die strukturelle Komponente dadurch meines Erachtens deutlich(er) hervorgehoben wird.[305]

Utopien oder Visionen in der Anti-Bias-Arbeit

Angesichts des Anspruches der Anti-Bias-Arbeit, Diskriminierung auf interaktioneller struktureller und ideologischer Ebene entgegenzuwirken, ist zu vermuten, dass eine Vision oder Utopie in der Anti-Bias-Arbeit existiert.[306] Die wissenschaftstheoretische Auseinandersetzung zeigte, dass Utopien, die einen emanzipatorischen Charakter aufweisen – indem sie aufbauend auf Gesellschaftskritik neue alternative Ideen bereitstellen – für die Anti-Bias-Arbeit anschlussfähig sind. Solche Utopien oder Visionen können handlungsleitend und motivierend wirken. Für das sehr herausfordernde Arbeitsfeld Diskriminierung ist diese Funktion nicht zu unterschätzen. Die Interviewanalyse zeigte *konkrete individuelle Utopien/Visionen* wie ‚Änderung des Bildungssystems', ‚professioneller Träger der Anti-Bias-Seminare durchführt', ‚Antidiskriminierungsarbeit mit Entscheidungsträgern in der Entwicklungszuammenarbeit' sowie *übergeordnete Utopien/Visionen* entlang von Merkmalen wie ‚vorurteilsbewusst', ‚diskriminierungsfreie Gesellschaft', ‚Anti-Bias als Querschnittsaufgabe' und ‚angemessene Lebensqualität' auf. Dabei scheint die ‚Weite' des Praxisfeldes mit der ‚Weite' der Utopie zu korrespondieren. Anders gesagt, je ‚enger' bzw. konkreter das Praxisfeld umrissen ist, wie etwa in der frühen Bildung, desto weniger scheint eine übergreifende Utopie von Bedeutung zu sein. Darüber hinaus verdeutlichte die Interviewanalyse, dass eine Auseinandersetzung mit Utopien oder Visionen zur Transparenz des Anti-Bias-Ansatzes beitragen kann.

7.2 Zur Kontextualisierung der Anti-Bias-Arbeit in Deutschland

Die Interviewanalyse zur Frage der Notwendigkeit einer Kontextualisierung des Anti-Bias-Ansatzes für Deutschland führte zu folgendem Ergebnis: Der Ansatz bedarf trotz seiner ausdrücklichen Subjekt- und Situationsorientierung einer Anpassung an den deutschen Kontext entlang der *historischen Dimension* (Wissensbestände, Umgangsweisen mit Geschichte), der *gegenwärtigen länder- (sprach-) und regionsspezifischen Dimension* (Begriffsübersetzungen, -anpassungen, -übernahmekontrolle) sowie der *berufsfeldbezogenen Dimension der Kontextualisierung* (Bilder, Beispiele, Begriffe, zielgruppengerechte Sprache, Übungsauswertungen, Theorie, Forschung, Abgrenzungen). Die Adaption eines Ansatzes an einen spezifischen (regionalen) Kontext kann

305 Vgl. ausführlich zum Phänomen Diskriminierung Kapitel 4.3.

306 Die Begriffe Utopie und Vision werden hier synonym verwendet. Vgl. dazu Kapitel 4.4.

somit als *dreifache Anpassungsbewegung* beschrieben werden. Wie bereits oben zeigt sich auch in diesem Zusammenhang ein ‚Unbehagen' in Bezug auf eine vorschreibende theoretische Perspektive, in deren Folge möglicherweise der bislang ‚offene' Charakter des Anti-Bias-Ansatzes verloren gehen könnte. Die historische Dimension der Kontextualisierung ist einer der Schwerpunkte der vorliegenden Forschungsarbeit. In der diesbezüglichen Interviewanalyse schälten sich die drei Themenfelder *Kolonialzeit, Ost- und Westdeutschland* sowie das Thema *‚deutsch sein'* heraus, die hinsichtlich der Anti-Bias-Arbeit im deutschen Kontext eine besondere Relevanz aufweisen.

Zur Kolonialzeit

Trotz der im europäischen Vergleich relativ kurzen Dauer der deutschen Kolonialherrschaft kann hierzulande von *historischen Kontinuitäten* gesprochen werden, da die deutsche Kolonialzeit vor dem Hintergrund der europäischen Kolonialbestrebungen und des Eurozentrismus zu sehen ist. Die Interviewanalyse zeigte, dass es für die Anti-Bias-Arbeit von besonderer Bedeutung ist, diese Kontinuitäten und Zusammenhänge für das Denken und Handeln hierzulande aufzudecken. Historische Kontinuitäten zeigen sich in *Strukturen* wie etwa der Mohrenstraße in Berlin, in *sprachlichen Äußerungen* wie zum Beispiel „Bastard" (vgl. Nghi Ha/Arndt 2011, 625ff.) sowie in *Denkmustern* wie ‚Deutsch sein als (*weißes*) Monovolk' (vgl. Pokos 2009, 46). Die Kenntnis historischer Wissensbestände und Zusammenhänge ist daher, neben der intensiven Selbstreflexion, eine wichtige Voraussetzung für die Anti-Bias-Arbeit. Wichtig ist zudem, historische Wissensbestände immer in Bezug auf die Perspektive hin zu untersuchen, aus der sie verfasst wurden, und die Frage zu stellen „wer spricht über wen"? Insgesamt zeigte sich, dass in Bezug auf historische Kontinuitäten und deren Auswirkungen in Deutschland intensiver Forschungsbedarf besteht.[307]

Zum Thema Ost- und Westdeutschland

Weiterhin ist das Themenfeld Ost- und Westdeutschland von hoher Bedeutung für eine Kontextualisierung der Anti-Bias-Arbeit. In den Interviews und in der Fachliteratur wird auf die Tendenz hingewiesen, bestehende Unterschiede zwischen Ost und West zu verleugnen bzw. auf eine Schwierigkeit, diese zu thematisieren. Die Ergebnisse der Interviewanalyse deuten zudem darauf hin, dass es westdeutschen Teamer_innen zuweilen an einer Sensibilität für das Thema Ost- und Westdeutschland zu fehlen scheint. Darüber hinaus belegen Studien ein unzureichendes *gegenseitiges* Wissen über die Lebensverhältnisse in Ost und West. Die Interviewanalyse sowie die Fachliteratur verweist auf jeweils spezifische Herausforderungen in Ost- und Westdeutschland. Zur Sprache kommen etwa die unterschiedliche Sozialisation in den verschiedenen Staatssystemen und die Auswirkungen auf die Nachwendegeneration – wobei immer auch die Unterschiede innerhalb von Ost- bzw. Westdeutschland zu beachten sind. Des Weiteren geht es um Interessens- und Identitätskonflikte zwischen Ost- und Westdeutschen. Dazu gehören Fragen wie „wer bekommt was und wie viel und wer bestimmt darüber?" und „wer sind wir (nicht) und welche Art des Zusammenlebens im vereinten Deutschland soll den Vorrang vor anderen möglichen Formen des Zusammenlebens haben?" (Innovationsverbund Ostdeutschlandforschung 2009, 11). Trotz

[307] Vgl. zu den historischen Kontinuitäten am Beispiel des deutschen Kolonialismus Kapitel 5.2.1.

aller Unterschiede zwischen und jeweils innerhalb von Ost und West ist es weiterhin von Bedeutung auch eine intersektionale Perspektive einzunehmen, das heißt die Frage zu stellen, welche weiteren Differenzlinien eine Situation mitbestimmen und welche Wechselwirkungen be- bzw. entstehen könnten. Insgesamt wird deutlich, dass Kenntnisse über die unterschiedlichen Lebensverhältnisse sowie Ab- und Anerkennungsprozesse eine notwendige Voraussetzung für die Initiierung eines Dialogs sind. Eine Anti-Bias-Seminarleitung in Deutschland sollte daher zumindest auf Basiskenntnisse der unterschiedlichen Lebensverhältnisse und jeweiligen Ab- und Anerkennungsprozesse in Ost- und Westdeutschland zurückgreifen können. Aus einer Anti-Bias-Perspektive heraus geht es gleichzeitig darum, die Auseinandersetzung mit der eigenen Sozialisation in Ost- und Westdeutschland sowie die Thematisierung von Bildern und deren Konstruktion über die jeweils ‚Anderen' nicht über die Erarbeitung von Basiskenntnissen zu vernachlässigen. Die Analyse der Interviews zeigte zudem, dass die Anwesenheit von Zeitzeugen in Seminaren (hier sind Teilnehmende gemeint) *potentiell* dazu beitragen kann, Geschichte unmittelbarer nachzuvollziehen. Inwieweit dies gelingt, hängt von vielen Faktoren ab, wie etwa von dem jeweiligen Reflexionsgrad der betroffenen Person, den Vorerfahrungen des jeweiligen Seminarleitungsteams etc.[308] Theoretische Impulse zur Anregung eines Dialogs kann das Konzept des ‚dritten Raumes' nach Homi K. Bhabha (2006) liefern. So besteht im ‚dritten Raum' die Möglichkeit über die eigene Position hinauszugehen und bereits in der Realität Bestehendes mit neuen Bedeutungen zu versehen.[309]

Zur Thematisierung von ‚deutsch sein'

Die eingehende Interviewanalyse zum zentralen Themenfeld ‚deutsch sein' zeigte deutlich die Schwierigkeiten und Unsicherheiten sich mit diesem Gegenstand im deutschen (Seminar)Kontext auseinanderzusetzen. Gründe liegen vor allem im Holocaust und den damit in Verbindung stehenden Schuldgefühlen, worauf auch die Ergebnisse der Studie von Jens Schneider (2001) hinweisen. Eine Herausforderung in der Thematisierung besteht in den generationellen und kontextuellen Unterschieden, die jeweils nochmals Unterschiede im Grad der Verstricktheit der eigenen Familie, des eigenen Umgang mit Geschichte sowie der Weltanschauung aufweisen. Für die Leitung eines Anti-Bias-Seminars bedeutet dies, jene Unterschiede im Blick zu behalten und mögliche Widerstände in einer Seminargruppe daraufhin zu analysieren. Zudem erscheint die Verknüpfung mit Elementen der Erinnerungspädagogik für die Seminararbeit sinnvoll. Zentral ist dabei ein diversitätsbewusster Blick im Sinne des Einbezugs verschiedener Perspektiven wie Mehrheiten, Minderheiten, Generationen, Opfer, Täter, Zuschauer_innen und deren Handlungen sowie unterschiedlicher Perspektiven auf Geschichte. Durch diese Auseinandersetzung mit der „Gesellschaft des Holocaust" (Heyl 1997, 224) ist es zudem möglich, über die Biografien und deren subjektiven Möglichkeitsräume auch die damaligen Strukturen in den Blick zu bekommen.

Neben den Schwierigkeiten einer Thematisierung problematischer Aspekte von ‚deutsch sein' ist die gleichzeitige Entwicklung eines ‚fröhlichen oder ungezwungenen Patriotismus' zu

308 Vgl. ausführlich zur Frage welches Vorwissen eines Teams in welchem Kontext und welcher Gruppe in der Anti-Bias-Arbeit von zentraler Bedeutung ist Kapitel 6.2.2 „Zum Seminarleitungsteam in der Anti-Bias-Arbeit".

309 Vgl. ausführlich zum Thema „Herausforderungen eines Dialoges zwischen Ostdeutschland und Westdeutschland" Kapitel 5.2.2.

beobachten (Stichwort Fußball WM 2006 in Deutschland). Die Entfaltung eines solchen Patriotismus ist kritisch zu bewerten, da Forschungsergebnisse auf einen Zusammenhang von steigender nationaler Identifikation mit einem Anstieg von Rassismus, Antisemitismus und Islamophobie hinweisen (vgl. Becker/Christ/Wagner/Schmidt 2008, 13). Vor diesem Hintergrund gilt es auch die Verwendung von Begriffen wie Patriotismus oder Kultur als mögliche Sprachverstecke für Nationalismus oder rassistische Argumentationsmuster zu analysieren (vgl. Leiprecht 2005, 104). Weiterhin führte die theoretische Auseinandersetzung zu einer kritischen Beschäftigung mit dem Konzept Nation. Dies ist hinsichtlich der in der Anti-Bias-Arbeit ebenfalls fokussierten strukturell/institutionellen Ebene von Diskriminierung von besonderer Bedeutung. Wichtig ist es, in diesem Kontext den Konstruktionscharakter von Nation zu verdeutlichen und die damit einhergehenden Ein- und Ausschlussmechanismen aufzudecken und zu problematisieren (vgl. Anderson 1996).

Ein sinnvoller (praxisbezogener) Einstieg in die Beschäftigung mit dem Thema ‚deutsch sein' könnten die von Louise Derman-Sparks gemeinsam mit Patricia G. Ramsey (2006) beschriebenen Phasen zur Entwicklung einer *weißen* antirassistischen Identität sein. Zum einen könnte damit der von Derman-Sparks im Interview angesprochene Aspekt des Aufspürens positiver Elemente im ‚deutsch sein' noch einmal aus einer anderen Perspektive in den Blick genommen werden und kritisch gefragt werden, ob und inwiefern dies für die Anti-Bias-Arbeit sinnvoll erscheint.[310] Zum anderen ist in Deutschland die Auseinandersetzung mit dem eigenen *weißen* verinnerlichten dominanten Blick notwendig, weil ein großer Teil der Bevölkerung und auch bislang der Teamer_innen in der Anti-Bias-Arbeit in Deutschland *weiß* und eher privilegiert sind. Gleichzeitig gilt es, die möglicherweise in der kritischen Betrachtung der eigenen Mehrheitsgruppe entstehenden Essentialisierungen aufzudecken und differenziert (auch) auf die eigene, hier *weiße* Gruppe zu blicken. Im Sinne eines hilfreichen theoretischen Hintergrundwissens für die Auseinandersetzung mit dem Thema ‚deutsch sein' in einem Seminarkontext, möchte ich abschließend ein zentrales Ergebnis der Studie von Schneider (2001) anführen. Der Autor zeigt den Konstruktionscharakter von ‚deutsch sein' auf und führt weiterhin aus, dass sich die Identität als Deutsche_r über den Diskurs und symbolische Handlungen herstellt und reproduziert – entgegen der oft vorherrschenden Position, nach der es gerade kulturelle Alltagspraxen seien, die ‚deutsch sein' ausmachen (vgl. ebd., 55).

Abgrenzungen und Überschneidungen zu anderen Ansätzen

Die berufsfeldbezogene Dimension der Kontextualisierung des Anti-Bias-Ansatzes beinhaltet auch die Abgrenzung gegenüber anderen Ansätzen. In den Interviews wurde verschiedentlich Teilnehmende angeführt, die sich eine klare Abgrenzung gegenüber interkulturellen und antirassistischen Ansätzen wünschen (vgl. Paula, 231-238). Zudem existieren mittlerweile Ansätze wie die Social Justice Education oder die Menschenrechtsbildung, die große Ähnlichkeiten bzw. eine Nähe zur Anti-Bias-Arbeit aufweisen. Darüber hinaus weist die Anti-Bias-Arbeit in ihrem selbstreflexiven Anteil eine Nähe zu therapeutischen Verfahren auf. Derman-Sparks bezeichnet daher ihre Arbeit im Interview scherzhaft als „social therapy" (LDS, 1126).

310 Vgl. dazu ausführlich Kapitel 5.2.3 „Über die Herausforderungen ‚deutsch sein' zu thematisieren".

In Bezug auf die Abgrenzung gegenüber *antirassistischen und interkulturellen Ansätzen und Konzepten* lässt sich folgendes festhalten[311]: Anti-Bias grenzt sich ab gegenüber Ansätzen, die nur *eine* Diskriminierungsform thematisieren, lehnt einen statischen Kulturbegriff ab, kritisiert einen einseitig geführten Bereicherungsdiskurs und stellt sich gegen so genannte farbenblinde oder exotisierende Ansätze. Zudem distanziert sich der Anti-Bias-Ansatz von (rein) individualpsychologischen Ansätzen. Des Weiteren richtet sich das Konzept nicht an bestimmte Gruppen, sondern an *alle* Menschen und ist in seiner Herangehensweise nicht konfrontativ im Sinne von Bloßstellen oder Kompromittieren. Anti-Bias-Arbeit thematisiert zudem nicht nur eine Seite von Diskriminierung, sondern immer beide Seiten: die Erfahrungen als Diskriminierte_r und als Diskriminierende_r. Anzumerken ist an dieser Stelle, dass durchaus auch Ansätze interkultureller oder antirassistischer Arbeit existieren, die einige dieser Merkmale in ähnlicher Weise erfüllen (vgl. Leiprecht 2003).

Hinsichtlich der Überschneidungen und Grenzen zwischen *Menschenrechts- und Anti-Bias-Arbeit* lässt sich, unter Einbezug einiger Einschränkungen, grundsätzlich feststellen, dass sich diese gegenseitig ergänzen und bereichern. Für die Anti-Bias-Arbeit kann die Verknüpfung mit Menschenrechtsarbeit stärkend im Sinne einer klaren Werteorientierung wirken (vgl. Lohrenscheit 2004, 287) sowie hinsichtlich des juristischen Schutzes vor Diskriminierung. Wichtig ist, durch den Bezug auf die juristisch geprägten Menschenrechte die ‚offene' Auseinandersetzung mit Diskriminierung nicht zu beschneiden und auch weiterhin eine kritische Auseinandersetzung mit dem Thema Menschenrechte zu führen. Vor dem Hintergrund eines Verständnis von Menschenrechten, welches nach Heiner Bielefeldt (2006) als unabgeschlossener Lernprozess in Antwort auf Unrechtserfahrungen beschrieben werden kann (vgl. ebd., 137f.), ist eine Anschlussfähigkeit an die Prämissen der Anti-Bias-Arbeit gegeben. Ein Bezug auf die Menschenrechte ist daher als sinnvoll und bereichernd einzuschätzen.[312]

Die Analyse von *Social Justice Education und Anti-Bias-Arbeit* zeigt, das beide Ansätze eine Reihe grundlegender Gemeinsamkeiten aufweisen: der Einbezug aller Diskriminierungsformen und -ebenen sowie internalisierter (verinnerlichter) Machtverhältnisse, den intersektionalen Blick sowie die Handlungsorientierung und den ‚open-source' Charakter. Für eine Fundierung der Anti-Bias-Arbeit sind meines Erachtens vor allem Elemente der Lernstrategien wie Lernen an Wendepunkten sowie das Verbündetenkonzept (vorhandene Privilegien zum Abbau von Diskriminierung einsetzen) anregend und könnten für die Praxis weiterentwickelt werden.[313]

In Bezug auf die Grenzen und Übergänge zwischen *Anti-Bias-Arbeit und Therapie* ist zu betonen, dass der selbstreflexive Anteil in der Anti-Bias-Arbeit aus verschiedenen Gründen kein (gruppen-) therapeutisches Verfahren ist. Einige zentrale Unterschiede sind Folgende:[314] Therapie fokussieren im Vergleich eher die Einzelperson mit ihren psychischen, personenzentrierten Problemen, wobei die Themen nicht festgelegt sind. Anti-Bias-Arbeit zielt demgegenüber auf (den Themenkomplex) Diskriminierung als soziales Problem, möchte Lernprozesse initiieren und für

---

311 Vgl. Kapitel 5.3.1 „Anti-Bias-Arbeit im Feld interkultureller und antirassistischer Ansätze und Konzepte".

312 Vgl. Kapitel 5.3.2 „Anti-Bias- und Menschenrechtsarbeit".

313 Vgl. Kapitel 5.3.3 „Anti-Bias-Arbeit und Social Justice Education".

314 Vgl. Kapitel 5.3.4 „Zwischen Pädagogik und Therapie: der selbstreflexive Anteil in der Anti-Bias-Arbeit".

die professionelle Praxis sensibilisieren. Therapien gehen von einer ausführlichen Anamnese und Diagnose aus, die in der Anti-Bias-Arbeit keine Rolle spielen. Anti-Bias-Weiterbildungen umfassen im Gegensatz zur Ausbildung von Therapeut_innen keine Ausbildung in psychotherapeutischen Verfahren. Zudem wird in Bezug auf den ‚Schutz' der Teilnehmenden vor emotionalen Reaktionen verdrängter Erfahrungen in Anti-Bias-Seminaren die Eigenverantwortung betont, in Therapien übernimmt der Therapierende im Vergleich eine größere Verantwortung. Insgesamt betrachtet kann die notwendige intensive Selbstreflexion in der Anti-Bias-Arbeit als *Professionalisierungsmaßnahme der Antidiskriminierungsarbeit* verstanden werden. Die Selbstreflexion selbst kann dabei unter Umständen einen vortherapeutischen Charakter mit einzelnen therapeutischen Effekten annehmen – diese sind jedoch nicht primär intendiert.

7.3 Zur Professionalisierung und Qualität der Anti-Bias-Arbeit

Eine Auseinandersetzung mit Professionalisierung ist für die Anti-Bias-Arbeit aus verschiedenen Gründen von Bedeutung.[315] Zum einen zeigt sich – sowohl in den Interviews als auch in der Fachliteratur – die grundsätzliche Eingebundenheit in die Debatte um Professionalisierung in der Verwendung einschlägiger Begriffe wie Kompetenzen, Professionalisierung, professionelles Handeln, pädagogische Professionalität und Qualitätsaspekte. Zum anderen erfordert die zunehmende Bildungsökonomisierung (vgl. Krautz 2009, 87) mit ihrem Fokus auf (wirtschaftliche) Effizienz und (quantitative) Messbarkeit eine eindeutige Position aus Sicht der Anti-Bias-Arbeit. In den Interviews findet sich eine kritische Thematisierung von Professionalisierung, gleiches gilt mit wenigen Ausnahmen auch für die Anti-Bias-Fachliteratur. Mit Blick auf die theoretischen Ausarbeitungen zum Themenkomplex Professionalisierung bietet sich für die Anti-Bias-Arbeit ein *selbstreflexiver Professionalisierungsbegriff* an, der darauf zielt berufliches Handeln zu verbessern sowie Qualität zu sichern und weiterzuentwickeln. Professionalisierung in der Anti-Bias-Arbeit bedeutet dann erstens einen kritischen Standpunkt zur aktuellen Bildungsdebatte mit ihrer stark ökonomischen Ausrichtung einzunehmen. Es gilt zweitens Anti-Bias-Arbeit orientiert an ihren eigenen Zielen im Sinne einer Qualitätssicherung (und im Hinblick auf die Erwachsenen- und Jugendbildung in einem unübersichtlichen Feld) weiter zu entwickeln und zu diskutieren, was Qualität im Einzelnen ausmacht. Die Interviewanalyse beförderte in diesem Zusammenhang drei zentrale Themenfelder zu Tage, die im Sinne einer selbstreflexiven Professionalisierung in den Blick genommen wurden: Der Begriff und das Konzept Kompetenz, die Frage der Zusammensetzung von Seminarleitungen sowie das Themenfeld prozessbegleitende Beratung von Teamenden.

Zum Begriff Kompetenz

Der Begriff *Kompetenz* bedeutet weitaus mehr als Fachwissen. Die Arbeiten von Gabriele Lehmann und Wolfgang Nieke (2001) können einen sinnvollen Theorierahmen für einen Kompetenzbegriff in der Anti-Bias-Arbeit darstellen, da dieser Ähnlichkeiten mit den Grundannahmen im Anti-Bias-Ansatz aufweist (Handlungsorientierung, Lernen als subjektive Konstruktionsprozesse, Eingebundenheit in Gesellschaftsanalyse und Selbstreflexion). Die Autor_innen verstehen

[315] Vgl. Kapitel 6.1 „Zum Begriff Professionalisierung und zur angrenzenden Fachdebatte".

Kompetenz als Handlungskompetenz, die sich aus der Fach-, Methoden-, Sozial- und Selbstkompetenz zusammensetzt. In Anlehnung an Paul Mecheril (2010) erscheint es sinnvoll, den Begriff Handlungskompetenz durch Handlungsdispositionen zu ersetzen, da die Verfügung über verschiedene Kompetenzen nicht automatisch angemessenes pädagogische Handeln nach sich zieht (vgl. ebd., 25). Die fünf Phasen professionellen Handelns nach Lehman/Nieke (2001) bieten sich darüber hinaus als Theorierahmen für die Entwicklung konkreter Handlungsansätze in der Seminarpraxis an (vgl. ebd., 12). Um die Anwendungsmöglichkeit des Kompetenzbegriffes für die Praxis zu verdeutlichen, wurden die im Rahmen dieser Studie erzielten *allgemeinen* Ergebnisse der historischen Herausforderungen im Umgang mit der deutschen Geschichte exemplarisch auf den oben angeführten Kompetenzbegriff übertragen. Die Darstellung *grundlegender Qualitätsaspekte ‚historischer Kompetenz' in der Anti-Bias-Arbeit* können so als eine Folie dienen, auf der weitere ‚Kompetenz-Bereiche' der Anti-Bias-Arbeit in den Blick genommen werden, zum Beispiel entlang der in einem Diskussionspapier einer Arbeitsgruppe des Anti-Bias-Jour-Fixe Berlin (2010) beschriebenen Qualitätsaspekte.[316]

Zur Teamzusammensetzung
Ein weiteres zentrales Themenfeld von Professionalisierung und Qualität in der Anti-Bias-Arbeit ist die Frage nach der *Teamzusammensetzung.* In den Interviews kommen berufsfeldübergreifend eine Reihe von zentralen Kriterien für die Zusammensetzung eines Teams in der Anti-Bias-Arbeit bei gleichzeitig konstatierten Spannungsfeldern zwischen Anspruch und Realität zur Sprache.[317] Als Kriterien und Anspruch werden genannt: Ein Team sollte aus zwei Personen bestehen und eine Heterogenität entlang verschiedener (selbst reflektierter) struktureller und internalisierter Diskriminierungserfahrungen als Diskriminierte_r aufweisen (bietet Identifikationsmöglichkeit für die Teilnehmenden und das Einbringen möglicherweise nicht vorhandener Perspektiven). Diese Teamheterogenität sollte sich idealerweise an den Diskriminierungserfahrungen der jeweiligen Gruppe orientieren. In der Realität fehlt es demgegenüber öfters an einer Finanzierung, die zwei (angemessen) bezahlte Teamer_innen ermöglicht. In vielen Regionen Deutschlands ist zudem der Pool an Teamenden zu klein, so dass ein komplementäres Team nicht möglich ist. Deutschlandweit erscheint der gesamte Pool zu wenig heterogen, daher ist es wichtig, gezielt nach neuen Teamer_innen zu suchen. Bei Multiplikator_innen-Weiterbildungen könnten zum Beispiel Fragebögen helfen, um besonders Menschen mit strukturellen und internalisierten Diskriminierungserfahrungen als Diskriminierte_r aufzunehmen oder diese Gruppe wird gezielt in den Ausschreibungen angesprochen. Spannungsfelder gibt es entlang der Unsichtbarkeit von einigen strukturellen/internalisierten Diskriminierungserfahrungen bzw. –formen und der Frage, wie diese dann als Identifikationsmöglichkeit den Teilnehmenden zugänglich gemacht werden können. Möglicherweise gilt es, auf diese im Seminarangebot ausdrücklich hinzuweisen. Ein weiteres Spannungsfeld existiert entlang des Aspektes von mehrdimensionaler Diskriminierung. Was ist, wenn diese Erfahrungen im Team nicht berücksichtigt werden können?

---

[316] Vgl. ausführlich zum Kompetenzbegriff Kapitel 6.2.1.

[317] Vgl. dazu ausführlich Kapitel 6.2.2 „Zum Seminarleitungsteam in der Anti-Bias-Arbeit".

Wichtig ist, dass im Team grundsätzlich strukturelle und internalisierte Diskriminierungserfahrungen als Diskriminierte_r vorhanden sind (auch wenn diese nicht ‚direkt' zu den Erfahrungen der Teilnehmenden passt), um anhand der *eigenen* Erfahrungen die jeweiligen *Mechanismen* struktureller und internalisierter Diskriminierung erläutern und begleiten zu können. In der Anti-Bias-Arbeit besteht zudem die Herausforderung darin zu entscheiden, in welchem regionalen Kontext und in Bezug auf welche Gruppe ein Team über welche Diskriminierungsform und Differenzlinie *grundlegendes Wissen* mitbringen sollte. Dieses Dilemma lässt sich nicht allgemein sondern nur spezifisch in Bezug auf die Zielgruppe, die Region sowie die jeweiligen Teamhintergründe lösen. Für den deutschen Kontext ist es in Bezug auf die *historische Dimension* und den damit einhergehenden verinnerlichten Machtverhältnissen wünschenswert zumindest Grundkenntnisse entlang der zentralen geschichtlichen Ereignisse zu haben. Die Ergebnisse diese Studie zeigen in diesem Zusammenhang die besondere Bedeutung der historischen Kontinuitäten der Kolonialzeit, des Themas Ost-/Westdeutschland sowie des Themenkomplexes ‚deutsch sein'.

Zur prozessbegleitenden Beratung von Seminarleitungen

Das letzte Kapitel befasst sich mit dem Thema *prozessbegleitende Beratung von Teams* in der Anti-Bias-Arbeit.[318] Die Interviewanalyse zeigte zunächst, dass Vor-, Nachbereitungs- bzw. Reflexionszeiten einen zentralen Aspekt für die Qualitätssicherung in der Anti-Bias-Arbeit darstellen. Diese sind von Bedeutung, um die Inhalte eines Seminars bzw. einer Maßnahme reflektiert und zielgerichtet auf den vorangegangenen (Seminar)Erfahrungen aufzubauen. In der Praxis ist eine systematische Einbindung von Vor-, Nachbereitungs- bzw. Reflexionszeiten oft nur bedingt umsetzbar. Hindernisse sind in Regelkontexten die hohe Dichte der Inhalte sowie in freiberuflichen Arbeitskontexten die oft fehlenden finanziellen Mittel und die ‚Einmaligkeit' von Seminarveranstaltungen. In der (auch) emotional sehr herausfordernden Anti-Bias-Arbeit können die eigenen Diskriminierungserfahrungen der Teamenden berührt werden. Um deren psychosoziale Gesundheit zu gewährleisten, bieten sich prozessbegleitende Beratungen an. Die Analyse der Interviews und der Fachliteratur zeigt, dass sich eine systematische Einbindung solcher Methoden zur Eigen- und Praxisreflexion in der Anti-Bias-Arbeit noch in den Anfängen befindet. Ein sich anbietendes Konzept ist die *Kollegiale Fallberatung*, weil sie an das Lernverständnis und die Handlungsorientierung in der Anti-Bias-Arbeit anknüpft, kostengünstig ist, da sie ohne externe Moderation auskommt und gut im Kolleg_innenkreis erlernt werden kann. Eine Methode wie die *Supervision* bietet sich darüber hinaus an, wenn ein externer Blick gewünscht ist, der bei Bedarf auch die Beziehung zwischen Berater_in und Klient_in in den Blick nehmen kann. Vor dem Hintergrund der hohen inhaltlich-persönlichen Belastung von Teamenden in der Anti-Bias-Arbeit, ist eine systematische Einbindung prozessbegleitender Beratungen dringend angeraten.

7.4 Didaktischer Würfel der Anti-Bias-Arbeit

In Anknüpfung an die in dieser Forschungsarbeit diskutierten Fragestellungen und Themenkomplexe sowie mit Blick auf die in Kapitel 4.3.2 dargestellte Übersicht der Themen entlang des zentralen Begriffs Diskriminierung möchte ich einen didaktischen Würfel der Anti-Bias-Arbeit

[318] Vgl. dazu Kapitel 6.2.3 „Prozessbegleitende Beratung von Teamenden".

einführen und zur Diskussion stellen. Der didaktische Würfel zielt darauf, die Gesamtheit der Themen dieser Studie zu bündeln sowie didaktische Anschlüsse für die Praxis und Theorie zu ermöglichen.[319]

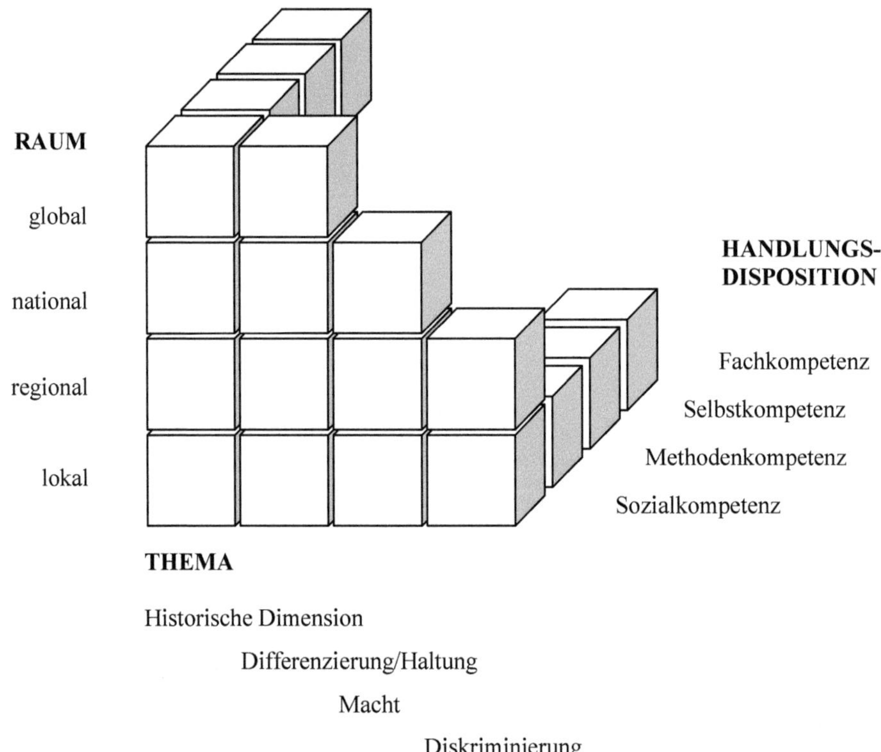

Abb. 13: Didaktischer Würfel der Anti-Bias-Arbeit

In der Darstellung wird den drei Dimensionen des Würfels jeweils ein Begriff zugeordnet: Raum, Themen, Handlungsdisposition.[320] Die Themendimension bezieht die zentralen Inhalte der Anti-Bias-Arbeit wie Differenzierung/Haltung, Macht und Diskriminierung mit ein (vgl. Schmidt 2009, 97ff.), ergänzt um die historische Dimension. Die Raumdimensionen verweist auf die möglichen Unterschiedlichkeiten bzw. Ausprägungen der Themenfelder in Abhängigkeit zum jeweils eingenommenen (räumlichen) Kontext. Die Dimension der Handlungsdisposition bezieht sich auf den erarbeiteten Kompetenzbegriff und umfasst Fach-, Methoden-, Sozial-, und Selbstkompetenz. Der Würfel verdeutlicht so aus einer didaktischen Perspektive, dass jede Themendimension vor dem Hintergrund aller räumlicher Kontexte zu bedenken ist. Zudem ermöglicht der Würfel, differenziert über jeweils passende methodische, fachliche und eigene Fertigkeiten und Fähigkeiten nachzudenken.[321]

319 Die Darstellung des didaktischen Würfels erfolgt in Anlehnung an Annette Scheunpflug und Nikolaus Schröck (2002) und deren Konzeption Globalen Lernens (vgl. ebd., 15ff.).

320 Der abgebildete Würfel ist in seiner Dreidimensionalität aus grafischen Gründen hier nur angedeutet.

321 Im Rahmen dieser Studie wurde dies exemplarisch am Beispiel historischer Kompetenz konkretisiert. Vgl. dazu Kapitel 6.2.1 „Kompetenz – grundlegende Aspekte am Beispiel der historischen Dimension".

8. Fazit und Ausblick

Der Anti-Bias-Ansatz kann als interdisziplinärer Mehrebenenansatz bezeichnet werden. Er bietet in besonderer Weise Anknüpfungsmöglichkeiten an die jeweiligen regionalen und kontextspezifischen sowie global-gesellschaftlichen Herausforderungen, die durch die theoretische Fundierung der vorliegenden Studie noch einmal untermauert werden. Das Potential der Anti-Bias-Arbeit ist noch nicht ausgeschöpft und es bestehen vielfältige Chancen der Weiterentwicklung. Zum Beispiel steht die Umsetzung des Ansatzes als Organisationsprofil erst am Anfang. In Bezug auf die Arbeit in der emanzipatorischen politischen Bildung sind insbesondere weitere Forschungen zum Theorie-Praxis-Transfer – unter Einbezug aller Akteur_innen – sinnvolle und notwendige nächste Schritte einer Weiterentwicklung des Anti-Bias-Ansatzes.

Abschließend möchte ich zwei Punkte noch einmal hervorheben. Erstens wurde in Bezug auf die *historische Dimension* der Anpassung an den deutschen Kontext Folgendes deutlich: Das Bewusstsein für den in der Anti-Bias-Arbeit zentralen Einbezug der ideologisch-diskursiven und strukturellen Diskriminierungsebene sowie die Berücksichtigung und das Verständnis verinnerlichter Machtverhältnisse, kann durch Kenntnisse (kontextspezifischer) historischer Wissensbestände entschieden gestärkt werden. Zweitens besteht eine Herausforderung in der *Qualitätssicherung* des Anti-Bias-Ansatzes, der sich durch seinen ‚offenen' Charakter (Offenheit gegenüber anderen Ansätzen, kein copyright, keine institutionelle Anbindung im Sinne eines Dachverbandes, keine allgemein anerkannten Kriterien der Weiterbildung) auszeichnet. Vor diesem Hintergrund sowie angesichts der aktuell um sich greifenden Bildungsökonomisierung bedarf es einer intensiven kritischen Debatte um Professionalisierung und Kompetenz in den verschiedenen Praxisfeldern sowie Netzwerkstrukturen der Anti-Bias-Arbeit – mit dem Ziel der Qualitätssicherung. Die vorliegende Arbeit liefert zur Anregung dieser Diskussion einige grundlegende Bausteine.

Tabellen- und Abbildungsverzeichnis

Tabellen

Abbildungen

Literaturverzeichnis

Adams, Maurianne/Bell, Lee Anne/Griffin, Pat (1997): Teaching for Diversity and Social Justice. A Sourcebook. New York, London.

AG des Anti-Bias-Jour Fixe Berlin (2010): Qualitätsaspekte in der Anti-Bias-Arbeit. Bislang unveröffentlichtes Diskussionspapier. Berlin.

Aikins, Joshua Kewsi (2004): Die alltägliche Gegenwart der kolonialen Vergangenheit. Berlin.

Albert, Hans (1991): Traktat über politische Vernunft. 5. Auflage. Tübingen.

Albert, Marie-Theres (2009): Eurozentrismus – ein weltweites Phänomen mit kulturellen. Vortrag im Modul "Europa und die Welt: Mensch – Kultur – Gesellschaft". Sommersemester 2009. Cottbus.

Allen, Kristen (2009): Rassismus-Vorwurf: Dresdner benennt Affen namens „Obama“ um. Berlin. In: der tagesspiegel-online vom 10.07.2009. Zuletzt geöffnet am 4. Juni 2012.

American Psychiatric Association (Hg.) (1998): Diagnostische Kriterien des Diagnostischen und Statistischen Manuals Psychischer Störungen DSM IV, dt. Bearbeitung Saß/Wittchen/Zaudig/Houben. Göttingen.

Amin, Samir (1989): Eurocentrism. New York.

Anderson, Benedict (1996): Die Erfindung der Nation. Zur Karriere eines folgenreichen Konzepts. Frankfurt am Main, New York.

Anne Frank Zentrum (Hg.) (2008): Erzieherinnen als Multiplikatorinnen für Demokratie und Vielfalt. Erfahrungen, Ergebnisse und 10 praktische Übungen. Berlin.

Anti-Bias-Werkstatt (2007): Übung 8h: Diskriminierungserfahrungen. In: Europahaus Aurich/Anti-Bias-Werkstatt (Hg.). S. 1-7.

Anti-Bias-Werkstatt (2007a): Übung 6a: Diskriminierungsmodell. In: Europahaus Aurich/Anti-Bias-Werkstatt (Hg.). S. 1-6.

Anti-Bias-Werkstatt (2007b): Übung 6d: Internalisierung 1. In: Europahaus Aurich/Anti-Bias-Werkstatt (Hg.). S. 1-8.

Anti-Bias-Werkstatt (2007c): Übung 6b: Ebenen. In: Europahaus Aurich/Anti-Bias-Werkstatt (Hg.). S. 1-7.

Anti-Bias-Werkstatt (2007d): Übung 9c: Handlungsschritte. In: Europahaus Aurich/Anti-Bias-Werkstatt (Hg.). S. 1-3.

Anti-Bias-Werkstatt (2007e): Übung 6e: Internalisierung 2. In: Europahaus Aurich/Anti-Bias-Werkstatt (Hg.). S. 1-5.

Anti-Bias-Werkstatt (2007f): Übung 6c: Machtverhältnisse. In: Europahaus Aurich/Anti-Bias-Werkstatt (Hg.). S. 1-5.

Anti-Bias-Werkstatt (Hg.) (2011). Berlin. www.anti-bias-werkstatt.de. Zuletzt geöffnet am 3. Juni 2012.

Anti-Bias-Werkstatt (Hg.) (2011a): Mitarbeiter_innen. Berlin. www.anti-bias-werkstatt.de/10.html. Zuletzt geöffnet am 3. Juni 2012.

Anti-Bias-Werkstatt (Hg.) (2005): Jahresbericht 2005. Berlin.

Anti-Bias-Werkstatt (Hg.) (2006): Jahresbericht 2006. Berlin.

Anti-Bias-Werkstatt (Hg.) (2009): Jahresbericht 2009. Berlin.

Anti-Bias-Werkstatt (Hg.) (2011): Jahresbericht 2011. Berlin.

Anti-Bias-Werkstatt/Haus der Begegnung (Hg.) (2010): Vielfalt. Macht. Diskriminierung. Der Anti-Bias-Ansatz im pädagogisch-politischen Handlungsfeld. Lehrgang. Flyer. Innsbruck, Berlin.

Antidiskriminierungsstelle des Bundes (Hg.) (2012): Die Gleichbehandlungsrichtlinien der Europäischen Union. Berlin. www.antidiskriminierungsstelle.de/DE/DasGesetz/EU-Richtlinien/eu-Richtlinien_node.html. Zuletzt geöffnet am 4. Juni 2012.

Antonovsky, Aaron (1979): Health, stress and coping. New perspectives on mental and physical well-being. San Francisco.

Antonovsky, Aaron (1997): Salutogenese: Zur Entmystifizierung der Gesundheit . Tübingen.

Arendt, Hannah (2006): Eichmann in Jerusalem. Ein Bericht von der Banalität des Bösen. München.

Arndt, Susan (2009): „Rassen" gibt es nicht, wohl aber die symbolische Ordnung von Rasse. Der „Racial Turn" als gegennarrativ zur Verleugnung und Hierarchisierung von Rassismus. In: Eggers/Kilomba/Piesche/Arndt (Hg.). S. 340-362.

Arndt, Susan/Hornscheidt, Antje (Hg.) (2009): Afrika und die deutsche Sprache. 2. Auflage. Münster.

Assmann, Aleida (2006): Soziales und kollektives Gedächtnis. Vortragstext von 2006. Berlin. www.bpb.de/veranstaltungen/WMC4L5,0,0,Panel_2%3A_Kollektives_und_soziales_Ged%E4chtnis.html. Zuletzt geöffnet am 4. Juni 2012.

Assmann, Aleida (2006): Erinnerungsräume. Formen und Wandel des kulturellen Gedächtnisses. 3. Auflage. München.

Attia, Iman (2000): Antirassistisch oder interkulturell? Sozialwissenschaftliche Handlungskonzepte im Kontext von Migration, Kultur und Rassismus. In: IDA e.V. (Hg.). S. 5-8.

Auernheimer, Georg (1997): Interkulturelle Pädagogik. In: Bernhard/Rothermel (Hg.): Handbuch kritische Pädagogik. Weinheim. S. 344-356.

Baeumler, Alfred (1984): Rasse als Grundbegriff der Erziehungswissenschaft. In: Kannz (Hg.): Der Nationalsozialismus als pädagogisches Problem. Deutsche Erziehungsgeschichte 1933-1945. Frankfurt am Main. S. 276-279.

Bahrmann, Hannes/Links, Christoph (1999): Chronik der Wende. Die Ereignisse in der DDR zwischen 7. Oktober 1989 und 18. März 1990. Berlin.

Baldwin, Timothy T./Ford, J. Kevin (1988): Transfer of training: A review and directions for future Research. Personel Psychology 41. S. 63-105.

Batts, Valerie (2005): Is Reconciliation possible? Lessons From Combating ‚Modern Racism'. Roxbury. www.visions-inc.org/Is%20Reconciliation%20Possible.pdf. Zuletzt geöffnet am 4. Juni 2012.

Bauer, Walter (1995): Modern oder postmodern? Zur Erneuerung einer demokratischen Erziehungsphilosophie. In: Koch/Marotzki/Peukert (Hg.): Erziehung und Demokratie. Weinheim. S. 57-68.

Bausum, Jakob/Besser, Lutz/Kühn, Martin/Weiß, Wilma (Hg.) (2011): Traumapädagogik: Grundlagen, Arbeitsfelder und Methoden für die pädagogische Praxis. Weinheim, München.

Becker, Julia/Christ, Oliver/Wagner, Ulrich/Schmidt, Peter (2008): Deutschland einig Vaterland? Identifikationen in Ost- und Westdeutschland. In: Institut für interdisziplinäre Gewalt- und Konfliktforschung (Hg.): Kurzzusammenfassungen ausgewählter empirischer Beiträge 2008 aus der 7. Folge „Deutsche Zustände“. Bielefeld. S. 11-13.

Beelmann, Andreas/Heinemann, Kim Sarah/Saur, Michael (2009): Interventionen zur Prävention von Vorurteilen und Diskriminierung. In: Beelmann/Jonas (Hg.). S. 435-462.

Beelmann, Andreas/Jonas, Kai J. (Hg.) (2009): Diskriminierung und Toleranz. Psychologische Grundlagen und Anwendungsperspektiven. Wiesbaden.

Behrend, Hanna (1997): Rückblick aus dem Jahr 2000. Was haben Gesellschaftsutopien uns gebracht? Utopie Kreativ, 78, April 1997.

Behrend, Hanna (1998): Nutzen, Grenzen und heutige Orte von Gesellschaftsutopien. TAK AÖ-Rundbrief Nr. 83, 1998. Neu-Ulm. www.leibi.de/takaoe/83_07.htm. Zuletzt geöffnet am 20.04.2012.

Bell, Mark (2007): Positive Maßnahmen - Einführung des Konzepts. In: Europäische Kommission (Hg.): Chancengleichheit verwirklichen. Welche Rolle soll positiven Maßnahmen zukommen? Luxemburg.

Benz, Wolfgang (2008): Geschichte des Dritten Reiches. 4. Auflage. München.

Bergmann, Werner (2006): Geschichte des Antisemitismus. 3. Auflage. München.

Berliner Akademie für Psychotherapie (Hg.) (2009): Ausbildung zur Kinder- und Jugendlichenpsychotherapeutin /zum Kinder- und Jugendlichenpsychotherapeuten. Berlin.

Berliner Akademie für Psychotherapie (Hg.) (2010): Ausbildung zur Psychologischen Psychotherapeutin/zum psychologischen Psychotherapeuten. Berlin.

Berliner Entwicklungspolitischer Ratschlag et al (Hg.) (2007): Von Trommlern und Helfern. Beiträge zu einer nicht-rassistischen entwicklungspolitischen Bildungs- und Projektarbeit. Berlin.

Bernal, Martin (1991): Black Athena. The Afroasiatic Roots of Classical Civilization. London.

Beyersdorff, Sabine/Höhme-Serke, Evelyn (2008): Verhältnis zwischen Ost und West – einem Tabu auf der Spur. In: Wagner (Hg.). S. 160-170.

Bhabha, K. Homi (2006): The location of culture. London, New York.

Bibliographisches Institut (Hg.) (2012): Duden online. Mannheim. www.duden.de. Zuletzt geöffnet am 4. Juni 2012.

Bielefeldt, Heiner (2006): Menschenrechte als Antwort auf historische Unrechtserfahrungen. In: Deutsches Institut für Menschenrechte et al (Hg.): Jahrbuch Menschenrechte 2007. Privat oder Staat. Menschenrechte verwirklichen. Frankfurt am Main. S. 135-142.

Bielefeldt, Heiner (2009): Zum Innovationspotenzial der UN-Behindertenrechtskonvention. Essay. 3. Auflage. Berlin.

Bielefeldt, Heiner (2009a): Was sind Menschenrechte? In: Lohrenscheit (Hg.). S. 5-16.

Bielefeldt, Heiner/Follmar-Otto, Petra (2005): Diskriminierungsschutz in der politischen Diskussion. Berlin.

Bieringer-Hinterbuchinger, Gottfried (2009): Theoretische Orientierung von Praxis in der Pädagogik bei Herbart und Ruhloff. Diplomarbeit. Wien.

Bloch, Ernst (1985): Das Prinzip Hoffnung. Frankfurt am Main.

BMFSFJ (Hg.) (o.J.): Gender Mainstreaming. Diskriminierung. Berlin. www.gender-mainstreaming.net/gm/Wissensnetz/was-ist-gm,did=16822.html. Zuletzt geöffnet am 4. Juni 2012.

Boal, Augusto (1979): Theater der Unterdrückten. Übungen und Spiele für Schauspieler und Nicht-Schauspieler. Frankfurt am Main.

Bogner, Alexander/Littig, Beate/Menz, Wolfgang (Hg.) (2005): Das Experteninterview. Theorie, Methode, Anwendung. 2. Auflage. Wiesbaden.

Böhlke-Itzen, Janntje (2004): Kolonialschuld und Entschädigung. Der deutsche Völkermord an den Herero 1904 -1907. Frankfurt am Main.

Bömmes, Michael (2001): Bundesrepublik Deutschland: Die Normalisierung der Migrationserfahrung. In: Bade (Hg.): Einwanderungskontinent Europa: Migration und Integration am Beginn des 21. Jahrhunderts. Osnabrück. S. 49-60.

Bourdieu, Pierre (2009): Das Elend der Welt. Konstanz.

Bovha, Cvetka/Kontzi, Nele (2009): Der Anti-Bias-Ansatz. Vorurteilsbewusstes Miteinander an Berliner Grundschulen. In: Lange/Polat (Hg.): Unsere Wirklichkeit ist anders. Migration und Alltag. Bonn. S. 296-304.

Braun, Guido/Lachenicht, Susanne (Hg.) (2007): Hugenotten und deutsche Territorialstaaten. Immigrationspolitik und Integrationsprozesse. München.

Braunroth, Anna (2011): Anfrage bzgl. Statistik zu §22 AGG Beweislastumkehr vom 27.4.2012 von Oliver Trisch; Antwort der Antidiskriminierungsstelle des Bundes vom 06.05.2011. Berlin.

Breit, Gotthard (2005): Problemorientierung. In: Sander (Hg.). S. 108-125.

Brückmann, Thomas/Maetzky, Franziska/Plümecke, Tino (2009): Rassifizierte Gene. Zur Aktualität biologischer "Rasse" Konzepte in den neuen Lebenswissenschaften. In: AG gegen Rassismus in den Lebenswissenschaften (Hg.): Gemachte Differenz. Kontinuitäten biologischer "Rasse" Konzepte. Münster. S. 20-65.

Bundesarbeitsgemeinschaft Traumapädagogik (Hg.) (2012). Gnarrenburg. www.bag-traumapaedagogik.de. Zuletzt geöffnet am 4. Juni 2012.

Bundesausschuss Politische Bildung (Hg.) (2011): Demokratie braucht politische Bildung. Newsletter Ausgabe 4/2011. Bonn.

Bundesgesetzblatt Jahrgang 2001 Teil I Nr. 67, ausgegeben zu Bonn am 17. Dezember 2001 (2001): Gesetz zur Verbesserung des zivilrechtlichen Schutzes bei Gewalttaten und Nachstellungen sowie zur Erleichterung der Überlassung der Ehewohnung bei Trennung. In: BMFSFJ (Hg.): Bundesgesetzblatt. Bonn. www.bmfsfj.de/RedaktionBMFSFJ/Abteilung4/Pdf-Anlagen/PRM-16781-Gewaltschutzgesetz,property=pdf.pdf. Zuletzt geöffnet am 5. Juni 2012.

Bundesministerium der Justiz (Hg.) (2006): Allgemeines Gleichbehandlungsgesetz (AGG). Berlin. www.gesetze-im-internet.de/agg/. Zuletzt geöffnet am 4. Juni 2012.

Bundeszentrale für politische Bildung (2004): Menschenrechte. Dokumente und Deklarationen. 4. Auflage. Bonn.

Bundeszentrale für politische Bildung/Deutsches Institut für Menschenrechte/Europarat (Hg.) (2005): Kompass. Handbuch zur Menschenrechtsbildung für die schulische und außerschulische Bildungsarbeit. Berlin, Bonn, Budapest.

Bundschuh, Stephan/Jagusch, Birgit/Mai, Hanna (Hg.) (2008): Holzwege, Umwege, Auswege. Perspektiven auf Rassismus, Antisemitismus und Islamfeindlichkeit. Düsseldorf.

Can, Halil (2008): Empowerment und Powersharing als politische Handlungsmaxime(n). In: Bundschuh/Jagusch/Mai (Hg.). S. 53-56.

Castro Varela, Maria do Mar (2001): Antirassismus - Interkulturelle Kompetenz - Diversity - Empowerment: Zur Problematisierung von Begriffsklärungen - Kurzfassung. In: Landeszentrum für Zuwanderung NRW (Hg.): Interkulturelle und antirassistische Trainings – aber wie? Konzepte, Qualitätskriterien und Evaluationsmöglichkeiten. Solingen. S. 25-33.

Castro Varela, Maria do Mar/Dhawan, Nikita (2005): Postkoloniale Theorie. Eine kritische Einführung. Bielefeld.

Cenan, Danijela/Trisch, Oliver (2010): Handout zur Kollegialen (Fall)Beratung. Anti-Bias-Seminar mit Danijela Cenan und Oliver Trisch vom 27.-28.2.10. Berlin. Unveröffentlichtes Dokument.

Chernivsky, Marina (2010): Anti-Bias-Ansatz im Spannungsfeld zwischen Vielfalt und Diversität. In: Zentralwohlfahrtsstelle der Juden in Deutschland e.V. (Hg.). S. 10-23.

Chernivsky, Marina/Fügner, Nadine/Chmielewska-Pape, Monika (2010): Methodisch-didaktische Grundprinzipien. In: Zentralwohlfahrtsstelle der Juden in Deutschland e.V. (Hg.): Perspektivwechsel. Theoretische Impulse. Methodische Anregungen. Material Nr. 173. Frankfurt am Main. S. 18-29.

Chicote, Florencio (2005): Die Beratungsstelle für Gleichbehandlung - gegen Diskriminierung des Antidiskriminierungsnetzwerkes Berlin des TBB. In: Antidiskriminierungsnetzwerkes Berlin des TBB (Hg.): Antidiskriminierungsreport Berlin. Berlin.

Chilewski, Marzena (2010): Cultural Studies und der Anti-Bias-Ansatz. Eine Zusammenführung. Bachelorarbeit. Koblenz.

Chmieleweska-Pape, Monika (2010): Das Allgemeine Gleichbehandlungsgesetz (AGG) und der Anti-Bias-Ansatz. In: Zentralwohlfahrtsstelle der Juden in Deutschland e.V. (Hg). Material Nr. 170. S. 24-28.

Clark, Kenneth B. (1988) [1955]: Prejudice and your child. o.O.

Connell, Robert (Raewyn) W. (2006): Der gemachte Mann. Konstruktion und Krise von Männlichkeiten. 3. Auflage. Wiesbaden.

Conrad, Sebastian (2008): Deutsche Kolonialgeschichte. München.

Cremer, Hendrik (2008): „... und welcher Rasse gehören Sie an?“ Zur Problematik des Begriffs „Rasse“ in der Gesetzgebung. Berlin.

Czollek, Leah/Weinbach, Heike (Hg.) (2007): Lernen in der Begegnung. Theorie und Praxis von Social Justice-Trainings. Düsseldorf.

Daniels, Judith (2006): Sekundäre Traumatisierung – kritische Prüfung eines Konstrukts. Bielefeld.

Dausien, Bettina (1996): Biografie und Geschlecht. Zur biografischen Konstruktion sozialer Wirklichkeit in Frauenlebensgeschichten. Bremen.

DECET (Hg.) (2012): Diversity in early childhood education and training. Brüssel. www.decet.org. Zuletzt geöffnet am 3. Juni 2012.

Decker, Oliver/Brähler, Elmar/Geißler, Norman (2006): Vom Rand zur Mitte. Rechtsextreme Einstellungen und ihre Einflussfaktoren in Deutschland. In: Friedrich Ebert Stiftung/Forum Berlin (Hg.). Berlin.

Decker, Oliver/Weißmann, Marliese/Kiess, Johannes/Brähler, Elmar (2010): Die Mitte in der Krise. Rechtsextreme Einstellungen in Deutschland 2010. In: Friedrich Ebert Stiftung/Forum Berlin (Hg.). Berlin.

Dehm, Vivian Leader (2004): Qualitative Evaluation des Trainingstransfers bei Absolventen der Ausbildung zum systemischen Berater. Mannheim.

Demirel, Aycan/Farschid,Olaf/Gryglewski, Elke et al (2011): Antisemitismus in Deutschland. Erscheinungsformen, Bedingungen, Präventionsansätze. Bericht des unabhängigen Expertenkreises Antisemitismus. In: Bundesministerium des Inneren (Hg.). Berlin.

Derman-Sparks, Louise (1989): Anti-Bias-Curriculum. Tools for empowering young children. Washington DC.

Derman-Sparks, Louise (2001): Anti-Bias-Arbeit mit kleinen Kindern in den USA. Vortragsmanuskript. Berlin.

Derman-Sparks, Louise (2008): Anti-Bias-Pädagogik: Aktuelle Entwicklungen und Erkenntnisse aus den USA. In: Wagner (Hg.). S. 239-249.

Derman-Sparks, Louise/Ramsey, Patricia G. (2006): What if all the kids are white? Anti-Bias Multicultural Education with Young Children and Families. New York.

Derman-Sparks, Louise/Brunson Phillips, Carol (1997): Teaching/Learning Anti – Racism. A Developmental Approach. New York.

Dettendorfer, Bettina (2009): Zur Geschichte der politischen Bildung in Deutschland und ihren aktuellen Herausforderungen. In: Mende/Müller (Hg.). S. 18-37.

Deutsche Gesellschaft für Internationale Zusammenarbeit (Hg.) (2011): Seminare und Workshops 2011 für zurückgekehrte Fachkräfte aus der Entwicklungszusammenarbeit. Bonn.

Deutschen Gesellschaft für Supervision (Hg.) (2012): Standards für die Qualifizierung zur/zum Supervisor/in der Deutschen Gesellschaft für Supervision e.V. (DGSv). Köln.

Deutscher Entwicklungsdienst (Hg.) (2011): Ausschreibung Teamer/in für die Nachbereitungsseminare „weltwärts mit der GIZ“. Bonn.

Dewe, Bernd (2005): Von der Wissenstransferforschung zur Wissenstransformation: Vermittlungsprozesse – Bedeutungsveränderungen. In: Antos, Gerd/Wichter, Sigurd (Hg.): Wissenstransfer durch Sprache als gesellschaftliches Problem. Frankfurt am Main. S. 365-379.

Dewey, John (1991): Democracy is radical. In: Center for Dewey Studies (Hg.): The later works 11 (1935-1937): Essays and Liberalism and Social Action. Southern Illinois. S. 269-299.

di Vieste, Mauro (2009): Sinti und Roma in Europa. Seit Jahrhunderten diskriminiert und ausgegrenzt. Pogrom bedrohte Völker Nr. 254, 3/2009. Bozen.

Dietzel, Christiane (2010): Frühkindliche Erziehung im Nationalsozialismus - mit schwerpunktmäßiger Auseinandersetzung der Erziehungsliteratur von Johanna Haarer. Berlin. Magisterarbeit.

DIMDI - Deutsches Institut für Medizinische Dokumentation und Information (Hg.) (2012): ICD-10. Köln. www.dimdi.de/static/de/klassi/diagnosen/icd10/. Zuletzt geöffnet am 5. Juni 2012.

dpa (2010): Europride in Warschau. „Wir sind stark“. Artikel vom 18.7. 2010. Berlin. In: taz.de (Hg.): www.taz.de/!55751/. Zuletzt geöffnet am 5. Juni 2012.

Earl, Sarah/Carden, Fred/Smutylo, Terry (2001): Outcome Mapping. Building Learning and Reflection into Development Programs. Ottawa.

Eggers, Maisha Maureen/Kilomba, Grada/Piesche, Peggy/Arndt, Susan (Hg.) (2009): Mythen, Masken und Subjekte. Kritische Weißseinsforschung in Deutschland. 2. Auflage. Münster.

Ehlers, Anke (1999): Posttraumatische Belastungsstörung. Göttingen.

Eisele, Elli/Scharathow, Wiebke/Winkelmann, Anne Sophie (2008): ver - vielfältig - ungen. Diversitätsbewusste Perspektiven für Theorie und Praxis internationaler Jugendarbeit. Jena.

EJBW (Europäische Jugendbildungsstätte und Jugendbegegnungsstätte Weimar) (Hg.) (2011): JedeR ist besonders - alle sind gleich. Diskriminierung VER-lernen. Grund- und Aufbaukurs zu Methoden aus dem Anti-Bias-Training. Flyer. Weimar.

ELRU (Hg.) (2009): Improving the lives of young children. Cape Town. www.elru.co.za. Zuletzt geöffnet am 3. Juni 2012.

Elverich, Gabi/Kalpaka, Annita/Reindlmeier, Karin (Hg.) (2006): Spurensicherung. Reflexion von Bildungsarbeit in der Einwanderungsgesellschaft. Frankfurt am Main, London.

Elverich, Gabi/Reindlmeier, Karin (2006): "Prinzipien antirassistischer Bildungsarbeit" - ein Fortbildungskonzept in der Reflexion. In: Elverich/Kalpaka/Reindlmeier (Hg.). S. 27-62.

Elverich, Gabi/Reindlmeier, Karin (2008): Auf der Suche nach gelingender Praxis - Fragen an antirassistische Bildungsarbeit. In: Bundschuh/Jagusch/Mai (Hg.). S. 36-40.

Erichsen, Caspar W. (2008): "What the elders used to say." Namibian Perspectives on the Last Decade of German Colonial Rule. Windhoek.

Euler, Ralf (2011): Nationalsozialisten. Ein brauner Schatten über dem Landtag. In: F.A.Z. (Hg.). Wiesbaden. www.faz.net/aktuell/rhein-main/hessen/nationalsozialisten-ein-brauner-schatten-ueber-dem-landtag-1641742.html. Zuletzt geöffnet am 5. Juni 2012.

Europahaus Aurich/Anti-Bias-Werkstatt (Hg.) (2007): Methodenbox: Demokratie-Lernen und Anti-Bias-Arbeit. Aurich.

Europäische Kommission (2006): Gleichbehandlung und Antidiskriminierung. Jahresbericht 2006. Luxemburg.

European Association for Supervision and Coaching (Hg.) (2012): Coaching. Berlin. www.easc-online.eu/index.php?id=384. Zuletzt geöffnet am 25. Mai 2012.

Farr, Arnold (2009): Wie Weißsein sichtbar wird. Aufklärungsrassismus und die Struktur eines rassisfizierten Bewusstseins. In: Eggers/Kilomba/Piesche/Arndt (Hg.). S. 40-55.

Fischer, Torsten/Mroczek, Peter M. (2004): Pädagogik und Therapie. Einführung in die Theorie und Praxis pädagogischer Therapieformen. Schriften zur pädagogischen Psychologie, Band 12. Hamburg.

FiPP (Hg.) (o.J.): Fortbildungsinstitut für pädagogische Praxis e.V. Berlin. www.fippev.de. Zuletzt geöffnet am 3. Juni 2012.

Flick, Uwe (2002): Qualitative Forschung. Eine Einführung. Reinbek bei Hamburg.

Foxon, M. (1993): A process approach to the transfer of training. Part I: The impact of motivation and supervisor support on transfer maintenance. Australian Journal of Educational Technology 9(2). Dickson, Como. S. 130-143.

Freiburg-Postkolonial.de (o.J.). In: Iz3W (Hg.). Freiburg. www.freiburg-postkolonial.de/Seiten/Links.htm. Zuletzt geöffnet am 3. Juni 2012.

Freire, Paulo (1973): Pädagogik der Unterdrückten. Bildung als Praxis der Freiheit. Reinbek bei Hamburg.

Frey, Regina (2002): Von Gender und anderen Ausgrenzungsstrategien. Über das Verhältnis von Gender und Anti-Bias. In: INKOTA e.V. (Hg.). S. 76-81.

Fritz Bauer Institut & Staatliches Museum Auschwitz-Birkenau (Hg.) (2004): Der Auschwitz-Prozess. Tonbandmitschnitte, Protokolle, Dokumente. DVD/ROM. Berlin.

Führing, Gisela (2000): Das Konzept des Anti-Bias-Trainings. In: Informations- und Dokumentationszentrum für Antirassismusarbeit e.V. (IDA) (Hg.). S. 19-20.

Gessler, Philipp (2008): Die Ost-West-Kluft. In: taz.de (Hg.). Berlin. www.taz.de/!26889/. Berlin. Zuletzt geöffnet am 09.06.2011.

Giesecke, Hermann (1965): Didaktik der politischen Bildung. München.

Gildemeister, Regine/Robert, Günther (2000): Sozialpädagogik und Therapie. In: Otto/Thiersch (Hg.): Handbuch der Sozialarbeit/Sozialpädagogik. Neuwied, Kriftel, Berlin. S. 1901-1909.

GIZ - Deutschen Gesellschaft für Internationale Zusammenarbeit (Hg.) (2011): Jahresbericht 2010. Bonn, Eschborn.

Gläser, Jochen/Laudl, Grit (2009): Experteninterview und qualitative Inhaltsanalyse. 3. Auflage. Wiesbaden.

Gomolla, Mechthild (2007): Wissenschaftliche Begleitung. Kinderwelten. Vorurteilsbewusste Bildung und Erziehung in Kindertageseinrichtungen. Bundesweites Disseminationsprojekt (Baden-Württemberg, Niedersachsen, Thüringen). Oktober 2004 – Dezember 2008. Zwischenbericht. Münster.

Gomolla, Mechthild (2010): Institutionelle Diskriminierung. Neue Zugänge zu einem alten Problem. In: Hormel/Scherr (Hg.): Diskriminierung. Grundlagen und Forschungsergebnisse. Wiesbaden. S. 61-93.

Gomolla, Mechtild/Radtke, Frank-Olaf (2002): Institutionelle Diskriminierung. Die Herstellung ethnischer Differenz in der Schule. Opladen.

Gramelt, Katja (2010): Der Anti-Bias-Ansatz. Zu Konzept und Praxis einer Pädagogik für den Umgang mit (kultureller) Vielfalt. Wiesbaden.

Granados Cannawurf, Ruth Alcira (2005): Trainings-Transfer: Eine Langzeitstudie der zugrunde liegenden Prozesse. Bad Homburg.

Grawe, Klaus (1992): Psychotherapie zu Beginn der neunziger Jahre. In: Psychologische Rundschau 43. Göttingen. S. 132-162.

Gräser, Horst/Häfele, Martin/Hallwachs, Reinhard et al (2005): Handbuch zur Einführung in die Praxis der Männer Radikal Therapie für Gruppen. 2. Auflage. o.O.

Gruber, Elke (2004): Professionalisierung in der Erwachsenenbildung: Zwei Schritte vorwärts, einer zurück? In: Lenz/Spring (Hg.): Kritische Bildung? Zugänge und Vorgänge.. Münster. S. 213-225.

Gründer, Horst (2004): Geschichte der deutschen Kolonien. 5. Auflage. Paderborn.

Grzeszczak, Robert (2008): Die Standards beim Schutz der nationalen Minderheiten in Europa – die rechtlichen Aspekte. Warschau, Breslau.

Gudjons, Herbart (1999): Pädagogisches Grundwissen. Überblick - Kompendium - Studienbuch. 6. Auflage. Bad Heilbrunn.

Ha, Kien Nghi (2007): Postkoloniale Kritik und Migration - eine Annäherung. In: Ha/al-Samarai/Mysorekar (Hg.): re/visionen. Postkoloniale Perspektiven von People of Color auf Rassismus, Kulturpolitik und Widerstand in Deutschland. Münster. S. 41-54.

Ha, Kien Nghi (2009): Macht(t)raum(a) Berlin - Deutschland als Kolonialgesellschaft. In: Eggers/Kilomba/Piesche/Arndt (Hg.). S. 105-117.

Haarer, Johanna (1942): Die deutsche Mutter und ihr erstes Kind. München.

Habermas, Jürgen (1981): Theorie des kommunikativen Handelns. Bd. 1. Frankfurt am Main.

Habermas, Jürgen (1986): Eine Art Schadensabwicklung. Die apologetischen Tendenzen in der deutschen Zeitgeschichtsschreibung. DIE ZEIT vom 11. Juli 1986. Hamburg.

Hahn, Harald/Trisch, Oliver (2012): Heimliche Begleiter - soziale Herkunft und Bildung. Berlin. www.heimliche-begleiter.de. Zuletzt geöffnet am 5. Juni 2012.

Hahn, Jetti/Bitis, Songül/Wullenkord, Dirk (2010): Wie Vielfalt Schule machen kann! Erfahrungen mit dem Anti-Bias-Ansatz an Berliner Grundschulen. In: FiPP e.V. (Hg.): Berlin.

Halbwachs, Maurice (1939): La mémoire collective. Paris.

Hamburger, Franz (2009): Abschied von der interkulturellen Pädagogik. Plädoyer für einen Wandel sozialpädagogischer Konzepte. Weinheim, München.

Händle, Christa (2002): Lasten der Vergangenheit? Politische Bildung in deutschen Schulen. Bielefeld. www.jsse.org/2002/2002-2/pdf/haendle-deutschland-2-de.pdf. Zuletzt geöffnet am 4. Juni 2012.

Haug, Frigga (2003): Lernverhältnisse. Selbstbewegungen und Selbstblockierungen. Hamburg.

Hegel, Georg Friedrich Wilhelm (1971): Vorlesungen über die Philosophie der Geschichte. In: Glockner (Hg.): Georg Friedrich Wilhelm Hegel: Sämtliche Werke. Jubiläumsausgabe in 20 Bänden. Stuttgart.

Heigl, Nikolas Florian (2010): Hans-Georg Gadamer. Gefangen in eurozentrischen Vorurteilen? Diplomarbeit. Wien.

Heinzelmann, Herbert (2002): Blue Eyed. Bertram Verhaag. BR Deutschland 1996. Film-Heft. Köln.

Heitmeyer, Wilhelm (2009): Leben wir immer noch in zwei Gesellschaften? 20 Jahre Vereinigungsprozeß und die Situation ‚Gruppenbezogener Menschenfeindlichkeit'. In: Heitmeyer, Wilhelm (Hg.): Deutsche Zustände. Folge 7. Frankfurt am Main S. 13-51.

Hendriksen, Jeroen (2000): Intervision. Kollegiale Beratung in Sozialer Arbeit und Schule. Weinheim, Basel.

Herbart, Johann Friedrich (1997): Die erste Vorlesung über Pädagogik. In: Benner (Hg.): Johann Friedrich Herbart. Weinheim. S. 43-46.

Herdel, Shantala (2007): Was ist Anti-Bias? In: Europahaus Aurich/Anti-Bias-Werkstatt (Hg.). S. 1-3.

Hertle, Hans-Hermann/Nooke, Maria (2010): Die Todesopfer an der Berliner Mauer 1961-1989. Potsdam, Berlin.

Hertle, Hans-Hermann/Sälter, Gerhard (2006): Die Todesopfer an Mauer und Grenze. Probleme einer Bilanz des DDR-Grenzregimes. In: W. Bertelsmann-Verlag im Auftrag der Bundeszentrale für politische Bildung (Hg.): Deutschland-Archiv 39 (2006), H.4. Potsdam, Berlin. S. 667-676.

Heyl, Matthias (1997): Erziehung nach Auschwitz. Eine Bestandsaufnahme. Deutschland, Niederlande, Israel, USA. Hamburg.

Hieronymus, Andreas (2007): Diskriminierung erkennen und handeln! Ein Handbuch für Beratungsstellen und MigrantInnenorganisationen auf der Grundlage des Allgemeinen Gleichbehandlungsgesetzes (AGG). In: migration.works - Zentrum für Partizipation, basis & woge e.V. (Hg.). Hamburg.

Hilligen, Wolfgang (1955): Plan und Wirklichkeit im sozialkundlichen Unterricht. Untersuchungen, Erfahrungen, Vorschläge. Frankfurt am Main.

Hobmair, Hermann (1992): Pädagogik. Köln.

Holst, Elke/Schimeta, Julia (2012): Spitzengremien großer Unternehmen: Hartnäckigkeit männlicher Strukturen lässt kaum Platz für Frauen. In: DIW-Berlin - Deutsches Institut für Wirtschaftsforschung e.V. (Hg.): DIW Wochenbericht Nr. 3/2012 vom 18. Januar 2012. Berlin.

Holzkamp, Klaus (1995): Lernen. Eine subjektwissenschaftliche Grundlegung. Frankfurt am Main, New York.

Hormel, Ulrike (2007): Diskriminierung in der Einwanderungsgesellschaft. Begründungsprobleme pädagogischer Strategien und Konzepte. Wiesbaden.

Hormel, Ulrike (2010): Diskriminierung von Kindern und Jugendlichen mit Migrationshintergrund im Bildungssystem. In: Hormel/Scherr (Hg.): Diskriminierung. Grundlagen und Forschungsergebnisse. Wiesbaden. S. 173-196.

Hormel, Ulrike/Scherr, Albert (2005): Bildung für die Einwanderungsgesellschaft. Bonn.

Hormel, Ulrike/Scherr, Albert (Hg.) (2010): Diskriminierung. Grundlagen und Forschungsergebnisse. Wiesbaden.

Huber, Michaela (2006): Trauma und die Folgen. Trauma und Traumabehandlung, Teil 1. 3. Auflage. Paderborn.

Huber, Michaela (2007): Trauma und die Folgen. Vortragspräsentation. Göttingen.

HVHS Frille/Anti-Bias-Werkstatt (Hg.) (2008): Wege zu einer vorurteilsbewussten und diskriminierungsfreien Gesellschaft. Der Anti-Bias-Ansatz in Praxis und Theorie. Flyer zur Seminarreihe. Frille.

IDA e.V. (Hg.) (2000): Trainings. Interkulturelle Methoden. Antirassistische Ansätze. Konfliktlösungsstrategien. Reader für MultiplikatorInnen in der Jugend- und Bildungsarbeit. Düsseldorf.

inklusive menschenrechte (Hg.) (2011): Weiterbildung inklusive menschenrechte. 2011. Programmübersicht. Lüneburg.

INKOTA Netzwerk e.V. (Hg.) (2002): Vom Süden lernen. Erfahrungen mit einem Andiskriminierungsprojekt und Anti-Bias-Arbeit. Berlin.

INKOTA Netzwerk e.V. (Hg.) (o.J.). Berlin. www.inkota.de. Zuletzt geöffnet am 3. Juni 2012.

Innovationsverbund Ostdeutschlandforschung (2009): Wahrnehmung und Bewertung der deutsch-deutschen Einheit. Kurzfassung der Projektergebnisse. Berlin-Brandenburg, Magdeburg, Berlin.

Institut für kollegiale Beratung e.V. (Hg.) (2011): Heilsbronner Modell zur kollegialen Beratung. 10 Schritte für die Gruppe. Heilsbronn. 6., überarbeitete Auflage. www.kollegiale-beratung.net/assets/oos/mdb/8/10Schritte_netz.pdf. Zuletzt geöffnet am 5. Juni 2012.

IKM (Hg.) (o.J.): Institut für konstruktive Konfliktaustragung und Mediation e.V. Hamburg. www.ikm-hamburg.de. Zuletzt geöffnet am 3 Juni 2012.

Ipsen, Christiane (2008): Trainingstransfer in der Weiterbildungsreihe ‚Der Anti-Bias-Ansatz in Theorie und Praxis': eine qualitative Erhebung zur Identifizierung relevanter Faktoren. Magisterarbeit. Regensburg.

Iwers-Stelljes, Telse (2008): Gelassen und handlungsfähig: Das Qualifizierungsmodul Integrative Introversionsberatung (QUIB) zum Erwerb von Selbst- und Sozialkompetenz im Pädagogikstudium. Bad Heilbrunn.

Jackson, Harvey (1994): Die menschliche Seite der Menschen. Die Theorie des Neuauswertungscounseling 1994/2002. Seattle, Washington.

Jaeggi, Eva/Faas, Angelika/Mruck, Katja (1998): Denkverbote gibt es nicht! Vorschlag zur interpretativen Auswertung kommunikativ gewonnener Daten. Forschungsbericht, Nr. 2-98. Berlin.

Jansen, Frank (2012): NSU-Morde. Das Netzwerk des braunen Terrrors. In: Tagesspiegel Online (Hg.). Berlin. www.tagesspiegel.de/politik/nsu-morde-das-netzwerk-des-braunen-terrors/6244252.html. Zuletzt geöffnet am 5. Juni 2012.

Jaspers, Karl (1979): Die Schuldfrage. Für Völkermord gibt es keine Verjährung. München.

Jokinen (Hg.) (2009): Schimmelmann >pp. Hamburg entfernt ein Kolonialdenkmal. Beiträge zur Veranstaltungsreihe vom 28. bis 30. November 2008. Hamburg.

Jonas, J. Kai/Beelmann, Andreas (2009): Einleitung: Begriffe und Anwendungsperspektiven. In: Beelmann/Jonas (Hg.). S. 19-40.

Kant, Immanuel (1785): Bestimmung des Begriffs einer Menschenrasse. Immanuel Kants Schriften zur Anthropologie und Pädagogik, Immanuel Kants Werke, Bd. 10. 1839. Leipzig.

Kant, Immanuel (1977): Über den Gemeinspruch: Das mag in der Theorie richtig sein, taugt aber nicht für die Praxis. In: Weischedel (Hg.): Immanuel Kant: Werke in zwölf Bänden. Band 11. Frankfurt am Main. S. 127-172.

Kasiske, Jan/Krabel, Jens (2002): Kinder, Kinder, Kinder. Anti-Bias-Arbeit als Wegbereiter zu einem Paradigmenwechsel in der geschlechtsbezogenen Arbeit mit Jungen. In: INKOTA e.V. (Hg.). S. 82-88.

Keil, Daniel (2009): Die "zarte Wiederentdeckung des Deutschen". In: Projektgruppe Nationalismuskritik (Hg.): Irrsinn der Normalität. Aspekte der Reartikulation des Deutschen Nationalismus. Münster. S. 20-40.

Kemper, Andreas/Weinbach, Heike (2009): Klassismus. Eine Einführung. Münster.

KINDERWELTEN (Hg.) (2009): Ausschreibung Weiterbildungskurs 2010-2012: „Multiplikatorinnen und Multiplikatoren für Vorurteilsbewusste Bildung und Erziehung". www.kinderwelten.net/ausschreibung_multikurs_2010.pdf. Berlin. Zuletzt geöffnet am 3. Juni 2012.

KINDERWELTEN (Hg.) (2012): Bildung konsequent inklusiv – Vorurteilsbewusste Bildung und Erziehung. Berlin. www.kinderwelten.net. Zuletzt geöffnet am 3. Juni 2012.

KINDERWELTEN (Hg.) (2010): Wir über uns. www.kinderwelten.net/wir_ueber_uns.php. Berlin. Zuletzt geöffnet am 22.11.2010.

Klein, Anna/Küpper, Beate/Zick, Andreas (2009): Rechtspopulismus im vereinigten Deutschland als Ergebnis von Benachteiligungsgefühlen und Demokratiekritik. In: Heitmeyer (Hg.): Deutsche Zustände. Folge 7. Frankfurt am Main S. 93-112.

Kleßmann, Christoph (2001): Der schwierige gesamtdeutsche Umgang mit der DDR-Geschichte. In: Bundeszentrale für politische Bildung (Hg.): Aus Politik und Zeitgeschichte B 30-31 /2001. Bonn. S. 3-5.

Klinger, Udo (Hg.) (2000): Fabeln des Aesop: Der Fuchs und der Storch. Schwerte (Ruhr). www.udoklinger.de/Deutsch/Fabeln/Aesop.htm#Der%20Fuchs%20und%20der%20Storch. Zuletzt geöffnet am 5. Juni 2012.

Koch, Gerd/Streisand, Marianne (Hg.) (2003): Wörterbuch der Theaterpädagogik. Uckerland (Berlin, Milow).

Kontzi, Nele/Flechtkorb, Beate (2012): Anti-Bias-Netzwerktreffen am 9.12.2011 in Berlin. Dokumentation. Internes Papier. In: Anti-Bias-Netzwerk (Hg.). Berlin.

Koopman, Arabella/Robb, Helen (1997): Shifting Paradigms. Using an anti-bias strategy to challenge oppression and assist transformation in the South African context. In: Early Learning Resource Unit (Hg.): Lansdowne, South Africa.

Kraft, Susanne (2006): Aufgaben und Tätigkeiten von Weiterbildner/inne/n - Herausforderungen und Perspektiven einer weiteren Professionalisierung in der Weiterbildung. DIE-Reports zur Weiterbildung. Bonn.

Krautz, Jochen (2009): Bildung als Anpassung. Das Kompetenz-Konzept im Kontext einer ökonomisierten Bildung. In: Fromm Forum (Hg.): Humanistischer Dialog angesichts globaler Herausforderungen. Ausgabe 13/2009. Pfungstadt. S. 87-100.

Krieck, Ernst (1933): Menschenformung. Leipzig.

Krönig, Jürgen (2006): Angst vor der Nation. In: Zeit-Online (Hg.). Hamburg. www.zeit.de/online/2006/25/WM-Patriotismus-Kommentar. Zuletzt geöffnet am 28. Juli 2011.

Kübler, Anette/Reddy, Anita (2002): Anti-Bias-Trainingsmaterial. In: INKOTA Netzwerk e.V. (Hg.). S. 89-112.

Kundrus, Birthe (2003): Von Windhoek nach Nürnberg? Koloniale "Mischehenverbote" und die nationalsozialistische Rassengesetzgebung. In: Kundrus (Hg.): Phantasiereiche. Zur Kulturgeschichte des deutschen Kolonialismus. Frankfurt am Main. S. 110-131.

Lange, Dirk/Polat, Ayca (2009): Unsere Wirklichkeit ist anders. Migration und Alltag. Bonn.

Langenscheidt (Hg.) (2007): Praktisches Wörterbuch Englisch. Berlin, München.

Lehmann Gabriele/Nieke, Wolfgang (2001): Zum Kompetenz-Modell. Schwerin. www.bildung-mv.de/export/sites/lisa/de/publikationen/rahmenplaene/ergaenzende_texte/text-lehmann-nieke.pdf. Zuletzt geöffnet am 5. Juni 2012.

Leiprecht, Rudolf (2003): Antirassistische Ansätze in (sozial-)pädagogischen Arbeitsfeldern: Fallstricke, Möglichkeiten und Herausforderungen. In: Stender/Rohde/Weber (Hg.): Interkulturelle und antirassistische Bildungsarbeit. Projekterfahrungen und theoretische Beiträge. Frankfurt am Main S. 21-41.

Leiprecht, Rudolf (2004): Kultur - was ist das eigentlich? In: IBKM (Heft 7) (Hg.): Oldenburg.

Leiprecht, Rudolf (2005): Erinnerungskultur in Deutschland und den Niederlanden - Hinweise für eine Erinnerungspädagogik in pluriformen Einwanderungsgesellschaften. In: Lutz/Gawarecki (Hg.): Kolonialismus und Erinnerungskultur. Die Kolonialvergangenheit im kollektiven Gedächtnis der deutschen und niederländischen Einwanderungsgesellschaft. Münster. S. 95-110.

Leiprecht, Rudolf (2009): Diversitätsbewusste Sozialpädagogik. Ein Beitrag zur politischen Bildung. In: Lange/Polat (Hg.): Unsere Wirklichkeit ist anders. Migration und Alltag. Perspektiven politischer Bildung. Bonn. S. 211-223.

Leiprecht, Rudolf/Kerber, Anne (2006): Schule in der Einwanderungsgesellschaft. Schwalbach im Taunus.

Lemberg, Anne (2008): Kritik neuerer Konzepte der außerschulischen politischen Bildung. Diplomarbeit. Berlin.

Lesser, Gabriele (2008): Christopher Street Day in Warschau. Die Totgeschwiegenen. Artikel vom 7.6.2008. In: taz.de (Hg.). Berlin. www.taz.de/!18313/. Zuletzt geöffnet am 5. Juni 2012.

Leutner, Mechthild (2005): Kiautschou – Deutsche „Musterkolonie" in China? In: van der Heyden/Zeller (Hg.): „... Macht und Anteil an der Weltherrschaft." Berlin und der deutsche Kolonialismus.. Münster. S. 203-207.

Leutz, Greta Anna (1974): Psychodrama. Theorie und Praxis. Bd. 1. Berlin, Heidelberg.

Littig, Beate (2005): Interviews mit Experten und Expertinnen. Überlegungen aus geschlechtstheoretischer Sicht. In: Bogner/Littig/Menz (Hg.). S. 191-206.

Lohrenscheit, Claudia (2004): Das Recht auf Menschenrechtsbildung. Grundlagen und Ansätze einer Pädagogik der Menschenrechte. Frankfurt am Main, London.

Lohrenscheit, Claudia (Hg.) (2009): Unterrichtsmaterialien für die Menschenrechtsbildung an Schulen. 2. Auflage. Geänderte Fassung. Berlin.

Lohrenscheit, Claudia/Trisch, Oliver (Hg.) (2007): Unterrichtsmaterialien für die Menschenrechtsbildung an Schulen. 1. Auflage. Berlin.

Ludewig, Kurt (1987): Therapie und Erziehung - Widerspruch oder Ergänzung. In: Rotthaus (Hg.): Therapie und Erziehung in systemischer Sicht. Dortmund. S. 90-100.

Lutz, Helma (1999): State of the Art: Zum Stand der Interkulturellen Pädagogik. Tertium Comparationis. 5. Jg, Heft 2. S. 134-149.

Lutz, Helma/Gawarecki, Kathrin (Hg.) (2005): Kolonialismus und Erinnerungskultur. Kolonialismus und Erinnerungskultur. Die Kolonialvergangenheit im kollektiven Gedächtnis der deutschen und niederländischen Einwanderungsgesellschaft. Münster. S. 9-21.

Maroshek-Klarmann, Uki (2005): Miteinander - Erfahrungen mit Betzavta. Ein Praxishandbuch für die politische Bildung auf der Grundlage des Werks „Miteinander". 4. Auflage. Gütersloh.

Marsh, Alan/Sahin-Dikmen, Melahat (2003): Diskriminierung in der Europäischen Union. Eurobarometer 57.0. Zusammenfassung der Ergebnisse. Brüssel.

Mayring, Philipp (2002): Einführung in die qualitative Sozialforschung. 5. Auflage. Weinheim, Basel.

Mecheril, Paul (2010): „Kompetenzlosigkeitskompetenz". Pädagogisches Handeln unter Einwanderungsbedingungen. In: Auernheimer (Hg.): Interkulturelle Kompetenz und pädagogische Professionalität. 3. Auflage. Wiesbaden. S. 15-34.

Memmi, Albert (1994) [1966]: Der Kolonisator und der Kolonisierte. Zwei Portraits. Hamburg.

Mende, Janne/Müller, Stefan (2009): Emanzipation in der politischen Bildung. Theorien - Konzepte - Möglichkeiten. Schwalbach/Taunus.

Merx, Andreas (2007): Antidiskriminierungspolitik. Positive Maßnahmen in der Antidiskriminierungspraxis. Berlin. www.migration-boell.de/web/diversity/48_1201.asp. Zuletzt geöffnet am 5. Juni 2012.

Meuser, Michael/Nagel, Ulrike (2005): ExpertInneninterviews - vielfach erprobt, wenig bedacht. Ein Beitrag zur qualitativen Sozialforschung. In: Bogner/Littig/Menz (Hg.). S. 71-93.

Meyers Lexikonredaktion (1996): Schlaglichter der Weltgeschichte. Bonn.

Migge, Björn (2007): Handbuch Coaching und Beratung. Weinheim, Basel.

Motakef, Mona (2006): Das Menschenrecht auf Bildung und der Schutz vor Diskriminierung. Exklusionsrisiken und Inklusionschancen. Berlin.

Müller, Werner (2001): Die DDR in der deutschen Geschichte. In: Bundeszentrale für politische Bildung (Hg.): Aus Politik und Zeitgeschichte. B 28/2001 . Bonn. S. 43-54.

Müller, Wolfgang (Bearb.) (1982): Duden-Fremdwörterbuch. Mannheim, Wien, Zürich. S. 243.

Neubert, Stefan (2004): Eine Einführung in die thematische Vielfalt von Deweys Philosophie und ihrer heutigen Rezeption. Köln.

Nghi Ha, Kien/Arndt, Susan (2011): "Bastard". In: Arndt/Ofuatey-Alazard (Hg.): (K)Erben des Kolonialismus im Wissensarchiv deutsche Sprache. Ein kritisches Nachschlagewerk. Münster. S. 624-628.

Nohl, Michael-Arnd (2010): Konzepte interkultureller Pädagogik. Eine systematische Einführung. 2. Auflage. Bad Heilbrunn.

Nolte, Ernst (1986): Vergangenheit, die nicht vergehen will. Eine Rede, die geschrieben, aber nicht gehalten werden konnte. Frankfurter Allgemeine Zeitung, 6. Juni 1986. Frankfurt am Main.

Nowack, Bernd (1999): Die Kolonie Deutsch-Witu und ihr Tausch gegen Helgoland. Dessau.

Osterkamp, Ute (1996): Rassismus als Selbstentmächtigung. Hamburg.

Pease, Allan und Barbara (2000): Warum Männer nicht zuhören und Frauen schlecht einparken: Ganz natürliche Erklärungen für eigentlich unerklärliche Schwächen. Berlin.

Pech, Ingmar (2006): Whiteness - akademischer Hype und praxisbezogene Ratlosigkeiten? Überlegungen für eine Anschlussfähigkeit antirassistischer Praxen. In: Elverich/Kalpaka/Reindlmeier (Hg.). S. 63-94.

Pergande, Frank (2009): Deutsche Einheit. Ossis und Wessis. In: FAZ (Hg.): FAZ vom 14. März 2009 - online version. Frankfurt am Main. www.faz.net/aktuell/politik/deutsche-einheit-ossis-und-wessis-1919540.html. Zuletzt geöffnet am 5. Juni 2012.

Perls, Fritz (2007): Grundlagen der Gestalt-Therapie. Einführung und Sitzungsprotokolle. 12. Auflage. Stuttgart.

PERSPEKTIVWECHSEL (o.J.): Bildungsinitiativen gegen Antisemitismus und Fremdenfeindlichkeit. Frankfurt am Main. www.zwst-perspektivwechsel.de. Zuletzt geöffnet am 3. Juni 2012.

Peters, Roswitha (1999): Kompetenzen und Professionalität von Diplompädagogen mit der Studienrichtung Erwachsenenbildung/Weiterbildung. In: Derichs-Kunstmann/Faulstich/Wittpoth (Hg.): Politik, Disziplin und Profession in der Erwachsenenbildung. Beiheft zum REPORT. Bonn. S. 92-102.

Pfadenhauer, Michaela (2005): Auf gleicher Augenhöhe reden. Das Experteninterview - ein Gespräch zwischen Experte und Quasi-Experte. In: Bogner/Littig/Menz (Hg.). S. 118-130.

Pfahl-Traughber, Armin (2009): Rezension "Deutsche Zustände, Folge 7". In: Humanistischer Pressedienst (Hg.). Berlin.

Pfeiffer, Wolfgang (2004): Etymologisches Wörterbuch des Deutschen. 7. Auflage. München.

Piezzi, Daniela (2002): Transferförderung in der betrieblichen Weiterbildung – Die Bedeutung der Arbeitsumgebung und der Integration der Weiterbildung in die Unternehmensführung. Paderborn.

Pokos Muanza, Hugues Blaise Feret (2009): Schwarzsein im ‚Deutschsein'? Zur Vorstellung vom Monovolk in bundesdeutschen Geschichtsschulbüchern am Beispiel der Darstellung von Menschen mit schwarzer Hautfarbe. Oldenburg.

Popper, Karl R. (1975): Utopie und Gewalt. Kritischer Rationalismus und Sozialdemokratie. Bonn-Bad Godesberg. S. 303-315.

Popper, Karl R. (1979): Ausgangspunkte. Meine intellektuelle Entwicklung. Hamburg.

Preissing, Christa/Wagner, Petra (Hg.) (2003): Kleine Kinder, keine Vorurteile? Interkulturelle und vorurteilsbewusste Arbeit in Kindertageseinrichtungen. Freiburg im Breisgau.

Prengel, Annedore (2006): Pädagogik der Vielfalt. Wiesbaden.

Projektgruppe Nationalismuskritik (Hg.) (2009): Einleitung. Irrsinn der Normalität. Aspekte der Reartikulation des Deutschen Nationalismus. Münster. S. 7-17.

RAA Brandenburg (Hg.) (2010): Mehr VIELFALT als gedacht? Erfahrungen mit dem Anti-Bias-Ansatz in der Jugendarbeit. Interkulturelle Beiträge 42. Potsdam.

RAA Brandenburg (Hg.) (2009): Anti-Bias. Intercultural Learning in context of youth and informal education. Potsdam.

Raabe, Tobias/Beelmann, Andreas (2009): Entwicklungspsychologische Grundlagen. In: Beelmann/Jonas (Hg.). S. 113-136.

Rank, Birgit/Wakenhut, Roland (1998): Ein Bedingungsmodell des Praxistransfers. In: Rank/Wakenhut (Hg.): Sicherung des Praxistransfers im Führungskräftetraining. München. S. 11-29.

Reddemann, Ulrike (2010): Die Psychodynamisch-imaginative-Traumatherapie nach Luise Reddemann. Vortrag im Rahmen der Tagung Psychotraumatolgie in Bad Herrenalb am 12.11.2010. Bad Herrenalb.

Reddy, Anita (2002): Das Projekt ‚Vom Süden lernen'. Die Arbeit an einem Dreh- und Angelpunkt. In: INKOTA Netzwerk e.V. (Hg.). S. 9-18.

Reddy, Prasad (2002a): Vorurteile verlernen. Antworten auf die Frage: Was ist Anti-Bias? In: INKOTA Netzwerk e.V. (Hg.). S. 33-38.

Reddy, Prasad (2007): „Das sind EZler, die kennen sich aus". Fünf Fallen der Entwicklungszusammenarbeit in Sachen Rassismus. In: Berliner Entwicklungspolitischer Ratschlag et al. (Hg.) (2007). S. 20-21.

Reddy, Prasad (2007a): Anti-Bias: Diskriminierung erkennen und abbauen. In: Scholl/Carls (Hg.): Gleiche Chancen und Rechte für alle Lebensalter. Themenschwerpunkt 2/2007. Köln. S. 43-47.

Reichenbach, Roland (1999): Demokratisches Selbst und dilettantisches Subjekt. Demokratische Bildung und Erziehung in der Spätmoderne. Freiburg (Schweiz).

Reinhardt, Sibylle (2005): Handlungsorientierung. In: Sander (Hg.). S. 146-155.

Rheims, Birgit (2005): Was bedeutet Diskriminierung? In: Informations und Dokumentationszentrum-NRW (Hg.). Düsseldorf. www.ida-nrw.de/Diskriminierung/html/fdiskriminierung.htm. Zuletzt geöffnet am 5. Juni 2012

Rohrmann, Tim (2008): Geschlechtsbewusste Pädagogik - eine Gratwanderung. In: Wagner (Hg.). S. 59-71.

Rommelspacher, Birgit (2006): Wie wirkt Diskriminierung? Vortrag am 12. Mai 2006 in Berlin. In: Institut Mensch, Ethik und Wissenschaft (Hg.). Berlin. www.imew.de/index.php?id=319. Zuletzt geöffnet am 5. Juni 2012.

Roosevelt Thomas, R. (2001): Management of Diversity. Wiesbaden.

Rosenstreich, Gabriele (2006): Von Zugehörigkeiten, Zwischenräumen und Macht: Empowerment und Powersharing in interkulturellen und Diversity Workshops. In: Elverich/Kalpaka/Reindlmeier (Hg.). S. 195-231.

Ruhloff, Jörg (1993): Skepsis - auch eine pädagogische Praxis?. In: Fischer/Ruhloff (Hg.): Skepsis und Widerstreit. Neue Beiträge zur skeptischtranszendentalkritischen Pädagogik. Sankt Augustin. S. 29-41.

Ruhloff, Jörg (2003): Von der prinzipienwissenschaftlichen Pädagogik zur pädagogischen Skepsis. In: Meder (Hg.): Zwischen Gleichgültigkeit und Gewissheit. Herkunft und Wege pädagogischer Skepsis. Würzburg. S. 29-32.

Ruping, Bernd (1993): Von Polizisten im Kopf und Hauptquartieren draußen. Das Theater der Unterdrückten zwischen soziologischer Forschung und politischer Aktion. Interview mit Augusto Boal vom 6.9.1989. In: Ruping (Hg.): Gebraucht das Theater! Die Vorschläge Augusto Boals. Erfahrungen, Varianten, Kritik. 2. Auflage. Münster, Hamburg. S. 328-337.

Rutherford, Jonathan (1990): The third space. Interview with Homi Bhabha. In: Rutherford (Hg.): Identity: Community, Culture, Difference. London. S. 207-221.

Sabrow/Eckert/Flacke et al (2007): Wohin treibt die DDR Erinnerung? In: Bundeszentrale für politische Bildung (Hg.). Bonn.

Said, Edward W. (1979): Orientalism. New York.

Sander, Wolfgang (2005): Theorien der politischen Bildung. Geschichte - didaktische Konzeptionen - aktuelle Tendenzen und Problem. In: Sander (Hg.). S. 13-47.

Sander, Wolfgang (Hg.) (2005): Handbuch politische Bildung. Bonn.

Scagliotti, Luciano (2002): Rassistisch und ethnisch motivierte Diskriminierung. In: Europäisches Netz gegen Rassismus (Hg.): Peer-Toolkit. Brüssel. S. 19-21.

Scagliotti, Luciano (2002): Was ist Diskriminierung? In: Europäisches Netz gegen Rassismus (Hg.): Peer-Toolkit. Brüssel. S. 6-7.

Scharathow, Wiebke/Leiprecht, Rudolf (Hg.) (2009): Rassismuskritik. Band 2: Rassismuskritische Bildungsarbeit. Schwalbach/Taunus.

Scharpf, Robert (1999): Training und Transfer. Lernen, Anwenden und die Bedeutung fähigkeitsbezogener Kognitionen. München, Mering.

Schäuble, Barbara (2008): Antirassismus oder Antidiskriminierung. Plädoyer für eine fokussierte Synthese beider Zielsetzungen in der antirassistischen Bildungsarbeit. Debattiert anhand des Bildungsmaterials „Bausteine zur nicht-rassistischen Bildungsarbeit". In: Bundschuh/Jagusch/Mai (Hg.). S. 49-52.

Schelle, Carla (2005): Adressatenorientierung. In: Sander (Hg.). S. 79-92.

Scheunpflug, Annette/Schröck, Nikolaus (2002): Globales Lernen. Einführung in eine pädagogische Konzeption zur entwicklungsbezogenen Bildung. Stuttgart.

Schmidt, Bettina (2007): 5 Methoden sind nicht alles. In: Europahaus Aurich/Anti-Bias-Werkstatt (Hg.). Aurich. S. 1-4.

Schmidt, Bettina (2009): Den Anti-Bias-Ansatz zur Diskussion stellen. Beitrag zur Klärung theoretischer Grundlagen in der Anti-Bias-Arbeit. Oldenburg.

Schmidt, Bettina/Dietrich, Katharina (2009): Grobstruktur der Anti-Bias Weiterbildungsreihe in Frille 2009/2010. Internes Arbeitsdokument.

Schmidt, Bettina/Dietrich, Katharina/Herdel, Shantala (2009): Anti-Bias-Arbeit in Theorie und Praxis - kritische Betrachtung eines Anti-Diskriminierungsansatzes. Initiative „Weltenbilder - An- und Aussichten zu vergeben!“ (Hg.). Berlin. S. 154-170.

Schmidt, Bettina/Dietrich, Katharina/Herdel, Shantala (2009): Anti-Bias-Arbeit in Theorie und Praxis - kritische Betrachtung eines Antidiskriminierungsansatzes. In: Scharathow/Leiprecht (Hg.): Rassismuskritik. Band 2: Rassismuskritische Bildungsarbeit. Schwalbach/Taunus. S. 154-170.

Schmidt, Bettina/Trisch, Oliver (2009): Anti-Bias-Arbeit und Kinderrechte – ein tragfähiges Konzept für Schulen? Berlin. www.olivertrisch.de/resources/Anti-Bias-Arbeit+$26+Kinder rechte+Schmidt-Trisch+2009.pdf. Zuletzt geöffnet am 5. Juni 2012.

Schmidt, Bettina/Winkelmann, Anne/Trisch, Oliver (2005): Das Konzept Anti-Bias-Training. In: Weise (Hg.): Maßnahmen zur Gewaltprävention im interkulturellen Kontext. Reader zur Fachtagung im Rahmen des Projektes „Mobile interkulturelle Bildungs- und Aufklärungsangebote“. Berlin. S. 16-20.

Schmiederer, Rolf (1971): Zur Kritik der politischen Bildung. Ein Beitrag zur Soziologie und Didaktik des Politischen Unterrichts. Frankfurt am Main.

Schneider, Jens (2001): Deutsch sein. Das Eigene, das Fremde und die Vergangenheit im Selbstbild des vereinten Deutschland. Frankfurt am Main.

Schneider, Johann (2000): Supervidieren & beraten lernen. Praxiserfahrene Modelle zur Gestaltung von Beratungs- und Supervisionsprozessen. Paderborn.

Schöne, Jens (2008): Die friedliche Revolution. Berlin 1989/90. Der Weg zur deutschen Einheit. Berlin.

Schubert, Klaus/Klein, Martina (2006): Utopie. Das Politiklexikon. 4. Auflage. Bonn. www.bpb.de/popup/popup_lemmata.html?guid=B9GRGP. Zuletzt geöffnet am 5. Juni 2012.

Schuch, Jane (2007): Antiziganismus. In: Czollek/Weinbach (Hg.): Lernen in der Begegnung. Theorie und Praxis von Social-Justice-Trainings. Düsseldorf.

Schuler, Thomas (2010): Bertelsmannrepublik Deutschland. Eine Stiftung macht Politik. Frankfurt am Main.

Schumacher, Sarah (2002): Qualitätsmanagement antirassistischer Projekte. In: Jugend für Europa/Informations- und Dokumentationszentrum für Antirassismusarbeit (Hg.): „Wie können Solidarität und Toleranz erlernt werden?“ Dokumentation der Fachtagung zu Zielen und Methoden antirassistischer Projektarbeit in internationalen Begegnungen. Bebra 17.-19.09.2002. Bonn, Düsseldorf. S. 28-37. www.idaev.de/cms/upload/PDF/Publikationen/Dokumen tation_Fachtagung_IDA_JFE.pdf. Zuletzt geöffnet am 5. Juni 2012.

Schwarzbach-Apithy, Aretha (2009): Interkulturalität und anti-rassistische Weis(s)heiten an Berliner Universitäten. In: Eggers/Kilomba/Piesche/Arndt (Hg.). S. 247-261.

Schwendter, Rolf (1994): Utopie. Überlegungen zu einem zeitlosen Begriff. Berlin, Amsterdam.

Schwendter, Rolf (2001): Einführung in die Soziale Therapie. Tübingen.

Seniorenreferat und Altenwerk der Erzdiözese Freiburg (Hg.) (2012): Lernpartnerschaft mit Menschen im 4. Lebensalter. Freiburg. www.seniorenweb-freiburg.de/html/lernpartnerschaft_im_4_lebensalter.html?t=. Zuletzt geöffnet am 3. Juni 2012.

Smith, Lillian (1994) [1949]: Killers of the dream. New York, London.

Spangler, Gerhard (2012): Kollegiale Beratung. Das Heilsbronner Modell. 2., erweiterte Auflage. Nürnberg.

Speidel, Holger (o.J.): Anti-Bias-Tage. 7.-9.11.2011 in Oldenburg. (o.O.). www.anti-bias-tage.de. Zuletzt geöffnet am. 3. Juni 2012.

Stamer, Melanie (2004): Dekonstruktive Aspekte in der nicht-diskriminierenden Bildungsarbeit. Eine Untersuchung von Anti-Bias-Seminaren. Hamburg. Diplomarbeit.

Strauss, Anselm/Corbin, Juliet (1996): Grounded Theory. Grundlagen qualitativer Sozialforschung. Weilheim.

Stürmer, Stefan/Salewski, Christel (2009): Chronische Krankheit als Stigma – Das Beispiel HIV/AIDS. In: Beelmann/Jonas (Hg.). S. 263-282.

Technische Universität Wien - Koordinationsstelle für Frauenförderung und Gendes Studies (Hg.) (2011): Von Feuerwehrfrauen, Kindergärtnern und geschlechtsneutralen Studierenden. Ein Anti-Bias-Seminar zur Wirkung von Sprache. Wien.

Thomsen, Britta (2008): Gender stereotypes holding back women scientists. Brüssel. www.euractiv.com/en/science/mep-gender-stereotypes-holding-back-women-scientists/article-171601. Zuletzt geöffnet am 5. Juni 2012.

Tietze, Kim-Oliver (2012): Die 6 Phasen der kollegialen Beratung. Hamburg. www.kollegiale-beratung.de/Ebene2/6phasen.html. Zuletzt geöffnet am 5. Juni 2012.

Traxler, Hans (1983): Gleiche Aufgabe. In: Klant (Hg.): Schul-Spott. Karikaturen aus 2500 Jahren Pädagogik. Hannover.

Traxler, Hans (o.J.): Chancen: Alte Ungleichheiten. Neue Benachteiligungen. o.O.

Trisch, Oliver (2005): Globales Lernen. Chancen und Grenzen ausgewählter Konzepte. Eine theoretische Aufarbeitung. Oldenburg.

Trisch, Oliver (2007): Gedächtnisprotokoll zum telefonischen Interviewnachgespräch Gespräch mit Paula am 6.02.2007. Berlin.

Trisch, Oliver (2007a): Zum Allgemeinen Gleichbehandlungsgesetz (AGG). Berlin.

Trisch, Oliver (2008): Interkulturelles Lernen in "ethnisch homogenen" Regionen - Fallstricke und Chancen interkultureller Bildungsangebote. Der Anti-Bias-Ansatz - ein Konzept für die interkulturelle Arbeit in Ostdeutschland?. In: Zentralwohlfahrtsstelle der Juden in Deutschland (Hg.): Aus der Geschichte lernen? Zeitgemäße Ansätze zum pädagogischen Umgang mit Antisemitismus und Fremdenfeindlichkeit. Frankfurt am Main. S. 46-49.

Trisch, Oliver (2009): Der Schutz vor Diskriminierung: ein Strukturprinzip der Menschenrechte. In: Lohrenscheit (Hg.). S. 17-28.

Trisch, Oliver/Lohrenscheit, Claudia (2009): Frauenrechte sind Menschenrechte. In: Lohrenscheit (Hg.). S. 27-36.

Trisch, Oliver (2010): Eine Einführung in den Anti-Bias-Ansatz. In: RAA Brandenburg (Hg.). S. 4-9.

Trisch, Oliver (2012): Diversitätsbewusste Bildung & Anti-Bias-Arbeit. Berlin. www.olivertrisch.de. Zuletzt geöffnet am 3. Juni 2012.

Trisch, Oliver/Winkelmann, Anne (2007): Vorurteile, Macht und Diskriminierung - die Bildungsarbeit der Anti-Bias-Werkstatt. In: Sir-Peter-Ustinov-Institut (Hg.): Vorurteile in der Kindheit. Ursachen und Gegenstrategien. Wien. S. 107-124.

Trisch, Oliver/Winkelmann, Anne Sophie (2008): Die eigenen Erfahrungen in einen größeren Kontext stellen: Anti-Bias-Arbeit in Theorie und Praxis. In: Bundschuh/Jagusch/Mai (Hg.). S. 61-63.

Tunnat, Lara (2005): Unmittelbare und mittelbare Diskriminierung. Hildesheim, Holzminden, Göttingen. www.hawk-hhg.de/hochschule/media/diskriminierung.pdf. Zuletzt geöffnet am 5. Juni 2012.

Ulrich, Dina (2010): Heterogenität - ein Thema für die Jugendarbeit in Brandenburg. In: RAA Brandenburg (Hg.). S. 16-20.

Ulrich, Susanne/Wenzel M., Florian (2003): Partizipative Evaluation. Gütersloh.

Universität des 3. Lebensalters an der Johann Wolfgang Goethe-Universität (Hg.) (2012). Frankfurt am Main. www.u3l.uni-frankfurt.de. Zuletzt geöffnet am 3. Juni 2012.

Urev, Aleksej (2012): Protokoll der AG Erwachsenenbildung. 1. Treffen. Berlin, K9, am 09.01.2012. Internes Papier.

Van der Broeck, Lisa (1988): Das Ende des Weißheit. Berlin.

Van der Heyden, Ulrich (2005): Die Wüsteninsel Arguin. In: Van der Heyden/Zeller (Hg.): „...Macht und Anteil an der Weltherrschaft." Berlin und der deutsche Kolonialismus. Münster. S. 55-62.

Van der Heyden, Ulrich/Zeller Joachim (Hg.) (2005): „...Macht und Anteil an der Weltherrschaft". Berlin und der deutsche Kolonialismus. Münster.

VISIONS (Hg.) (2005): Consulting and Training in Diversity & Inclusion. Roxbury. www.visions-inc.org. Zuletzt geöffnet am 3. Juni 2012.

Volks, Wilhelm (2002): Vorwort. In: INKOTA Netzwerk e.V. (Hg.). S. 7-8.

Von Felden, Heide (2009): Ausbildung von ErwachsenenbildnerInnen – welchen Auftrag hat die Hochschule? Vortrag auf der Abschlusstagung des Pilotprojekts „Weiterbildung im Kontakt zur Universität: Theorie-Praxis-Transfer zwischen Bildungseinrichtungen und Studierenden". Mainz. In: www.elag.de/modellprojekte/theorie-praxis-transfer. Zuletzt geöffnet am 5. Juni 2012.

Wagner, Angelika C. (2007): Gelassenheit durch Auflösung innerer Konflikte. Mentale Selbstregulation und Introvision. Stuttgart.

Wagner, Petra (2002): Vorurteilsbewusste Arbeit in Kindertageseinrichtungen mit dem Anti-Bias-Approach. IZA Heft 3/4. S. 62-70.

Wagner, Petra (2003): Grundlagen von vorurteilsbewusster Praxis in Kindertageseinrichtungen. In: Preissing/Wagner (Hg.): Kleine Kinder, keine Vorurteile? Interkulturelle und vorurteilsbewusste Arbeit in Kindertageseinrichtungen. Freiburg im Breisgau. S. 34-62.

Wagner, Petra (2008): Vielfalt respektieren, Ausgrenzung widerstehen - aber wie? Anforderungen an pädagogische Fachkräfte. In: Wagner (Hg.). S. 203-219.

Wagner, Petra (2010): Grusswort zur Tagung „Bildung konsequent inklusiv" am 11. Juni 2010 in Berlin. Berlin.

Wagner, Petra (Hg.) (2008): Handbuch Kinderwelten. Vielfalt als Chance - Grundlagen einer vorurteilsbewussten Bildung und Erziehung. Freiburg im Breisgau.

Wagner, Petra/Hahn, Stefani/Enßlin, Ute (Hg.) (2006): Macke, Zicke, Trampeltier... Vorurteilsbewusste Bildung und Erziehung in Kindertageseinrichtungen. Handbuch für die Fortbildung. Weimar, Berlin.

Walter, Rolf (1992): Der Traum vom Eldorado: Die Deutsche Conquista in Venezuela im 16. Jahrhundert. München.

Weber, Max (1994): Wissenschaft als Beruf? 1917/1919. Politik als Beruf 1919. Studienausgabe. Tübingen.

Weinbach, Heike (2006): Social Justice statt Kultur der Kälte. Alternativen zur Diskriminierungspolitik in der Bundesrepublik Deutschland. Berlin.

Weintz, Jürgen (2003): Theaterpädagogik und Schauspielkunst. Ästhetische und psychosoziale Erfahrung durch Rollenarbeit. 3. Auflage. Butzbach-Griedel.

Wilhelm, Theodor (1933): Die Idee des Berufsbeamtentums. Ein Beitrag zur Staatslehre des deutschen Frühkonstitutionalismus. Tübingen.

Wilkening, O.S. (1986): Bildungs-Controlling – Instrumente zur. In: Riekhof (Hg.): Strategien der Personalentwicklung . Wiesbaden. S. 299-325.

Winkelmann, Anne-Sophie (2010): Den eigenen Anti-Bias-Prozess gehen. Überlegungen und Erfahrungen zu der Bedeutung von Selbstreflexion in der Anti-Bias-Arbeit mit Multiplikator_innen. In: RAA Brandenburg (Hg.). S. 41-45.

Winker, Gabriele/Degele, Nina (2009): Intersektionalität. Zur Analyse sozialer Ungleichheiten. Bielefeld.

Winkler, Heinrich A. (2000): Lieber Herr Möller! DIE ZEIT, 25/2000. Hamburg. In: www.zeit.de/2000/25/Lieber_Herr_Moeller_. Zuletzt geöffnet am 5. Juni 2012.

Wirtschafts- und Sozialwissenschaftliches Institut (2012): Frauen sind nicht nur beim Gehalt im Nachteil. Düsseldorf. www.lohnspiegel.de/main/frauenlohnspiegel. Zuletzt geöffnet am 5. Juni 2012.

Wolfrum, Edgar (2007): Die geglückte Demokratie. Die Geschichte der Bundesrepublik Deutschland von ihren Anfängen bis zur Gegenwart. Stuttgart.

Wolfrum, Edgar (2008): Geschichte und Erinnerungskultur in der DDR und BRD. In: Bundeszentrale für politische Bildung (Hg.): Dossier Geschichte und Erinnerung. Bonn. www.bpb.de/geschichte/zeitgeschichte/geschichte-und-erinnerung/39814/geschichte-der-erinnerungskultur. Zuletzt geöffnet am 5. Juni 2012.

Zeller, Joachim (2000): Kolonialdenkmäler und Geschichtsbewusstsein. Eine Untersuchung der kolonialdeutschen Erinnerungskultur. Frankfurt am Main.

Ziai, Aram (2007): Rassismus und Entwicklungszusammenarbeit - Die westliche Sicht auf den Süden vom Kolonialismus bis heute. In: Berliner Entwicklungspolitischer Ratschlag et al. (Hg.). S. 12-19.

Zick,Anderas/Küpper, Beate/Hövermann, Andreas (2011): Die Abwertung der Anderen. Eine europäische Zustandsbeschreibung zu Intoleranz, Vorurteilen und Diskriminierung. In: Langenbacher/Friedrich-Ebert-Stiftung (Hg.). Berlin.

Ziegler, Petra/Beelmann, Andreas (2009): Diskriminierung und Gesundheit. In: Beelmann/Jonas (Hg.). S. 357-378.

Zimmerer, Jürgen/Zeller, Joachim (Hg.) (2003): Völkermord in Deutsch-Südwestafrika. Der Kolonialkrieg (1904-1908) in Namibia und seine Folgen. Berlin.

ZWST (Zentralwohlfahrtsstelle der Juden in Deutschland e.V.) (Hg.) (2010): Perspektivwechsel. Theorie. Praxis. Reflexionen. Material Nr. 170. Frankfurt am Main.

ZWST (Zentralwohlfahrtsstelle der Juden in Deutschland e.V.) (Hg.) (2010a): Perspektivwechsel. Theoretische Impulse. Methodische Anregungen. Material Nr. 173. Frankfurt am Main.

ibidem-Verlag
Melchiorstr. 15
D-70439 Stuttgart
info@ibidem-verlag.de

www.ibidem-verlag.de
www.ibidem.eu
www.edition-noema.de
www.autorenbetreuung.de